地方上級／国家総合職・一般職・専門職

公務員試験

文章理解・資料解釈

資格試験研究会編

実務教育出版

新スーパー過去問ゼミ7

刊行に当たって

公務員試験の過去問を使った定番問題集として，公務員受験生から圧倒的な信頼を寄せられている「スー過去」シリーズ。その「スー過去」が，令和3年度以降の問題を収録して最新の出題傾向に沿った内容に見直しを図るとともに，より効率よく学習を進められるよう細部までブラッシュアップして，このたび「**新スーパー過去問ゼミ７**」に生まれ変わりました。

本シリーズは，**大学卒業程度の公務員採用試験攻略にスポットを当てた過去問ベスト・セレクション**です。**「地方上級」「国家一般職［大卒］」**試験を中心に**「国家総合職」「国家専門職」「市役所上級」**試験などに幅広く対応できる内容になっています。

公務員試験は難関といわれていますが，良問の演習を繰り返すことで，合格への道筋はおのずと開けてくるはずです。本書を開いた今このときから，目標突破へ向けての着実な準備を始めてください。

あなたがこれからの公務を担う一員となれるよう，私たちも応援し続けます。

資格試験研究会

●国家公務員試験の新試験制度への対応について

令和６年度（2024年度）の大卒程度試験から，出題数の削減などの制度変更の方針が示されています。現時点で，基礎能力試験の知能分野においては大幅な変更はなく，知識分野においては「時事問題を中心とし，普段から社会情勢等に関心を持っていれば対応できるような内容」への変更と，「情報に関する問題の出題」が予定されています。

具体的な出題内容は予測の域を出ませんが，各科目の知識も正誤判断の重要な要素となりえますので，令和５年度（2023年度）以前の過去問演習でポイントを押さえておくことが必要だと考えています。

制度変更の詳細や試験内容等で新しいことが判明した場合には，実務教育出版のウェブサイト，実務教育出版第二編集部Twitter等でお知らせしますので，随時ご確認ください。

本書の構成と過去問について

本書の構成

❶学習方法・問題リスト：巻頭には，本書を使った効率的な科目の攻略のしかたをアドバイスする「**文章理解の学習方法**」「**資料解釈の学習方法**」と，本書に収録した全過去問を一覧できる「**掲載問題リスト**」を掲載している。過去問を選別して自分なりの学習計画を練ったり，学習の進捗状況を確認する際などに活用してほしい。

❷試験別出題傾向と対策：各章冒頭にある出題箇所表では，平成21年度以降の国家総合職，国家一般職，国家専門職，地方上級（全国型・東京都・特別区），市役所（C日程）の出題状況が一目でわかるようになっている。具体的な出題傾向は，試験別に解説を付してある。

※市役所C日程については令和５年度試験の情報は反映されていない。

頻出度	試験名	国家総合職					国家一般職					国家専門職				
	年度	21-23	24-26	27-29	30-2	3-5	21-23	24-26	27-29	30-2	3-5	21-23	24-26	27-29	30-2	3-5
	テーマ　出題数	9	12	12	12	12	15	18	18	18	18	12	18	18	18	18
A	1 内容把握	6	6	6	6	6	9	12	12	13	12	9	13	13	12	12
B	2 要旨把握															
A	3 空欄補充	1	3	3	3	3	3	3	3	3	3	1	3	3	3	3
B	4 文章整序	2	3	3	3	3	3	3	3	2	3	2	2	2	3	3

❸必修問題：各テーマのトップを飾るにふさわしい，合格のためには必ずマスターしたい良問をピックアップ。解説は，各選択肢の正誤ポイントをズバリと示す「**１行解説**」，解答のプロセスを示す「**STEP解説**」など，効率的に学習が進むように配慮した。また，正答を導くための指針となるよう，問題文中に以下のポイントを示している。

（アンダーライン部分）：正誤判断の決め手となる記述

（色が敷いてある部分）：覚えておきたいキーワード

「**FOCUS**」には，そのテーマで問われるポイントや注意点，補足説明などを掲載している。

必修問題のページ上部に掲載した「**頻出度**」は，各テーマをA，B，Cの３段階で評価し，さらに試験別の出題頻度を「★」の数で示している（★★★：最頻出，★★：頻出，★：過去15年間に出題実績あり，―：過去15年間に出題なし）。

❹POINT：これだけは覚えておきたい最重要知識を，図表などを駆使してコンパクト

にまとめた。問題を解く前の知識整理に，試験直前の確認に活用してほしい。

❺**実戦問題**：各テーマの内容をスムーズに理解できるよう，バランスよく問題を選び，詳しく解説している。問題ナンバー上部の「＊」は，その問題の「**難易度**」を表しており（＊＊＊が最難），また，学習効果の高い重要な問題には♦マークを付している。

♦ ＊＊ No.2　必修問題と♦マークのついた問題を解いていけば，スピーディーに本書をひととおりこなせるようになっている。

なお，収録問題数が多いテーマについては，「**実戦問題1**」「**実戦問題2**」のように問題をレベル別またはジャンル別に分割し，解説を参照しやすくしている。

❻**索引**：巻末には，POINT等に掲載している重要語句を集めた用語索引がついている。用語の意味や定義の確認，理解度のチェックなどに使ってほしい。

本書で取り扱う試験の名称表記について

本書に掲載した問題の末尾には，試験名の略称および出題年度を記載している。

①**国家総合職**：国家公務員採用総合職試験，
国家公務員採用Ⅰ種試験（平成23年度まで）

②**国家一般職**：国家公務員採用一般職試験［大卒程度試験］，
国家公務員採用Ⅱ種試験（平成23年度まで）

③**国家専門職**：国家公務員採用専門職試験［大卒程度試験］，
国税専門官採用試験

④**地方上級**：地方公務員採用上級試験（都道府県・政令指定都市）

（全国型）：広く全国的に分布し，地方上級試験のベースとなっている出題型

（東京都）：東京都職員Ⅰ類Ｂ採用試験

（特別区）：特別区（東京23区）職員Ⅰ類採用試験

※地方上級試験については，実務教育出版が独自に分析し，「全国型」「関東型」「中部・北陸型」「法律・経済専門タイプ」「その他の出題タイプ」「独自の出題タイプ（東京都，特別区など）」の６つに大別している。

⑤**市役所**：市役所職員採用上級試験（政令指定都市以外の市役所）

※市役所上級試験については，試験日程によって「Ａ日程」「Ｂ日程」「Ｃ日程」の３つに大別している。また，「Standard」「Logical「Light」という出題タイプがあるが，本書では大卒程度の試験で最も標準的な「Standard-Ⅰ」を原則として使用している。

本書に収録されている「過去問」について

①平成９年度以降の国家公務員試験の問題は，人事院により公表された問題を掲載している。地方上級の一部（東京都，特別区）も自治体により公表された問題を掲載している。それ以外の問題は，受験生から得た情報をもとに実務教育出版が独自に編集し，復元したものである。

②問題の論点を保ちつつ問い方を変えた，年度の経過により変化した実状に適合させた，などの理由で，問題を一部改題している場合がある。また，人事院などにより公表された問題も，用字用語の統一を行っている。

CONTENTS

公務員試験　新スーパー過去問ゼミ７

文章理解・資料解釈

文章理解

資 料 解 釈

カバー・本文デザイン／小谷野まさを　　書名ロゴ／早瀬芳文

文章理解の学習方法

●公務員試験における文章理解

文章理解とは，**現代文，英文の読解問題**のことである。各試験とも**10題前後と出題数が多い**のが特徴で，教養試験（基礎能力試験）全体の４分の１から５分の１を占めている。したがって、対策はおろそかにできないだろう。

試験によって，英文重視，現代文重視の傾向はさまざまである。また，文章理解の問題形式は，選択肢が与えられた文章の内容と合致しているかを問う**内容把握**，文章全体の要旨を問う**要旨把握**，文章中の空欄に語句を補う**空欄補充**，バラバラになった文を並べ替えて再構築する**文章整序**の４形式となっている。

●効果的な学習方法・対策

効率よく合格レベルに達するために必要なポイントは，次の５つである。

❶分野ごとに特有な文章のスタイルに慣れる

文章理解で出題される文章の題材は多岐に渡るため，専門外の分野や興味のない分野から出題されると苦戦する場合がある。幅広い分野に対応するために，さまざまな試験区分の過去問を解くことを通じて，それぞれの分野特有の文章のスタイルに慣れるとよい。

❷消去法で解く

文章理解は，すべて５つの選択肢から１つの正答を選ぶ出題形式である。文章の一部を違うものに入れ替えたり，一見正しいようでも，前半と後半のつながりが不適切なものなど，惑わされることが多い選択肢がそろっている。問題を多く解いて，**消去法で間違っている部分を見つけるコツ**をつかんでほしい。

❸時間を計る

文章理解は時間をかければ解けるものも多いが，試験には時間制限があるので，１問当たり何分と決め，**時間を計りながら問題を解いてみてほしい**。なるべく時間をかけずに正答を導き出すトレーニングをしたい。

❹解くべき問題を選ぶ

地方上級，国家一般職，国家専門職を志望するなら，実戦問題の「基礎レベル」「応用レベル」を中心に，国家総合職を志望する，もしくは文章理解が得意な場合は「応用レベル」「発展レベル」を中心に解くことを勧める。また，**国家一般職の問題は素直な良問が多いので，先に解いてみるのもよいだろう**。

❺さらなる学習

過去問が思うように解けないからといって，大学受験のときの問題集をやり直したり，英単語帳を引っ張り出してきたりするのは得策ではない。大学入試と公務員試験では問題のタイプも扱う題材も違うので，かえって遠回りになる。英単語や文法が心配な受験生は，解いた問題のわからなかったところを調べ，その場で覚えるのがよい。

もし，余裕があれば，過去問を解いた後に，その出典の著者の本や，自分の受験する試験に出そうなレベルとジャンルについて書かれた本や雑誌記事などを読むとよい。文章理解は論理的なパターンを身につけることができれば，どのような題材でも解けるようになるので，確実に得点源にするためには，文章の多読も効果はあるだろう。

資料解釈の学習方法

●公務員試験における資料解釈

資料解釈とは，**数表やグラフ**を用いて作成された資料について，その意味を迅速かつ的確に把握・分析し，**資料からどのようなことがいえるかを検討する科目**である。実際は，選択肢が検討すべき事項を示してくるので，その正誤を判断すればよい。

資料解釈は，知能分野の中でも得点しやすい科目である。難問はほとんど見られず，丁寧に分析さえすれば，手間や時間はかかるが確実に解ける問題が多い。出題数は試験によって違うが，一般に**1～3題程度**である。ただし，東京都や特別区のように4題も出題される試験もある。絶対に得点源にしておくべき科目である。

●効果的な学習方法・対策

どの科目でもいえることだが，特に**資料解釈の分野で素早く・正確に得点をするには「コツ」を身につけることである**。「コツ」を知らず，自己流で解いていても，なかなか短時間で正答にたどり着けるようにはならないだろう。

そこでまず，資料解釈の問題全体において，重要な「コツ」をまとめておく。

❶誤りが明らかな選択肢を切る

計算や細かい分析をせずとも，明らかに誤りと判断できる選択肢が含まれていることがしばしばある。まずそのような選択肢を探す。特に，資料外の事情が問われるなど与えられた資料から正誤が判断できない選択肢はすぐに切っておく。

❷極端な数値から計算する

選択肢の正誤を判断する場合は，資料のすべてを順に検討していく必要はない。選択肢に「すべて50%を超えている」とあれば，そうでないものを1つ見つければ肢が切れる。そして，その1つを見つけるためには，大小の極端な数値から検討していけばよいことが多い。その他の計算はいくら行っても，選択肢の正誤判断には無意味である。

❸計算の省力化を図る

計算をしなくとも判断できるところは極力計算をせず，計算をする場合も概算をしたり，近似を利用したり，分数をうまく使ったりして，省力化を図るべきである。資料解釈の学習は，この計算の省力化を習得することが中心になってくる。

❹複数の表やグラフの処理に慣れる

複数の表やグラフの関係をまず把握し，選択肢ごとにどちらを利用すべきかを判断する必要がある。近年出題が増えてきているので，意識的に練習を積んでおきたい。

❺試験種ごとの傾向をつかむ

資料解釈は，試験ごとの傾向がはっきりしている科目である。各自の受験予定の試験種について，どのような表やグラフが出題されているかを，本書の各章冒頭に記載している分析を参考にして把握してほしい。10年近く出題がないからといって，絶対に出題されないとまではいえないが，傾向は感じられるはずである。限られた時間を有効に使うためにも，レベル・頻出の分野は先に把握しておくべきである。

これらのコツを踏まえた演習を繰り返し，資料解釈を確実に得点源としよう！

合格者に学ぶ「スー過去」活用術

公務員受験生の定番問題集となっている「スー過去」シリーズであるが，先輩たちは本シリーズをどのように使って，合格を勝ち得てきたのだろうか。弊社刊行の『公務員試験受験ジャーナル』に寄せられた「合格体験記」などから，傾向を探ってみた。

自分なりの「戦略」を持って学習に取り組もう！

テーマ１から順番に一つ一つじっくりと問題を解いて，わからないところを入念に調べ，納得してから次に進む……という一見まっとうな学習法は，すでに時代遅れになっている。

合格者は，初期段階でおおまかな学習計画を立てて，戦略を練っている。まずは各章冒頭にある「試験別出題傾向と対策」を見て，自分が受験する試験で各テーマがどの程度出題されているのかを把握し，「掲載問題リスト」を利用するなどして，**いつまでにどの程度まで学習を進めればよいか，学習全体の流れをイメージ**しておきたい。

完璧をめざさない！ザックリ進めながら復習を繰り返せ！

本番の試験では，６～７割の問題に正答できればボーダーラインを突破できる。裏を返せば**３～４割の問題は解けなくてもよい**わけで，完璧をめざす必要はまったくない。

受験生の間では，**「問題集を何周したか」**がしばしば話題に上る。問題集は，１回で理解しようとジックリ取り組むよりも，初めはザックリ理解できた程度で先に進んでいき，何回も繰り返し取り組むことで徐々に理解を深めていくやり方のほうが，学習効率は高いとされている。**合格者は「スー過去」を繰り返しやって，得点力を高めている。**

すぐに解説を読んでもOK！考え込むのは時間のムダ！

合格者の声を聞くと**「スー過去を参考書代わりに読み込んだ」**というものが多く見受けられる。科目の攻略スピードを上げようと思ったら「ウンウンと考え込む時間」は一番のムダだ。過去問演習は，解けた解けなかったと一喜一憂するのではなく，**問題文と解説を読みながら正誤のポイントとなる知識を把握して記憶することの繰り返し**なのである。

分量が多すぎる！という人は，自分なりに過去問をチョイス！

広い出題範囲の中から頻出のテーマ・過去問を選んで掲載している「スー過去」ではあるが，この分量をこなすのは無理だ！と敬遠している受験生もいる。しかし，**合格者もすべての問題に取り組んでいるわけではない。**必要な部分を自ら取捨選択することが，最短合格のカギといえる（次ページに問題の選択例を示したので参考にしてほしい）。

書き込んでバラして……「スー過去」を使い倒せ！

補足知識や注意点などは本書に直接書き込んでいこう。**書き込みを続けて情報を集約していくと本書が自分オリジナルの参考書になっていく**ので，インプットの効率が格段に上がる。それを繰り返し「何周も回して」いくうちに，反射的に解答できるようになるはずだ。

また，分厚い「スー過去」をカッターで切って，章ごとにバラして使っている合格者も多い。**自分が使いやすいようにカスタマイズ**して，「スー過去」をしゃぶり尽くそう！

学習する過去問の選び方

●具体的な「カスタマイズ」のやり方例

本書は全203問の過去問を収録している。分量が多すぎる！と思うかもしれないが，合格者の多くは，過去問を上手に取捨選択して，自分に合った分量と範囲を決めて学習を進めている。

以下，お勧めの例をご紹介しよう。

❶必修問題と♦のついた問題に優先的に取り組む！

当面取り組む過去問を，各テーマの「**必修問題**」と♦マークのついている「**実戦問題**」に絞ると，およそ全体の４割の分量となる。これにプラスして各テーマの「**POINT**」をチェックしていけば，この科目の典型問題と正誤判断の決め手となる知識の主だったところは押さえられる。

本試験まで時間がある人もそうでない人も，ここから取り組むのが定石である。まずはこれで１周（問題集をひととおり最後までやり切ること）してみてほしい。

❶を何周かしたら次のステップへ移ろう。

❷取り組む過去問の量を増やしていく

❶で基本は押さえられても，❶だけでは演習量が心もとないので，取り組む過去問の数を増やしていく必要がある。増やし方としてはいくつかあるが，このあたりが一般的であろう。

◎**基本レベルの過去問を追加**（難易度「＊」の問題を追加）
◎**受験する試験種の過去問を追加**
◎**頻出度Ａのテーマの過去問を追加**

これをひととおり終えたら，前回やったところを復習しつつ，まだ手をつけていない過去問をさらに追加していくことでレベルアップを図っていく。

もちろん，あまり手を広げずに，ある程度のところで折り合いをつけて，その分復習に時間を割く戦略もある。

●掲載問題リストを活用しよう！

「**掲載問題リスト**」では，本書に掲載された過去問を一覧表示している。

受験する試験や難易度・出題年度等を基準に，学習する過去問を選別する際の目安としたり，チェックボックスを使って学習の進捗状況を確認したりできるようになっている。

効率よくスピーディーに学習を進めるためにも，積極的に利用してほしい。

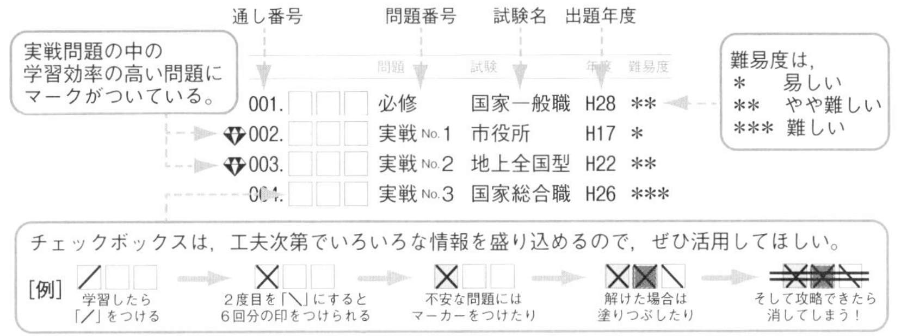

掲載問題リスト

本書に掲載した全203問を一覧表にした。□に正答できたかどうかをチェックするなどして，本書を上手に活用してほしい。

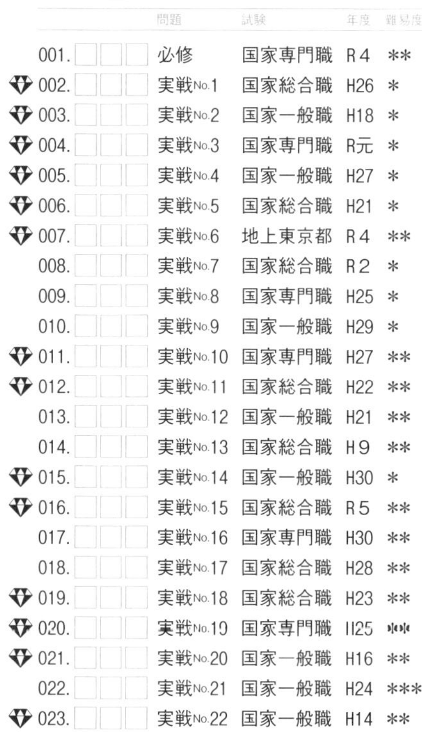

文章理解

第1章 現代文

テーマ1 内容把握

		問題	試験	年度	難易度
	001.	必修	国家専門職	R4	**
♦	002.	実戦No.1	国家総合職	H26	*
♦	003.	実戦No.2	国家一般職	H18	*
♦	004.	実戦No.3	国家専門職	R元	*
♦	005.	実戦No.4	国家一般職	H27	*
♦	006.	実戦No.5	国家総合職	H21	*
♦	007.	実戦No.6	地上東京都	R4	**
	008.	実戦No.7	国家総合職	R2	*
	009.	実戦No.8	国家専門職	H25	*
	010.	実戦No.9	国家一般職	H29	*
♦	011.	実戦No.10	国家専門職	H27	**
♦	012.	実戦No.11	国家総合職	H22	**
	013.	実戦No.12	国家一般職	H21	**
	014.	実戦No.13	国家総合職	H9	**
♦	015.	実戦No.14	国家一般職	H30	*
♦	016.	実戦No.15	国家総合職	R5	**
	017.	実戦No.16	国家専門職	H30	**
	018.	実戦No.17	国家総合職	H28	**
♦	019.	実戦No.18	国家総合職	H23	**
♦	020.	実戦No.19	国家専門職	H25	**
♦	021.	実戦No.20	国家一般職	H16	**
	022.	実戦No.21	国家一般職	H24	***
♦	023.	実戦No.22	国家一般職	H14	**

テーマ2 要旨把握

		問題	試験	年度	難易度
	024.	必修	地上特別区	R元	*
	025.	実戦No.1	地上特別区	H25	*
♦	026.	実戦No.2	地上特別区	H30	*
	027.	実戦No.3	地上特別区	H27	**
	028.	実戦No.4	地上特別区	R4	*
	029.	実戦No.5	地上特別区	H27	*
	030.	実戦No.6	地上特別区	H29	*
♦	031.	実戦No.7	地上特別区	H29	**
	032.	実戦No.8	国家専門職	H13	**
♦	033.	実戦No.9	地上特別区	H23	*
♦	034.	実戦No.10	国家専門職	H7	**
	035.	実戦No.11	国家一般職	H6	**
	036.	実戦No.12	国家総合職	H14	**

テーマ3 空欄補充

		問題	試験	年度	難易度
	037.	必修	国家一般職	R2	**
	038.	実戦No.1	地上東京都	R元	*
	039.	実戦No.2	地上特別区	H27	*
	040.	実戦No.3	国家一般職	H21	**
	041.	実戦No.4	地上特別区	R4	**
	042.	実戦No.5	国家専門職	H14	*
	043.	実戦No.6	国家一般職	H16	*
♦	044.	実戦No.7	地上特別区	H25	**
	045.	実戦No.8	国家一般職	R4	**
♦	046.	実戦No.9	国家専門職	H23	**
	047.	実戦No.10	国家総合職	H28	**
	048.	実戦No.11	国家一般職	H30	***

テーマ4 文章整序

	問題	試験	年度	難易度
049.	必修	地上特別区	H29	**
050.	実戦No.1	国家専門職	H20	*
051.	実戦No.2	国家一般職	H27	**
052.	実戦No.3	地上特別区	R3	*
053.	実戦No.4	地上東京都	R元	**
054.	実戦No.5	国家一般職	H19	**
055.	実戦No.6	国家総合職	R3	***
056.	実戦No.7	国家専門職	R元	**
057.	実戦No.8	国家一般職	H21	**
058.	実戦No.9	国家専門職	H16	***
059.	実戦No.10	国家専門職	H19	**
060.	実戦No.11	国家総合職	H25	***
061.	実戦No.12	国家総合職	H13	***

第2章 英 文

テーマ5 内容把握・要旨把握

	問題	試験	年度	難易度
062.	必修	国家一般職	R3	**
063.	実戦No.1	地上特別区	R4	*
064.	実戦No.2	国家専門職	H17	**
065.	実戦No.3	国家専門職	H27	*
066.	実戦No.4	地上特別区	H29	*
067.	実戦No.5	国家総合職	H27	**
068.	実戦No.6	国家一般職	H24	**
069.	実戦No.7	国家一般職	H17	*
070.	実戦No.8	国家一般職	H18	**
071.	実戦No.9	国家一般職	H29	**
072.	実戦No.10	国家総合職	H29	**
073.	実戦No.11	国家専門職	R2	**
074.	実戦No.12	国家総合職	R2	***
075.	実戦No.13	国家一般職	R5	**
076.	実戦No.14	国家専門職	H29	**
077.	実戦No.15	国家専門職	H21	***
078.	実戦No.16	国家総合職	H25	***
079.	実戦No.17	国家総合職	H26	***
080.	実戦No.18	国家総合職	H28	***
081.	実戦No.19	国家総合職	H30	**
082.	実戦No.20	地上特別区	H21	***

テーマ6 その他の形式

	問題	試験	年度	難易度
083.	必修	国家専門職	R2	**
084.	実戦No.1	地上特別区	R3	*
085.	実戦No.2	地上特別区	H29	*
086.	実戦No.3	国家専門職	H27	*
087.	実戦No.4	国家一般職	H24	*
088.	実戦No.5	国家総合職	R3	**
089.	実戦No.6	国家一般職	H21	**
090.	実戦No.7	国家専門職	H23	**
091.	実戦No.8	国家総合職	H29	**
092.	実戦No.9	国家専門職	H21	**
093.	実戦No.10	国家専門職	H16	**

資料解釈

第1章 数表

テーマ1 実数・割合

	問題	試験	年度	難易度
094.	必修	国家専門職	H28	*
095.	実戦No.1	国家一般職	R3	*
096.	実戦No.2	国家専門職	H19	**
097.	実戦No.3	国家専門職	H25	*
098.	実戦No.4	地上特別区	H26	*
099.	実戦No.5	国家一般職	H21	*
100.	実戦No.6	国家一般職	H29	**
101	実戦No.7	国家専門職	H18	*
102.	実戦No.8	国家総合職	H30	**
103.	実戦No.9	国家総合職	R2	**
104.	実戦No.10	国家総合職	H21	**
105.	実戦No.11	国家総合職	H18	**
106.	実戦No.12	国家専門職	R元	**
107.	実戦No.13	国家総合職	R4	**

テーマ2 指数・構成比

	問題	試験	年度	難易度
108.	必修	地上特別区	H25	**
109.	実戦No.1	国家専門職	H19	*
110.	実戦No.2	国家専門職	H6	*
111.	実戦No.3	国家総合職	H9	**
112.	実戦No.4	地上特別区	H30	**
113.	実戦No.5	地上特別区	H17	*
114.	実戦No.6	国家専門職	H8	*
115.	実戦No.7	国家一般職	H28	**
116.	実戦No.8	国家一般職	H10	*
117.	実戦No.9	国家一般職	H9	**
118.	実戦No.10	地上東京都	H14	**
119.	実戦No.11	国家専門職	H11	**
120.	実戦No.12	国家総合職	H15	**

テーマ3 増加率

	問題	試験	年度	難易度
121.	必修	地上特別区	R元	**
122.	実戦No.1	地上特別区	R4	**
123.	実戦No.2	地上特別区	H27	*
124.	実戦No.3	国家専門職	H22	*
125.	実戦No.4	国家一般職	H14	**
126.	実戦No.5	国家専門職	H17	**
127.	実戦No.6	国家専門職	H2	**
128.	実戦No.7	国家総合職	H4	**
129.	実戦No.8	国家一般職	H3	***
130.	実戦No.9	国家一般職	R元	**
131.	実戦No.10	国家専門職	H10	**

第2章 グラフ

テーマ4 実数・割合

テーマ5 指数・構成比

テーマ6 増加率

第3章 特殊な問題

テーマ7 度数分布

	問題	試験	年度	難易度
177.	必修	国家総合職	H22	**
178.	実戦No.1	地上全国型	H8	*
179.	実戦No.2	国家総合職	H2	**
180.	実戦No.3	国家総合職	H10	**
181.	実戦No.4	国家一般職	H5	**

テーマ8 統計・相関

	問題	試験	年度	難易度
182.	必修	国家総合職	H24	**
183.	実戦No.1	地上全国型	H2	*
184.	実戦No.2	市役所	H元	*
185.	実戦No.3	国家一般職	R2	**
186.	実戦No.4	国家総合職	H11	**
187.	実戦No.5	国家総合職	H23	*
188.	実戦No.6	国家総合職	H19	*
189.	実戦No.7	国家総合職	H26	**
190.	実戦No.8	国家一般職	H17	**
191.	実戦No.9	国家総合職	R5	*
192.	実戦No.10	国家総合職	R元	**

テーマ9 その他

	問題	試験	年度	難易度
193.	必修	国家専門職	H22	**
194.	実戦No.1	国家一般職	H13	*
195.	実戦No.2	国家専門職	R3	*
196.	実戦No.3	国家専門職	H元	**
197.	実戦No.4	市役所	H10	**
198.	実戦No.5	国家総合職	H19	**
199.	実戦No.6	国家総合職	H16	*
200.	実戦No.7	市役所	H8	**
201.	実戦No.8	国家総合職	H9	***
202.	実戦No.9	国家一般職	H30	***
203.	実戦No.10	地上全国型	H4	***

文章理解

第１章　現代文

テーマ❶　内容把握
テーマ❷　要旨把握
テーマ❸　空欄補充
テーマ❹　文章整序

第２章　英文

テーマ❺　内容把握・要旨把握
テーマ❻　その他の形式

第1章 現代文

試験別出題傾向と対策

頻出度	試験名	国家総合職					国家一般職					国家専門職				
	年度	21–23	24–26	27–29	30–2	3–5	21–23	24–26	27–29	30–2	3–5	21–23	24–26	27–29	30–2	3–5
	テーマ　出題数	9	12	12	12	12	15	18	18	18	18	12	18	18	18	18
A	1 内容把握	6	6	6	6	6	9	12	12	13	12	9	13	13	12	12
B	2 要旨把握															
A	3 空欄補充	1	3	3	3	3	3	3	3	3	3	1	3	3	3	3
B	4 文章整序	2	3	3	3	3	3	3	3	2	3	2	2	2	3	3

現代文は，各試験区分とも出題数が多いが，難易度は標準的になっており，標準的な問題で基礎能力を試すという意図が感じられる。

出題形式は，内容把握にウエートが移ってきているのが特徴で，空欄補充，文章整序といった形式の問題が例年1問は出題されるという傾向にある。

内容面では，依然，人文科学分野から論説文が多く出題されているが，出題数が増加したことで幅広いテーマから出題されることが予想される。時事性の高いテーマや，経済学，政治哲学などさまざまな分野に関心を持ちたい。

● 国家総合職

現代文は，さらに内容把握重視の傾向が強くなっており，出題数も増えた。文章整序と空欄補充が1問ずつ出題されている。

内容面では，論説文中心の，抽象的で難解なものがそろい，選択肢も難易度が高いものが多い。社会学や経済学のテーマからの出題も増えてきている。

● 国家一般職

出題形式では，ほかの試験区分同様，内容把握問題が頻出であるが，空欄補充，文章整序なども，例年1問ずつ出題される傾向にある。新試験になり，出題数は増えたが，問題の形式・難易度から見ると例年通り標準的なものが多い。

内容面では，哲学的，文学的で抽象的な文章を題材としたものが頻出で，レベルは高いが癖のない問題が多い。

● 国家専門職

内容把握問題が頻出でありつつも，空欄補充，文章整序などの出題もありバランスの取れた出題形式になっている。　内容では，平成19年度に文章整序の問題で判例文が使われるなど，ユニークな題材が注目されたが，ここ数年は人文科学や社会科学分野からの出題が多い。

	地方上級（全国型）					地方上級（東京都）					地方上級（特別区）					市役所（C日程）				
	21-23	24-26	27-29	30-2	3-5	21-23	24-26	27-29	30-2	3-5	21-23	24-26	27-29	30-2	3-5	21-23	24-26	27-29	30-2	3-4
	9	9	9	9	9	12	12	12	12	12	12	13	15	15	15	9	9	9	9	6
テーマ1	2	2			3	6	6	6	6	5	2					6		9	9	2
テーマ2	7	5	9	7	5						4	7	9	9	9	3	7			4
テーマ3		2		2	1	3	3	3	3	4	3	3	3	3	3		2			
テーマ4						3	3	3	3	3	3	3	3	3	3					

● 地方上級

東京都や特別区といった受験型が独自の問題を出題しているものの，大半の受験型では全国型と重複している問題が多く，全体から見ると，出題傾向，レベル感は全国型と同じと見てもよいだろう。

具体的には，人文科学分野の要旨把握・内容把握がその出題の多くを占めるという特徴がある。哲学的で回りくどく，論旨が読み取りにくい文章が多い。

全国型では，哲学的な論説文の要旨把握が多く出題されている。

関東型では，全国型と同じ問題が多いが，空欄補充や文章整序が出題されることもある。

中部・北陸型では，全国型と約半分が共通の問題である。

東京都と**特別区**は，独自の問題で，要旨把握もあり，空欄補充や文章整序も出題されている。東京都は難易度が高いものが多く，長文の出題が多い。特別区は平成26年度以降，現代文の出題が４題から５題に増えた。選択肢が比較的容易な出題が多い。

● 市役所

例年Ａ日程・Ｃ日程は３題，Ｂ日程は２題の出題であるが平成28年度は３題に増えた。要旨把握が頻出した時期もあったが，近年では，内容把握の出題が多くなっている。まれに空欄補充の出題もある。内容面では，思想が頻出テーマであるが，社会問題や企業論など社会科学分野からの出題もある。

内容把握

必修問題

次の文の内容と合致するものとして最も妥当なのはどれか。

【国家専門職・令和４年度】

ものを知るには，三つの方法がある。それは「分ける」と「つかむ」と「さとる」とである。

第一の「分ける」というのは，対象物を順次分解していって，その最終端末のエレメントがすべてわかれば，それで全体がわかったとみなす分析的な理解の仕方である。これはヨーロッパ的な考え方で，われわれが明治以降受けてきた教育は，すべてこれであった。分けるという字と，分かるという字が同じなのもそのためであろうし，解明という字が使われているのは，分解すれば明らかになるという思想が根底にあったからである。

一方，東洋では，これに対して「つかむ」という考え方をする。これは分析式とは逆の方向のもので，はじめにまず，ものを全体としてとらえ，必要に応じて細部をおさえていくというやり方である。日本では古くから，この総合的なつかむというとらえ方が得意で，わが国の文化も芸術も，ほとんどこれを基礎にしてできあがってきたといってよい。

三番目の「さとる」というのは，分けるとつかむを組み合わせ，しかも，一段次元の高いところから理解しようとする方法である。古来，高僧たちが修行の目標としたのは，これであった。ヨーロッパ的分析法も，その最終のねらいがここにあることはいうまでもないが，ただ入口が東洋とはちがうのである。

それはちょうど，どちらも富士山の頂上をねらっているのに，一方は駿河口から，一方は甲州口から登ろうとしているのと同じようなものである。日本はずっと甲州口から登っていたのに，明治のはじめに急きょ駿河口の道に乗り換えたのであった。

ところでいま，日本の文明が突き当たっている壁は，明治以来100年の間，分析的な方法をとって急速度で進んできたが，そのために起こったいくつかの矛盾を，どのようにして軌道修正するかというところにある，**といってよかろう**。それにはまず，ベクトルの方向を逆転させ，もういちど「つかむ」という総合的な思考方式のよさを，再認識する**必要がある**。

そのことを医学の分野にたとえていうなら，分析的な西洋医学に対して，総合的な漢方医学のよさが再認識されようとしていることと似ている。さらにまた，ここ10年来やかましく叫ばれている公害問題をとりあげれば，その意味はもっとはっきりしてくる。

科学技術の急速な進歩は，分析的な研究方法の成果であったことはまちがいない。だが，分析的な方法を進めるには，その途中で本質的でないものを切り捨てていかなくてはならない。その「非本質的なもの」として切り捨てられた因子が積み重なって，公害となり，ついに環境を破壊するようになって，われわれに強い反省を迫っているのである。

1 さとるは，分けるとつかむの両方を組み合わせて初めて至る境地であり，さとるに至るためには，本質的でないものを切り捨てることが特に重要と考えられている。

2 わが国においてもヨーロッパにおいても，一段次元の高いところから理解し，時代の変化にも柔軟に対応できる人材を育成する教育が重視されてきた。

3 分解すれば明らかになるという思想を根底にもつことは，ものを知ることには役立つが，文化や芸術の基礎を作ることには適していない。

4 われわれは，明治時代以降，ものを知る方法をヨーロッパ的な考え方に変えてきたが，ものを全体としてとらえる総合的な思考方式のよさを改めて認識する必要がある。

5 われわれは，分析的な研究方法を重視した結果，公害問題が引き起こされてしまったことを反省し，本質的なものを切り捨てない思考方式に軌道修正する必要がある。

難易度 ＊＊

必修問題の解説

文章理解の問題に使われる文章は，抽象的で難易度が高い文章が多く，特に国家総合職や国家専門職などでは選択肢も難解である。その分野の予備知識がある場合には，内容をきちんと読み取って正答を選ぶことができるかもしれないが，知らないテーマだと運に任せて適当に選んでしまう受験生も多いかもしれない。しかし，本試験では1問でも確実に点数を取っていかなければ，合格はできない。

では，確実に点数を取るにはどのような学習が必要なのだろうか。

筆者は自分の意見を読者に理解してもらいたくて文章を書いている。そして，そこにはルールがあり，文章理解が得意な人は無意識にその**ルールに則って読解**している。だから，苦手な人はその**ルールを学んで意識化すればよく，そうすれば，筆者の主張が明確になり，確実に正答にたどり着くことができる**のである。

文章は線条的に読むのではなく，ルールを意識しながら「ここは一般論」「ここは筆者の主張」「ここはキーセンテンス」といった**文章の構成図を問題文にメモしながら読むことが大切**だ。このような文章の読み方については，後のページにPOINTとしてまとめてあるので，ここでは，必修問題を実際に解きながら，文章構成を読み取る練習をしよう。

STEP❶　出題形式の確認

解き始める前に，まずは出題形式の確認を行うことが大切である。これから解く問題が要旨を問うものなのか，内容を問うものなのか，または，空欄を補充するものなのかを確認する癖をつけてほしい。出題形式は文章を理解するうえではそれほどの違いを持ってはいないが，**選択肢を選ぶ際には大きな違いが生じてくる**ので注意が必要である。

本問の出題形式は**「内容と合致するもの」**を選ぶものなので**「内容把握」**である。内容把握の問題は，要旨把握の問題と比べてみると問題の解き方には違いはないのだが，選択肢の選び方に若干の違いがある。詳しくは**テーマ２のPOINT**（重要ポイント１）で述べるので，そちらを参考にしてほしい。また，「内容把握」は近年多くの試験区分で頻出となっているので，ぜひ押さえておきたいところである。

STEP❷　選択肢から内容を予想する

次に選択肢に目を通す。**本文に入る前に選択肢を読むことで，あらかじめ本文の内容を予想することができる。**

今回の必修問題の選択肢に目を通すと，繰り返し使用されているキーワードとして，「分ける」「つかむ」「さとる」「ものを知る」「われわれ」「ヨーロッパ」が見つかるので，本文は「ものを知ることについての分析と方法の東洋と西洋比較」という内容だと予想できる。

STEP❸　本文を読む

出典は，小原二郎『人間工学からの発想』である。本文の大意は次のとおりである。＜ものを知るには「分ける」と「つかむ」と「さとる」があり，ヨーロッパ的な「分ける」という分析的な理解の仕方により科学技術は急速な進歩をとげたが，その途中で「非本質的なもの」として切り捨てられた因子が積み重なり，日本文明は壁に突き当たっている。その解決には日本が得意とする「つかむ」という総合的な思考様式の再認識が必要である＞というもの。

以上の大意を読み取るためには本文の構成を意識しながら読むことが大切である。ここで本文の構成を図で確認しておこう。

ものを知る：分ける　分析的　ヨーロッパ ←選択肢3，4
　　　　　　つかむ　全体を捉える　日本得意 ←選択肢3
　　　　　　さとる　分けるとつかむの組み合わせ ←選択肢1，2

ところでいま

分析的理解 → 壁，矛盾
　↕ └本質的でないものを切り捨てる ←選択肢1
つかむという総合的な思考方式の再認識する必要がある ←選択肢4，5

ものを知ることについて，３つのそれぞれ方法の説明を前提として，「**ところでいま**」の第５段落の筆者の主張（**再認識する必要がある**）を理解できたかがポイントである。

STEP❹　選択肢を選ぶ

1 ×　最終段落にあるように「本質的でないものを切り捨てる」理解の仕方は「分析的な方法」つまり，「分ける」ことにより生じる問題点であり，「さとる」ことにおいて「重要と考えられている」ものではない。

2 ×　「一段次元の高いところから理解」するのは「さとる」の説明であり，わが国においてもヨーロッパにおいても目標としたとはいえるが，「時代の変化に柔軟に対応できる人材を育成する教育」に関する記述は本文中には見られない。

3 ×　第３段落にある「つかむ」の記述の中に「わが国の文化も芸術も，ほとんどこれを基礎にしてできあがってきた」とあるが，「分ける」が「文化や芸術の基礎を作ることには適していない」とする記述は本文中にない。

4 ◎　正しい。第１．５段落に書かれている内容である。

5 ×　前半は正しい記述だが，第５段落にあるように，筆者が「再認識の必要がある」としてるのは「『つかむ』という総合的な思考方式のよさ」であり，「本質的でないものを切り捨てない」思考方式ではない。

正答　4

FOCUS

文章理解では，思想，文学・芸術，歴史，言語，政治，経済，科学など幅広いジャンルからの出題がある。その中でも思想は，最も出題数が多く，かつ，最も受験生の苦手とする分野である。また，近年，政治哲学や経済学など社会科学分野の出題も増加しているので，これらの分野について書かれた本を１冊でも読めれば，文章の流れに慣れ，解答するうえで役に立つだろう。なお，本書では人文・社会・自然科学の順に問題を並べてあるので，続けて問題を解くことで，それぞれの分野の特徴的な流れがつかめると思う。

POINT

重要ポイント 1 現代文の問題の解き方

(1) 設問を読む

まずは，出題形式を確認し，印をつける。

(2) 選択肢で本文の内容を予想する

次に，選択肢に目を通す。本文に入る前に選択肢を読むことで，どのような内容かあらかじめ見当をつけるのである。

もちろん選択肢の5つのうち正答はたった1つであり，そのほかは誤答なのだから，選択肢をすみずみまで読んで理解する必要はない。**選択肢から繰り返し使われているキーワードを探し，本文がどのようなテーマによって進められているのか，大まかに予測しておくのである。**大まかであっても，予測ができれば，これからどのようなことが論じられるのか何もわからないまま本文にいきなり飛び込むよりも，本文の構成がつかみやすいのである。

(3) 本文を読む

①論理の展開を見抜く

文章は「問題提起」，「展開部」，最後に「結論」というような論理構成によって話が進められている場合が多い。したがって，冒頭では筆者の主張を抽象的に表現する「問題提起」が来るケースが多いので，最初の文章に注意をする。また，冒頭で述べた主張を「結論」でまとめるので，この点にも注意を要する。

②キーセンテンスを見つける

筆者の主張を一言で表した文章を見つけ出すことが重要である。このキーセンテンスは問題提起の部分や，逆接の接続詞の後に出てくることが多い。また，キーセンテンスの後には言い換え表現が続くことが多いので，何を主張しているのかよくわからなかったとしても，前後の文章をヒントにするとよい。

③接続詞を見つける

接続詞は文章と文章の関係を示したものである。したがって，接続詞をチェックし，そこから文章の構成を見つけ出すというのも有効である。

(4) 選択肢を選び出す

選択肢は必ず本文にその根拠を見つけて正誤判断をするように心掛けてほしい。自分の考え，一般論などの先入観は入れず，筆者が何を伝えたいと考えているのか，本文を根拠に導き出してほしい。

重要ポイント 2 本文に線を引いて読む

本文を読む際には，文字が流れるに従ってただ読んでいくのではなく，**キーワードやキーセンテンスといった重要な箇所に線を引き，接続詞などを参考に文章と文章の関係を矢印などの記号で明確にするとよい。また，理由や説明がいくつかあれば，それに番号を振るのもよい。**

これらは，限られた時間の中，文章を読みながら，その構成を頭に描きつつ理解するために役に立つ。また，選択肢を選ぶ際には，その根拠を本文に求めるのだが，この方法だとどこに何が書かれていたかがすぐわかるので非常に便利である。

それでは，必修問題で扱った文章に，実際に下線や記号などを書き入れたものを例示する。この例を参考にして，自分なりに線の引き方を工夫するとよいだろう。

線の引き方

ものを知るには，三つの方法がある。それは「分ける」と「つかむ」と「さとる」とである。

第一の「分ける」というのは，対象物を順次分解していって，その最終端末のエレメントがすべてわかれば，それで全体がわかったとみなす分析的な理解の仕方である。これはヨーロッパ的な考え方で，われわれが明治以降受けてきた教育は，すべてこれであった。分けるという字と，分かるという字が同じなのもそのためであろうし，解明という字が使われているのは，分解すれば明らかになるという思想が根底にあったからである。

一方，東洋では，これに対して「つかむ」という考え方をする。これは分析式とは逆の方向のもので，はじめにまず，ものを全体としてとらえ，必要に応じて細部をおさえていくというやり方である。日本では古くから，この総合的なつかむというとらえ方が得意で，わが国の文化も芸術も，ほとんどこれを基礎にしてできあがってきたといってよい。

三番目の「さとる」というのは，分けるとつかむを組み合わせ，しかも，一段次元の高いところから理解しようとする方法である。古来，高僧たちが修行の目標としたのは，これであった。ヨーロッパ的分析法も，その最終のねらいがここにあることはいうまでもないが，ただ入口が東洋とはちがうのである。

それはちょうど，どちらも富士山の頂上をねらっているのに，一方は駿河口から，一方は甲州口から登ろうとしているのと同じようなものである。日本はずっと甲州口から登っていたのに，明治のはじめに急きょ駿河口の道に乗り換えたのであった。

ところでいま，日本の文明が突き当たっている壁は，明治以来100年の間，分析的な方法をとって急速度で進んできたが，そのために起こったいくつかの矛盾を，どのようにして軌道修正するかというところにある，といってよかろう。それにはまず，ベクトルの方向を逆転させ，もういちど「つかむ」という総合的な思考方式のよさを，再認識する必要がある。

そのことを医学の分野にたとえていうなら，分析的な西洋医学に対して，総合的な漢方医学のよさが再認識されようとしていることと似ている。さらにまた，ここ10年来やかましく叫ばれている公害問題をとりあげれば，その意味はもっとはっきりしてくる。

科学技術の急速な進歩は，分析的な研究方法の成果であったことはまちがいない。だが，分析的な方法を進めるには，その途中で本質的でないものを切り捨てていかなくてはならない。その「非本質的なもの」として切り捨てられた因子が積み重なって，公害となり，ついに環境を破壊するようになって，われわれに強い反省を迫っているのである。

実戦問題❶　基本レベル

No.1 ＊　次の文の内容と合致するものとして最も妥当なのはどれか。

【国家総合職・平成26年度】

水は凍ったときに初めて手でつかむことが出来る。それはあたかも人間の思想が心の中にある間は水のように流動してやまず，容易に捕捉し難いにもかかわらず，一旦それが紙の上に印刷されると，何人の目にもはっきりした形となり，もはや動きの取れないものとなってしまうのと似ている。まことに書物は思想の凍結であり，結晶である。

自分の平素考えたこと，書きしるしたことが活字となり，一冊の書物となるごとに，私はこのような感懐を新たにするのである。自分の著書でありながらその中に固定せられている思想は，何か自分のものでない，他所事のような錯覚を起こすことさえある。それほどでなくても，現在自分の胸中を去来する思想に比べると，すくなくともある時間の隔たりを認めざるを得ないのである。それに伴って，現在自分の中に生きている思想をもっと忠実に表現してみたいという強い要求を感ずる。ところがその結果が新しい書物の形を取って外部に現われる頃には，内部の思想はさらに違った方向に進んでしまっているのが常である。これはしかし，思想の進歩や成長がやまぬ限り，のがれ難い運命であろう。

これを反面から見るならば，自分の思想が書物の形において一応固定せられたが故に――頭の中で浮動している間は曖昧であった――長所や短所がはっきりと明るみにさらされることとなるのである。それはもはや自分一人の私有物ではなく，万人の共有物として，さまざまな批判検討を受けなければならぬこととなる。そしてそれ故にこそ，著者自身にとっては，さらに前進するのに最も都合よい基地となるのみならず，他の多くの人達の心にも新鮮な栄養となり，強い刺戟を与え得るのである。

書物が思想の結晶であるならば，書物の題名こそはさらにその全内容の結晶する核であるといい得るであろう。いうまでもなく書物の表題から，ただちにその内容をある程度まで窺知（きち）し得る点に，表題の存在の意義がある。それどころではない。著者の心の中に湛えられている微妙な気持をさえも，題名からくみ取り得るのである。

1　自分の思想を書物として著すことは，活字となる前は曖昧だった思想が明るみにさらされ，自らの思想が万人の共有物としてさまざまな批判検討を受けなければならなくなることを意味する。

2　自分の著書の中に固定されている思想と現在自分の胸中を去来する思想には時間の隔たりを認めざるを得ないが，これは技術の進歩によりやがて解消されるであろう。

3　書物の題名は，書物の全内容の結晶する核であるといい得るものであるから，題名から書物の内容をある程度まで窺知し得るだけでは足りず，著書の心情を表すものでなければならない。

4　流動する水が凍ったときに初めて手でつかむことが出来るのと同様に，人間の思想も紙の上に印刷されることによって，初めてその内容を正確に理解することが出来る。

5　思想の進歩や成長によって，人間の内部の思想はさらに違った方向に進んで行くのが常であるから，著者が新しい書物を著した時点で，それ以前の古い書物はもはや何の意味も成さなくなる。

No.2 *　**次の文の内容と合致するものとして最も妥当なのはどれか。**

【国家一般職・平成18年度】

ショーペンハウアーでは，この世の矛盾は解決しようがなく，宗教とか芸術によってしか脱却できないというペシミズムに力点がある。しかしニーチェの力点は，人間はその欲望の本性（生への意志）によってさまざまな苦しみを作り出す存在だが，それにもかかわらずこの欲望（生への意志）以外には人間の生の理由はありえない，という点にある。これがニーチェの「ディオニュソス的」という概念の核心部なのである。「生の是認」というニーチェ独特の言い方は，そういうことを意味している。

こうして，ニーチェの「悲劇」の概念は，人間の生は「苦しみ」の連続だが，この「苦しみ」ということをどう了解するかという問題に深くかかわっていることがわかる。

人間は要するに，自分のうちのさまざまな欲望によって苦しむ。これは誰でも知っていることだ。苦しみがあまりに大きいと，わたしたちはしばしばこの欲望こそが矛盾（苦しみ）の根源なのだから，いっそ欲望そのものがなければ矛盾もなくなる，と考える。先にも言ったように，仏教の考え方もこれに近い。「煩悩」こそが一切の苦しみや矛盾の源泉であり，したがって「色即是空」と観じて「煩悩」を消し去れば人間は救われるという考え方である。しかし，ニーチェは『悲劇の誕生』においてこの考え方にはっきりと反対しているのである。

「欲望する存在としての人間は矛盾に満ちている，しかしそれにもかかわらず，この欲望の本性は否定されるべきでない」。このニーチェ独自の直観は，彼の青年期の芸術体験によるところが大きいような気がする。また恋愛体験もそういう直観をしばしばもたらすことがある。驚きに満ちた恋愛や芸術の体験の中には，苦しいけれども，その苦しさがまた人間の生きる理由になる，ということを理屈抜きで確信させるものがあるからだ。もちろんこの直観がその後のさまざまな経験で挫折し，ペシミズムに陥る場合もいくらもある。しかしおそらくニーチェはこの直観を大事なものとして深く育てる道を歩いたのだ。そのことは彼の以後の思想の歩みをみるとよく了解できるはずだ。

1 ニーチェは，人間の欲望に伴う苦しみこそが人生の本質であるので，そのような苦しみを進んで受け入れることが必要であるとした。

2 ニーチェは，人間は生きていく上で様々な欲望を抱き苦しむが，そのような苦しみこそが同時に生きる理由になるとした。

3 ニーチェは，人間は苦しみから逃れようとして欲望を捨てようとするが，欲望を捨ててもまた，別種の欲望によって苦しむものであるとした。

4 ニーチェは，欲望に伴う苦しさが人間の生きる理由であることを直観するために芸術体験や恋愛体験が必要であるとした。

5 ニーチェは，人間の生は苦しみの連続であるが，苦しみが大きければ大きいほど人間の存在理由もまた増大するとした。

No.3＊ **次の文の内容と合致するものとして最も妥当なのはどれか。**

【国家専門職・令和元年度】

日本では，電車内やレストランなどいくつかの公共空間でのケータイ利用（特に通話）が禁止されている。ただ，友達同士で楽しそうにおしゃべりをしている人は何人もいる。なぜ，客同士の会話は許されるのに，ケータイでの会話は許されないのだろうか。

都市空間には一定の秩序がある。たとえば，電車内での会話についても暗黙の了解がある。

ふだん車内で会話をする場合，私たちはある程度周りに気を使っている。乗客は，自分たちの会話が周りに聞かれていることを前提に話さなければならない。また，周囲の人々は，聞こえていても聞いていないふりをしている。私たちは，周りの人たちが聞いているのは知っているが知らないふりをして話し，周囲の人々は，聞こえているが聞いていないふりをする。そんな関係が車内には成立している。それぞれが厳しく行動規則を遵守しているのである。E. ゴッフマンは，人々はその場にふさわしい自己を呈示するために自分の印象を管理し操作していると考えた。見知らぬ人々が集まる場所でも私たちはその場にふさわしくない人間ではないことを周りの人々に知らせようとする。そのような暗黙の了解として，他人の都合の悪い場面に出くわしたときに無関心を装う行為をゴッフマンは「儀礼的無関心」と呼んだ。また，S. ミルグラムはこのような都市の規範を「不関与の規範」と呼んだ。人々はお互いに関わらないようにするという規範を共有しているのである。

ところが，電車内だけでなく映画館やコンサートホールにいるときでもケータイはこちらの状況などお構いなしにかかってくる。電車内で呼び出し音が鳴りケータイで話し始めると，周囲を気にせずに話し始めたように他の乗客には見える。それは，車内の秩序が「不関与の規範」を遵守する乗客全員のチームワークで成り立っているからである。それゆえに，乗客ではない車外の誰かとケータイで話している行為自体が他の乗客の不快感を誘うのである。車内でケータイが鳴るとき，周りの乗客たちは「儀礼的無関心」を演じている。そして，ケータイで話し始めた乗客には「聞かれていることを了解したうえで，聞かれていないふりをしながら，すぐにケータイを切る」ことが期待されるのである。それでもケータイで話し続ける乗客は，車内の規範と行動規則に違反しているとして，厳しい非難の視線に晒されることになるのである。

1 日本では，電車内においてケータイで話し続ける乗客に遭遇したときに「儀礼的無関心」を演じることは，見知らぬ人々が集まる公共空間にふさわしくないと考えられている。

2 日本では，「不関与の規範」は，電車内におけるケータイでの会話を許さないといった他者の行為に対する不寛容につながるものと解されており，あまり歓迎されていない。

3 日本では，電車内においてケータイの呼び出し音を鳴らしてしまった者は，周囲を気にしていないように他の乗客の目に映るため，非難の視線が向けられることになる。

4 日本では，公共空間で他者の会話が聞こえていても聞いていないふりをしなければならず，周囲の人々が苦痛に感じるため，電車内ではケータイで会話すべきではないとされている。

5 日本では，電車内においてケータイで話し続けることは，関与することをお互いに控えようとするという乗客間の規範等に反し，周囲の人々に不快感を与えるため，許容されない。

＊No.4 次の文の内容と合致するものとして最も妥当なのはどれか。

【国家一般職・平成27年度】

未来は，やって来るだろうか。もちろん，ある意味では「未来はやって来る」。たとえば，一週間後に友人と会う約束をする。その未来は一日一日と近づいてきて，実際にその日になり，友人と会っていっしょに食事をする。同じように，数分先の未来も，何年も先の未来も，刻々と近づいてきて，実際にその瞬間が訪れる。たしかに，「未来はやって来る」。

しかし，別の意味では「未来はやって来ない」。いや，「やって来ないということに，未来としての未来の核心がある」。未来は，やって来てしまうと現在に変わってしまって，もう未来ではなくなってしまう。そこでは，未来性は失われる。その代わり，まだやって来ない時点が，新たな未来となる。そして，「まだ……ない」という未来性は，次々と新たな未来へと受け渡されていく。その受け渡しを通じて，「未来としての未来」は残り続ける。そのような意味で，「未来はいつまでもやって来ない」。いや，「いつまでもやって来ないということに，未来としての未来の核心がある」。

《中　略》

「未来としての未来」であっても，それに思いを馳せることはできるのではないか。一週間後に友人と会うところを思い描く。何年も先の未来を予測する。地球滅亡の日を想像する。あるいは，予想もつかないようなまったく新しい未来が訪れることを期待する。そのように思いを馳せるとき，未来は未来のまま思い描かれていて，現在に変わってはいない。こうして，「未来としての未来」も，思い描くことはできるのではないか。

たしかに，そのように未来に思いを馳せることはできるし，実際にそうしている。しかし，そのように思い描かれた未来は，その未来性の核心部分を失ってしまう。というのも，未来の未来性の中には，「現在のどんな思いもけっして及びようがない」ということが，含まれているからである。

思い描き・予想・想像・期待・計算などによって表象される未来は，すべて「現在の思い」である。その表象どおりの未来が訪れている限りは，現在と未来はすんなり連続しているように見える。しかし，往々にして「現在の思い」は裏切られる。裏切られてはじめて，「未来についての表象」は，その現在の時点のものにすぎなかったのであり，けっして未来には触れえていなかったことを思い知らされる。

1　だれかと実際にある経験を共有することによって，未来が事前に想像したとおりのものであったかを確認することができる。

2　未来をどのような意味でとらえるかはさまざまであっても，未来がやって来るかどうかという問いに対する回答に違いは見られない。

3　やって来ないということに，未来としての未来の核心があり，それが次々と新たな未来へと受け渡されていくことで，「未来としての未来」は残り続ける。

4　「未来としての未来」であれば何年も先の未来であっても，現在との連続性を失うことなく思いを馳せることができる。

5　現時点での知識や想像力を用いれば未来の姿を表象することができるため，「未来としての未来」が「現在の思い」を裏切ることはけっしてない。

No.5 次の文の内容と合致するものとして最も妥当なのはどれか。

【国家総合職・平成21年度】

人間の知性というのは，本来，学識，教養といった要素に加えて，協調性や道徳観といった要素を併せ持った総合的なものを指すのでしょう。しかし，本来そうあるべきだった人間の知性は，どんどん分割されていきました。それは科学技術の発達と密接に関係しています。分割されて，ある部分ばかりが肥大していった結果，現在のようになってしまったのです。

十九世紀末に，人間の知性の断片化が加速度的に進んでいく状況を意欲的に分析探求しようとしたのが，マックス・ウェーバーです。彼は文明が人間を一面的に合理化していく状況を主知化の問題としてとらえ，人間の調和ある総合的な知性の獲得の断念が，主知的合理化の「宿命」であると考えていました。彼はダンテの『神曲』の言葉を引いて，「すべての望みを捨てよ」と説いたほどです。

「職業としての学問（科学）」の中で，ウェーバーはこう言っています。

われわれはみな，自分たちは未開の社会よりはるかに進歩していて，アメリカの先住民などよりはるかに自分の生活についてよく知っていると思っている。しかし，それは間違いである。われわれはみな電車の乗り方を知っていて，何の疑問も持たずにそれに乗って目的地に行くけれども，車両がどのようなメカニズムで動いているのか知っている人などほとんどいない。しかし，未開の社会の人間は，自分たちが使っている道具について，われわれよりはるかに知悉（ちしつ）している。したがって，主知化や合理化は，われわれが生きるうえで自分の生活についての知識をふやしてくれているわけではないのだ―と。

そして，高度に科学が進んだ医学についても，こう言っています。

医者は手段をつくして患者の病気を治し，生命を維持することのみに努力を傾ける。たとえその患者が苦痛からの解放を望んでいても，患者の家族もそれを望んでいても，患者が治療代を払えない貧しい人であっても関係ない。すなわち，科学はその行為の究極的，本来的な意味について何も答えない―と。

1 一人の人間が獲得できる知識は限られており，各人が得意とする分野の知識を蓄積し，それらを合理的に融合することによって科学技術は加速度的に発達した。

2 発達した科学技術の利便性は人間から思考の機会を奪い，その結果，社会の文明化が進むにつれて人間の知性は衰退化への道をたどっている。

3 マックス・ウェーバーは，科学技術が加速度的に発達するためには，調和ある総合的な知性の獲得は必要ないと考えていた。

4 人間の知性は科学技術によって分割されており，未開の社会のような人間本来の姿と調和するような科学技術の方向性を探求する必要がある。

5　人間は科学技術を発達させたが，そのような進歩した科学技術が，人間の知性として本来あるべき姿を教示してくれるわけではない。

＊＊

No.6　次の文中で述べられていることとして，最も妥当なのはどれか。

【地方上級（東京都）・令和４年度】

たとえば長方形の水槽（すいそう）の底を一様に熱するといわゆる熱対流を生ずる。その際器内の水の運動を水中に浮遊するアルミニウム粉によって観察して見ると，底面から熱せられた水は決して一様には直上しないで，まず底面に沿うて器底の中央に集中され，そこから幅の狭い板状の流線をなして直上する。その結果として，底面に直接触れていた水はほとんど全部この幅の狭い上昇部に集注され，ほとんど拡散することなくして上昇する。もし器底に一粒の色素を置けば，それから発する色づいた水の線は器底に沿うて走った後にこの上昇流束の中に判然たる一本の線を引いて上昇するのである。

もしも同様なことがたぶん空気の場合にもあるとして，器底の色素粒の代わりに地上のねずみの死骸（しがい）を置きかえて考えると，その臭気を含んだ一条の流線束はそうたいしては拡散希釈されないで，そのままかなりの高さに達しうるものと考えられる。

こういう気流が実際にあるかと言うと，それはある。そうしてそういう気流がまさしくとんびの滑翔（かっしょう）を許す必要条件なのである。インドの禿鷹（ヴァルチュア）について研究した人の結果によると，この鳥が上空を滑翔するのは，晴天の日地面がようやく熱せられて上昇渦流（じょうしょうかりゅう）の始まる時刻から，午後その気流がやむころまでの間だということである。こうした上昇流は決して一様に起こることは不可能で，類似の場合の実験の結果から推すと，蜂窩状（ほうかじょう）あるいはむしろ腸詰め状対流渦（たいりゅうか）の境界線に沿うて起こると考えられる。それで鳥はこの線上に沿うて滑翔していればきわめて楽に浮遊していられる。そうしてはなはだ好都合なことには，この上昇気流の速度の最大なところがちょうど地面にあるものの香気臭気を最も濃厚に含んでいる所に相当するのである。それで，飛んでいるうちに突然強い腐肉臭に遭遇したとすれば，そこから直ちにダイヴィングを始めて，その臭気の流れを取りはずさないようにその同じ流線束をどこまでも追究することさえできれば，いつかは必ず臭気の発源地に到達することが確実であって，もしそれができるならば視覚などはなくてもいいわけである。

とんびの場合にもおそらく同じようなことが言われはしないかと思う。それで，もし一度とんびの嗅覚（きゅうかく）あるいはその代用となる感官の存在を仮定しさえすれば，すべての問題はかなり明白に解決するが，もしどうしてもこの仮定が許されないとすると，すべてが神秘の霧に包まれてしまうような気がする。

これに関する鳥類学者の教えをこいたいと思っている次第である。

1 水槽の底を一様に熱すると，底面から熱せられた水は決して一様には直上しないで，まず底面に沿って器底の中央に集中されることから，筆者は水槽の底は外側から中央部に向かって徐々に温まっていくと考えた。

2 筆者の観察によると，とんびが上空を滑翔するのは，晴天の日地面がようやく熱せられて上昇渦流の始まる時刻から，午後その気流がやむころまでであり，上空を滑翔している間，とんびは極めて楽に浮遊していられることが判明した。

3 筆者が実施した水槽の実験により，上昇気流は一様には起こらず，対流渦の境界線に沿って起こることが確認できた。

4 地上のねずみの死骸から発生する臭気はかなりの高さに達しうると考えられることから，筆者は，とんびは上空で滑翔しつつ，地面からの臭気の流れを追究することでねずみの死骸に到達しているものと推測している。

5 禿鷹に関する研究で鳥の嗅覚が鈍いことが明らかになったため，筆者はすべてが神秘の霧に包まれてしまったと失望し，鳥類学者に教えをこおうと考えた。

No.7* 次の文の内容と合致するものとして最も妥当なのはどれか。

【国家総合職・令和２年度】

共生の進化史は，環境からの独立の進化史でもある。厳しい環境変化に生物はどのように対応してきたのか？答えは，「お互いの協力」によってである。共生は，様々な生物同士が協力して環境に対抗する方法である。環境変化には「１人」で対応するより「２人」，「２人」より「３人」で対応したほうが，その力は増す。様々な生物が，そのようにして，共生関係を築いてきた。

生物の進化史は真正細菌や古細菌の作る共生系の膜状の群体，バイオマットに始まり，原核生物の共生による真核生物の誕生，多数の細胞が共生した多細胞生物へと進む。そして，動物に顕著な共生細胞の組織・器官への細胞分業，陸上への進出に伴う共生の強化，熱帯雨林など共生生態系の成立等々，まさに共生の進化史である。

共生することにより，過酷な環境へ新たに進出し，存続が可能になった。実際は，環境が変化し古い体制の生物が絶滅して，新しい過酷な環境に放り出された。そうして，長い時間ののちに，やむなく新しい共生法を編み出して，過酷になった新しい環境に適応した新しい共生体制を進化させた生物群が繁栄した。共生という手段はもっとも有効な生き残り方法だったのである。厳しい環境で存続することは，環境からの影響を少なくしたことと同じである。

ダーウィンの自然選択理論以来，「生存競争」や「弱肉強食」など，「勝てば官軍」思想が流行り，「強者」の進化が提唱され続けてきた。一方で共生は，生物学，その中でも生態学でわずかに扱われるだけで，今まであまり注目を浴びなかった。しかし，生物の進化からみると，共生は，古くから環境変化に対応する生物の知恵だった。生物は共生によりまず繁栄をするが，いつかは破綻して絶滅する。そして，しばらくしてまた，新しい共生システムが繁栄する。

《中　略》

現生の生物群にも，同じように，共生することにより環境変化に対して有効に対応している生物がいる。藻類と菌類の共生体の地衣類（ライケン）だ。地衣類では，藻類が光合成を，菌類が栄養の分解と水分の供給を受け持っている。地衣類は，藻類と菌類の組合せのみでしか生存できず，それは絶対共生と呼ばれている。つまり，藻類だけ，菌類だけと別々には存続できず，お互いを必要としている関係にあり，藻類と菌類を合わせて，個体と呼ぶにふさわしい生物である。

写真などで見た人もいると思うが，亜高山帯の針葉樹林にぶら下がっている薄緑色のぼろ雑巾は，地衣類のサルオガセだ。サルオガセは，枝にぶら下がっているだけで，樹木からは栄養を得ることはない。水分（乾燥）や栄養，湿度など多くの点で，変化の激しいとても厳しい環境にいるが，「共生」という関係により，そのような環境での生存・存続を可能にしている。

1　共生の進化史は，「弱肉強食」の世界において弱者が強者にとって有利な環境から独立する進化史であり，共生は強者に対抗するための生物の知恵である。

2　生物の進化史は，看過されがちであるが，厳しい環境変化に適応しようとする様々な共生の進化史でもあり，現生する地衣類のサルオガセは共生の一例である。

3　個々の生物は，古い体制の生物が絶滅するような過酷な環境でも繁栄することを想定して，群体，多細胞生物，細胞分業といった共生体制を編み出し，選び取ってきた。

4　共生関係を築いた生物群の中では，絶対共生関係を築いた地衣類のように，より強固な共生関係を進化させた生物群ほど繁栄している。

5　地衣類のサルオガセが過酷な環境でも生存できるのは，栄養を除く多くの点で樹木との共生関係を築くなど，共生関係を築く対象を拡大・強化したからである。

*No.8　次の文の内容と合致するものとして最も妥当なのはどれか。

【国家専門職・平成25年度】

物理学の研究法に二通りある。一つは，直接われわれの目に見える事物の間の関係を忠実に辿っていくやり方で，現象論的方法といわれる。いま一つは，あらゆる自然現象をすべて原子や電子などの相互作用の結果と解釈しようとする立場であって，原子論的方法と呼ばれる。今日では後者の方が盛んに行われている。

ところが原子や電子自身は目に見えないものである。顕微鏡でさえも見ることの出来ないほど小さいものである。わざわざ，そんなものを相手にする必要がどこにあろうか。電流とは多数の電子の流れであるということを知っていてもいなくても，電燈線の故障を直すのに何の違いもないであろう。

現象論的な方法こそ唯一の科学的研究法であって，目に見えない原子の振舞にまで立ち入るのは邪道である。すくなくとも，専門家以外にはまったく不必要であるという考え方が一応成り立ちそうである。

これに対して，われわれが病気にかかった場合に，どうするかを考えてみる。

医者はそれを黴菌（ばいきん）のせいだという。われわれの目にはそれはもちろん見えないのであるが，医者のいうことは本当だと思う。そして目に見えない黴菌を徹底的に研究しなければ，この地上から病気を駆逐し得ないことを異議なく承認するのである。かくしてわれわれは医学に関する限り，原子論的研究法の重要性を十二分に納得しているのである。

物理学の場合に，どうして同じようにいかないのであろうか。なるほど黴菌は顕微鏡下でハッキリ正体を見ることが出来るが，原子の方はそうはいかないという違いがある。しかし，例えばウイルソンの霧箱を使えば，一つ一つの電子の通った跡を目に見ることも可能である。両者の相違は要するに程度の問題である。

今日の物理学にとっては，原子の存在は黴菌の存在に少しも劣らぬ確実性を持った事実である。そして今日の斯学（しがく）の隆盛それ自体が，原子論的研究法の優越性を示す最もよい証拠なのである。

つまるところは原子や電子があまりにも微細なうえに，黴菌のような生き物でもないために，ただ何となく実生活と縁が遠く，役にも立たぬものと考えられやすいというだけのことかも知れない。そうだとすると，こんな小さい目に見えない物にも，出来るだけ親しみを感じるように仕向けることが科学普及の一つの眼目であるといっても，あながち我田引水にはならないであろう。

1 物理学の研究法の一つである現象論的方法は，専門家以外には不必要な研究方法である。

2 原子や電子は目に見えないので，原子論的方法によらなければ，例えば電燈線の故障のような問題を解決することが出来ない。

3 われわれは，病気の原因となる目に見えない黴菌の存在を事実としてとらえ，医学においては原子論的研究法の重要性を十二分に納得している。

4 原子論的研究法の優越性は，医学の分野におけるこの研究法の隆盛によって証明された。

5 原子や電子の存在が黴菌の存在と比べてより優越性を持つことを人々に知らしめることが，科学普及の一つの眼目であるといっても過言ではない。

実戦問題❶の解説

No.1 の解説　内容把握（思想を書物として著す）　→問題はP.24　正答1

STEP❶　出題形式の確認

本問の出題形式は内容把握である。

STEP❷　選択肢から内容を予想する

選択肢を見ると,「書物」と「思想」というキーワードがあるので，書物と思想の関係について書かれた文章だと予想できる。

STEP❸　本文を読む

出典は，湯川秀樹『思想の結晶』である。本文の大意は以下のとおり。
＜思想は書物に著されることで固定化され，自分の中の思想とは違ったものに思えるものだが，長所や短所がはっきりと明るみにさらされ，万人の共有物として，批判検討を受け，筆者自身は前進し，他の人達の心にも新鮮な栄養となる。また，書物の題名はその全内容の結晶する核となる＞

本文の構成は以下のとおり。

水：凍った ➡ 手でつかむことが出来る
　　　‖
思想：**書物** ➡ はっきりとした形，動き取れない
　　　↓
書物は思想の凍結であり，結晶
　└➡ 固定されている思想
　　　自分のものでない，他所事のような錯覚
　　　↓
生きている思想をもっと忠実に表現してみたい
ところが，新しい書物も違った方向に進んでしまう
　↕
固定 ➡ 万人の共有物として，批判検討を受ける
書物の題名＝全内容の結晶する核

STEP❹　選択肢を選ぶ

1 ◎　正しい。第1～3段落にある内容である。

2 ×　第2段落に「隔たりを認めざるを得ない」とあり，隔たりは解消しない。また,「思想の進歩や成長」とはあるが,「技術の進歩」に関する記述はない。

3 ×　第4段落に，題名から内容を「窺知し」筆者の気持を「くみ取り得る」とあるが，そこから「窺知し得るだけでは足りず，著書の心情を表すものでなければならない」とはいえない。

4 ×　第1段落に「何人の目にもはっきりした形となり」とあるが，第2段落に「現在の自分の胸中を去来する思想に比べると，すくなくともある時間の隔たりを認めざるを得ない」とあり，正確に理解することが出来るとはいえない。

5 ×　第3段落に「著者自身にとっては,さらに前進するのに最も都合よい窺知となる」とあるので,「古い書物はもはや何の意味もなさない」とはならない。

No.2の解説 内容把握（欲望について） →問題はP.25 正答2

STEP❶ 出題形式の確認

出題形式は内容把握である。

STEP❷ 選択肢から内容を予想する

選択肢を見ると，「ニーチェ」「欲望」というキーワードがあるので，ニーチェが欲望をどのように見ていたかを述べた文章だと予想できる。

STEP❸ 本文を読む

出典は，竹田青嗣『ニーチェ入門』である。大意は以下のとおり。

<人間は欲望があるために苦しむ。そのため，仏教などにあるように欲望そのものがなければいいという考え方もあるが，ニーチェはこの欲望以外には人間の生の理由はありえず，この欲望は否定されるべきではないと考えた>

本文の構成は以下のとおり。

ニーチェ：欲望以外には人間の生の理由はありえない
悲劇の概念：人間の生は「苦しみ」の連続だが，
　　　　　　この「苦しみ」ということをどう了解するか
欲望こそが矛盾（苦しみ）の根源 ➡ 仏教「色即是空」
↕（しかし）
ニーチェは反対
この欲望の本性は否定されるべきではない
↑
青年期の芸術体験・恋愛体験による
その苦しさがまた人間の生きる理由になる

STEP❹ 選択肢を選ぶ

1 × 「この欲望（生への意志）以外には人間の生の理由はありえない」「この欲望の本性は否定されるべきでない」とあるが，そこから「そのような苦しみを進んで受け入れることが必要」とまではいっていない。

2 ◎ 正しい。第1・4段落にある内容である。

3 × ニーチェは欲望を捨てることを前提にしてはいない。むしろ，逆に「この欲望（生への意志）以外には人間の生の理由はありえない」「この欲望の本性は否定されるべきでない」と考えている。

4 × 「ニーチェ独自の直観は，彼の青年期の芸術体験によるところが大きいような気がする」とあるが，「直観するために芸術体験や恋愛体験が必要であるとした」とは述べられていない。

5 × 「苦しみが大きければ大きいほど人間の存在理由もまた増大する」という記述はない。

No.3の解説　内容把握（ケータイ使用に対する心理的反応）→問題はP.26　正答5

STEP❶　出題形式の確認

本問は内容把握の問題である。

STEP❷　選択肢から内容を予想する

「電車内におけるケータイ」「周囲の人々」などのキーワードから，電車内でのケータイ使用に対する周囲の人々の反応についての文章だと予想できる。

STEP❸　本文を読む

出典は，富田英典「都市空間，ネット空間とケータイ」（岡田朋之，松田美佐，江草貞治編『ケータイ社会論』）である。本文の大意は次のとおり。

＜電車内の会話では，乗客は「儀礼的無関心」「不関与の規範」を遵守し，会話する乗客も周囲も気を使い合っている。しかし，ケータイはこの秩序を乱すようにお構いなしにかかってきて，周囲を気にせずに会話が始まるようにみえるので，ケータイで話す行為自体が他の乗客の不快感を誘うのである＞

本文の構成は以下のとおり。

乗客同士の会話：**周り**の人が聞いているのを知っているが知らないふり
会話が聞こえているのに聞こえないふり
気を使っている ➡「儀礼的無関心」「**不関与の規範**」

ケータイの会話：**周囲**を気にせずかかってくる
気にしない ➡ 乗客の不快感

STEP❹　選択肢を選ぶ

「不関与の規範」の仕組みと，それが守られている**電車内での会話**と違反している**ケータイでの会話**を整理して考えることがポイントである。

1 ×　第3段落に「儀礼的無関心」についての言及があるが，それは守るべき秩序だとしている。「ふさわしくない」と考えられる行為は，周囲に気を使わずに「電車内においてケータイで話し続ける」ことである。

2 ×　第2段落にあるように「不関与の規範」は「共有されている」ものであり，日本において，それが「他者の行為に対する不寛容につながるもの」と解されているという記述はない。

3 ×　第3段落にあるように，呼び出し音を鳴らしたからではなく，「呼び出し音が鳴りケータイで話し始める」ことが不快感を誘い，「話し続ける乗客」に対して「厳しい非難の視線」が向けられるのである。

4 ×　第3段落にあるように，お互いに気づかないふりをするという暗黙の了解はあるが，それが周囲の人々に苦痛を与えるという記述はない。

5 ◎　正しい。第3段落で述べられている内容である。

No.4 の解説　内容把握（未来の未来性）

→問題はP.27　正答3

STEP❶　出題形式の確認

出題形式は内容把握である。

STEP❷　選択肢から内容を予想する

選択肢を見ると，「未来」というキーワードが見つかるので，未来とは何かについて論じた文章だと予想できる。

STEP❸　本文を読む

出典は，入不二基義『足の裏に影はあるか？ないか？ 哲学随想』である。本文の大意は次のとおり。

<「未来」は「やって来ない」というところに「未来としての未来」の核心があり，未来を思い描こうとも，すべて「現在の思い」にすぎず，未来には触れることはできない>

「しかし」「いや」などに着目し，未来性の核心とは，未来と現在は連続せず，いつまでもやって来ないということがわかるかどうかがポイントである。

本文の構成は以下のとおり。

未来―やって来るだろうか。
　たしかに，やって来る
　↕　しかし
　いや，やって来ないことに，未来としての未来の核心
　来ると現在　未来性失う
未来としての未来も思い描けるのではないか
　たしかに，思いを馳せている
　↕　(しかし)
　未来性の核心　×
　「未来についての表象」は，現在の時点にすぎない

STEP❹　選択肢を選ぶ

1 ×　友人と食事をする例はあるが，「実際にその瞬間が訪れる」だけで，だれかと経験を共有することで，未来が想像どおりだと確認できるという記述は本文中にはない。

2 ×　「未来がやって来るかどうか」という問いには「ある意味では『未来はやって来る』」という回答と「別の意味では『未来はやって来ない』」という回答があり，「違いは見られない」とはいえない。

3 ◎　正しい。第2段落で述べられている内容である。

4 ×　未来として未来に思いを馳せることはできるが，第5段落にあるように，未来と現在は一見連続しているように見えても，予想が裏切られ，「けっして未来には触れえていなかったことを思い知らされる」とある。

5 ×　現時点での表象された未来は「現在の思い」にすぎず，「未来としての未来」と「現在の思い」には連続性はないので，「裏切られる」とある。

No.5の解説　内容把握（知性の断片化）

→問題はP.29　正答5

STEP❶　出題形式の確認

出題形式は内容把握である。

STEP❷　選択肢から内容を予想する

選択肢を見ると，「知性」「科学技術」というキーワードがあるので，知性について科学技術の視点から論じた文章だと予想できる。

STEP❸　本文を読む

出典は，姜尚中『悩む力』である。大意は次のとおり。

＜人間の知性は多面的なものであったが，科学技術の発展にともない，一面化してしまった。科学は主知化，合理化するだけで本来の知性について答えてくれるわけではない＞

本文の構成は以下のとおり。

人間の知性
＝学識，教養＋協調性，道徳観
しかし，
科学技術の発達で知性が分割

マックス・ウェーバー
人間の調和ある総合的な知性の獲得の断念が，主知的合理化の「宿命」
引用
医学について
生命を維持することのみに努力を傾ける　患者は関係ない
↓すなわち
科学はその行為の究極的，本来的な意味について何も答えない

筆者が「人間の**知性**」をどのようにとらえ，「**科学技術**」「医学」「未開社会の知識」などをどのように評価しているかを理解することが大切である。

STEP❹　選択肢を選ぶ

1× 本来総合的なものだった「人間の知性」が分割されていったのは「科学技術と密接に関係する」とあるが，「一人の人間が獲得できる知識は限られ･･･合理的に融合することによって」科学技術が発展したとは述べられていない。

2× 科学技術が知性を分割したことに関係しているとは書かれているが，「思考の機会を奪い，その結果」「人間の知性は衰退化」したとは述べられていない。

3× マックス・ウェーバーは，「人間の調和ある総合的な知性の獲得の断念が，主知的合理化の「宿命」」と指摘しただけで，「調和ある総合的な知性の獲得は必要ない」とは考えていない。

4× 「未開の社会の人間の知識」については述べられているが，「未開社会のような人間本来の姿と調和するような科学技術の方向性を探求する必要がある」とまでは述べられていない。

5◎ 正しい。最初と最後に書かれた内容である。

No.6の解説　内容把握（とんびの嗅覚）

→問題はP.30　正答4

STEP❶　出題形式を確認する

本問の出題形式は内容把握である。

STEP❷　選択肢から内容を予想する

選択肢を見ると，繰り返し使用されているキーワードとして，「上昇」「ねずみ」「禿鷹」があるので，本文は「上昇についてのさまざまな動物観察に対する筆者の考え」を述べていると予想できる。

STEP❸　本文を読む

出典は，小宮豊隆編『寺田寅彦随筆集　第四巻』である。本文の大意は以下のとおり。

＜水槽の底を一様に熱すると一本の線を引いて上昇する熱対流が起こるが，同様のことが気流にもいえ，禿鷹がそれを利用して滑翔しているという研究がある。とんびにも同じことが言え，上昇気流により滑翔するだけでなく，拡散されずに昇ってくる地上の死骸の臭気を検知しているのではないかと考えている＞

本文の構成は以下のとおり。

水槽の底を一様に熱する ➡ 熱対流　一本の線を引いて**上昇**
空気にも？ ➡ **ねずみ**の死骸の臭気も一条の流線束？

↑ **禿鷹**の研究がある

とんびも嗅覚を仮定すれば，同じようなことが言える

「水槽の実験」の**内容**，「禿鷹」の観察内容の**引用**と「とんび」に関する筆者の**推測**を明確に区別して，理解できたかがポイントである。

STEP❹　選択肢を選ぶ

1 ×　第1段落にあるように，筆者は，水槽の底を一様に熱すると「中央に集中され」「一本の線を引いて上昇」すると述べており，「外側から中央部に向かって徐々に温まっていくと考え」てはいない。

2 ×　第3段落にあるように「上昇過流の始まる時刻」についての観察は「インドの禿鷹について研究した人の結果」を述べたものであり，筆者がとんびを観察したことで判明したわけではない。

3 ×　第1段落の水槽実験は「筆者が実施した」わけではない。また，上昇気流が「対流渦の境界線に沿って起こる」ことは「類似の場合の実験の結果から推す」と考えられる現象である。

4 ◎　正しい。第3段落後半の内容であり，第4段落に「とんびの場合にもおそらく同じことが言われはしないかと思う」とある。

5 ×　「禿鷹に関する研究」から「鳥の嗅覚が鈍いということが明らかになった」という記述はない。また，第4段落にあるように，とんびの嗅覚の「仮定が許されないとするとすべてが神秘の霧に包まれてしまう」気がするだけで，「失望」してはいない。

No.7の解説　内容把握（共生の進化史）

→問題はP.31　**正答2**

STEP❶　出題形式の確認

本問の出題形式は内容把握である。

STEP❷　選択肢から内容を予想する

選択肢を見ると,「共生」「進化」というキーワードがあるので, 進化について共生という視点で考察する文章だと予想できる。

STEP❸　本文を読む

出典は, 吉村仁『強い者は生き残れない―環境から考える新しい進化論―』である。本文の大意は以下のとおりである。

<生物の進化史ではダーウィンの自然選択理論以来, 強者の進化が提唱されているが, 厳しい環境に対応するため, 様々な生物がお互いの協力により生き残る共生も古くからある生物の知恵である>

本文の構成は以下のとおり。

共生の進化史＝環境からの独立の進化史
生物はどのように対応？　お互いの協力
共生 ➡ 過酷な環境へ新たに進出, 存続 ➡ 破綻 ➡ 新しい共生システム
もっとも有効な生き残り方法
「強者」の進化　**共生**も生物の知恵
別々に存在できない共生の例

まず, 共生の**定義**, 強者の進化と比較した生物学での共生の**位置づけ**, 共生の**例の**3つに分けて構成を考える。そのうえで, **共生の例として挙げられている生物の特徴を丁寧に読み取る**ことが大切である。

1 ×「弱肉強食」については第4段落で言及されているが, それは「ダーウィンの自然選択理論以来」,「『強者』の進化が提唱され続けた」ことを表しているのであり, 筆者は「強者の進化」に比べ,「共生」は「今まであまり注目を浴びなかった」としているので,「共生の進化史」と「弱肉強食」や「強者」とを結びつけるのは不適切である。

2 ◎ 正しい。第4段落と最終段落の内容を中心に述べた内容である。

3 × 第1段落にあるように「共生は, 様々な生物同士が協力」するので,「個々の生物」とはいえない。また, 第3段落に「やむなく新しい共生方法を編み出して」とあるが, 結果として環境に適応した共生関係を進化させた生物群が繁栄しただけで, 選択肢のように「選び取っ」たわけではない。

4 ×「絶対共生関係」が他の共生関係より有利であるという記述はない。

5 ×「共生関係を築く対象を拡大・強化」する点についての記述はない。

No.8 の解説　内容把握（科学普及の眼目）

→問題はP.32　正答3

STEP❶　出題形式の確認

出題形式は内容把握である。

STEP❷　選択肢から内容を予想する

選択肢を見ると，原子論的研究方法について論じた文章だと予想できる。

STEP❸　本文を読む

出典は，湯川秀樹『目には見えないもの』である。大意は次のとおり。

＜物理学には現象論的方法と原子論的方法があるが，目には見えない原子のことまで知る必要がないとして，後者は不必要とすることもできる。しかし，医学における黴菌と同様に原子も重要で，そこに親しみを持たせることが科学普及の一つの眼目である＞

本文の構成は以下のようになっている。

物理学の研究方法
現象論的方法 ← 唯一の科学的研究方法
原子論的方法 ← 目に見えない，不必要
↑
黴菌の例で考えてみる
黴菌 ← 見えないが，医者を信じる
原子 ← 見ることも可能
→ 親しみを持つかどうかの違い

物理学研究の**2つの方法**の特徴をとらえ，それらに対する**関心の違い**をつかむことがポイントである。

STEP❹　選択肢を選ぶ

1 ×　第3段落に「現象論的方法こそ唯一の科学的研究方法」という考えが成り立つとある。不必要だと思われているのは原子論的方法である。

2 ×　第2段落に電燈の故障は原子論的な方法を知らなくても直せるとある。

3 ◎　正しい。第5段落にある内容である。

4 ×　原子論的研究方法の優越性は，医学ではなく，斯学（物理学）の隆盛によって，証明されるとある。

5 ×　原子論的研究方法の優越性を知らしめることで，科学を普及させることができるのではなく，黴菌のように親しみを持たせることが必要だとしている。

実戦問題❷　応用レベル

***No.9**　**次の文の内容と合致するものとして最も妥当なのはどれか。**

【国家一般職・平成29年度】

芸術は独創的なものだ，という。独創的でなければならぬ，ともいう。

が，絵でも彫刻でも音楽でも舞踊でも演劇でも，なにからなにまですべて独創的だということはありえない。独創的なところが目につきやすいからそう思えるだけで，独創の反対概念が模倣だとすれば，独創は模倣のうえにしかなりたたない。模倣に徹しきることで既存のものを超えるような作品もまた，独創的と呼ぶに値する。伝統のおそろしさは，そういう模倣を強制し，また可能にするところにある。伝統を生かすということは，伝統を超えるというまさにその努力において伝統にふかく交わり，その交わりのなかであらたな伝統をつくりだしていくということとべつのことではない。いい加減な模倣からはいい加減な独創しか生まれず，いい加減な独創はいい加減な模倣に満足する，というのが古今に変わらぬ芸術上の真理で，そういう独創や模倣は，伝統を支えることもつくりかえることもなく，伝統のなかに埋もれていくだけだ。もっとも反伝統的に見えるものがもっとも伝統的であるという逆説は，芸術の世界ではめずらしいものではない。後期セザンヌの連作「サント・ヴィクトワール山」における独創は，印象派に一定の集約を見た絵画の伝統に身を浸し，それを技術的にも思想的にもくぐりぬけることによってはじめて得られたものだ。人間が時代の子だというヘーゲルの名言は，芸術にも，いや芸術だからこそいっそうよく，当てはまる。

詩や小説など，言語の芸術についても事情は変わらない。時代を超える詩や小説は時代にふかくかかわることによってしか生まれない。既存のものを真に超克するには，これを単純に否定するのではなく，自己のうちに否定的に生かしつつさらなる高次の段階にむかわねばならない，と力説したのはヘーゲルだったが，詩や小説は既往の文学的現実にたいし，まさにこれを否定的に生かしつつ，さらなる高次の段階にむかうことによって芸術的な自立性を獲得するのである。

芸術的な自立を志向する文学者たちは，みずからの言語表現のありようをふかく省察せざるをえない。現実を文学的に克服するとは，なによりもまず，表現にかかわる問題なのだから。言語表現が，ひろい意味での現実世界を超えた独自の価値を提起しうるか否か，もっといえば，独自の価値として存在しうるか否かが，文学が文学として自立しうるか否かの基本条件だといってよい。

1　独創は模倣のうえに成り立つものであり，独創的と呼ぶに値する芸術作品は，模倣しきれなかった部分を新たに創作することで生み出される。

2　伝統を超えるためには，伝統を徹底的に模倣し，そのなかから新たな伝統を作り出すことが必要であり，その方法によってのみ伝統が生かされる。

3　いい加減な模倣からはいい加減な独創しか生まれないのは芸術上の普遍的な真

理であるが，そのような独創や模倣であっても，伝統を作り替えることができる。

4 時代を超える詩や小説は，時代に深くかかわることによってのみ生まれ，既存のものを超えるためには，これを否定的に生かしつつ高次の段階に向かう必要がある。

5 文学者たちは，芸術的な自立をめざして，現実とかけ離れた空想的な世界で，自らの言語表現が独自の価値として存在しうるか否かを深く省察している。

＊＊ No.10 次の文の内容と合致するものとして最も妥当なのはどれか。

【国家専門職・平成27年度】

本来の「私」は「私は，私ならずして，私である」であった。そしてこの「私は，私ならずして，私である」ところの「私」は，現実には多くの場合「私ならずして」が抜けてしまって一押しに「私は私である」という自己固執になるか，あるいは「私は私ならずして」で立ち消えして「私である」と立ち上がれない自己喪失になるか，多かれ少なかれ実存の病とも言うべき変容態になってしまっている。それが自覚され，直される可能性が示されるのは，本来のあり方からである。このことは，「私と汝」において，ことにその運動の基本的な遂行形態である「対話」において，強く現れてくる。「私と汝」として「話し合う」というきわめて単純な（単純に見える）構造の対話であるが，それは，片方に定位して言えば「自分として言うべきことを言う」と「相手の言うことを聞く」の交互交替に尽きる。しかしこの単純なことが現実にはどれほどむずかしいか，私たちが痛切に経験するところである。「私」として言うべきことをもたない自己喪失（「私」が確立していない），他者の言うことを聞くことができない自己固執（「私なし」が欠けている）。対話し得ない私たちの現実は，実際に対話することのなかでのみ自覚されるのであり，その際「話し合う」という構造である対話は，対話しつつある双方に対して「話し合うべし」という要求となって迫り，その要求のもとで対話し得ていない自分が反省されるのである。そのように反省された自分が対話し得るあり方へと訓練されてゆくのも，現実に遂行される対話の反復においてであり，対話の反復によってのみである。相手の言うことをよく聞かない「私」は，事実相手が居ることによって，他者が相手であることによって，対話の反復のうちで，しかも相手からの否定によって，相手の言うことを聞くことを学ぶであろう。また自分として言うべき考えがはっきりしない場合も，対話の反復のうちで次第に形成されてゆき，しばしば相手に迫られて自分の考えをはっきり言うことを学ぶであろう。対話とはそもそも「話し合う」ことだからである。どこかで対話し得るような人間になってきて，対話するのではない。おじぎをすることによって真におじぎのできる人間になるのである。

ことに，おじぎのように「形式の精神」が身体のあり方を定め身体の型になっている場合，型に則った身体の運動のうちに精神が受肉し，いわゆる「身心一如」的に自己が現成する。身体は「私」すなわち「私ならざる私」の具体である。おじぎをすることによって，身体で「私」すなわち「私ならざる私」のあり方を学ぶのである。この意味でおじぎをすることも行(ぎょう)である。

1　「私は，私ならずして，私である」という本来の「私」になるには，まず自己固執の状態となり，そのうえでその状態を直すことが要求される。

2　私たちは，対話することによってのみ対話し得ない現実を自覚し，対話の反復によってのみ対話し得るあり方へと訓練されてゆく。

3　真の対話ができない人は，おじぎをすることで，「私」すなわち「私ならざる私」のあり方を学ばなければならない。

4　身体の運動のうちに精神が受肉し，「身心一如」的に自己が現成するということは，おじぎをすることによって，私が他者である「私ならざる私」を受け入れるということである。

5　私たちが，「私」すなわち「私ならざる私」のあり方を学ぶには，「形式の精神」を身に付けたうえで，型に則った身体の運動をすることを要する。

＊＊ No.11　次の文の内容と合致するものとして最も妥当なのはどれか。

【国家総合職・平成22年度】

ところでよく指摘されるように，この世阿弥の著わした書の多くは「花」という字を表題に含んでいる。すなわち『風姿花伝』『至花道』『花鏡』『拾玉得花』『花習内抜書』『却来花』等である。彼にとって「花」とはそのまま「生」の意味を含むものであったであろう。『風姿花伝』は，およそ七歳から五十有余にいたるまでの演者の芸と姿とを跡づけ，この全体を「花」のあり方としてあらわしている。その花の美が「幽玄」である。十二，三の頃は「童形なれば，なにとしたるも幽玄なり」といわれるが，しかしそれは「まことの花にはあらず，たゞ時分の花なり」と釘がさされる。世阿弥のいう「まことの花」は芸を通してのみ得られる。芸による花は「失せざらん花」でもある。世阿弥は，五十二歳で死んだ自分の父・観阿弥が死のわずか十日あまり前に舞った能に触れ，その芸が「老骨に残りし花」であったと讃嘆している。

生が「花」にたとえられたということは，ただの感傷ではない。世阿弥のいう花は，いずれ散っていく「時分の花」だけではなくて，失せることなく「老骨に残りし花」も含んでいる。おそらくここでは，「花」という文字に含まれる「化」の意味が決定的であろう。「化」とは移りかわる。もしくは移りかわった姿という意味である。但し何か実体的なものの移りかわった姿ということではない。実体的とみえるものそれ自体が「化」なのである。世阿弥において生にたとえられる「花」は，実体としての花ではない。そういう花は「まことの花」にはあらず，といわれる。まことの花は，移りかわりそのものとしての「化」を芸にあらわすところに見られている。生の全体がそのような「化」として美的にとらえられているのである。

このような「花」のもつ「美」は，醜と対立する美ではない。たとえば，いわゆる鬘物とよばれる種類の能のなかに，「小町物」の一群がある。それは，老醜の身と化した小町が，華やかなりし往昔を回顧して語るというパターンをもっている。そのとき，花の美は老いた小町において見られている。盛りの花は老骨に残った花との二重映しにおいて，はじめて「まことの花」の美をあらわす。

1 世阿弥は，自分の父の観阿弥がその死の直前に舞った能に「まことの花」を見いだし，「まことの花」は多年の修行を経た老骨でないと表現できないものであるとした。

2 世阿弥は，12，3歳の頃の演者の芸と姿には「幽玄」である美は見られるものの，「花」とは無関係なものであるとした。

3 世阿弥は，いずれ散っていく「時分の花」の中に物事の移りかわりとしての「花」が存在するとして，「時分の花」に「まことの花」が存在するとした。

4 「小町物」における「まことの花」の美は，小町が老いた身となり，もはや移りかわることがなくなったがために見いだされることが可能となった。

5 世阿弥は，生を「花」に例え，移りかわりを意味する「化」としてとらえて，それを芸にあらわすところに，「まことの花」は得られるとした。

＊＊
No.12 **次の文の内容と合致するものとして最も妥当なのはどれか。**

【国家一般職・平成21年度】

ここでは，哲学の立場から「分ける」という人間の営みについて少し考えてみたい。まず，「分ける」ことが人間の認識の基本作用であること，このことを確認することからはじめよう。感覚や知覚という認識の原点を考えてみても，ある対象を別の対象から分けることがその役割とされていることはすぐに見て取れる。たとえば，犬を「見る」ということは，その犬とその犬の背景とを見「分ける」ことであり，鳥の声を「聞く」ということは，その声とそうでないものとを聞き「分ける」ということである。また，人間の認識を考える場合，言語がそれに決定的に関わっているという点を落とすわけにはいかない。いかなる認識や知識も，真や偽ということを語りうる以上，結局は文として捉えられているのであり，つまりは言語によって中身をもちえているのである。しかるに，言語とは，分節化というまさしく「分ける」働きをその本質とする。何かを言語化することは，それを他のものから

「分ける」ことにほかならない。認識の内実を形作る言語がこのようであるなら，認識が「分ける」営みによってこそ成立していることを疑うことはできない。

しかるに，少し踏み込んで考えるならば，「分ける」という営みが成り立つためには一定の条件があることが気づかれる。すなわちそれは，「分ける」というのは必ず一つの何かを「分ける」ことであり，それによって特定の部分を「取り分ける」ことであること，したがって，その何かの一つであること，つまり，その何かの同一性をいつも背景に背負っているということ，これである。たとえば，スイカを切り「分ける」，選挙区を「分ける」，といった場合，同じ一つのスイカ，同じ一つの選挙区，が前もって了解されていて，それを踏まえて「分ける」という営みが成り立つことは表現上明らかだろう。また，男女を「分ける」というときも，その前提として，同じ一つの人間という種が読み込まれていることも確実である。このことは，逆の仕方で検証することができる。つまり，全然別で，共通する同一性のない二つのものについて「分ける」ことは意味をなさないのである。たとえば，「塩味」と「徐行運転」とを「分ける」，というのは，よっぽど特殊な文脈であるか，よっぽどの文学的想像力やレトリックを駆使するのでない限り，有意味な表現とは見なされないだろう。それは，「分ける」ことの前提をなす同一の何かが欠如しているからである。

1　人間の感覚や知覚には言語が密接にかかわっており，言語化することによってはじめて犬を見分けたり，鳥の声を聞き分けることができるようになる。

2　共通する同一性のないものを「分ける」ためには，文学的想像力やレトリックを駆使して，有意味な表現となるようにする必要がある。

3　何かを「分ける」営みは，区別するものと区別されるものが共通の性質をもっているという認識がなされていることが前提にある。

4　犬を見分けたり，鳥の声を聞き分けたりするような感覚的なものよりも，同一の何かから特定の部分を「取り分ける」ことに「分ける」ことの本質がある。

5　言語を理解するためには，分節化という「分ける」営みが不可欠であり，そのことにより，真偽を見分ける力も身に付いていく。

**　＊＊**
No.13　**次の文章の内容と合致するものとして，妥当なのはどれか。**

【国家総合職・平成９年度】

近代経済学の経済人の仮定は，個々人があくなき利潤追求と効用極大をめざして行動しさえすれば，社会全体のことなど心配しなくても，結果的に市場の調和がもたらされることを主張する。それは「神の見えざる手」の導きであり，社会の調和は神に委託しておけば達成される。もちろん神もときには誤りをおかし，ブームやスランプのゆきすぎを引き起こす。けれども，そのときには行政府や専門家集団にまかせて財政金融政策による舵取りをすればよい。だから，諸個人は自己の利益のために最大限の努力をしさえすれば，結果的に生活水準の上昇を享受できかつ社会秩序も維持できることになる，というのである。生活水準の上昇と豊かさの享受は国民にとって大きな目標であったから，この理論は大衆的支持を獲得できた。つまり新古典派経済学は，繁栄へ向けて国民のエネルギーと活力を最大限に動員するための効果的な理論だった。

また社会学の構造－機能主義は，経済人の仮定だけでは必ずしも秩序が保証されないのではとする危惧にたいし，これを払拭するのに効果的な秩序観を提供した。なるほど私利私欲のあくなき追求は経済生活の側面では繁栄をもたらすかもしれないが，それ以外の社会生活では逆に混乱と秩序解体をもたらすのではないか，という不安が残る。だが，構造－機能主義が想定する役割人の仮定は，諸個人が社会的分業によって細分化した役割を適切に遂行し，それから逸脱さえしなければ社会の秩序は維持できるとする。といっても逸脱は不可避だから，これへの対処として法や道徳による社会統制を充実させておけばよいのである。

1 個人の利益追求と役割分担を通じて，経済的発展と社会の秩序ある繁栄の共立が可能とされた。

2 社会秩序の維持のため，個人は国家というシステムに組み込まれ拘束されることになり，私的生活を謳歌できなくなった。

3 資本主義の発展期において，倫理的に見て正当な利潤を職業を通じて追求しようとする精神的態度が資本家層には期待された。

4 経済の発展という目的を達成するためには，国家が法や道徳による秩序維持に限って機能することが求められた。

5 新古典経済学の要請する個人と，社会学の構造－機能主義が要請する個人は相いれない存在であった。

＊No.14 次の文の内容と合致するものとして最も妥当なのはどれか。

【国家一般職・平成30年度】

「労働者のあり方」という観点からしたら，近代工業社会は，生まれ続ける失業者をすくい上げるために「新しい産業」を作って来たという面もある。つまり，労働者の安定が帝国主義の発展を支えて来たという一面もあるけれど，でもその「発展の形」は飽和状態に来た。

かつて産業とは「物を作ること」だった。物を大量に作って売る――そうすれば利益を得ることが出来る。そういうことが可能だった時代には，市場というものが無限に近い広さを持っているもののように思われた。でも当然，それは無限ではない。

需要を生み出すマーケットが無限に近い広大さを持っていると思われた時期には，物を作り出すための資源の有限が言われた。つまり，エネルギー資源の確保ということだが，これは「需要は無限にある」ということを前提にしている。その時代には「石油の枯渇」が心配されて，まさか現在のような「石油のだぶつきと値下がり」が起きるとは思わなかった。

人が「需要」と考えるものは往々にして「欲望」のことで，「人の欲望が無限である以上，需要もまた無限に存在して，であればこそ“物”を作り出す産業も不滅だ」と考えられていた。それは，実は「物が足りなくて困ることがある」という「それ以前の時代」の考え方で，「物が余ってしまう未来」のことを頭に置いていない。だから，「人の需要は無限に存在し続けて，マーケットもまた無限に近く続いて広大だ」ということが，うっかり信じられてしまう。

「それは飢餓の時代の世界観である」と言ってしまうと，「世界にはまだ飢餓が存在している」と言われてしまうかもしれない。しかし，産業は「需要」と向かい合うもので，「飢餓」と向かい合うものではない。飢餓と向かい合ったって一銭の得にもならないのだから，利潤を求める「産業」というものは，飢餓なんかには向き合わない。飢餓と向かい合って「なんとかしなければ」と考えるのは「人の善意」で，産業なんかではない。そこに「メリット」を発見しない限り，産業は飢餓と向かい合わない。そして，一方に飢餓と窮乏があったとしても，「無限の需要」を習慣的に夢見てしまう産業は，知らない間に「物が余ってしまう社会」を作り出してしまう。

1　かつて産業とは物を作って市場で売ることであり，その市場は無限の広さを持っていたが，資源の有限が言われると，市場の広さは無限ではなくなった。

2　石油の枯渇が回避された結果，需要が無限にあることを前提としたエネルギー資源の確保が行われ，物が余ってしまう社会が作り出された。

3　飢餓の時代の世界観に基づくと，人の需要は無限に存在するので物を作り出す産業も不滅であるという考え方となる。

4　産業は，飢餓とは向き合わないが，一度飢餓にメリットを発見すると，何とかしなければと考え，そこに人の善意が生まれる。

5　かつては，労働者の安定のために新しい産業が作られてきたが，物が余ってしまう未来では，世界に存在する飢餓を求めて新しい産業が作られる。

＊＊
No.15　次の文の内容と合致するものとして最も妥当なのはどれか。

【国家総合職・令和５年度】

近年，日本では「社会実装」という言葉が急速に注目され，関心が高まっている。社会実装とは，新商品 サービス，研究開発成果，社会インフラ，行政サービス・政策などが社会に受け入れられ定着することと定義してよい。日本で社会実装という用語が使われるようになったのは，比較的近年のことである。科学技術振興機構（JST）が「社会技術」という概念を提唱したのが嚆矢であり，それからまだほんの10年程度の歴史しかない。

社会実装は，イノベーションとの関係を抜きには語れない。歴史的にみると，まずオーストリア・ハンガリー帝国生まれの経済学者シュンペーターが新しい製品の創出，新生産方法の導入，新市場の開拓，新資源の獲得，組織改革の実現やこれらの新結合をイノベーションとみなした。一方，経済白書に初めて，「イノベーション（技術革新）」の記載があったのは，1956年（昭和31年）版である。当時はモノも技術も不足していた未成熟な時代で，技術ができれば社会実装は自然に行われた。いいものをつくれば必ず売れた時代といえる。したがって，技術の確立が社会実装にとって最も重要な要件であった。このことが，その後のわが国における若干の混乱を引き起こす原因ともなっている。

振り返ってみると，工業化時代の日本は，モノづくりの強みを活かして電化製品を皮切りにユニークなイノベーションを実現し，社会に実装することで高度成長と生活水準の向上に結びつけてきた。日本企業は洗濯機や冷蔵庫自体を発明したわけではないが，インバーターエアコンやノートパソコンをはじめ技術力ときめ細かな改良努力を続けて高い品質・機能を実現しモノづくり大国の地位を築き上げた。自動販売機，24時間営業のコンビニエンスストアなども，生活の不便の解消という社会ニーズに着目し，日本が世界に先駆けて社会実装に成功している。すなわち，日本の社会経済の発展は技術革新が着実に社会実装されることでもたらされたと言える。

《中　略》

社会の成熟化が進むと，新技術やサービスによるメリットの訴求が小さくなる。一般論として，限界効用が限界費用を超えられなければ，社会実装は進まない。キャッシュレス決済は，現金決済が安全で不便がない日本やドイツでは期待されたほど進んでいない。途上国で普及が進んでいる背景には，銀行がなく不便で偽札や盗難などの犯罪が多い事情がある。近年，日本で新製品が売れない家電や自動車もこれに分類されよう。近年は技術革新それ自身が目的化しており，日本の有する優れた個別技術が死んでいるように見える。

前述のように高度成長期に構築された社会インフラや各種商品やサービスが素晴らしかったため（すなわち顧客満足だけでなく収益性も高かったため），企業が持続的イノベーションに傾注してしまったこと，さらに労働者の勤労・勤勉さによる長時間労働をいとわない労使の共通認識がそれを助長してしまったことを遠因として，結果として労働生産性の改善が進まなかったのではないであろうか。

1　社会実装の成功には優れた新技術を持っていることが必要であり，わが国は，社会実装を目的とした新技術の開発を高度成長期から現在に至るまで得意としている。

2　ユニークなイノベーションは，モノも技術も不足している未熟な地域でよく見られ，途上国で生まれたキャッシュレス決済はその一例である。

3　工業化時代のわが国においては，技術革新が着実に社会実装され，顧客満足だけでなく収益性も高い各種商品やサービスがつくられた。

4　わが国では，企業が持続的なイノベーションに傾注するばかりで新技術への投資を減らしてしまったため，わが国の有する優れた個別技術は次第に失われつつある。

5　わが国では，社会の成熟化が進んだことにより，各種商品やサービスの生産費用を下げられなくなったため，労働生産性の改善が進まなかったと考えられる。

＊＊
No.16　**次の文の内容と合致するものとして最も妥当なのはどれか。**

【国家専門職・平成30年度】

近現代の科学が対象とするのは，それ自体すでに観測器具によって数量的に表現された事実であって，知覚の生の事実ではない。科学は，そうして取り上げられたもろもろの事実やもろもろの事実のあいだの関係を対象とし，それについて「科学的説明」を行う。では，近現代の科学は，そもそも何を，どう，「説明」しようとするのだろうか。

近代科学の成立の事情を理解したところからいえば，「科学的説明」は，まず，自然現象の「普遍的構造」を説明しようとするもの，といえるだろう。それは，その内容がわれわれの知覚経験に依存しない，自然現象自体の普遍的構造を解明しようとする。そして，その普遍的構造は，抽象的な数学によって解明されるとする見方が設定されたのである。

近現代の科学による科学的説明の特質としては，もろもろの事実を，数学の体系（「数学の記号体系」）のもとで説明しようとするものである，ということが挙げられる。近現代の科学は，もろもろの事実を説明するために，「日常言語」あるいは「自然言語」ではなく，「数学の記号言語」を使う。それは，数学の記号体系が，日常言語と異なって，「状況（文脈）独立的」であり，それゆえ現象の普遍的構造を記述するのに最も適切なものだからである。

われわれの日常言語の第一の特質は，「これ」，「あれ」といった指示詞，あるいは「今」，「ここ」，「私」，「君」といった指標詞が，その軸を構成するということである。これは，「発話者」や発話者が身を置く「文脈（状況）」抜きには意味をなさない。逆に，これらの言葉は，ある文脈（コンテクスト）のなかで，ある人によって発話されると，とたんに，いきいきと意味をもつ。日常言語は，したがって，「状況（文脈）依存的」であり，個々の状況と独立な現象の普遍的構造を表現することには，本性上適していないのである。

これに対して，数学の記号言語の体系には，そのような発話者や状況依存語は登場せず，時間や位置は，「今」とか「ここ」としてではなく，「記号」として登場し，具体的には数値として例化される。数学が，自然現象の普遍的構造の解明を目指す近現代の「科学的説明」によって採択されるのは，状況依存性を排除するものだからなのである。

1 近現代の科学は，もろもろの知覚の生の事実に基づき，取り上げられた事実と事実の間の関係を対象として，知覚経験の状況依存性を説明することを目的としている。

2 「これ」，「あれ」といった指示詞や「今」，「ここ」といった指標詞により構成された発話により，状況独立的な文脈が生まれるので，自然現象自体の普遍的構造を解明しやすくなる。

3 数学の記号体系の下で科学的説明を行う際には，日常言語化した数学の記号言語をより多く用いて説明を行うことが，科学的説明の特質上適している。

4 数学の記号体系は，状況依存性を排除するものであり，現象の普遍的構造を記す際に最適なものであることから，近現代の科学的説明においては，数学の記号言語が使われる。

5 数学の記号言語には，発話者や状況依存語が登場しないため，科学的説明を行うときに，日常言語によって個々の状況とは独立した現象についての普遍的構造を表現する必要が生じる。

No.17 ＊＊ 次の文の内容と合致するものとして最も妥当なのはどれか。

【国家総合職・平成28年度】

今日，われわれの社会は高度な科学技術知識を用いるようになった。ところが他方で，われわれ現代人は個人としては次第に無知になってきてもいる。「無知」を，有用な知識を理解できない度合いによって測るとすれば，有用な知識が急増しているがために，「相対的な」無知が増大していると言えよう。事実，われわれは毎日，現代技術の産物，多種多様の製品を使っているが，ほとんどその仕組みを知らない。科学技術に多くを依存しながら，だがそれに心を閉ざして，人々は「都会的野蛮人」の生活を送っている。そう言われてきた。

しかしだからこそ，分野ごとにそこでの問題を熟知している専門家がいる。知的分業が行われ，それらがうまくつながって社会全体は首尾よく機能しているとみな考えている。だから専門家に相談し，自分達の問題の管理を任せる。それが合理的であると。

しかし一方では，こうすることで，われわれの無知，無能化がさらに進んでいるのではないかということもある。なぜなら，今日の社会ではすでに，専門家達のやっていることは，相談を受けた問題に解決策を提供するという範囲を越えているからだ。そもそも何が問題なのかをよく知っているのは専門家である。その問題の解決策をよく知っているのも専門家である。この点では，医者と患者の関係がひとつの例になる。科学技術が複雑になるにしたがって，ますます専門家達がわれわれの知らない専門知識を用いて，われわれの知らない，気づいてない問題を指摘するようになっている。そしてそれは期待されていることでもある。

しかしこうした状況のもとでは，人々は自分にとっての必要（ニーズ），問題が何であるかも自分では決められず，ましてその解決方法も知らず，しかも自分が適切に援助されたのかもよく判らない無能な者になりつつあるのではないか。専門家に任せることで，こうして三重に無能化され，ますます専門家に従属せざるをえなくなる。ここには，自己決定権（すなわち人権）をもった市民はいない。自分にとっての必要を自分で決め，その解決策もいくつかの中から自分で選択でき，その結果も自分で評価できる，そうした自立した市民のありかたは難しくなっている。

1　高度な科学技術知識を用いるようになった今日においては，われわれは「都会的野蛮人」の生活を抜け出し，より多くの専門知識を理解することが期待されている。

2　高度な科学技術知識を用いる社会を機能させるためには，市民と専門家との間で知的分業を行い，専門家から解決策の提供を受けることが必要不可欠である。

3　専門家には，そもそも何が問題なのか，また，どのように解決するのかについて，専門知識をもたない人々にもよくわかるように指摘することが求められている。

4　市民が自己決定権をもつことが難しくなった背景には，市民の無知，無能化が進み，市民が専門家に一層従属しなければならなくなっているという状況がある。

5　市民が自立するためには，専門家に任せることなく，市民自らが科学技術に心を開いて，問題への適切な解決策を生み出し，選択する必要がある。

実戦問題2の解説

No.9の解説　内容把握（芸術における独創性）　→問題はP.42　正答4

STEP❶ 出題形式の確認

出題形式は内容把握である。

STEP❷ 選択肢から内容を予想する

選択肢を見ると，「独創」「模倣」「芸術」などのキーワードがあるので，芸術における独創と模倣について論じた文章だと予想できる。

STEP❸ 本文を読む

出典は，長谷川宏『ことばへの道』である。大意は以下のとおり。

＜芸術においては独創性が求められるが，独創とは模倣のうえになりたち，模倣に徹しきることで既存のものを越えた独創的な作品ができる。このことは，伝統，詩や小説においてもいえることである＞

本文の構成は以下のとおり。

芸術は**独創的**なもの

が，

すべてが**独創的**だということはありえない
独創は**模倣**のうえ
模倣に徹しきることで既存のものを超える（＝**独創的**）
例：伝統

模倣に徹することで独創性が生まれることを，芸術，伝統，絵画，文学の視点で論じる構成となっている。

STEP❹ 選択肢を選ぶ

1× 第1段落にあるように「模倣に徹しきることで既存のものを超えるような」独創的な作品ができるのであり，「模倣しきれなかった部分を新たに創作する」ことで独創性が生まれるわけではない。

2× 第1段落で「伝統を生かすということは，伝統を超えるというまさにその努力において伝統的にふかく交わり，その交わりのなかであらたな伝統をつくりだしていくこととべつのことではない」と述べられているように，「伝統を生かす」＝「あらたな伝統をつくりだす」であるので，選択肢のように，新たな伝統を作り出すことが「必要」で，「その方法によってのみ」伝統が生かされることにはならない。

3× 前半部分は正しい記述だが，後半部分が不適切である。第1段落に「そういう独創や模倣は，伝統を支えることもつくりかえることもなく，伝統のなかに埋もれていくだけだ」とある。

4◎ 正しい。第2段落に書かれている内容である。

5× 第2段落に「時代を超える詩や小説は時代にふかくかかわることによってしか生まれない」とあり，選択肢の「現実とかけ離れた空想的な世界」では，不適切である。

No.10の解説　内容把握（私とは）

→問題はP.43　正答2

STEP❶　出題形式の確認

出題形式は内容把握である。

STEP❷　選択肢から内容を予想する

選択肢に目を通すと，繰り返し使用されているキーワードとして「私」「対話」「おじぎ」が見つかるので，本文は「『私』のあり方について対話やおじぎがかかわってくる」内容だと予想できる。

STEP❸　本文を読む

出典は，上田閑照『私とは何か』である。本文の大意は次のとおりである。

＜本来の「私」は「私は，私ならずして，私である」が，現実には「私は私である」という自己固執か，「私は私ならず」となって自己喪失に陥ってしまっている。本来の「私」のあり方は「対話」を繰り返すことで「自分として言うべきことを言い」「相手の言うことを聞く」ことで自覚される。おじぎも形式から入ることで「身心一如」的に「私」すなわち「私ならざる私」のあり方を学ぶ＞

「対話」と「おじぎ」の違いを整理できたかがポイントとなる。

ここで本文の構成を図で確認しておこう。

「私」＝「私は，私ならずして私である」
①「私は私」自己固執
②「私は私ならずして」自己喪失

「私と汝」　対話＝話し合い，直される
①自分の言うべきことを言う
②相手の言うことを聞く
　おじぎ　「形式の精神」が身体のあり方を定め身体の型行

STEP❹　選択肢を選ぶ

本問は，文章の内容を問う「内容把握」の問題なので，**選択肢の記述が本文全体をまとめていなくても，本文の内容の一部と合致していれば，それで正答となる**。この点に注意して正誤の判断をしていこう。

1×　本文では「自己固執」の状態も「自己喪失」の状態も並列に扱われ，また，それらは否定的にとらえられているので，まず，その状態になるという記述は不適切である。

2◎　正しい。本文の中段にある内容である。

3×　対話は「実際に対話することのなかでのみ自覚される」のである。おじぎは「身心一如」的に自己が現成する例である。

4×　「私ならざる私」は「私」であり，「他者」ではない。また，おじぎをすることによって「私ならざる私」を「受け入れる」とも述べられていない。

5 × 「形式の精神」を身につけたうえで，型に則った身体の運動をするのではなく，「型に則った身体の運動のうちに精神が受肉」するのである。

No.11 の解説 内容把握（世阿弥の「花」）

→問題はP.44 正答5

STEP❶ 出題形式の確認

出題形式は内容把握である。

STEP❷ 選択肢から内容を予想する

選択肢を見ると「世阿弥」「花」などのキーワードがあるので，世阿弥の『花』についてのとらえ方について論じた文章だと予想できる。

STEP❸ 本文を読む

出典は，大橋良介『「切れ」の構造―日本美と現代世界』である。本文の大意は次のとおりである。

＜世阿弥は演技者の芸と姿とを「花」として表すが，「花」の「化」の移り変わるという意味として「花」を捉えている。まことの花とは，移り変わり，そのものとしての「化」を芸にあらわすところに見られる＞

「時分の花」と**「まことの花」**がどういうものか正確にとらえながら，**「花」**が**「生」**の意味を含むわけを理解する。

本文の構成は次のとおり。

世阿弥の**「花」**＝そのまま「生」の意味を含む
「風姿花伝」
演技者の芸と姿＝「花」のあり方 ➡ 花の美が「幽玄」
例：12・3の頃　**時分の花**
　52歳の観阿弥　**「まことの花」**「失せざらん花」「老骨に残りし花」
↓
「花」の「化」の意味　移り変わる，移り変わった姿
まことの花は，移りかわりそのものとしての「化」を芸にあらわすところに見られている。
「花」のもつ「美」は，醜と対立する「美」ではない
例：「小町物」　盛りの花は老骨に残った花との二重映しで**「まことの花」**の美をあらわす

STEP❹ 選択肢を選ぶ

1 × 本文中に「まことの花は芸を通してのみ得られる」とはあるが，選択肢のように「多年の修行を経た老骨でないと表現できない」とはいっていない。

2 × 12・3歳の頃の「花」は「時分の花」であるとしているので，「『花』とは無関係なもの」とはしていない。

3 × 「まことの花」は「時分の花」ではなく，芸を通して得られた「失せざらん花」にある。

4 × 「小町物」は「盛りの花は老骨に残った花との二重映しにおいて，はじめて

「まことの花」の美をあらわす」のであり，「小町が老いた身となり，もはや移りかわることがなくなった」からではない。

5◎ 正しい。第2段落を中心にまとめた内容である。

No.12の解説　内容把握（「分ける」という営み）

→問題はP.45 **正答3**

STEP❶　出題形式の確認

出題形式は内容把握である。

STEP❷　選択肢から内容を予想する

選択肢を見ると，「分ける」「言語」「感覚」などのキーワードが見つかるので，何かを言語によって分けるということと感覚の問題について論じた文章だと予想できる。

STEP❸　本文を読む

出典は，一ノ瀬正樹『生と死の「分離」と「別離」』である。本文の大意は次のとおり。

<「分ける」ということは人間の認識の基本作用である。感覚や知覚という認識の原点から考えてみても，ある対象と別の対象とを分けることで私たちは認識する。また，そこには言語が決定的に関わっている。そして，「分ける」という営みには同一性のある物を取り分けるという前提がある>

「分ける」について，第1段落の基本作用と「**しかるに**」に続く第2段落のその成立条件の2つの論点がある。

本文の構成は次のとおり。

「分ける」という人間の営み

①人間認識の基本作用

例：**感覚や知覚** ← ある対象を別の対象から分ける

犬を「見る」，鳥の声を「聞く」

言語が決定的に関わっている

↓ 分節化という「分ける」働きをその本質とする

認識＝分ける営み

②「分けるという営み」の成立条件

「取り分ける」

↑

何らかの同一性をいつも背景に背負っている

例：スイカ，男女

つまり，

共通する同一性のない二つのものは「分ける」ことはできない

例：塩味と徐行運転

STEP❹ 選択肢を選ぶ

1 × 本文中に「人間の認識を考える場合，言語がそれに決定的に関わっている」とあるが，「感覚や知覚という認識の原点」の例である「犬の見分け」や「鳥の声の聞き分け」が「言語化することによってはじめて」できるようになるとは述べられていないので不適切である。

2 × 本文中に「共通する同一性のない二つのものについて『分ける』ことは意味をなさない」とあり，「文学的想像力やレトリックを駆使して，有意味な表現となるようにする必要がある」というのは不適切である。

3 ◎ 正しい。第２段落に「何かの同一性をいつも背景に背負っている」とある。

4 × 「取り分ける」は「分ける」ことの条件として論じられているだけで，「感覚」と「取り分ける」ことを比較してはいない。

5 × 「言語を理解するため」ではなく，言語の本質として「分ける」という営みがある。また，真偽を「見分ける力」についての言及はない。

No.13 の解説 内容把握（経済的発展と社会秩序）

→問題はP.46 **正答 1**

STEP❶ 出題形式の確認

内容把握の問題である。

STEP❷ 選択肢から内容を予想する

選択肢を見ると，「個人」，「経済的発展」，「社会秩序」というキーワードがあることがわかるので，個人の活動と社会全体の秩序や経済発展との関係について論じた文章だろうと予想できる。

STEP❸ 本文を読む

本文の大意は以下のとおり。

＜新古典派経済学は個人が自己の利益のために最大限の努力をしさえすれば，結果的に生活水準の向上を享受でき，社会秩序も維持されると考えた。この考えは，繁栄に向けて国民のエネルギーを最大限動員するのに効果的であった。もっとも，経済人の仮定だけでは，必ずしも秩序は保証されないのではないかという危惧に対しては，構造－機能主義の想定する役割人の仮定，すなわち，個人が社会的分業によって細分化した役割を適切に遂行し，それから逸脱しなければ，社会の秩序は維持されるという考えが役立った＞

第１段落は「近代経済学」，第２段落は「社会学」という**２つの仮定**で構成されている。

本文の構成は次ページの図のとおり。

STEP❹ 選択肢を選ぶ

1 ◎ 正しい。第１・第２段落にそれぞれ示された２つの仮定をまとめたものである。

2 × 「諸個人が社会的分業によって細分化した役割を適切に遂行し，それから逸脱さえしなければ社会の秩序は維持でき」自己の利益を追求すれば「生活水準の上昇を享受でき」るので，私的生活を謳歌できないとはいえない。

3× 「資本主義の発展期」や，「資本家層」への期待は述べられていない。

4× 神の誤りで「ブームやスランプのゆきすぎ」が生じた場合，「行政府や専門家集団」が財政金融政策で舵を取ることを必要としているので，国家の機能を法や道徳による秩序維持だけに限定するのは誤りである。

5× 構造－機能主義は，新古典派経済学の要請する個人に対して発生するであろう危惧を「払拭するのに効果的な秩序観を提供」するのであるから，「個人」の観念が構造－機能主義と新古典派経済学で矛盾するとはいえない。

近代経済学の経済人の仮定
利潤追求と効用極大 ➡ 市場の調和
‖
神の見えざる手
ブームやスランプのゆきすぎ ⬅ 財政金融政策
⬇
大衆に受ける
社会学の構造－機能主義
私利私欲に駆られた社会の混乱という危惧を払拭
個人が役割を遂行する
⬇
逸脱したら ⬅ 法や道徳による社会統制

No.14の解説　内容把握（近代の産業観）　→問題はP.47　正答3

STEP❶ 出題形式の確認

本問は内容把握の問題である。

STEP❷ 選択肢から内容を予想する

「市場」「需要」「無限」などのキーワードから，市場や需要は無限なものであるかを論じた文章だと予想ができる。

STEP❸ 本文を読む

出典は，橋本治『知性の顚覆—日本人がバカになってしまう構造』である。大意は次のとおり。

＜需要は無限，市場は無限に近い広さを持っているというのは，物が足りなかった時代の考えであり，現実には市場は無限ではなく，「無限の需要」を求める産業は知らない間に「物が余ってしまう社会」を作り出してしまう＞

近代の産業観と現在の産業観を特徴を整理し，「物余り」により近代の産業観が幻想で，**第5段落「しかし」以降**にあるように，いまだに近代の産業観を「習慣的に夢見てしまう」ということがわかるかがポイントである。

本文の構成は次ページの図のとおり。

STEP❹ 選択肢を選ぶ

1× 第2段落に，市場が「無限に近い広さを持っているもののように思われていた」とあるように，実際には「持っていた」わけではない。また，第3段落にあるように「資源の有限」は市場が無限に近い広さを持っていると思われた時期に言われたものであるので,「資源の有限が言われると, 市場の広さは無限ではなくなった」とするのは誤りである。

2 × 需要が無限であることを前提としたエネルギー資源の確保は「物が足りなくて困ることがある」という考え方によるものである。また,「石油の枯渇の回避」についての言及は本文中にはない。

3 ◎ 正しい。第5段落の「それは飢餓の時代の世界観」は第4段落を指し,「人の欲望が無限出る以上需要もまた無限に存在して, であればこそ“物”を作り出す産業も不滅だ」とある。

4 × 第5段落にあるように,「飢餓と向かい合って『なんとかしなければ』と考えるのは『人の善意』で, 産業なんかではない」ので, 産業によって「人の善意」が生まれるとするのは誤り。

5 × 前半は第1段落で述べられている内容だが,「物が余ってしまう未来では世界に存在する飢餓を求めて新しい産業が作られる」かどうかについては本文中に言及がない。

失業者をすくい上げるために「新しい産業」を作ってきた。
でも, 飽和状態
かつて：**需要**, 欲望は**無限** ➡ **市場**は無限
➡ 大量に作って売る
➡ 資源は有限だから, エネルギー資源の確保
飢餓の時代
実は：物が余ってしまう未来
産業は「需要」「メリット」と向かい合うもので,「飢餓」と向かい合うものではない。

No.15 の解説 内容把握（社会実装）

→問題はP.48 **正答3**

STEP❶ 出題形式の確認

本問は内容把握の問題である。

STEP❷ 選択肢から内容を予想する

選択肢を見ると,「社会実装」「技術」「イノベーション」などのキーワードがあることから,「技術のイノベーションが社会に実装されること」について論じる文章だと予想できる。

STEP❸ 本文を読む

出典は, 三菱総合研究所『「共領域」からの新・戦略 イノベーションは社会実装で結実する』である。本文の大意は次のとおり。

＜かつての日本は未成熟で, イノベーション（技術革新）が起これば, 社会実装は自然に行われ, それにより経済発展することができた。しかし, 成熟化が進むと収益性を考慮しなければ, 技術革新だけでは社会実装は進まない

のだが，企業が依然として持続的イノベーションに傾注し，さらに長時間労働をいとわない労使の共通認識があるため，労働生産性の改善が進んでいないのではないか>

本文の構成は以下のとおり。

「社会実装」＝新商品…などが社会に受け入れられ定着すること
イノベーションとの関係抜きには語れない
未成熟な時代で，技術ができれば社会実装は自然に行われた
↓ したがって
技術の確立が社会実装にとって最も重要
工業化時代の日本
↕
社会の成熟化　社会実装は進まない
企業が持続的イノベーションに傾注。さらに，長時間労働をいとわない
結果として行動生産性の改善が進まなかった

イノベーション（技術の革新）と社会実装の関係が，未成熟な時代と成熟した後とで，どのように変化したのかを整理できたかがポイントである。

STEP❹　選択肢を選ぶ

1 × 第２段落に「未成熟な時代で，技術ができれば社会実装は自然に行われた」とあるが，第４段落に「社会の成熟化が進むと」新技術の開発だけでは「社会実装は進まない」とあるので，「高度経済成長期から現在に至るまで得意としている」とするのは妥当ではない。

2 × イノベーションが「未熟な地域でよく見られ」るという記述はない。また，「キャッシュレス決済」は「途上国で生まれた」のではなく，「途上国で普及が進んでいる」のである。

3 ◎ 正しい。第３．５段落の内容である

4 × 「新技術への投資」についての記述はない。また，第４段落にあるように「社会実装は進んでいないにもかかわらず，「技術革新それ自体が目的化」しているので，「日本の有する優れた個別技術が死んでいるように見える」だけで，個別技術は「失われ」てはない。

5 × 「生産費用を下げる」ことについての記述はない。また，「労働生産性の改善が進まない」のは，第５段落にあるように「長時間労働をいとわない労使の共通認識」があるためである。

No.16 の解説　内容把握（言語による科学的説明）　→問題はP.50　正答4

STEP❶　出題形式の確認

本問は内容把握の問題である。

STEP❷　選択肢から内容を予想する

「科学的説明」「数学の記号言語」などから，数学により科学的な説明をすることについての文章だと予想できる。

STEP❸ 本文を読む

出典は，小林道夫『科学の世界と心の哲学』である。大意は次のとおり。

<近現代の科学は，われわれの知覚経験に依存しない自然現象の「普遍的構造」を日常言語ではなく，状況依存性を排除する数学の記号言語体系によって解明しようとする>

本文の構成は以下のとおり。

科学的説明
　＝自然現象自体の普遍的構造を説明 ← 抽象的な**数学**による
日　常　言　語：状況（文脈）依存的
　↕
数学の記号言語：具体的数値
　　　　　　　　　状況依存性排除
　　　　　　　　　普遍的構造の記述には最も適している

STEP❹ 選択肢を選ぶ

近代科学が普遍的構造を説明しようとしたこと，そのために数学を使用したことを日常言語と数学を第４・５段落で比較しながら論じているので，**日常言語と数学の特質を整理して考えられるかがポイント**である。

1 × 第１段落にあるように，近現代の科学は「それ自体すでに観測器具によって数量的に表現された事実であって，知覚の生の事実ではない」ので，「知覚の生の事実に基づ」いてはいない。また，第２段落にあるように近代科学は「自然現象自体の普遍的構造」を説明することを目的としている。

2 × 第４段落に，指示詞や指標詞は，「『状況（文脈）依存的』であり，個々の状況と独立的な現象の普遍構造を表現することは，本性上適していない」とある。

3 × 第５段落にあるように数学は，「状況（文脈）独立的」であるので，状況に依存する「日常言語化」することはない。

4 ◎ 正しい。第５段落に書かれている内容である。

5 × 第５段落にあるように普遍的構造を表現するには，状況依存性を排除する数学の記号言語が用いられる。日常言語は「状況（文脈）依存的」なため，科学的説明に際しては不適当なものである。

No.17 の解説　内容把握（科学技術知識が高度化した社会を生きる市民）→問題はP.51　正答４

STEP❶ 出題形式の確認

出題形式は内容把握である。

STEP❷ 選択肢から内容を予想する

選択肢を見ると，「高度な科学技術知識」「専門家」「市民」などのキーワードが見つかるので，高度な科学技術知識を用いる社会を専門家と市民という視点で論じた文章だと予想できる。

STEP❸ 本文を読む

出典は，木原英逸「専門性と共同性」（『公共のための科学技術』所収）である。本文の大意は次のとおり。

<今日の社会は科学技術に多くを依存し，市民が自分たちの問題解決をますます専門家に任せるようになっており，われわれは次第に無能化し，自己決定権を持った自立した市民のありかたは難しくなっている>

本文の構成は以下のとおり。

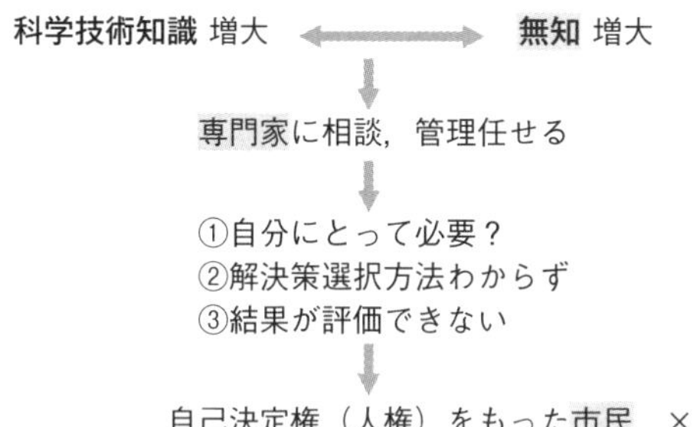

STEP❹ 選択肢を選ぶ

それらしい選択肢に惑わされず，本文に根拠を求めることがポイントである。

1 × 「われわれ」が「より多くの専門知識を理解することが期待されている」という指摘は本文中にはない。第２段落で「専門家に相談し，自分たちの問題の管理を任せる，それが合理的であると」と述べられている。

2 × 高度な科学技術知識を用いる社会を「機能させる」ことについての議論は本文中にはない。また，「市民と専門家の間で知的分業を行う」という指摘も本文中にはない。「専門家からの解決策の提供」については，「範囲を越えている」（第３段落），「無能化され」「専門家に従属」（第４段落）とあり，筆者はこの状況を問題視しているので，「必要不可欠」とはいえない。

3 × 専門家が「知識をもたない人々にもよくわかるように指摘することが求められている」という記述は本文中にない。第３段落に「ますます専門家達がわれわれの知らない専門知識を用いて，われわれの知らない，気づいていない問題を指摘するようになっている。そしてそれは期待されている」とある。

4 ◎ 正しい。第４段落で述べられている内容である。

5 × 「市民が自立するため」の方策についてまでは議論されていない。「自立した市民のありかたは難しくなっている」と指摘するにとどまっている。

実戦問題3 発展レベル

No.18 ＊＊ 次の文の内容と合致するものとして最も妥当なのはどれか。

【国家総合職・平成23年度】

ゴッホは病気であったが，彼の自分は病気だといふ意識は，病気ではなかった。「一体誰が正気なのか」と彼は手紙の中で質問してゐますが，本当に烈しく質問してゐるのは，彼の絵でせう。正気の人間の自己意識が，ゴッホといふ病人の自己意識よりはっきりしたものだと誰に言へませう。私達の通常の意識が，どれほど怪しげなものであるかは心理学者の説明を待つまでもない。酔った酔ったと言ってゐる酔っぱらひは，未だ大丈夫ですが，酔ってはゐないと言ひ張る酔っぱらひが危険な事は，誰でも知ってゐる。酔ふのはアルコールだけとは限らない。主義主張に酔ふ人間の心の構造も同じ事なのです。ゴッホの様に，烈しい妄想の襲来と戦はねばならなかった人は，その故にいよいよ磨ぎすまされた鋭い意識を持つ様になったが，私達は，正気のお蔭で，鈍い自己意識に安住してゐるのではないかどうか。これは一考に価する事でせう。成る程，分析的心理学の説くところは，現代人の常識となってゐます。リビドとかコンプレックスとかいふ言葉は，誰の口にも上ってゐるのです。言はば，現代人の心の間口は，途方もなく拡がり，自我について，誰もが勝手な饒舌を振ふ様になった。それは，心理的な戯れで，はち切れさうになってゐる現代文学を一見しただけで，おわかりでせう。精神分析は，神経症を治療出来るかも知れませんが，精神分析の説くところに精通した教養人の，自我との戯れといふノイローゼを治す事は出来ますまい。意識と心とは別物である，人間，めいめいが暗い危険な無意識を持ってゐる，そんな知識だけで，どうして，私達は，実際に，自分達の内的経験を豊かに出来ませうか。自己意識を磨ぎ澄ますといふ様な事が出来ませうか。いや，知識は逆の作用をするのです。現にしてゐるのです。無意識過程の合理的説明に耳を傾ける人間が，自分の心との戦といふ様な古風なやり方を放棄して了ふのは当然でせう。自分と戦ふ人間の数が減れば，それだけ他人と戦ふ人が殖える。わかり切った算術の様にも思はれます。現代は心理学の時代だと言はれます。それは，眼に見えぬ心の底の底まで，眼に見える現象と化さねば承知出来ない時代だといふ事にもなりませう。人々は，自分自身の心の世界まで，一種の外的世界に変じて了った様です。精神と心理との混同が行はれると言ったらいゝのでせうか。それとも，心理学といふいよいよ詳しくなる精神の不在証明（アリバイ）を競って信用する傾向と言った方がいいのでせうか。ともあれ，精神といふ言葉は，主観的なもの，空想的なものの意味に下落した。私は，精神主義者ではない。ただ，時代思想といふものは，いつの時代のものでも，決して綿密な研究や思索から発したものではない，さういふものを無視してもひろがるものだ，ひろがった以上，必ず合理的な仮面をつけるものだ，といふ事を忘れたくないまでです。

1 ゴッホは，自身の絵の中で「一体誰が正気なのか」を烈しく質問した結果，自己の意識が通常の人間の自己意識と何も変わらないことに気づいた。

2　ゴッホは，烈しい妄想の襲来との戦いを強いられるなかで，アルコールに酔うことで得られる以上の磨ぎ澄まされた意識を獲得した。

3　精神分析は，現代文学を一見しただけで分かるように，心理学的な戯れにすぎず，ゴッホが患った神経症を治すことはできない。

4　心理学の時代では，眼に見えぬ心の底の底まで眼に見える現象に置き換えることにより，精神という言葉が主観的・空想的なものの意味に下落した。

5　いつの時代でも，綿密な研究や思索から発した時代思想は，合理的な仮面をつけて世間に広まることで変容し，やがて綿密な研究や思索を無視するようになる。

No.19（＊＊）　**次の文の内容と合致するものとして最も妥当なのはどれか。**

【国家専門職・平成25年度】

従来論理学者たちが，固有名詞特有の機能は，同類の他のものから，ひたすらそれ自体を切り離し，区別するところにあるとしてきたのは，おそらく一つの等質的な言語社会の中でのことしか考えていなかったからであろう。そこで忘れられていることは，まず第一に，人間はいったい，そのように弁別された個をどの程度必要とするのか，そもそも，社会のあらゆる連関から全く切り離された個などがあり得るのか，また，その弁別は，何のために必要なのかという視点である。

こうした社会的な観点を欠いた，普遍主義的な見方，純論理主義的な見方は，それ自体，帝国主義的な独断を内蔵している。固有名詞には，ある条件のもとでは，支配や権力の関係や構造が反映せざるを得ないところがある。そうした社会的，文化的要因を捨象して，意味ゼロの記号——単なる目じるしと見る観点からは，固有名詞のもう一つの本質が消し去られてしまう。それは，個体，とりわけ人間を，個別化させると同時に，共属関係をも作り出すからである。ソ連のニコーノフという名前学者は，十八，九世紀のロシアの農村では，「アンナの娘は二人ともアンナ」であったり，「ガヴリーラの息子アレクセイには娘が三人いる。九歳のエウフィミヤ，七歳のエウフィミヤ，一歳のエウフィミヤだ」といったような，同名への好みがあったと述べている。

固有名詞は抽象的記号（数字やアルファベートのような）ではなく，特定の言語に属しているから，もし普通名詞とつながっていれば，たとえ，原義は無視され，その意味がかすんでしまっても，必要とあらば，賦活される可能性をとどめている。またかりに意味はゼロだとしても，オトのつながり方のパターンは，その名が，何語に属しているかを教えている。ジョン・レノンという名を聞いたとき，人はそれが日本人が生れたときにつけたはえぬきの名ではないとすぐに判断するし，オノ・ヨーコと聞けば，それがたぶん日本人の名であろうと思う。ジョン・レノンは日本語の名のパターンに，まずオトとしてあてはまらないのに対し，オノ・ヨーコの方は，聞いてすぐにその枠の中に入れられる。

こう考えてみると，人は名前をつけるときに，弁別性あるいは個別性よりはむしろその言語，より具体的に言えば，民族の名としてふさわしいパターンにあわせて作り，それからはずれないようにこころしていることになる。

このことから，固有名詞の弁別性ということのほかに，それとは逆方向の，所属性，共属性という性格があらわになってくる。つまり，人は名づけにおいてすら，一定の枠の中で行わなければならない点，完全に自由ではなく，所属する共同体の強い圧力を受けていることになる。

1　ニコーノフが述べたロシアの農村の事例は，固有名詞を単なる目じるしとして見る観点の例として挙げられている。

2　オノ・ヨーコという名を聞いて日本人の名であろうと判断することに，固有名詞のもつ所属性，共属性という性格が表れている。

3　ジョン・レノンというオトのつながり方のパターンは普通名詞とつながっているため，それが属する特定の言語をすぐに判断することができる。

4　固有名詞のもつ所属性，共属性という性格は，純論理主義的な見方を表している。

5　人は名づけにおいてすら所属する共同体の強い圧力を受けており，所属性，共属性という性格の是非を改めて考える必要がある。

No.20 次の文の内容と合致するものとして最も妥当なのはどれか。

【国家一般職・平成16年度】

〈歴史〉には二重の意味がある。ひとつは書かれたものとしての〈歴史〉であり，もうひとつはそこに語られた出来事である。この出来事は言うまでもなく過去の出来事だ。その一方で〈歴史〉は記述されたときにはじめて成立する。つまり〈歴史〉が過去を設定するのである。ここにひとつのパラドクスがある。だがこのパラドクスは〈歴史〉というものの基本的性格でもある。たとえばひとは〈歴史〉の意味のこの二重性のために，歴史が書かれる以前にそれは存在したか，という問いを立てることができる。歴史はたいていそのことを前提にして書かれる。つまり過去の出来事としての歴史が存在したからこそ，その記録として歴史が書かれるのだと。だが〈歴史〉の発端を考えてみればわかることだが，それがはじめて書かれた時，〈歴史〉というものが発明された時期は，歴史上のどこかに位置しているのだ。それ以前には〈歴史〉は存在しなかったのに，〈歴史〉はそれがすでに以前から存続していたものとして書かれる。たしかに過去はあった。だが〈歴史〉が書かれる以前には，過去の出来事は秩序立った事実の継起として定位されていない。〈歴史〉が書かれることによってはじめて，過去がある時間的秩序に基づいた過去として定位されるのだ。したがってある意味では，記述された〈歴史〉が遡及的に事実としての〈歴史〉を生み出すことになる。だから〈歴史〉は〈歴史〉自身を語り出すのだ。したがって〈歴史〉を書くということは，そのような意味で二重の設定行為であり，それも遡及的な効果をもつ。というのも〈歴史〉はつねに事後的に書かれ，そうして書かれることによって過去がはじめて，すでに起こったこととして設定されるのだから。

だから〈歴史〉は，ある意味では，生(なま)の捉えがたい〈現実〉としての出来事に引導をわたし，その遺骸のうえに座る墓碑銘のようなものでもある。だが，過去を定着したこの墓碑銘は，ただ人びとの眼前にそそり立つだけでなく，その人びとが現在と未来への企てを意味づける環境そのものを規制する。〈歴史〉は事後的に過去を設定するが，それはまた〈歴史〉が，終わったときに生まれる，という円環構造をもつということでもある。そしてこの〈歴史〉を受容するということは，みずからこの時間の円環構造のなかに身を置くことであり，〈歴史〉の設定する時間に包摂されるということである。だからひとはみずから〈歴史〉を語り出したと思うとき，糸を吐く蚕が繭のなかに身をくるむように，自分自身が〈歴史〉の設定する時間のなかに入っている。そのために，過去を遡って〈歴史〉が存在したということが所与の意識となり，〈歴史〉から括弧がはずれ，そこに語られることが当然ながら過去の事実として，歴史として，客観的時間のなかに存在したかのように受け取られる。

1 〈歴史〉は時間的秩序に基づいて記述されるため，生き生きとした現実の出来事が無味乾燥な過去の事実となってしまう。

2 〈歴史〉が設定する時間から離脱し客観的な時間のなかに身を置くことによって，ひとははじめて〈歴史〉を語ることができる。

3 〈歴史〉は書かれたときから存在するのであり，それが書かれる以前には，過去は時間的秩序に基づかない出来事でしかない。

4 ひとは〈歴史〉を受容しその円環構造のなかに身を置くと，存在しなかった過去の出来事を客観的時間のなかに存在した事実と思い込むようになる。

5 〈歴史〉は過去の出来事としての歴史を忠実に記述することによって成立するものであり，過去が恣意的に定位されて成立するものではない。

＊＊＊
No.21 **次の文の内容と合致するものとして最も妥当なのはどれか。**

【国家一般職・平成24年度】

行政施策の執行は，行政が保有する資源についての不平等な価値配分を伴う。地方行政の平等な執行は，行政の公共性の証と言えるかもしれないが，行政は価値の偏在的な配分執行であることも事実である。受益者すべてに平等な事業施策はあまりない。地方政府の事務事業は誰かのためになる場合も多い。行政の守備範囲の広がりとともに行政の自由裁量の拡大が避けがたい今日では，価値の権威的配分が政治であり，行政はその配分の決定を執行するだけとする政治と行政の二分論の強調だけでは，価値の偏在的配分を伴う行政の執行が合理的であるとする説明には不十分だろう。

行政が価値の偏在的な配分執行であると考える私は，行政による偏在的な価値配分の執行が，合理的なものであるとする根拠をどこに見ればよいのだろうか。ここでは，それを探ってみる。受益者に偏りがある価値配分も，公共性があれば，理にかなっていると言えると思う。今日，そのような公共性が何であるかが問われている。価値を偏在的に配分するのは不平等であり，公共性に反するとの形式的な建前を，われわれは考えがちである。しかし，行政が偏在的な価値の配分執行である以上，その実質的な不平等が合理的なものとされるメカニズムが必要となる。そこで私は，その実質的な不平等を問題にしなくなる人々の側の意識に注目して，そのメカニズムを捉えてみる。

行政の公共性は，偏在的な価値の配分執行が人々に受け入れられることで担保されるのではなかろうか。誰かがより利益を受けているのではないかという，実質的な不平等を人々が重視しない意識が，その事業施策を公共的なものにすると考える。あえて言えば，不平等な価値配分への人々の了解こそが，行政の公共性，つまり，行政が公共のものであることの証である。しかし，不平等な価値配分が効率的に行われているということだけで，人々はその事業施策を公共的なものとして了解することはできない。今日では，その事業施策の執行が民主的な手続きを経た政治的な決定の結果との説明でも納得されにくい。そこで，人々の側で，地方政府の行政施策を了解するメカニズムが重要になってくる。

1　行政施策の執行は，価値の偏在的な配分執行であるから，地方行政を平等に執行することは不可能であり，受益者すべてに平等な行政施策はまったくない。

2　行政が保有する資源の配分を政治が決定し，行政がこれを執行するという役割分担が重要となっている。

3　価値を偏在的に配分するのは不平等であり，公共性に反するという建前が存在する以上，どんなに合理的な価値配分を行っても公共的な事業施策を執行することはできない。

4　行政の公共性を担保するためには，不平等な価値配分への人々の了解が必要であるが，そのためには，不平等な価値配分が効率的に行われているだけでは足りない。

5　地方政府の行政施策を人々が了解するメカニズムが完成され，受益者が行政施策の執行を了承することによって平等な価値配分の実現が可能となる。

＊＊
No.22　**次の文の内容と合致するものとして妥当なのはどれか。**

【国家一般職・平成14年度】

これまでに述べてきた科学者共同体の内部における倫理の問題は，マートンによる倫理規範の主張にもかかわらず，科学者共同体が，現実には，他の共同体に比べても，とりわけ高貴なる倫理規範を備えているとは思えないことを示している。すでに第二章でも述べたように，とりわけ西欧にあっては，医師や聖職者の共同体の内部における職能倫理は，神との関係において明確な基盤に支えられて来た。今は知らず，かつては，それは，神とその職能者との間に特別に交わされた契約に基づいて初めて成立する職業として理解されてきたがゆえに，何よりも先ず，その職業的行為は神に対して責任を負うべきものと考えられ，またそれが求められてもいた。

聖俗革命を経たのち，キリスト教的な枠組みは，基本的には崩壊した（無論聖職者の共同体については別である）けれども，医師も聖職者も，さらには法曹家も，いずれも，人間，それも苦しんでいる人間を相手にするという意味では，おのずから，自分たちの職能者集団の内部のみでは，その職業的行為が完結せず，同時に，その行為の結果もまた，職能者集団の内部のみでなく，その外部社会との繋がりを断つことができないという性格を必然的に帯びている。したがって，共同体内部の倫理規範も，外部社会に対してどのように責任をとるのか，という配慮なくしては成り立たないものであった。

しかし，彼らと同じように，知識と技術とを職能の基礎としながらも，科学者は，繰り返し述べて来たように，常に，共同体内部の同業者にのみ目を向け，同業者の評価だけを求めて，自己完結的な営みを重ねているという点では，極めてユニークなカテゴリーに属すると考えられる。責任をとらなければならない相手がいるとすれば，それは同業者だけであって，そのような特殊な事態を，「真理の追究」という美しい言葉で粉飾してきたとさえ言えるかもしれない。

科学者の共同体を，そのようなものとして見るとすれば，それは，「ブレーキのない車」という比喩さえ妥当のように思えてくる。何故なら，ある個別の共同体の内部では，その共同体公認の知識体を増加させることは，無条件に善であり，逆にその増加を障げるものは無条件に悪であるという評価基準が働いているからである。その評価基準こそが，その共同体全体を動かし，あるいはその共同体に属する個人を動かす唯一の価値意識であるからである。研究の推進にブレーキをかけたり，あるいは現在進んでいる方向に修正を求めたりすることがすべて「悪」として拒絶されるのであれば，それは「ブレーキ」ばかりか，ギアもハンドルさえもなく，アクセルだけが備わった車でなくて何であろうか。

1 科学者共同体には，内部でのみ通用する唯一・絶対の倫理規範が存在している。

2 科学者共同体は，本来，外部社会に配慮した倫理規範を持つ義務を負っていない。

3 医師や聖職者の職能者集団は，独自の倫理規範を持っていないため外部社会のそれに従っている。

4 医師や聖職者の職能者集団にとって，「真理の追究」を前提とする倫理規範を持つ必要はない。

5 すべての職能者集団は，キリスト教的倫理規範を失った後も集団独自の倫理規範を維持している。

実戦問題❸の解説

No.18 の解説　内容把握（精神と心理の混同）　→問題はP.63　正答４

STEP❶　出題形式の確認

出題形式は内容把握である。

STEP❷　選択肢から内容を予想する

選択肢を見ると，「ゴッホ」「精神」「心理」などのキーワードがあるので，精神について，ゴッホの例から論じている文章だと予想できる。

STEP❸　本文を読む

出典は，小林秀雄『日本人の知性３　小林秀雄』である。大意は次のとおり。

<ゴッホのように激しい妄想の襲来と戦わなくてはならなかった人に比べ，私たちは正気であるため，むしろ，自己意識を磨ぎ澄ませなくなった。分析心理学の知識により，現代人は饒舌を振るうだけで，自分の心の戦いを捨て，もはや精神は，主観的なもの空想的なものの意味に下落し，精神と心理の混同が行われている。このように時代思想は綿密な研究や思索から発せずともひろがり，合理的な仮面をつけるということに注意したい>

本文の構成は以下のとおり。

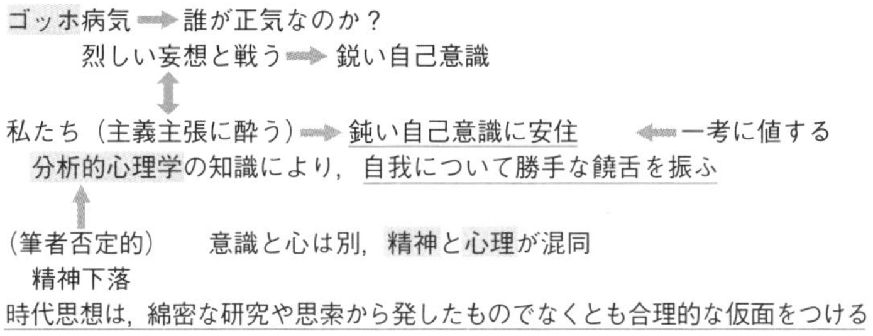

ゴッホ病気 ➡ 誰が正気なのか？
烈しい妄想と戦う ➡ 鋭い自己意識
↕
私たち（主義主張に酔う）➡ 鈍い自己意識に安住　⬅ 一考に値する
分析的心理学の知識により，自我について勝手な饒舌を振ふ
↑
（筆者否定的）　意識と心は別，精神と心理が混同
精神下落
時代思想は，綿密な研究や思索から発したものでなくとも合理的な仮面をつける

STEP❹　選択肢を選ぶ

1× 冒頭で，ゴッホは「一体誰が正気なのか」と質問し，「烈しい妄想の襲来と戦わなければならなかった」ゆえに「いよいよ磨ぎ澄まされた鋭い意識を持つようになった」とあり，「通常の人間の自己意識と何も変わらないことに気づいた」のではない。

2× 「酔ってはゐないと言ひ張る酔っぱらひ」の自己意識より，ゴッホ自己意識のほうが磨ぎ澄まされていると述べているが，ゴッホが「アルコールに酔うことで得られる以上の磨ぎ澄まされた意識を獲得した」という記述はない。

3× 本文14行目の「それは，心理的な戯れで」の「それ」がさすのは，「現代人の間口は途方もなく拡がり，自我について，誰もが勝手な饒舌を振るふようになった」であり，「精神分析」ではない。また精神分析が「ゴッホが患った神経症」を治せないという記述はない。

4 ◎ 正しい。本文後半に書かれている内容である。

5 × 「時代思想といふものは，いつの時代のものでも，決して綿密な研究や思索から発したものではない…」と述べられている。時代思想は綿密な研究や思索を無視してひろがってから，仮面をつけるのである。

No.19の解説　内容把握（固有名詞）

→問題はP.64 **正答2**

STEP❶　出題形式の確認

出題形式は内容把握である。

STEP❷　選択肢から内容を予想する

選択肢を見ると，固有名詞の持つ意味について論じた文章だとわかる。

STEP❸　本文を読む

出典は，田中克彦『名前と人間』である。大意は次のとおり。

<従来論理学者たちは，一つの等質的な言語社会の中で固有名詞の弁別性という点にのみ注目してきたが，実は，所属性，共属性という性格があり，それは所属する共同体の強い圧力を受けている>

本文の構成は以下のとおり。

従来の論理学者
　固有名詞は区別するため（⇐一つの等質的な言語社会の中で考えた）
　↓
　弁別性は何のため必要か
固有名詞には支配や権力の関係や構造が反映
意味ゼロの記号では本質が消し去られてしまう
　例：アンナ，エウフィミヤ
　　　ジョン・レノン，オノ・ヨーコ
名前：弁別性，個別性より民族にふさわしいパターンに合わせる。
固有名詞の性格　弁別性⇔**所属性，共属性**
　所属する共同体の強い圧力

STEP❹　選択肢を選ぶ

1 × 農村の事例は「個別化させると同時に，共属関係をも作り出す」例である。

2 ◎ 正しい。第3段落の内容である。

3 × 普通名詞とつながっていなくともジョン・レノンというオトのつながり方のパターンだけで「何語に属しているかを教えている」とある。

4 × 「純論理主義的な見方」は固有名詞を「同類の他のものから，ひたすらそれ自体を切り離し，区別するところにあるとしてきた」ので，「所属性，共属性」とは逆方向である。

5 × 「所属性，共属性という性格の是非」についての記述はない。

No.20 の解説　内容把握（歴史の二重性）　→問題はP.66　正答3

STEP❶　出題形式の確認

出題形式は内容把握である。

STEP❷　選択肢から内容を予想する

選択肢を見ると，「歴史」「時間的秩序」というキーワードが見つかるので，歴史について，時間的秩序という視点から論じた文章だと予想できる。

STEP❸　本文を読む

出典は，西谷修『世界史の臨界』である。大意は以下のとおり。

＜〈歴史〉は書かれたものとしての〈歴史〉とそこに語られた出来事という二重の意味がある。そして，〈歴史〉は事後に書かれ，それにより過去がはじめて，すでに起こったこととして設定されるというパラドクスをもつが，それはまた〈歴史〉が，終わったときに生まれるという円環構造をもつことでもあり，現在や未来をも規制するのである。そして，この円環構造に身を置くことで自分自身が〈歴史〉の設定する時間のなかに入り〈歴史〉が過去の事実として客観的時間のなかに存在したかのように受け取られるのである＞

本文の構成は以下の図のようになっている。

〈歴史〉には二重の意味がある
　①書かれたものとしての歴史
　②そこに語られた出来事＝過去の出来事
　その一方で〈歴史〉は記述されたときにはじめて成立
　＝〈歴史〉が過去を設定
　　〈歴史〉が書かれることによってはじめて，
　　過去がある時間的秩序に基づいた過去として定位される
　　したがってある意味では，
　　記述された〈歴史〉が遡及的に事実としての〈歴史〉を生み出す

現在と未来への企てを意味づける環境そのものを規制
　〈歴史〉事後的に過去を設定＝終わったときに生まれるという
　　↓ そして
　〈歴史〉を受容する＝円環構造に身を置く
　　↓ そのために
　歴史が過去の事実として，歴史として，客観的時間のなかに存在したかのように受け取られる

STEP❹　選択肢を選ぶ

1 ×　「〈歴史〉が時間的秩序に基づいて記述」されると「無味乾燥」になってしまうという記述は本文中には見られない。

2 ×　「〈歴史〉を受容するということは，みずからこの時間の円環構造のなかに身を置くことであり」「自分自身が〈歴史〉の設定する時間のなかに入ってい

る」ので，歴史が「客観的時間のなかに存在したかのように受け取られる」という記述より，「設定する時間から離脱」の部分は誤りである。

3 ◎ 正しい。第１段落の中ほどに書かれている内容である。

4 × 「存在しなかった過去の出来事」についての記述はない。

5 × 歴史を「忠実に」記述するや，過去が「恣意的に」定位されという内容の記述は本文中に見られないので，誤りである。

No.21 の解説　内容把握（行政の公共性）

→問題はP.67 **正答4**

STEP❶ 出題形式の確認

出題形式は内容把握である。

STEP❷ 選択肢から内容を予想する

選択肢を見ると，行政施策を平等という観点で論じた文章だと予想できる。

STEP❸ 本文を読む

出典は，村山皓『施策への人々の意識と地方行政の公共性』である。大意は次のとおり。

<行政の執行は不平等な価値配分を伴うが，行政の自由裁量拡大が避けがたい今日では，政治と行政の二分論ではその合理的な説明にはならない。そこで，受益者に偏りがある価値配分も，公共性があれば，理にかなっていると受け入れられるというメカニズムを人々の側の意識に注目してとらえてみる。不平等な価値配分が効率的に行われているだけでは，人々は公共的と了解はできないので，人々の側で，地方政府の行政施策を了解するメカニズムが重要となる>

平等であることが絶対的な価値としてとらえられがちだが，本文では**「不平等」であることを合理的**とし，それを受け入れるメカニズムを議論している。

本文の構成は以下のようになっている。

行政施策の執行＝ 不平等な価値配分

政治と行政の二分論では，合理的説明としては△

- ・価値の権威的な配分＝政治
- ・配分の決定の執行＝行政

行政による偏在的な価値配分の執行の合理的根拠をどこにみればよいの**だろうか**？

- ・公共性
- ・しかし，実質的な不平等が合理的なものとするメカニズム必要

問題にしなくなる人々の側の意識に注目

人々の了解＝行政の公共性の証

➡ そこで，
人々の側で，地方政府の行政施策を了解するメカニズムが重要

STEP❹　選択肢を選ぶ

1✕ 第１段落に，受益者すべてに平等な行政施策は「あまりない」とあるだけで，「まったくない」とすることはできない。また，地方行政の平等な執行を「不可能」とする記述はない。

2✕ 選択肢は政治と行政の二分論について述べているが，第１段落で，二分論の強調だけでは，「合理的であるとする説明には不充分である」としている。

3✕ 第２段落にあるように，選択肢前半のような建前は「形式的」で，第３段落にあるように「行政の公共性は，偏在的な価値の配分執行が人々に受け入れられることで担保される」メカニズムが議論されている。

4◎ 正しい。第３段落に書かれた内容である。

5✕ 「平等な価値配分の実現が可能」になるのではなく，不平等な価値配分が合理的であると受け入れられるのである。

No.22 の解説　内容把握（科学者の倫理）

→問題はP.68　**正答 1**

STEP❶　出題形式の確認

出題形式は内容把握である。

STEP❷　選択肢から内容を予想する

選択肢を見ると，「科学者共同体」「職能者集団」「倫理規範」といったキーワードがあるので，科学者共同体や職能者集団での倫理規範について述べられた文章だと予想できる。

STEP❸　本文を読む

出典は，村上陽一郎『科学者とは何か』である。本文の大意は次のとおり。

＜科学者共同体は，他に比べてもとりわけ高貴な倫理規範を備えてはいない。医者や聖職者の場合は，キリスト教的な枠組みがあったときには神に，その崩壊後には，苦しんでいる人を相手とすることから，外部社会に対して責任をとらなくてはならない。しかし，同じように知識と技術とを職能の基盤としながらも，科学者は，共同体内部の同業者にのみ目を向けており，ブレーキだけでなく，ギアもハンドルさえもなく，アクセルだけが備わった車のようである＞

この文章の構成は次ページの図のとおり。

STEP❹　選択肢を選ぶ

1◎ 正しい。第３・４段落で述べられていることをまとめている。

2✕ 科学者共同体は，「責任をとらなければならない相手がいるとすれば，同業者だけ」とあるだけで，「外部社会に配慮した倫理規範を持つ」ことが「義務」であり，それを「負っていない」という記述は見当たらない。

3✕ 医師や聖職者の職能者集団は，「独自の倫理規範を持っていないため」ではなく，「苦しんでいる人間を相手にし」「内部のみでなく，その外部社会との繋がりを断つことができないという性格を必然的に帯びている」ので倫理規範も「外部社会」に対して配慮しているのである。

4 × ここでは，「真理の追究」は，科学者が「共同体内部の同業者にのみ目を向けている」ことを粉飾するための言葉だとしている。

5 × 「すべての職能集団」についての記述はない。また，「キリスト教的倫理規範を失った」か否かが，集団独自の倫理規範を持つと考えられる科学者共同体に関係があるといった記述もない。

科学者共同体：とりわけ高貴なる倫理規範を備えているとは思えない
医師や聖職者共同体：神に対して責任を負う
↓ 聖俗革命を経たのち
苦しんでいる人間を相手にする ➡ 外部社会に対して責任をとる
↕ しかし
科学者共同体：共同体内部の同業者のみに目を向ける ⬅ ユニーク
責任は同業者に対してだけ
↑
真理の追究という言葉で粉飾
↓
ブレーキのない車，ギアもハンドルさえもなく，
アクセルだけが備わった車である

要旨把握

必修問題

次の文の主旨として，最も妥当なのはどれか。

【地方上級（特別区）・令和元年度】

美とは何であるか，を**問う**ときに，もっとも月並みな方法ではあるが，言葉の由来を考えておくことは助けになるであろう。そこでまず，現在話されている日本語の範囲で，「美しい」という言葉をきれい（綺麗）という言葉と比べて考えてみよう。普通の日本語では，澄み切った水を見て「きれいな水」と言うし，偽りのない心を「きれいな心」という。「美しい」は，「きれい」とほとんど同義である場合も見受けられる。しかし，美しい水という言葉は，あまり言われないであろう。ただ，「美しい」景色の構成要素として，「きれいな」水が含まれていることもある。「美しい」は，語感として「きれいな」よりも複雑なのではないか。

たとえば，美しい景色について考えてみても，セーヌ河の水が相当程度濁っていて「きれいな水」ではなくても，それだからと言って，これを含むパリの眺めが，美しい景色でなくなることはない。また，美しい心について考えてみれば，たとえば，人生行路の間には，ひとの非をかばうために，自ら汚辱に沈み，あえて偽りを言わなければならないようなこともあるが，これは「きれいな心のひと」と言うよりも「美しい心のひと」と呼びうる場合もあるのではないか。また，きれいな色ばかりで構成されていなくても，古びた汚い建物や，ごみにまみれた「きれい」でない街並みであっても，体験のゆたかな見方では，却（かえ）って影の深い美しい景色に見えることがあり，事実，佐伯祐三や荻須高徳のパリの絵などを見れば，決してきれいな街が描かれているのではないのに，美しい街になっている。

この例からも**明らか**なように，美とは感覚的なきれいさではなく，心によって生じてくる輝き，すなわち精神の所産であることを暗示する。

1 美とは何であるか，を問うときに，言葉の由来を考えておくことは助けになる。

2 美しい景色の構成要素として，きれいな水が含まれていることもあり，美しいは，語感としてきれいよりも複雑である。

3 美しい景色について考えてみても，セーヌ河の水がきれいな水ではなくても，パリの眺めが，美しい景色でなくなることはない。

4 きれいな色ばかりで構成されていなくても，体験のゆたかな見方では，却って影の深い美しい景色に見えることがある。

5 美とは感覚的なきれいさではなく，心によって生じてくる輝き，すなわち精神の所産である。

難易度 ＊

必修問題の解説

要旨把握は，選択肢の選び方が内容把握とは大きく異なっている。内容把握では本文の内容と合っていればそれで正答となるが，要旨把握の場合はそれだけでは不十分で，**本文全体のまとめとなっていなければ正答とはいえない**のである。詳しくは，POINTの重要ポイント1にまとめてあるので参照していただきたい。

STEP❶ 出題形式の確認

まずは，出題形式の確認を行うことが大切である。本問は「主旨として」妥当なものを選ぶ問題であるので，要旨把握となる。ここで注意しなければならないのは，要旨把握では，**内容把握とは異なり，本文の主要な要点をまとめた選択肢を選ぶ**ということである。

STEP❷ 選択肢から内容を予想する

次に，選択肢に目を通す。本文に入る前に選択肢を読むことで，あらかじめ本文の内容を予想することができる。

今回の必修問題の選択肢に目を通すと，繰り返し使用されているキーワードとして「美しい」「きれい」「美」が見つかるので，美について，「美しい」と「きれい」という言葉を比較している内容だと予想できる。

STEP❸ 本文を読む

出典は，今道友信『美について』である。大意は次のとおり。

＜「美しい」と「きれい」という言葉を比較してみると，「美しい」は，語感として「きれいな」よりも複雑であることから，美とは感覚的なきれいさではなく，心によって生じてくる輝き，すなわち精神の所産である＞

冒頭の「美とは何かという」**問いを考えるため**に，「美しい」と「きれい」の違いについて**例を挙げて整理**し，それらの例から「美」の意味するところを理解できたかがポイントとなる。

以上の大意を読む取るためにも，本文の構図を意識しながら読むことが大切なのだが，ここで本文の構成を図で確認しておこう。

美とは何であるか	（問題提起）	選択肢**1**
「美しい」ときれいで比べて考える		
「美しい」は「きれいな」よりも複雑では？	（仮説）	選択肢**2**
たとえば	（検証）	
①水，②心，③街並み		選択肢**3，4**
この例からも明らかなように	（結論）	選択肢**5**
美とは感覚的なきれいさでは無く，心によって生じてくる輝き，すなわち精神の所産		

STEP❹ 選択肢を選ぶ

本問は主旨，すなわち要旨を問う問題なので，本文の内容の一部が一致しているだけでなく，**全体をまとめた選択肢**を選ばなくてはならない。

1 × 冒頭で述べられている問題提起であり，本文の全体をまとめた要旨としては，不適切である。

2 × 第１段落の最終文であり，第一段落をまとめた文となっているが，本文の要旨としては第２段落の例から得た結論を述べる第３段落に触れる必要がある。

3 × 第２段落にある例の一つである。例示は筆者の主張を説得するためにあるので，要旨としては不適切である。

4 × 第２段落にある街並みの例についてなので，要旨としては不適切である。

5 ◎ 正しい。第３段落で述べられた内容であり，「この例からも明らかなように」とあることから，選択肢は本文の結論部分に当たる。

正答 5

FOCUS

要旨把握は地方上級（全国型，関東型，中部・北陸型），特別区，市役所では依然として頻出であるが，近年，国家総合職，国家一般職，国家専門職，東京都では，要旨把握より内容把握の出題のほうが多い傾向にある。今後もこの傾向は続く可能性が高いが，油断は禁物である。要旨を問うているのか，内容を問うているのか問題形式の確認は必ず行ってほしい。内容としては適切だが，要旨としては不十分な選択肢が多いので，「要旨把握と内容把握の違い」をしっかり確認しよう。

POINT

重要ポイント 1 要旨把握と内容把握の違い

要旨把握のポイントは，文章全体をまとめ，筆者が一番に言いたい点をつかむことである。**この要旨とは，文章の中心内容をまとめたものであり，試験では，主旨，趣旨（文章や話で言おうとしていること），論旨（議論の要旨）などと同じであると考えてよい。**また，要旨把握では，筆者の主張として要旨にまとめられる部分と，具体例，引用，比喩など筆者の主張を読者にわかりやすく理解してもらうためにある解説部を区別することも重要である。

それに対して，**内容把握は，文章全体をまとめる必要はなく，本文中のどこかに書いてあることであれば，「内容が一致している」ということで正解となる。**したがって，具体例，引用，比喩などの解説部から選択肢が作られていても正解となる。

	要旨把握	内容把握
種類	要旨，主旨，趣旨，筆者の主張	内容一致，下線
特徴	本文全体のまとめ	本文の一部と一致
注意点	筆者の主張とそれを補強するための解説部を区別	解説部からの選択肢でもよい

重要ポイント 2 選択肢の選び方

文章理解は，筆者の主張を読み取ることができるか否かを判定するために問題が作られているのであるが，それができていることを証明するためには，選択肢を正しく選ぶということが重要になってくる。ここでは，選択肢を選ぶ際に気をつけてほしい点をいくつか挙げることにする。

(1) 必ず選んだ根拠を本文中に求める

筆者の主張を把握することが大切なので，決して自分の思い込みが選択肢に影響することのないように，本文に立ち戻って見直すことが必要である。

(2) 選択肢を選ぶときは，消去法で選ぶ

選択肢は「これが正しい理由」を探すより，「これが間違っている理由」を探すほうが，素早く正確に正答へとたどり着くことができる。

(3) 極端な選択肢は避ける

「絶対」「必ず」「いつも」など，本文中の内容を断定表現で表したものが選択肢中に使われているときは，選択肢を疑ってかかり，本文をもう一度見直すことが必要である。

(4) 要旨把握なのか内容把握なのかをもう一度確かめる

内容把握としては正答であっても，要旨把握としては正答にならない選択肢もあるので注意する。

重要ポイント3 筆者の主張を見つけ出す

文章理解の問題では，筆者の主張が理解できなければ一歩も先に進めない。しかし，このあたりが筆者の主張を表している部分だ，とわかっても，それが抽象的に書かれているため，何が言いたいのかよくわからないという状況に陥いることが多い。このような状況は，文章を一文一文で理解しようとし，文脈を無視した読み方をしているから生まれるのである。

筆者は自分の主張を読者に伝えたいために，文章を書く。なんとか読者に理解してもらえるように，言い換え，具体例を挙げ，引用をし，一般論を出し，あえて自分とは反対の意見を引くなどして自分の主張を展開していくのである。したがって，ある一文の意味がわからずとも，気にせずその文章の前後からその意味を理解すれば，筆者の主張を読み取ることができるのである。

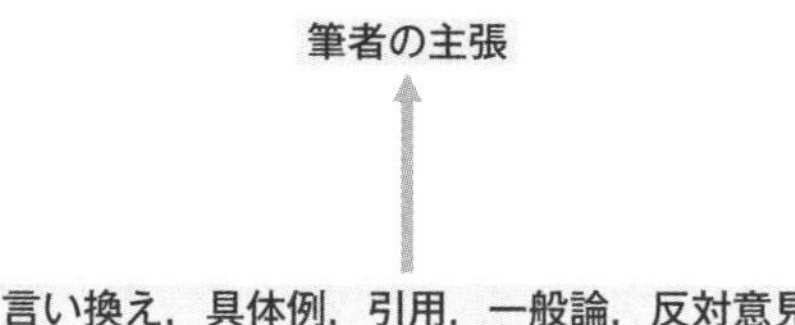

重要ポイント4 筆者の意見とその反対意見

何かを強調したいとき，たとえば，色の白さを際立たせたいとき，白だけを見せるより，隣にそれとは正反対の色，黒を置くと白さが際立つことがある。これと同様，筆者も自分の意見を強調するために，自分のものとは正反対の一般論や考えを引いてくることがある。このときには必ず，どちらが筆者の意見なのか，また，反対のものなのかを区別することが大切である。

その際には，「しかし」，「だが」，といった逆接の接続詞の後には筆者の言いたいことが来る，一般論は筆者の主張とは反対の内容である場合が多いということを覚えておくとよい。

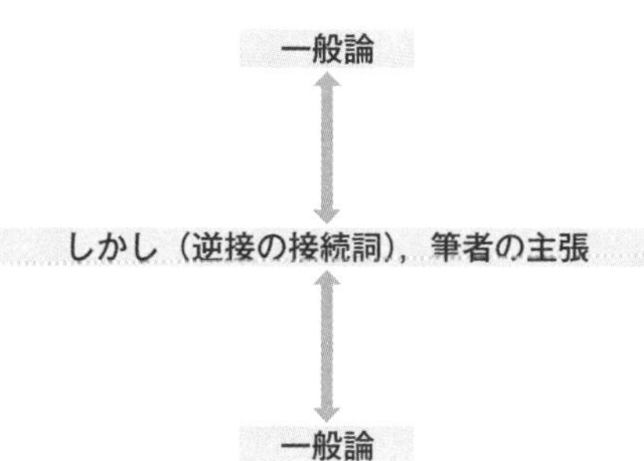

実戦問題1 基本レベル

No.1 ＊ **次の文の主旨として，最も妥当なのはどれか。**

【地方上級（特別区）・平成25年度】

かなり前から「これからはモノの時代ではなく，心の時代だ」と言われるようになった。そして新聞などの世論調査を見ても，「モノより心だ」という意識は顕著に表れてきているし，私もその方向性には共感を覚える。しかし繰り返し「心の時代」が説かれているにもかかわらず，私たちがいっこうに豊かさを感じることができないのは何故だろう。

それは「心の時代」の「心」が誰の心なのかという出発点に全く意識が払われていないからだ。「心の時代」の「心」が誰の心なのかと言われれば，それは「あなたの心」でしかありえない。「心の時代」とは私たちひとりひとりの心の満足が出発点になる時代のことなのだ。しかし，私たちの多くはこれまでのように「誰かが私たちの心を満足させてくれる方法を教えてくれるだろう」とか「心の時代の上手な生き方を示してくれるだろう」と思ってしまっている。

あなたの人生のQOL，クオリティー・オブ・ライフは，あなた自身が自分自身の「生きる意味」をどこに定めるかで決まってくるものだ。評論家やオピニオンリーダーの言うことを鵜呑みにしてしまうのでは，それは既にあなたの人生のQOLではなくなってしまう。この混迷する世の中で，「あなたはこう生きろ！」「こうすれば成功する！」といった書物が溢(あふ)れている。そして，自信のない私たちはそうした教えに頼ってしまいそうになる。しかし，「おすがり」からは何も生まれない。

「心の時代」とは，私の「心」「感じ方」を尊重しようという時代である。〈これが誰にとっても正しい「心の時代」の過ごし方だ〉などというものはない。自分自身の心に素直になって，自分がいま一番何を求めているのかに従って生きていこう，モノの多さ，地位の高さ，そして「他者の目」からの要求に惑わされず，自分の感じ方を尊重して生きていこうということこそが「心の時代」なのだ。

1 これからはモノの時代ではなく，心の時代であると言われているが，私たちは豊かさを感じることができない。

2 「心の時代」の「心」が，誰の心なのかという出発点に全く意識が払われていない。

3 私たちの多くは，「誰かが私たちの心を満足させてくれる方法を教えてくれるだろう」と思っている。

4 あなたの人生のクオリティー・オブ・ライフは，あなた自身が自分自身の「生きる意味」をどこに定めるかで決まってくる。

5 自分の「心」「感じ方」を尊重して生きていこうということこそが「心の時代」なのだ。

＊No.2 次の文の主旨として，最も妥当なのはどれか。

【地方上級（特別区）・平成30年度】

「これからどうなるのか先が読めない」――そういう時代に私たちは生きているようである。世界中の情報がリアルタイムで集められ，その処理技術も日々進化しているというのにである。私は，いくら多くの情報やデータを収集しても，それだけでは，先は読めないと思っている。もちろん，専門家には専門家の見方や考えがあってのことだろうが，先を読むのが仕事の棋士から見ると，情報をどんなにたくさん集めても，ロジカルに分析するだけでは情報におぼれるだけだということを経験から知っているからである。将棋の一局は，初手から詰めまで普通百十手だが，それでも先を読むのは難しいのだ。どんなに読んでも十手から二十手先ぐらいまでだ。なぜなら将棋の場合は，局面の変化への対応が重要になるので，それ以上読んでもあまり意味がないからだ。まして，社会は複雑に，激しく動いている。今日の情報そのものが，明日はもう古くなってしまうのだ。

升田幸三先生の好きだった言葉に「新手一生」という言葉がある。新しい手を発見すると一生使える。棋士たる者は一生を懸けても新しい手を生み出すべしというのである。

しかし最近は，新手を一所懸命に考えても一勝しかできないと半ば冗談でいわれている。指し手に著作権はない。広く公開されるので，対局で指した瞬間に研究され，対抗策が出てきてしまう。自分が指した将棋，他の人が指した将棋は，その棋譜を皆が知っているのが当たり前なのだ。つまり，今は将棋界も情報化されてきて，パソコンの通信によって，昨日指された対局の棋譜を自宅で再現できる。情報収集に便利にはなったが，情報に頼るだけでは勝てない。それに何をプラスできるかということが勝利の必須条件である。そして，常にプラスするパワーを持ち続けないと，トップには決してなれなくなってしまったのである。

1　世界中の情報がリアルタイムで集められ，その処理技術も日々進化しているが，これからどうなるのか先が読めない時代に生きている。

2　先を読むのが仕事の棋士から見ると，情報をどんなにたくさん集めても，ロジカルに分析するだけでは，情報におぼれるだけである。

3　社会は複雑に激しく動いており，今日の情報そのものが明日はもう古くなってしまうため，先を読むことはあまり意味がない。

4　将棋界は情報化されてきており，昨日指された対局の棋譜を自宅で再現できてしまうため，情報に頼るだけでは勝てない。

5　情報に何をプラスできるかが勝利の必須条件であり，常にプラスするパワーを持ち続けないとトップにはなれない。

＊＊
No.3 **次の文の主旨として，最も妥当なのはどれか。**

【地方上級（特別区）・平成27年度】

シェークスピアの文章は若干いいまわしや古い表現を除けば今のイギリスの中高生ならそのまま読めると言われていますが，日本語は違います。単語や文体や表記法，字体も様変わりしましたが，日本の王朝時代の書物はもちろん，明治以前に書かれたものは，大人でもいまやなかなか読めないものになっています。それだけ違ってしまったものは，すでに一種の異文化と言っていいと思うのです。同じ文化だという思いこみで対すると，その過去の日本文化を正確に理解できず，ひいては現在の日本文化についても誤った理解に到達するおそれがあります。過去の書物の正確でかつ面白い読み方は，それらに対してきちんと異文化として対するところから始まるような気がします。

同様に，日本の過去の文化全体に対しても，異文化理解という視点からもう一度見つめ直す必要があると思います。日本の古代や中世と現在では，言語や制度や基本的な文化要素もかなり違います。文章同様，過去と現在とを安易に連続的なものとして捉えることは，自国の歴史や自文化についても正確な理解に達せられない部分があるのではないでしょうか。

1　シェークスピアの文章は若干のいいまわしや古い表現を除けば今のイギリスの中高生ならそのまま読めると言われているが，日本語は違う。

2　日本の王朝時代の書物はもちろん，明治以前に書かれたものは，大人でもいまやなかなか読めないものになっている。

3　明治以前に書かれた過去の書物の正確でかつ面白い読み方は，それらに対してきちんと異文化として対するところから始まる。

4　日本の過去の文化全体に対しても，異文化理解という視点からもう一度見つめ直す必要がある。

5　過去と現在とを安易に連続的なものとして捉えることは，自国の歴史や自文化についても正確な理解に達せられない。

No.4 次の文の主旨として，最も妥当なのはどれか。

【地方上級（特別区）・令和４年度】

ぼくは，今日の文明が失ってしまった人間の原点を再獲得しなければならないと思っている。原始時代に，絶対感をもって人間がつくったものに感動を覚えるんだ。

太陽の塔は万国博のテーマ館だった。

テーマは，“進歩と調和”だ。万国博というと，みんなモダンなもので占められるだろう。ぼくはそれに対して，逆をぶつけなければならないと思った。闘いの精神だ。

近代主義に挑む。何千年何万年前のもの，人間の原点に帰るもの。人の眼や基準を気にしないで，あの太陽の塔をつくった。

好かれなくてもいいということは，時代にあわせないということ。

ぼくは人類はむしろ退化していると思う。人間はほんとうに生きがいのある原点に戻らなきゃいけないと思っている。

あの真正面にキュッと向いている顔にしても，万国博なんだから世界中から集まった人たちに見られるわけだね。それを意識したら，だれでも鼻筋を通したくなるだろ？だがぼくは，日本人が外国人に対してとかくコンプレックスを感じているダンゴっ鼻をむき出しにした。

ダンゴっ鼻をみんなにぶっつけたわけだ。文句を言われることを前提としてね。

好かれないことを前提としてつくったから，さんざん悪口を言われた。とくに美術関係の連中には，ものすごく—。もちろん悪口はそのまま活字にもなった。でも，悪口は言われたが，その一方では無条件に喜ばれた。

ナマの目で見てくれたこどもたちやオジイさん，オバアさん，いわゆる美術界の常識などにこだわらない一般の人たちには喜ばれたんだ。来日した外国人にも喜ばれた。ぼくに抱きついて感動してくれた人もいたよ。

1　今日の文明が失ってしまった人間の原点を再獲得しなければならない。

2　万国博というと，モダンなもので占められるだろうが，それに対して，逆をぶつけなければならないと思った。

3　好かれなくてもいいということは，時代に合わせないということである。

4　太陽の塔は，好かれないことを前提としてつくったから，さんざん悪口を言われたが，その一方では無条件に喜ばれた。

5　太陽の塔は，来日した外国人に喜ばれ，抱きついて感動してくれた人もいた。

No.5 * 次の文の主旨として，最も妥当なのはどれか。

【地方上級（特別区）・平成27年度】

いま年金の支払いをしていない人が，国民の四〇パーセントをこえるという。払うに払えない苦境にある人もいるかもしれない。だが将来，あえて年金をもらわないことを選んだ人も中にはいるはずだ。

三・一一の大災害のあと，結婚して家庭をもつ人が増えたらしい。それも一つの選択である。孤独と自由を捨てて，絆（きずな）を選んだのだ。

アンチ・エイジングが流行る一方で，自分の死を事前に準備しようとする人も増えた。長生きだけが幸福ではない，と，ナチュラル・エンドを選んだ人たちである。

ある日，突然，ガンを宣告されたらどうするか。

これまでは医師のすすめにしたがって，手術なり何なりの対処をごく当り前のように受け入れた。しかし今では本人の意志が尊重される。外科手術，化学的治療，放射線療法，と選択肢はいくつもある。それらを綜合して，医師にまかせると判断するのが大部分だろう。

しかし，高齢者の場合は，それも本人の選択である。最後まで闘病をつづけるか，それとも自然のなりゆきにしたがうか。

家族，肉親も大きな選択をせまられる場合が多い。延命治療の実施に際しては，どうしても感情が先にたつ。ときには患者本人の意志が無視されることもあるだろう。

自主的に「選ぶ」ことができなくなったとき，私たちはすでに生きる意味を失う。「生きる」とは，「選ぶ」ことである。人はみずから「選ぶ」ことで自分の人生を生きている。どうでもいいような小さな選択から，一生にかかわる「遊び」まで，無限に広がる選択の世界が私たちの前にひろがっているのだ。

1 いま年金の支払いをしていない人が，国民の四〇パーセントをこえており，あえて年金をもらわないことを選ぶ人がいる。

2 長生きだけが幸福ではなく，自分の死を事前に準備しようと，ナチュラル・エンドを選ぶ人がいる。

3 ガンを宣告されると，これまでは医師のすすめにしたがって，手術なり何なりの対処を受け入れていたが，今では本人の意志が尊重される。

4 ガンを宣告されると，家族や肉親も大きな選択をせまられる場合が多く，ときには患者本人の意志が無視されることもある。

5 生きるとは，選ぶことであり，人はみずから選ぶことで自分の人生を生きている。

No.6* 次の文の主旨として，最も妥当なのはどれか。

【地方上級（特別区）・平成29年度】

戦後の日本社会では，「豊かな家族生活」を築くことが，幸福を約束するためのガイドラインになりました。ガイドラインに沿って，「豊かな家族生活」に必要な商品をそろえることが社会で評価され，幸福を感じるための手段でした。このような幸福を常に感じていくためには，家族が経済的に豊かになり続けることが不可欠です。高度成長期には，大多数の世帯収入が増えていたので，このガイドラインが有効だったのです。

しかし，今や経済の高成長は見込めません。少子高齢化が進み，現役世代の可処分所得は減少しています。そして，今の若者の４分の１は生涯未婚だと予測され，離婚も増えています。「豊かな家族生活」を築くことによる幸福を否定するつもりはありませんが，それだけが幸福をもたらすとすれば，多くの人はそのような幸福から排除されてしまいます。

ボランティア活動など他人や周りの人が喜ぶような新しい形の多様な幸せのモデル，つまり，他人とつながって社会的承認を得るというシステムが生まれ，育つことをサポートしていく必要があります。

新しい形の幸福を追求するにしても，生理的欲求の充足はもとより，人からみじめとは思われない程度の生活は不可欠です。誰かにプレゼントをしたり，社会活動に参加したりするにしても，多少のお金は必要です。すべての人に文化的に最低限の生活を保障するためには，経済的な豊かさを維持しなくてはなりません。その上で，新しい形の幸福をサポートする仕組みを整えることが社会に求められていると思います。

1 戦後の日本社会では，豊かな家族生活を築くことが，幸福を約束するためのガイドラインになっていた。

2 今や経済の高成長は見込めず，少子高齢化が進み，現役世代の可処分所得は減少している。

3 豊かな家族生活を築くことだけが幸福をもたらすとすれば，多くの人はそのような幸福から排除されてしまう。

4 他人とつながって社会的承認を得るというシステムが生まれ，育つことをサポートしていく必要がある。

5 すべての人に文化的に最低限の生活を保障するためには，経済的な豊かさを維持しなくてはならない。

実戦問題1の解説

No.1 の解説　要旨把握（心の時代）　→問題はP.81　正答5

STEP❶ 出題形式の確認

本問は「主旨」について問われているので，要旨把握と考えてよい。

STEP❷ 選択肢から内容を予想する

選択肢を見ると，「心の時代」について誰が誰の心を満足させるのかを論じた文章だと予想できる。

STEP❸ 本文を読む

出典は，上田紀行『生きる意味』である。本文の大意は次のとおり。

＜これからはモノの時代ではなく，心の時代だと言われているが，いっこうに豊かさを感じない。それは，心は自分の心であるという出発点に意識が払われていないからである。自分の心を満足させるのは，誰かではなく，自分であり，自分の感じ方を尊重して生きていこうということこそが「心の時代」なのである＞

本文の構成は以下のようになっている。

「モノより心だ」
↕ しかし
豊かさを感じることができないのは**何故だろう？**　（問題提起）
➡ 誰の心なのか意識が払われていない
　＝あなたの心　←　×誰かが満足させてくれる
↓
「心の時代」とは私の「心」「感じ方」を尊重しようという時代である　（結論）
　＝自分の感じ方を尊重して生きていこうということこそが「心の時代」なのだ

現状から生じた疑問に答えることで，筆者は自分の主張を伝える形式をとっているので，**主旨は，疑問の答えとなる部分**になる。

STEP❹ 選択肢を選ぶ

1× 第1段落に書かれた内容である。「心の時代」なのに豊かさを感じることができないという現状を述べているが，本文の主旨としては，心の時代とは，自分で自分の心を満足させることという結論に触れる必要がある。

2× 第2段落の冒頭の文である。心とは「自分の」心であるということは論じているが，心を「満足させる」のが自分であるという点に触れる必要がある。

3× 第2段落の最後の部分をまとめた文である。誰かが満足させてくれるだろうと考えているという現状はあるが，筆者の主張は，自分の感じ方を尊重しようというものである。

4× 第3段落の冒頭の文であるが，主旨は，冒頭の「心の時代」が説かれているにもかかわらず，「豊かさを感じることができないのは何故だろう」の答えになるので，「心の時代」について触れる必要がある。

5◎ 正しい。冒頭の疑問に答えた第4段落の内容である。

No.2の解説　要旨把握（勝利の必須条件）

→問題はP.82　正答5

STEP❶　出題形式の確認

本問は要旨把握の問題である。

STEP❷　選択肢から内容を予想する

「先を読む」「情報」などから，先を読むために情報をどうするのかを論じた文章だと予想できる。

STEP❸　本文を読む

出典は，谷川浩司『集中力』である。大意は次のとおり。

<社会は複雑に，激しく動いており，情報を収集し分析するだけでは先が読めない時代になっているので，トップになるためには，情報に何かをプラスするパワーを持ち続けなければならない>

本文の構成は以下のとおり。

先が読めない時代　　（問題提起）
　情報だけでは先は読めない
　例　将棋
情報に頼るだけでは勝てない。
それに何をプラスできるかということが勝利の必須条件
常にプラスするパワーを持ち続ける　　（結論）

STEP❹　選択肢を選ぶ

先が読めない時代の現状を例によって説明し，最後にどう生きたらよいか提案している。**主旨としては筆者の主張である「結論」について触れる必要がある。**

1× 第1段落で述べられている内容だが，先を読めない時代をどう生きるかについて，筆者の結論に触れなければ主旨とはいえない。

2× 第1段落で述べられている内容だが，棋士としての経験を例として述べているに過ぎず，主旨とはいえない。

3× 第1段落で述べられている内容だが，先の読めない時代の現状を述べているに過ぎず，主旨とはいえない。

4× 第3段落で述べられている内容だが，将棋界の現状を述べているに過ぎず，主旨とはいえない。

5◎ 正しい。第3段落にある筆者の主張について述べられている。

No.3 の解説　要旨把握（異文化理解という視点）

→問題はP.83 **正答4**

STEP❶ 出題形式の確認

出題形式は要旨把握である。

STEP❷ 選択肢から内容を予想する

選択肢を見ると「過去」「文化」「書物」「異文化」などのキーワードが見つかるので，過去の書物や文化について異文化という視点で論じた文章だと予想できる。

STEP❸ 本文を読む

出典は，青木保『異文化理解』である。

第２段落の第１文の「**必要があると思います**」から，これが本文の要旨であり，第２文は第１段落の「文章」の例と「文化」を結びつけて，要旨を補足した構成になっている点に気がつくかがポイントである。大意は次のとおり。

＜日本の過去の書物は現代の人にとって単語や文体などが変化しているので容易には読めない。正確でかつ面白い読みをするためには異文化として接する必要があり，文章だけでなく，文化全体において異文化理解という視点が必要である＞

本文の構成は以下のとおり。

文章
　シェークスピア　—　そのまま読める
　日本の古い書物　—　読めない
　　　　　　　　　　一種の**異文化**
文化全体
　同様に，日本の過去の文化も異文化理解という視点が**必要**　（主張）
　　文化も文章と同様，過去と現在を連続したものとみるのはよくない。

STEP❹ 選択肢を選ぶ

1 × 冒頭の第１文を抜き出したものであり，内容としては正しいのだが，日本の古い文章との比較のために出された例にすぎないので，要旨としては不適切である。

2 × 第１段落に書かれた内容であるが，これも日本の古い書物が読みづらいことの例にすぎないので，不適切である。

3 × 過去の書物に異文化として対する必要があると述べており要旨に近いのだが，要旨としては文化全体について触れる必要がある。

4 ◎ 正しい。第２段落第１文の抜き出しである。

5 × 内容としては正しいのだが，要旨としては，正確な理解のために異文化理解という視点が「必要」ということに触れなければならない。

No.4 の解説　要旨把握（太陽の塔）

→問題はP.84　正答 1

STEP❶　出題形式の確認

本問の出題形式は要旨把握である。

STEP❷　選択肢から内容を予想する

選択肢を見ると，繰り返し使用されているキーワードとして，「太陽の塔」「好かれる」「悪口を言われる」があるので，本文は「太陽の塔への人々の反応とそれに対する筆者の主張」だと予想できる。

STEP❸　本文を読む

出典は，岡本太郎『自分の運命に楯を突け』である。本文の大意は以下のとおり。

＜今日の文明が失ってしまった人間の原点を再獲得しなければならないという思いから近代主義に挑み，人の目や基準を気にせず原点に帰るものとして太陽の塔をつくったところ，美術関係者には悪口も言われたが，一方で一般人には無条件に喜ばれた＞

本文の構成は以下のとおり。

人間の**原点**を再獲得しなければならないと[思っている]
近代主義に[**挑む**]
➡ **太陽の塔**
美術関係者には悪口は言われたが，その一方で一般人には無条件に喜ばれた

賛否両論あった「太陽の塔」をどのような**思い**で作ったのかが本文の主旨となる。「**しなければならないと思っている**」「近代主義に**挑む**」といった筆者の覚悟が伺える表現に注意する。

STEP❹　選択肢を選ぶ

1 ◎　正しい。冒頭にあるように，筆者の太陽の塔制作への強い覚悟が述べられている。

2 ×　内容としては正しいが，要旨としては，モダンなものに対して「逆をぶつけなければならない」と思った理由として，「人間の原点を再獲得しなければならない」という強い意志があったことに触れる必要がある。

3 ×　内容としては正しいが，要旨としては，時代に合わせず，「原点を再獲得」することを目指した点に触れる必要がある。

4 ×　内容としては正しいが，要旨としては，「原点を再獲得」することをめざした点に触れる必要がある。

5 ×　内容としては正しいが，要旨としては，「原点を再獲得」することをめざした点に触れる必要がある。

No.5 の解説　要旨把握（選択の意味）

→問題はP.85 正答5

STEP❶ 出題形式の確認

出題形式は要旨把握である。

STEP❷ 選択肢から内容を予想する

選択肢を見ると，「選ぶ」「選択」「生きる」などのキーワードが見つかるので，選択や生きることについて論じた文章だと予想できる。

STEP❸ 本文を読む

出典は，五木寛之『選ぶ力』である。本文の大意は次のとおり。

<私たちは一生の間にさまざまな場面で選択をする。「生きる」とは「選ぶ」ことであり，自主的に選ぶことができなくなったとき，私たちは生きる意味を失う>

選択についての例が示された後，最終段落で選択についての筆者の主張がなされているという流れになっている。本文の構成は以下のとおり。

例：①年金
②結婚
③自分の死
④ガン宣告（本人，家族の選択）

↓

「生きる」と「選ぶ」こと　（主張）

STEP❹ 選択肢を選ぶ

1 × 年金について選択している例にすぎず，要旨としては不適切である。

2 × 自分の死について選択している例にすぎず，要旨としては不適切である。

3 × ガン宣告について本人が選択している例にすぎず，要旨としては不適切である。

4 × ガン宣告について家族が選択している例にすぎず，要旨としては不適切である。

5 ◎ 正しい。最終段落で述べられた内容である。この部分が筆者の主張に当たり，それまでに例示されたさまざまな「選択」の意味をまとめた内容になっている。

No.6の解説　要旨把握（経済的豊かさ）

→問題はP.86　**正答5**

STEP❶　出題形式の確認

本問は要旨把握の問題である。

STEP❷　選択肢から内容を予想する

「戦後」「今」「豊かさ」などから，戦後と今の豊かさな変化についての文章だと予想できる。

STEP❸　本文を読む

出典は，山田昌弘：日本経済新聞社編『こころ動かす経済学』である。大意は次のとおり。

<時代の変化に伴い新しい形の幸福を追求するにしても，文化的に最低限の生活を保障するために，経済的な豊かさを維持することが必要不可欠である>

本文の構成は以下のとおり。

幸福を約束するもの　（問題提起）
戦後：豊かな家族生活
経済的に豊かになり続けることが不可欠
↕しかし
今：豊かな生活だけでは×
社会的承認を得ることも必要
新しい幸福を追求する**にしても**
すべての人に文化的に最低限度の生活を保障するために経済的豊かさを維持しなくてはならない　（結論）

STEP❹　選択肢を選ぶ

戦後と今との変化をとらえ，第4段落にある「新しい形の幸福」を追求するにしても，「文化的に最低限度の生活を保障するために経済的豊かさを維持しなくては**ならない**」という筆者の主張が主旨となることがわかるかがポイントである。

1×　第1段落で述べられている内容だが，主旨としては新しい形の幸福を追求するにしても，「経済的豊かさの維持」が必要であることに触れる必要がある。

2×　第2段落で述べられている内容だが，今の社会状況を述べたに過ぎないので，主旨としては不適切である。

3×　第2段落で述べられている内容だが，選択肢**2**同様，今の社会状況を述べただけでは主旨としては不適切である。

4×　第3段落で述べられている内容だが，「新しい形の幸福」について述べただけで，主旨としては，そのためには経済的な豊かさを維持しなければならないことに触れる必要がある。

5◎　正しい。第4段落で述べられている内容である。

実戦問題2　応用レベル

No.7（＊＊）　**次の文の主旨として，最も妥当なのはどれか。**

【地方上級（特別区）・平成29年度】

「政治は万民の利益を守るためにある」とする統治思想は，鎌倉幕府の発明ではない。将軍とは，天皇に任命された「征夷大将軍（せいいたいしょうぐん）」である。将軍の権威は，皇室から国家の行政を委任されたところから生まれたものである。

そして将軍を任命する皇室の理想こそ「国家人民の為に立たる君」であった。初代・神武（じんむ）天皇が発せられた建国の詔（みことのり）には，人民を「大御宝（おおみたから）」と呼び，「八紘一宇（はっこういちう）（あめのしたのすべての人々が家族として一つ屋根の下に住む）」が理想として掲げられている。

国民の自由とは，洋の東西を問わず権力者による支配に制約を与えることによって守られるが，西洋の人民の自由は，フランス革命，英国の名誉革命，アメリカの独立戦争に見られるように，権力者との戦いを通じて勝ち取られてきたものであった。

それに対して，我が国においては国家の成立時点から，権力の正当性は国民の幸福を守ることに存する，という理想があり，国民の自由を抑圧し，民を幸福にできないような政治は失格である，と考えられてきた。

このような政治思想から，国民の自由と幸福を守るための諸制度が徐々に発展し，それが国民のエネルギーを引き出して，江戸時代には自由市場経済として結実した。

自由とは，欧米から新たに学んだものではなく，我が国の政治伝統にすでに内在していたものである。だからこそ，明治政府の使節団は欧米の富強の原動力が人民の自由な経済活動にあることを直ちに見抜き，また国民の方も戸惑うことなく，政府の自由化政策に呼応して，経済発展に邁進（まいしん）できたのである。

1　政治は万民の利益を守るためにあるとする統治思想は，鎌倉幕府の発明ではなく，初代・神武天皇が発せられた建国の詔から生まれたものである。

2　国民の自由とは，洋の東西を問わず権力者による支配に制約を与えることによって守られる。

3　我が国においては，国民の自由を抑圧し，民を幸福にできないような政治は失格であると考えられてきた。

4　我が国における自由とは，欧米から新たに学んだものではなく，我が国の政治伝統にすでに内在していたものである。

5　明治政府の使節団は，欧米の富強の原動力が人民の自由な経済活動にあることを見抜き，国民も明治政府の自由化政策に呼応した。

No.8 次の文の筆者の考えとして最も妥当なのはどれか。

【国家専門職・平成13年度】

柳田はたしかに沖縄に旅をした。そしてこの旅のもった意義の大きさを自ら語っている。「自分が大正九年に沖縄に行ったことは，今から考えると大変に意義のあることであった」(『民族伝承論』) と。あるいは沖縄の発見の劃期性をいう。「我々の学問にとって，沖縄の発見ということは劃期的の大事件であった」(『郷土生活の研究法』) と。沖縄の旅が，そして沖縄の発見が「我々の学問」にとってなぜ劃期的であり，なぜ大きな意義を有するというのだろうか。

「まず言語の方では記録の上だけに見えて，内地ではまったく使用を廃していた単語や語法が活きて行われていた。音韻の上でも稀に地方の訛語に伝わって，近世の堕落かとも考えられていたものが，偶然にかの島には存していた。……それから信仰の方面においても，神社というものの起りや女性の地位，中古神輿というものの普及によって，自然変ってきた祭祀の式，その他神と人間の祖先との関係のごとき，以前はただの空想であった我々の仮定説に，かなりの支援を与える事実が当然としてかの地には行われていた。」(『郷土生活の研究法』)

「遠方の一致」という民俗学における真理立証上の方法的視点をめぐる章で柳田は「沖縄の発見」の民俗学上の意義をこのように語る。だがその意義が語られる沖縄とは，すでに失われ，変遷してしまった〈やまと〉の古語や祭祀の古式を推定可能ならしめるものとしての沖縄である。発見されたのは沖縄ではない。「発見」ということばで自ら確認し，納得しているのは，〈やまと〉の古代を映発するものとして遠隔の地沖縄を見出した己れの視点の正しさである。推理され，再構築されるのは常に〈やまと〉なのだ。だから琉球諸島をはじめとする離島の民俗学的研究の重要性は，柳田によってこう説かれるのである。「国民との関係の幾分疎くなっている島々でも，ぜひとも比較によって民族全体の古代を映発するために，一日も早く各自の郷土研究を進める必要がある」(同上) と。郷土研究あるいは民間伝承の研究によって収集された資料が，やがてその実体と実在を確認するための徴証へと転化せしめられる柳田民俗学の，その学のテロスとして先在する仮想の実体を私は〈やまと〉と呼ぶ。

柳田はたしかに沖縄に旅をした。しかしそれはその土地に異なる旅人としてではなかった。ましてレヴィ＝ストロースが「悲しき熱帯」にあって「敗者」の意識をもったような，あの旅人としてでは決してなかった。むしろ〈やまと〉の内へと回収される沖縄への視線をすでに具え，その視線に確信をもった親しい観察者としてであった。

1　柳田は，日本人の民族としての実体を示そうとする自らの視点に合う沖縄のみを見ている。

2　沖縄は，古代から日本の一部であり，それと異なる沖縄の発見はありえない。

3　同じ民族として，内なる視点から沖縄を見たところに柳田民俗学の意義がある。

4　柳田によって発見されたのは個々の伝承等ではなく，「遠方の一致」等民俗学上の真理である。

5　沖縄への親しみが先在する柳田に可能なのは，すでに知り得た沖縄の再構築にすぎない。

No.9＊ **次の文の主旨として，最も妥当なのはどれか。**

【地方上級（特別区）・平成23年度】

民主主義社会が多数決の原理を否定しては成立しえない以上，われわれは多数決によってきまったことに対してしたがわねばならないことは，いうまでもないことです。たとえその決定が自分にはよくないと思われるばあいでも，それにしたがわねばなりません。むろんこの点については，なにについてどこまで多数決によって決定してよいのか，あるいは，どの限度まで多数決の決定にしたがうべきかなどという，いろいろのむずかしい問題があります。しかし，とにかく一般的に考えれば，上のようにいうことができましょう。

だが，多数決による決定が必ずしも常によい決定であるといえないことは，否定することのできないことです。ということは，つまり，多数決の原理はそれだけでは民主主義を成立せしめる単なる形式的な原理にすぎないということに外なりません。われわれが真にりっぱな民主主義社会を実現してゆこうとするならば，この形式的な原理にりっぱな内容を与えてゆくことが必要です。すなわち，多数決の原理によって常によい決定が行なわれるようにしてゆくことが必要です。

制度として議会制をとっている国はたくさんあります。これらの国々では，どこでも多数決の原理がとられているわけです。しかし内容的に見て，これらの国々が同じように，りっぱな社会を実現しているとはいえないでしょう。多数決という形式的な原理に内容を与えてゆくもの，それは国民のひとりひとりのもっている世界観であり，哲学です。そしてこの哲学の相違によって，同じく多数決の原理をとっている国でも，違った内容が出てくるのです。

そうであるとすれば，われわれが真にりっぱな民主主義を実現しようとするならば，われわれのひとりひとりがりっぱな世界観をもつということがなによりも重要なわけです。

1　民主主義社会は多数決の原理を否定しては成立しえない以上，われわれは多数決によってきまったことに対してしたがわねばならない。

2　多数決の原理はそれだけでは民主主義を成立せしめる単なる形式的な原理にすぎない。

3　多数決の原理によって常によい決定が行なわれるようにしてゆくことが必要である。

4　国民のもつ哲学の相違によって，同じく多数決の原理をとっている国でも，社会の実現に違った内容が出てくる。

5　われわれが真にりっぱな民主主義を実現しようとするならば，われわれのひとりひとりがりっぱな世界観をもつということがなによりも重要である。

実戦問題2の解説

No.7の解説　要旨把握（国民の自由）　→問題はP.93　正答4

STEP❶　出題形式の確認

本問は要旨把握の問題である。

STEP❷　選択肢から内容を予想する

「政治」「国民の自由」などから，政治という視点で国民の自由についてを論じた文章だと予想できる。

STEP❸　本文を読む

出典は，伊勢雅臣『世界が称賛する日本人が知らない日本』である。大意は次のとおり。

＜日本は政治伝統的に権力の正当性は国民の幸福を守ることにあったので，自由という概念は，欧米から新たに学んだものではなく，我が国の政治伝統にすでに内在していたものである＞

本文の構成は次のとおり。

「政治は万民の利益を守るためにある」
「国民の自由」➡支配に制約を与えることによって守られる
　西洋：戦い通じて勝ち取る
　日本：権力の正当性は国民の幸福を守ることという理想
自由とは，欧米から新たに学んだものではなく，すでに内在

STEP❹　選択肢を選ぶ

歴史的に日本の統治思想は「政治は万民の利益を守るためにある」という**冒頭の説明が根拠**となり，自由について，多くの日本人が欧米から新たに学んだと思い込んでいることを否定し，実は，自由という概念はすでに日本に内在していたという主張をしているということに気がつくかがポイントである。

1× 第1・2段落で述べられている内容だが，主旨としては，自由という概念が我が国に伝統的に内在していたという点に触れる必要がある。

2× 第3段落で述べられている内容だが，主旨としては，自由という概念が我が国に内在していた点に触れる必要がある。

3× 第4段落で述べられている内容だが，主旨としては，自由という概念が我が国に内在していた点に触れる必要がある。

4◎ 正しい。第6段落の結論部分をまとめた内容である。

5× 第6段落で述べられている内容だが，自由という概念が我が国に内在していたという主旨の帰結として起こったことに過ぎないので，不適切である。

No.8の解説　要旨把握（柳田の見る沖縄）　→問題はP.94　正答1

STEP❶　出題形式の確認

出題形式は要旨把握の問題と考えてよい。

STEP❷　選択肢から内容を予想する

「柳田」「沖縄」「民族」「民俗」などのキーワードが見つかるので，柳田の沖縄研究に対して，「筆者が何らかの意見を持っている」と予想できる。

STEP❸　本文を読む

出典は，子安宣邦他編『思想としての20世紀』である。本文の大意は次のとおり。

＜柳田は，沖縄を旅し，劃期的で大きな意義を有する発見をした。だが，この沖縄とは，すでに失われ，変遷してしまった〈やまと〉の古語や祭祀の古式を推定可能ならしめるものとしての沖縄である。彼が沖縄を見たのは，沖縄それ自体ではなく，〈やまと〉を通して，自らの視点にあうように見た沖縄である＞

以上の大意を読み取るために，本文の構成を見てみよう。

柳田 はたしかに **沖縄** に旅をした
発見＝〈やまと〉の古代を映発するものとしての **沖縄** を見た己の視点の正しさ
柳田民俗学 のテロスとして先在する仮想の実体を私は〈やまと〉と呼ぶ

柳田はたしかに旅をした。**しかし**その土地に異なる旅人としてではなかった。
(**むしろ**)〈やまと〉の内へと回収される沖縄への視線をすでに具え，その視線に確信をもった親しい観察者としてであった。

「たしかに」とあったら，「しかし」を探す。逆接の接続詞「しかし」に続く文に筆者の主張が述べられている。本文では，導入部分に「柳田はたしかに沖縄に旅をした」と書き，柳田の沖縄の発見について説明した後，改めて，「たしかに……しかし」で結論を述べている。

STEP❹　選択肢を選ぶ

1 ◎ 正しい。柳田は「〈やまと〉の古代を映発するものとして遠隔の地沖縄を見出した」のであり，「〈やまと〉のうちへと回収される沖縄への視線」に「確信をもった親しい観察者」としている。

2 × 〈やまと〉を見るための沖縄とあるが，沖縄が「古代から日本の一部」であるとまでは述べられていない。

3 × 柳田は沖縄を，同じ民族としての視点ではなく，「〈やまと〉の内へと回収される沖縄への……親しい観察者として」の視点で見ているのである。

4 × 柳田が発見したのは，〈やまと〉の古代を映発するものとして沖縄を見出した自身の視点の正しさである。「遠方の一致」とは，民俗学における真理立証上の方法的視点を意味するが，それを柳田が発見したわけではない。

5 × 柳田民俗学のテロスとして先在しているのは「沖縄への親しみ」ではなく，〈やまと〉と呼ばれる仮想の実体である。また，再構築されるのは常に〈やまと〉であって「沖縄」ではない。

No.9の解説　要旨把握（多数決の原理）

→問題はP.96　正答5

STEP❶　出題形式の確認

出題形式は要旨把握である。

STEP❷　選択肢から内容を予想する

多数決の原理と民主主義についての文章だと予想できる。

STEP❸　本文を読む

出典は，岩崎武雄『哲学のすすめ』である。本文の大意は次のとおり。

<民主主義社会は多数決の原理がある以上，多数決で決まったことには従わなくてはならないのだが，その決定が常に正しいとはいえない。それは多数決の原理は民主主義成立の形式的な原理にすぎないからであり，この形式的な原理に内容を与えていくのは，国民ひとりひとりが立派な世界観をもつことにある>

本文の構成は以下のようになっている。

民主主義社会が多数決の原理を否定しては成立しえない
常によい決定ではない
↕
内容を与えるのは国民の世界観，哲学
↕
ひとりひとりがりっぱな世界観をもつことが
なによりも重要なわけです

STEP❹　選択肢を選ぶ

最終段落の「**なによりも重要なわけです**」に着目できたかどうかがポイントである。

1 ×　第1段落にある内容だが，筆者が重要だと考えているのは，多数決をする国民ひとりひとりがりっぱな世界観をもつことにある点で，それに触れていなければ主旨としては不適切である。

2 ×　第2段落にある内容だが，そのために国民ひとりひとりがりっぱな世界観をもつ必要があることに触れていない。

3 ×　「常によい決定が行われるように」するためには必要なものは何かについて触れていない。

4 ×　第3段落にある内容であるが，国民ひとりひとりのりっぱな世界観が必要である点に触れていない。

5 ◎　正しい。民主主義社会の成立のために多数決の原理が必要だという前提があり，多数決によりよい決定がされるためには，ひとりひとりのりっぱな世界観が必要というのが筆者が「重要」だと考えていることで，主旨となる。

実戦問題❸　発展レベル

＊＊
No.10　次の文の主旨として妥当なのはどれか。

【国家専門職・平成７年度】

コモン・センスは，これまで一般に，社会の中にあって人々に共通な判断力，つまり常識のことであるとだけ考えられてきた。もちろん常識といってもそれは，科学的知識以前の単なる俗説と考えられる場合もあれば，なによりも確かな経験知の総体と考えられる場合もある。ただ，いずれの場合もコモン・センスのコモン，つまり共通ということは，社会の中で人々の間のこととして考えられている。ところが，コモン・センスには，それとは別の諸感覚に相わたり（共通であり）つつ，それらを統合するものとしての共通感覚という意味もあるのである。私達の視覚・聴覚・嗅覚・触覚・味覚といわゆる五感に相わたりつつそれらを統合する働きをもったものだ。しかも，コモン・センスということばの用法としてはこの意味のもののほうが，もともとの用法であって古い。

私がそのことにはっきり気づき，特に注目するようになったのもそんなに前のことでもないのだが，この古い方の共通感覚というものはいろいろな問題について私達に新しい着眼を与えてくれる。常識という意味を含むとともに，それを根本から問いなおしうるものとしてである。

この古い方の意味でのコモン・センス，つまり共通感覚という考え方はすでにギリシア時代のアリストテレスにみられるものだ。このギリシアの大哲学者は共通感覚についてこんなふうにいっている。私達人間は，同じ種類の感覚（たとえば視覚なり味覚なり）だけでなく，異なった種類の感覚（たとえば視覚と味覚と）の間でも互いにそれらを比較したり，識別したりすることができる。たとえば，いずれも色として視覚の対象となる白と黒の間だけでなく視覚上の白さと味覚上の甘さとを感じわけることができる。このような識別は，何によってなされるのだろうか。感じわけることは判断以前のことだから識別は一種の感覚能力によると考えられるべきだ。しかしそれは，感覚能力として視覚だか味覚だかというような個別的なものではなくて，異なった種類の複数の感覚に相わたる同じ一つの能力でなければならない。このようにして，それは，感覚のすべての領野を統一的にとらえる根源的な感覚能力であり，〈共通感覚〉とよばれるものであることになる。共通感覚はたとえば白さと甘さを識別するとき，一方では視覚の他方では味覚の能力と結びついていながら同時にそれらのいずれでもなくむしろそれらを含み，それらを比較するものなのだ。

1　コモン・センスには常識や人々に共通な判断力という意味と五感に共通な感覚能力という本来の意味がある。

2　コモン・センスには人々の常識と共通感覚という２つの対立する意味がある。

3　コモン・センスには人々の常識という意味と人々に共通している感覚能力とい

う意味がある。

4 コモン・センスには人々に共通な判断能力という意味と五感の総合的な感覚能力という意味がある。

5 コモン・センスには人々の常識という意味と五感から独立している感覚能力という意味がある。

＊＊
No.11 次の文の趣旨として妥当なのはどれか。

【国家一般職・平成６年度】

ギリシア悲劇をテキストとして，正面を向き，呪術的な言葉を俳優が喋るということは，それらの言葉がリアリティーをもって語られるような身体の仕掛けを取り戻さなければならなくなります。ベケットやチェーホフのテキストを演じるときとは，話し方も動き方も変えなければならないはずです。神がいるいないは別として，ギリシア悲劇が実際に演じられていた時代に俳優が使ったであろうエネルギーと等しいものがなければ，現代においてギリシア悲劇が生き返ることはできません。そのとき，ギリシア人たちは，演技については無意識でやっていたかもしれませんが，現代人がやる場合には無意識ではできません。むしろ神の存在を実感できない分だけ特殊なエネルギーの使い方を必要とするかもしれません。神があるかのように振るまって，同じ質のエネルギーを導き出さなければならないからです。

ところで，演劇の「フィクション」とは，そこには何もないにも関わらず，何か在るかのように振るまって同じ質のものを観客に感じさせてみせる世界のことです。そこが演劇と宗教的な儀式，儀礼との違いです。宗教的な儀式，儀礼で出されるエネルギーは，「在る」というふうに信じた人間のエネルギーと言ってもいいでしょう。しかし，演劇は「在る」ということが信じられなくなった状態からエネルギーが発生するのです。「在る」かのように振るまう遊び，一種のパロディとしての行為になるわけです。要するに演劇が意識性であるとすれば，宗教は歴史的に無意識です。

このように考えていきますと，いまギリシア悲劇を演ずるということは，俳優にとって最大のフィクションだということになります。ですから俳優という人間がフィクショナルなものを求めて，最終的にギリシア悲劇のようなものをやってみたいという衝動が生まれるのは否定できないと思うのです。フィクションになり抽象になるのが現代におけるギリシア悲劇だと思います。それは古いからではありません。むしろ現代が日常性に覆われてしまったからこそ，フィクションとして非常に高度な遊びが可能ではないかという気持ちを誘うのです。

1 現代の観客が演劇の中に求めている非日常性を備えている点に，ギリシア悲劇の現代における存在意義がある。

2 現代の演劇の使命は，ギリシア悲劇では非日常性を，近代のリアリズム演劇では日常性を観客に与えることにある。

3　ギリシア悲劇は現代の俳優にとって最大のフィクションであり，それを演じたいという衝動を起こさせるものである。

4　ギリシア悲劇を上演する際に重要なことは，俳優がいかにフィクションを「在る」かのように表現しうるかという点である。

5　ギリシア悲劇は，古代においては宗教的な儀式，儀礼であったが，現代人にとってはパロディとしてとらえられているにすぎない。

＊＊ No.12　次の文の趣旨として最も妥当なのはどれか。

【国家総合職・平成14年度】

古典といっても，それは敢て古い時代のものには限らない。洋語で古典classicまたは古典的classicalという言葉はギリシア，ローマ的古代に属するものという意味にも，或いは承認されたる，第一流の標準的なものという意味にも用いられている。無論私が読むことを勧めるというのは，この第二の意味の古典である。

すべて文芸と学問とを問わず，それぞれの分野において，いくつかの流行浮沈を超越する標準的著作が認められてあるものである。私の指していうのはそれである。心がけてこういう著作を読めということは余りにあたりまえな，無用の忠告のようであるが，実はそうでない。人は意外に古典的名著を読まないのである。

《中　略》

何故このように人は古典を読まないのであるか。人が意外に名著を知らないということもあろう。しかし一には，古典的名著が人に或る畏怖の念を懐かせ，圧迫を感じさせるからではなかろうかと，私はひそかに思うのである。古典として世に許されている名著は，みな何らかの意味において独創的である。そうしてこの独創はいずれも著者の強い個性から発する。その強い個性を持った著者は，往々読者を顧慮しない。これがしばしば読者に取りつき憎い厳しさを感じさせ，人に名著を憚らしめるゆえんではなかろうか。

やはりショーペンハウアーがそれについて言ったことがある。「もろもろの本が，昔の此の，或いは彼の，天才に関して書かれる。さうして公衆はこれを読む。併し彼の天才そのものは読まぬ。それは公衆がたゞ新刊のもののみを読むことを欲するからであり，又彼等が同気相求め（similis simili gaudet），今日の愚物の無味浅薄なる饒舌が天才の思想よりも彼等にとつてより同質的であり，より心地よいからである」と。この言いささか過酷の嫌いはあるが，私がいう所と相通ずるところもあるのである。けれども，右にいう通りの，取りつき憎い名著を読むことこそ大切なので，吾々が真に精神の栄養を感じ，思想の成育を自覚するのは，これらの古典的大著を読みおえたときであることは，少しでも体験あるもののひとしく首肯するところであろう。

往年久しくイギリスの外務大臣として令名のあったエドワード・グレイ子爵は，鳥類学の大家であり，魚釣りの名手であり，且つ読書家であったが，そのグレイが有名な「レクリエーション」と題する講演の中で特に力説したのは，やはり幾世代を経て定評のある古典を読めということであった。私はそれが誰れの言葉であったか知らないが，「何時でも新しい本が出た度毎に古い本を読め」と言ったものがあるそうである。グレイのこの言葉を文字通り受け取る必要はないが，しかし人は古い，証明せられた書籍を先ず重んずべきだと，言っている。

ついでに記すと，グレイは外相在任中，イングランドの北境に近い故郷の本邸の書斎には，常に三つの本を用意しておいたと書いている。一つは過去の時代の大なる事件と大なる思想を取り扱う，何時の世にも読まれる大著の一つ，例えばギボンの「ローマ帝国衰亡史」，二は幾世代相継いで承認せられた古い小説（彼れの手紙によれば例えばサッカレー），三は真面目な，或いは軽い近代書である。そうして彼れは週末，国務の暇を得ては帰宅して，それを読んだ。

グレイのように繁劇な職務を持つものは，どうしても常にこれほどに計画的に用意しておかないと，ツイ手近かの雑誌や新聞に漫然目を走らせることが多く，読書らしい読書ができないで終わることになるであろう。

1　幅広い教養を身につけるためには，手近の雑誌や新聞だけでなく，なんでも読みこなすという気持ちを大切にして読書を習慣づけなければならない。

2　できるだけ多くの古典的大著を読むことが大切なのであるから，読むことに楽しみを求めてはいけない。

3　精神的に成長するためには，著者の強い個性から発する独創的な古典的名著を読むことが大切である。

4　取りつきにくい名著を読むことこそ大切なのであるから，読書の時間を計画的に用意して古典を読まなければならない。

5　たとえ取りつきにくい名著であっても，天才の思想を完全に理解できるまで繰り返し読む根気がなければならない。

実戦問題❸の解説

No.10の解説　要旨把握（コモン・センスについて）　→問題はP.100　正答1

STEP❶　出題形式の確認

出題形式は主旨把握であるから，要旨把握と同じだと考えてよい。

STEP❷　選択肢から内容を予想する

選択肢を見てみると，「コモン・センス」というキーワードがある。したがって，この文章はコモン・センスについて書かれているのだろうと予想できる。

STEP❸　本文を読む

本文の大意は次のとおり。

＜コモン・センスとはこれまで一般に常識のことであるとだけ考えられてきたが，より古くは，私たちの五感に相わたりつつそれを統合する「共通感覚」という意味でもあり，この古い意味は私たちに新しい着眼を与えてくれる＞

本文では，コモン・センスについての**一般論と古い用法を比較**させ，古い用法がむしろ新しい着眼点を与えていると主張している。2つのうちどちらが筆者の強調したい意見なのかに注意して，本文の構成図を見てほしい。

コモン・センス
　一般には，共通な判断力，常識
　　　　（ところが）
共通感覚＝五感に相わたりつつそれらを統合する（古い用法）
　　　‖
新しい着眼点
感覚のすべての領野を統一的にとらえる
根源的な感覚能力〈**共通感覚**〉
（具体例）白さと甘さ

STEP❹　選択肢を選ぶ

1◎ 正しい。一般論と，それに加えて本来の意味を述べている。

2× 常識という見方と「諸感覚に相わたり（共通であり）つつ，それらを統合するもの」としている見方が対立関係にあるとは述べられていない。

3× 「共通感覚」のほうの「共通」は，人々に共通なのではなく，「異なった種類の複数の感覚に相わたる同じ一つの能力」という意味で共通と表現しているので，誤り。

4× 内容としては正しいのだが，「共通感覚」に重点を置く筆者の主張が十分に述べられていないので，不適切である。また，コモン・センスは，「統一的」「共通」な感覚であるので，総合的（個々の物事を一つにまとめるさま）と言い換えることはできない。

5× 「感覚のすべての領野を統一的にとらえる根源的な感覚能力」としており，「五感から独立している感覚能力」とは述べられていない。

No.11 の解説　要旨把握（現代におけるギリシア悲劇）　→問題はP.101　正答 1

STEP❶　出題形式の確認

出題形式は趣旨を問うものであるが，要旨把握と同じと考えてもよい。

STEP❷　選択肢から内容を予想する

選択肢を見ると，「ギリシア悲劇」，「現代」というキーワードが見つかるので，本文の内容は「ギリシア悲劇は現代ではどう扱われているのか」だと予想できる。

STEP❸　本文を読む

本文の大意は次のとおり。

＜演劇のフィクションとは，そこには何もないにも関わらず，何か在るかのように振るまって同じ質のものを観客に感じさせてみせる世界であり，意識的なものである。したがって，現代が日常に覆われてしまったからこそ，このフィクションとしてのギリシア悲劇が求められるのである＞

本文の構成は次の図のようになっている。ギリシア悲劇とフィクションの説明が最終段落で一つになる構成を見抜くことが必要である。

ギリシア悲劇　言葉がリアリティーを持つような仕掛けが必要
当時は無意識，現代では特殊なエネルギーが必要
（ところで,）**フィクション**　何もないのに在るかのよう振るまう
↓
このように考えていきますと，ギリシア悲劇＝最大のフィクション
↑
現代が日常性に覆われてしまったからこそ，フィクションとして非常に高度な遊びが可能

STEP❹　選択肢を選ぶ

1 ◎　正しい。第3段落の結論部分をまとめている。

2 ×　現代の演劇の使命について述べているのではない。また，近代のリアリズム演劇について本文は触れていない。

3 ×　この点は指摘されているので，内容としては正しいのではあるが，本問は要旨把握であり，その要旨は，第3段落で述べられている「ギリシア悲劇が現代において持ちうる意義」であるので，不適切である。

4 ×　いかにフィクションを「在る」かのように表現しうるかという点においては，ギリシア悲劇に限ったことではないので，本文の趣旨としては不適切である。

5 ×　ギリシア悲劇が古代において上演されていたときは神の存在を前提にしていたと述べられているが，ギリシア悲劇が宗教的な儀式，儀礼であったとは述べられていない。

No.12 の解説　要旨把握（古典の読み方）

→問題はP.102　正答３

STEP❶　出題形式の確認

趣旨を求める問題であるから，出題形式は要旨把握である。

STEP❷　選択肢から内容を予想する

選択肢を見てみると，「読書」，「読む」，「古典的」，「名著」，「大著」というキーワードがある。したがって，本文は，古典的名著について，どのように読書をすべきなのかを論じているだろうと想像できる。

STEP❸　本文を読む

出典は，小泉信三『読書論』である。大意は以下のとおり。

＜承認されたる，第一流の標準的な古典作品を読むことは必要なことである。これは無用な忠告のようであるが，実は，古典的名著は著者の強い個性から取りつき憎く，意外と読まれていない。しかし，取りつき憎い名著を読むことで，吾々は真に精神が豊かになるものなのである＞

本文の構成は以下のとおり。

古典の定義　①ギリシア，ローマ的古代
　　　　　　②承認されたる，第一流の標準的な古典　←　読め

（問題提起）　実は，人は古典を読まない

①名著を知らない
②（しかし），畏怖の念，圧迫
↑
古典作品は，著者の強い個性
　（引用）ショーペンハウアー

（主張）名著を 読む　→　精神の栄養，思想の成育

　（引用）エドワード・グレイ子爵の読書法

要旨把握の問題を解くに当たっては，選択肢に一見筆者の主張に近いと思われるようなそれらしい記述があっても，それに惑わされないことが肝要である。**問題文中に明記されていない内容が少しでも含まれていれば**，その選択肢は正答にはならないことを肝に銘じよう。

なお，問題文18行目の「或いは彼の」は，原文では「或は彼の」となっている。

STEP❹　選択肢を選ぶ

1 ×　筆者の主張は，「古典的名著」を読むことの大切さというところにあり，新聞や雑誌なども含めてただ漫然と何かを読むことについては，筆者はむしろ否定的である。

2 ×　古典作品は「取りつき憎い」とあるが，「楽しみを求めてはいけない」とまでは述べられていない。古典的大著を読み終えたときにこそ精神の栄養を感

じ，思想の成育を自覚することができるとしている。

3 ◎ 正しい。本文中段の，古典作品とはいかなるものかという記述と，ショーペンハウアーの引用の後にある筆者の主張をまとめている。

4 × 「計画的」なのはグレイについてであり，グレイの読書法は，例示として「ついで」に書かれたもので，本文の趣旨とはいえない。

5 × 古典名著を読むことを主張するだけで，「完全に理解できるまで」読むべきだとは述べられていない。

空欄補充

必修問題

次の文のA，Bに当てはまるものの組合せとして最も妥当なのはどれか。

【国家一般職・令和２年度】

現在，脳神経科学やそれに影響を受けた分野では，行為における意志の役割に強い疑いの目が向けられている。とはいえ，意志を行為の原動力と見なす考え方が否定されたのはこれがはじめてではない。哲学において，意志なるものの格下げをもっとも強く押し進めたのは，17世紀オランダの哲学者，スピノザである。

意志概念に対するスピノザのアプローチを理解するうえで忘れてならないのは，彼が，しばしばその主張として紹介される「自由意志の否定」には留まらなかったということである。

たしかにスピノザは，「自由な意志」という概念を斥け，この世界とわれわれの心身を貫く必然性に則って生きることをよしとした。スピノザに**よれば**，意志は「自由な原因」ではない。それは「強制された原因」である。**すなわち**，私が何ごとかをなすのは，何ごとからも自由な自発的意志によってではない。いかなる物事にも，それに対して作用してくる原因があるのだ**から**，意志についても**それを決定し**，［ A ］がある。人々がそのことを認めようとしないとすれば，それは，彼らが自分の行為は意識しても，［ B ］のことは意識していない**からに過ぎない**。

こうしてスピノザは簡潔かつ説得的に，「行為は意志を原因とする」という考えを斥けた。

だが，スピノザの考察は「自由意志の否定」をもって終わるのではない。スピノザは，にもかかわらずなぜわれわれは，「行為は意志を原因とする」と思ってしまうのか，と問うことを怠らない

	A	B
1	何ごとかを志向するよう強制する原因	行為へと決定する原因
2	何ごとかを志向するよう強制する原因	行為がもたらす結果
3	何ごとからも制約を受けない条件	自由意志が行為に働きかける作用
4	何ごとからも制約を受けない条件	行為がもたらす結果
5	自由意志が行為に働きかける作用	行為へと決定する原因

難易度 ＊＊

必修問題の解説

空欄補充の問題では，本文を構成する文と文の関係，論理の展開がわかっているかどうかが問われる。したがって，本文に線や矢印などの記号を書き込み，文章全体を構成する部分として空欄を理解するようにしたい。

STEP❶　出題形式の確認

出題形式は2か所の空欄を補充する問題である。

スピノザを引用し，意見を点をつけて強調したり，「すなわち」「過ぎない」とあることから，そこに筆者の主張の核心部分があると予想される。

STEP❷　選択肢に目を通す

空欄補充では，空欄に単語，句，文章などが入る。本問の場合，空欄Aでは「原因」「条件」「作用」，空欄Bでは「原因」「結果」「作用」がカギとなっている。本文を読む際には，これらのキーワードを意識することで，本文の構成が入りやすくなる。

STEP❸　本文を読む

出典は，國分功一郎『中動態の世界――意志と責任の考古学』である。大意は以下のとおり

＜スピノザは行為の原動力としての自由意志を否定し，私たちが何ごとかをなすのは，何ごとからも自由な自発的な意志からではなく，意志を決定し強制する原因があると考えた。さらに彼は，それにもかかわらず，なぜ人は行為は意志を原因とすると考えてしまうのかをさらに問うた＞

本文の構成は以下のとおり。

［行為］における［意志］の役割　←　疑い

スピノザ　自由意志の否定に**とどまらなかった**

スピノザ**によれば，**意志は自由な［原因］×　強制された［原因］○

すなわち，いかなる物事　←　作用してくる［原因］

意志　←　**決定し，**［　A　］

そのことを認めないのは

行為は意識しても，［　B　］のことは意識していない**からに過ぎない**

にもかかわらずなぜ，行為は意志を原因とすると思ってしまうのか問う

スピノザは，自由意志を否定するだけでなく，第3段落「すなわち」以降にあるように「原因」ついて考え，さらに人々が行為は意志を原因とすると考えてしまうのかを問うた点を押さえられるかがポイントである。

STEP❹　選択肢を選ぶ

A：スピノザは意志は，「強制された原因」であると述べている。そして，空欄の前に「いかなる物事にも，それに対して作用してくる原因がある」と述べ，同様のことが「意志」についても言えるという流れで空欄**A**がある。したがって，「強制する」「原因」がある選択肢**1**か**2**が入る。
3・**4**の「制約を受けない」，**5**の「自由意志が行為に働きかける」は不適切である。

B：［ B ］のことは意識していない「からに過ぎない」とあるように，空欄**B**には，スピノザには見えるが，人々が認めないものが入る。前文に「いかなる物事にも，それに対して作用してくる原因がある」とあり，さらに，空欄**B**の直前で「行為」について述べていることから，「原因」「行為」を含む**1**・**5**の「行為へと決定する原因」が入る。
2・**4**の「結果」についての言及はここではない。また，**3**の「自由意志」は否定されているので，入らない。

以上より，正答は**1**である。

正答 1

FOCUS

空欄補充の問題は，内容把握，要旨把握と比べると出題数は少ない。しかし，例年１問は出題される傾向の試験区分も多いので，注意したい。出題される主な形は，単語を入れるもの，文章を入れるものなどがある。いずれも，空欄の前後だけをヒントにするのではなく，文章全体の流れの中で空欄を補充することが必要である。

POINT

重要ポイント 1 空欄補充問題の解き方

(1) 出題形式を確認

必ず出題形式は確認する。その際に，本文中のどこに空欄があるのかチェックしておくとよい。文章を補充する問題で，空欄が文末にある場合は，本文の結論，まとめをしている場合が多い。

(2) 選択肢に目を通す

空欄を補充するのが言葉や文章の場合は，本文の内容を予想し，本文を構成している話題のどこに空欄が入っているのか注意する。

(3) 本文を読む

文の前後だけでなく，文章全体の流れの中で空欄を補充する。

(4) 選択肢を選ぶ

すべての空欄を補充し選択肢を選んだ後，必ずもう一度読んで確認してみる。

重要ポイント 2 接続詞

空欄に接続詞を入れるという出題は，近年減少してきているが，接続詞は，空欄補充だけでなく，**文章全体の意味を把握するうえでも重要な要素**なので，ここで挙げておく。

並立	ならびに，および，また
選択	または，あるいは，もしくは，それとも，ないしは
言い換え	すなわち，つまり
説明	というのは，つまり，なぜなら
要約	要するに，つまり
ただし書き	ただし，もっとも
例示	たとえば
添加	また，そして，しかも，そのうえ，それから，なお
順接	すると，それならば，それで，だから，したがって，かくして，ゆえに，よって
逆接	しかし，しかしながら，ところが，だけど，けれども，それなのに
転換	ところで，さて，そもそも

実戦問題❶　基本レベル

＊
No.1　次の文章の空欄に当てはまる語句の組合せとして，最も妥当なのはどれか。

【地方上級（東京都）・令和元年度】

私たちは自分が「ほんとうのところ，何ものであるのか」を，自分が作り出したものを見て，［　A　］に教えられます。私が「何ものであるのか」は，生産＝労働のネットワークのどの地点にいて，何を作り出し，どのような能力を発揮しており，どのような資源を使用しているのかによって決定されます。

自己同一性を確定した主体がまずあって，それが次々と他の人々と関係しつつ「自己実現する」のではありません。ネットワークの中に投げ込まれたものが，そこで「作り出した」意味や価値によって，おのれが誰であるかを［　B　］に知る。主体性の起源は，主体の「存在」にではなく，主体の「行動」のうちにある。これが構造主義のいちばん根本にあり，すべての構造主義者に共有されている考え方です。それは見たとおり，ヘーゲルとマルクスから20世紀の思考が継承したものなのです

ネットワークの中心に主権的・自己決定的な主体がいて，それがおのれの意思に基づいて全体を統御しているのではなく，ネットワークの「効果」として，さまざまのリンクの結び目として，主体が「何ものであるか」は決定される，というこの考え方は，「脱─中心化」あるいは「非─中枢化」とも呼ばれます。

中枢に固定的・静止的な主体がおり，それが判断したり決定したり表現したりする，という［　C　］的な人間観から，中心を持たないネットワーク形成運動があり，そのリンクの「絡み合い」として主体は規定されるという［　D　］的な人間観への移行，それが20世紀の思想の根本的な趨勢（すうせい）である，と言ってよいだろうと思います。

	A	B	C	D
1	事後的	回顧的	地動説	天動説
2	事後的	回顧的	天動説	地動説
3	事後的	幻想的	地動説	天動説
4	直観的	回顧的	天動説	地動説
5	直観的	幻想的	地動説	天動説

No.2 * **次の文の空所A，Bに該当する語の組合せとして，最も妥当なのはどれか。**

【地方上級（特別区）・平成27年度】

兼好は誰にも似ていない。よく引合いに出される長明なぞには一番似ていない。彼は，モンテエニュがやった事をやったのである。モンテエニュが生まれる二百年も前に。モンテエニュより遥(はる)かに鋭敏に簡明に正確に。文章も比類のない名文であって，よく言われる「枕草子」との類似なぞもほんの見掛けだけの事で，あの正確な［ A ］な文体は稀有(けう)のものだ。一見そうは見えないのは，彼が名工だからである。「よき細工は，少し鈍き刀を使ふ，といふ。妙観が刀は，いたく立たず」，彼は利き過ぎる腕と鈍い刀の必要とを痛感している自分の事を言っているのである。物が見え過ぎる眼を如何(いか)に卸したらいいか，これが「徒然草」の文体の精髄である。

彼には常に物が見えている。人間が見えている，見え過ぎている，どんな思想も意見も彼を動かすに足りぬ。評家は，彼の尚古趣味を云々(うんぬん)するが，彼には趣味という様なものは全くない。古い美しい形をしっかり見て，それを書いただけだ。「今やうは無下に卑しくこそなりゆくめれ」と言うが，無下に卑しくなる時勢とともに現れる様々な人間の興味ある真実な形を一つも見逃していやしない。そういうものも，しっかり見てはっきり書いている。彼の厭世(えんせい)観の不徹底を言うものもあるが，「人皆生を楽しまざるは，死を恐れざる故なり」という人が厭世観なぞを信用している筈(はず)がない。「徒然草」の二百四十幾つの短文は，すべて彼の批評と［ B ］との冒険である。それぞれが矛盾撞着(どうちゃく)しているという様な事は何事でもない。どの糸も作者の徒然なる心に集って来る。

	A	B
1	純粋	観察
2	純粋	叙情
3	純粋	随想
4	鋭利	観察
5	鋭利	叙情

No.3 ＊＊ **次の文の［　　］に入るものとして最も妥当なのはどれか。**

【国家一般職・平成21年度】

ひとはじぶんが誰であるかを，じぶんは何をしてきたか，じぶんにしかできないことは何かというふうに問うてしまう。いまのままではいたたまれなくて，あるいはいまのじぶんに満足できなくて，つい，どうしたらいいか，何をしたらいいかと考え込んでしまう。

一時期，「じぶん探し」という言葉が流行った。いまなら「自己実現」というところか。だが，いまのじぶんがそのまま定着してしまっていいとおもうひとはいないだろう。いまのこんなじぶんから抜け出たいとはおもっても。ということは，「じぶん探し」や「自己実現」ということでひとが求めているのは，理想的なじぶんのイメージを探したり，それになりきりたいということだ。では，なぜ目標に近づくとか理想を求めるという言い方をしないで「自己」実現というのか。

ここには［　　］がある。現にそうでないじぶん，つまり理想のじぶんのイメージを，じぶんの素質，それもまだ実現されていない素質と考え，それを実現することを妨げるような状況にじぶんは置かれている（きた）と考えてしまうのである。じぶんがいまこんなに塞がった状況にあるのは，（じぶんのせいではなく）過去のあのトラウマ（外傷）のせいだとして，アダルト・チルドレンという言葉にすっと乗って納得してしまう，一部の若者たちの心境に似ている。その傷との格闘のなかでこそ，〈じぶん〉はかたちづくられるものなのに。

1　巧妙なすりかえ
2　自己への反発
3　無意味な迷い
4　根拠なき楽観
5　よこしまな考え

No.4 ＊＊ **次の文の空所A，Bに該当する語の組合せとして，最も妥当なのはどれか。**

【地方上級（特別区）・令和４年度】

もともと習慣とは，人の普段からの振舞いが積み重なって，身に染みついたものだ。このため，自分の心の働きに対しても，習慣は影響を及ぼしていく。悪い習慣を多く持つと悪人となり，よい習慣を多く身につけると善人になるというように，最終的にはその人の［　A　］にも関係してくる。だからこそ，誰しも普段からよい習慣を身につけるように心掛けるのは，人として社会で生きていくために大切なことだろう。

また，習慣はただ一人の身体だけに染みついているものではない。他人にも感染する。ややもすれば人は，他人の習慣を真似したがったりもする。この感染する力というのは，単によい習慣ばかりでなく，悪い習慣についても当てはまる。だから，大いに気をつけなければならない。

この習慣というのは，とくに少年時代が大切であろうと思う。記憶というものを考えてみても，少年時代の若い頭脳に記憶したことは，老後になってもかなり頭のなかに残っている。わたし自身，どんな時のことをよく記憶しているかといえば，やはり少年時代のことだ。中国の古典でも，歴史でも，少年の時に読んだことをもっともよく覚えている。最近ではいくら読んでも，読む先から内容を忘れてしまう。

そんな訳なので，習慣も少年時代がもっとも大切で，一度習慣となったら，それは身に染みついたものとして終世変わることがない。それどころか，幼少の頃から青年期までは，もっとも習慣が身につきやすい。だからこそ，この時期を逃さずよい習慣を身につけ，それを［　B　］にまで高めたいものである。

	A	B
1	運命	信念
2	運命	個性
3	人格	個性
4	人格	行動
5	内心	行動

No.5* 次の文中のに入るものとして最も妥当なのはどれか。

【国家専門職・平成14年度】

情と非情との関係は裏と表との関係である。芭蕉が捨子に向けた「情」と捨子から立ち去った「非情」とは別々ではない。非情とは普通の意味での感情や人情の「切れ」である。この切れをくぐった情緒が，ひとつの美的概念となっていった。それが「いき」であると私は考える。光琳の『紅白梅図』は「いき」の造形でもあった。

名著『“いき”の構造』を著わした九鬼周造は，花柳界に通じていた自分の経験に加えて，近代的なカテゴリーとしての「意識」とか「主観・客観」とかを援用して，「いき」の現象を解明した。その解明は解釈学的な手法をまじえて明快である。ただその明快さが近代ヨーロッパ的な明快さであるということ自体の問題点は，そのとき問題にはならなかった。

このことは彼の別の名著『偶然性の問題』でも同じである。「偶然性」という，ヨーロッパの合理的思考からは洩れがちだった領域に光をあてる手法は明快であるが，その手法の基礎となったのは定言，仮言，離接，というヨーロッパ論理学のカテゴリーである。このカテゴリーの照明によって問題に光があてられたけれども，照明の光源それ自体の制約は問われなかった。日本人にとっては夏の夜の情緒でもある蛍火を，［　　　］ような危険がそこにあった。

九鬼周造による「いき」の解明に，問題の逸失の危険を感じとったのは，九鬼周造と個人的にも交わりのあったドイツの思想家，マルティン・ハイデッガーであった。彼は「九鬼伯爵（グラーフ）」との対談を回顧して，対談そのものが危険を含んでいたと言う。それは「言葉そのものの内に」ひそんでいる危険である。「いき」について語りあいながら「私には日本の言葉のこころが閉ざされてわからないままになっていました」とハイデッガーは語る。彼が感じとった危険とは，すべてが「ヨーロッパ的なもの」に移し置かれてしまうという危険であった。

1　科学以外の手法によって解明するという
2　虫かごに閉じこめて持ち帰ろうとする
3　強力なライトのもとで観察するという
4　寄せ集めてもっと明るくしようとする
5　人工的な光で作り出すという

No.6* 次の文の［　　　］に入るものとして最も妥当なのはどれか。

【国家一般職・平成16年度】

われわれがかつて中学校に入学して，はじめて英語を学びだしたころのことを思いおこしてみよう。あるいは義務教育以外に，外国語会話の習得をめざして特別な教育機関へかよった経験を持つ人なら，なおさら都合がよい。まず，いくつかの主要単語を教えられ，ついで単語の配列を支配する基本的な統語規則（文法）をたたきこまれたに違いない。技能があるレベルにまで達すると，先生は生徒たちに，さあお互いに今までの知識を使って自由に話してごらんなさい，あるいは思ったことを作文してみなさいと駆りたてる。仲間どうしで顔をつき合わせ，または机の上の白いノートに向かって当惑した思い出はないだろうか？

ことばを覚えたところで，だからといってそのことばを使って伝えたいメッセージが新たに作られるわけではないことに，はたと思いあたる。会話学校の先生は生徒たちに，どうしてもっと積極的に習っている外国語を口にしないのかといら立つけれども，生徒のほうはことばを用いる以前に，一体何を話せばいいのかわからずに悩むことが多い。

私の友人で，国際親善の目的で数十人の日本人小学生をアメリカ合衆国の小学校へ連れていく付添いをしたことのある教師の話を聞いたことがある。もちろん英語に関する知識は皆無といってよい。それでも向こうの小学生と出会ってしばらくすると打ちとけて，おそろしく上手に意思疎通がはかれるようになる。このこと自体は，さほど目新しい事実ではないかもしれない。誰しもことばはわからなくとも，表情や身ぶりで相手のメッセージの解読をしたことの一度や二度はあるにちがいない。

ただ友人が驚いたのは，日本人の小学生が昼間の小学校訪問を終えて宿舎へ引き上げてからのことであった。全員が荷物を部屋に置くと，一目散に公衆電話へ向かったのだという。めいめいが仲よくなったアメリカ人から自宅の電話番号を聞き出しておいて，相手を呼び出すのだ。しかもお互いに何を言っているのか，単語も文法についてもからきし無知なはずなのに，延々と会話は続き，止めなければ一時間でも受話器にかじりついている。あとで尋ねると，けっこう双方とも伝えたいことを相手に理解させることに成功しているらしい。

近年ヨーロッパでは，われわれが第二言語（つまり母語以外のはじめての外国語）習得を，どのように行うのかについての研究が盛んになってきている。特にドイツでは，旧ユーゴスラビアやトルコから大量の労働者が流れ込んできている。言語学者の調査によると，外国人がドイツへ定着したのちどの程度ドイツ語に習熟するかには，途方もない個人差があるらしい。何年たってもほとんど話せない人から，実に流暢にしゃべる人までまったく千差万別である。一般に世間に流布している常識に従えば，外国語習得には，発達上，「臨界期」のようなものがあるという考えが主流となっている。つまり外国語は子どものうちに学べば上達するが，一定の年齢以上になってからでは，いくら努力しても若いときのように上手にはならないという発想である。しかしドイツでの研究によると，第二言語の熟達に肝要なのは単に年齢ではなく，一種の「心構え」なのだという。ドイツのことばで，いろいろのことについて相手と意思疎通をはかりたいと思う人は，熟達する。ただ一般に，人間は［　　　］傾向にあるだけなのだと考えられている。

1　年齢を重ねるほど何かを伝えたいという意欲を失う

2　一定の年齢に達するとそれほど外国語が上達しない

3　大人になると文法にとらわれて自由に会話ができなくなる

4　大人になるほど母語への愛着が強くなる

5　知識として学んだことは実生活に結びつけられない

実戦問題❶の解説

No.1 の解説　空欄補充（人間観）

→問題はP.112　**正答2**

STEP❶　出題形式の確認

本問は，空欄に語句を入れる空欄補充の問題である。

STEP❷　選択肢に目を通す

CとDが対義語になっている点に注意する。

STEP❸　本文を読む

出典は，内田樹『寝ながら学べる構造主義』である。大意は次のとおり。

＜ネットワークの中心に自己同一性を確定した固定的静止的な主体がまずあるとする天動説的人間観から，ネットワークに投げ込まれたものが，そこでリンクの結び目として主体が規定されるという地動説的人間観へと移行しているというのが20世紀の思想の根本的な趨勢である＞

Cのみ主権的・自己決定的な主体についての記述で，それ以外の空欄に入るものは「脱―中心化」的視点からの記述である。

STEP❹　選択肢を選ぶ

A，B：「自分が作り出したものを見てAに教えられます」「『作り出した』意味や価値によって，おのれが誰であるかをBに知る」とあるように，自己の確定が主体の行動のうちにあることを説明する文脈にあり，「作り出した」後に決定されることから，Aには「事後的」，Bには「回顧的」がそれぞれ入る。

C，D：人間観が「中枢に固定的・静止的な主体」から「リンクの『絡み合い』として主体」へと移行することから，CとDには対義する語句が入る。自分が中心にあることから，Cには「天動説」，Dには「地動説」が入る。

よって，**2**が正答である。

No.2 の解説　空欄補充（兼好）

→問題はP.113　**正答4**

STEP❶　出題形式の確認

出題形式は語句の空欄補充である。

STEP❷　選択肢に目を通す

選択肢を見て，Aは「純粋」と「鋭利」，Bは「観察」「叙情」「随想」から選ぶことを確認する。

STEP❸　本文を読む

出典は，小林秀雄『モオツァルト・無常という事』である。本文の大意は次のとおり。

＜吉田兼好の徒然草は，鋭敏に簡明に正確に物事を観察し批評したものである＞

本文の構成は以下のとおり。

兼好　**鋭敏**に**簡明**に**正確**に
あの**正確**な［ A ］な文体
物が**見え過ぎる**眼
彼には　常に物が見えている
見て，それを書いた
しっかり見てはっきり書いている
彼の批評と［ B ］

STEP❹　選択肢を選ぶ

A：兼好の名文について筆者が評価している語句が入る。前後の「鋭敏に簡明に正確に」「あの正確な」「物が見え過ぎる眼」に類する意味の語句が入るので，「鋭利」となる。

B：兼好の「徒然草」がどのようにして書かれたのかを説明する語句が入る。「見えている」「見て，それを書いた」「しっかり見て」とあることから，「観察」が入る。

したがって，**4**が正答である

No.3 の解説　空欄補充（「自己」実現の本当の意味）　→問題はP.114　正答 1

STEP❶　出題形式の確認

本文中の空欄に入る文を選ぶものである。空欄の位置もここで確認する。

STEP❷　選択肢に目を通す

今回は句を入れる問題である。

STEP❸　本文を読む

出典は，鷲田清一『<想像>のレッスン』である。大意は次のようになっている。

<目標や理想に近づくという言い方をせず，「自己」実現という言葉にすりかえることによって，現状の自分は外部のせいであると納得してしまっている>

本文の構成は以下のとおり。

「じぶん探し」**「自己実現」**の流行
↓ →理想的なじぶんのイメージを探したり，なりきりたい
なぜ目標に近づくとか理想を求めるという言い方をしないで
「自己」実現なのか
↑
ここには［　　　］がある
理想のじぶんのイメージをじぶんの素質と考え，
いまの状況を過去のあのトラウマ（外傷）のせいだと納得

空欄の直前にある**「ここ」**が示すのは直前のことであり，空欄はそれを一

言で評価している。

STEP❹ 選択肢を選ぶ

空欄の直前には，「なぜ目標に近づくとか理想を求めるという言い方をしないで『自己』実現なのか」とあり，これを受けて空欄に何が入るかを考える。

1◎ 正しい。「自己実現」も結局「理想を求める」ことと同じであるのに「すりかえる」ことで，現状の自分はトラウマ（外傷）のせいだと納得できると続くので，空欄には「巧妙なすりかえ」が入る。

2× 「自己実現」も結局「理想を求める」ことと同じであるという内容を受けて「自己への反発」とするのは不適切である。

3× 「じぶん探し」はしているが，そこに「迷い」があるとはいえないので不適切である。

4× 「まだ実現されていない」じぶんを探しているかもしれないが「塞がった状況」「トラウマ（外傷）」とあるので，それが「楽観」的であるとはいえない。

5× 理想を求めているだけなのに「自己実現」という言葉を使って「すりかえ」をしてはいるが，それを「よこしまな（正しくないこと）考え」とまではいえないので，不適切である。

No.4 の解説　空欄補充（よい習慣を身につける）

→問題はP.114 **正答3**

STEP❶ 出題形式を確認

出題形式は空欄補充である。2か所の空所に語句を入れるものである。

STEP❷ 選択肢から内容を予想する

Aは「運命」「人格」「内心」の3つから，Bは「信念」「個性」「行動」の3つから選択する問題である。

STEP❸ 本文を読む

出典は，渋沢栄一：守屋淳『現代語訳　論語と算盤』である。本文の大意は以下のとおり。

<習慣とは，人の普段からの振舞いが積み重なって，身に染みついたもので，人の人格に影響を及ぼし，他人にも感染する。この習慣は少年時代に身につきやすいので，この時期を逃さずよい習慣を身につけることが大切である>

本文の構成は以下のとおり。

習慣：普段の生活からの振舞いの積み重ね
習慣 ➡ 心の働き
悪い習慣 ➡ 悪人
よい習慣 ➡ 善人　［になるように］
［最終的］に　**習慣** ➡ その人の［ A ］
とくに少年時代が大切，少年時代の習慣が身につきやすい
それ（**習慣**）を ➡ →［ B ］にまで高めたい

「悪い習慣→悪人，よい習慣→善人になる**ように**」から「**習慣→心の働き**」に影響を与えるという図式を空所A，Bに応用して考えるとよい。

STEP❹ 選択肢を選ぶ

A：空欄の前に「 悪い習慣を多く持つと悪人となり，よい習慣を多く身につけると善人になるという**ように**」とあり，「**最終的には**」その人のAとなることから，「悪人」「善人」という例が示す「心の働き」に関連する語句が入る。選択肢を見ると「人格」が適切である。「運命」は「心の働き」とは関係がない。「内心」は心の内にある考え方という意味であるが，悪人や善人は心の働きが表出しているので，「最終的に」心の内に関係するとはいえないので不適切である。選択肢は**3**と**4**に絞られる。

B：空欄には「よい習慣を身につけ」「高めたい」ものが入る。冒頭にあるように習慣の積み重ねで「身に染みつ」くもので，「悪人」にも「善人」にもなるものであるので，「個性」が入る。「信念」は強く信じていることをいうが，ここでは信じていることを高めるのではなく，習慣がその人となりを表していると述べているので文脈から外れる。また，「行動」については，習慣により起こる行動がどういうものになるか踏み込んで議論しているので，「高める」ものとしては不適切である。

したがって，「人格」「個性」の組合せである**3**が正答である。

No.5 の解説　空欄補充（「切れ」について）　→問題はP.115　正答3

STEP❶ 出題形式の確認

出題形式は，空欄に節を入れるものである。

STEP❷ 選択肢に目を通す

選択肢を見ると，蛍火をどのように扱うかという内容だと予想できる。

STEP❸ 本文を読む

出典は，大橋良介『「切れ」の構造—日本美と現代世界』である。本文の大意は次のようになる。

<情と非情との関係は表裏一体で，非情とは普通の意味での感情や人情の「切れ」であり，それをくぐった情緒が「いき」である。九鬼周造は，近代的なカテゴリーとしての「意識」とか「主観・客観」とかを援用して「いき」の現象を明快に解明し，ヨーロッパ論理学のカテゴリーで「偶然性」に光をあてたが，それらは，日本的なものがすべてヨーロッパ的なものに移し変えられてしまう危険がある>

空欄の後に「**ような**」とあることから，空欄には比喩が入る。

本文の構成は次ページの図のとおり。

本文は，九鬼の研究はヨーロッパ的な手法でなされたため，日本的なものが見えなくなってしまったというもの。空欄の前文は，「照明の光源それ自体の制約は問われなかった」とあり，「日本人にとっては夏の夜の情緒でもある蛍火」を「制約」なしに照らした光について述べたものが空欄に入る。また，空欄後からもわかるように，それは「危険」なものである。

『“いき”の構造』九鬼周造
　近代的なカテゴリーとしての「意識」とか「主観・客観」とかを援用して
　「いき」の現象を解明
　　　↑
ただ，その明快さが近代ヨーロッパ的
　光はあてられたけれども，照明の光源それ自体の制約は問われなかった
　↓
夏の夜の情緒である蛍火を［　　　］**ような危険**がそこにあった
ハイデッガー：九鬼の「いき」の解明に，問題の逸失の**危険**を感じとった
↓
すべてが「ヨーロッパ的なもの」に移し置かれてしまうという**危険**であった

STEP④ 選択肢を選ぶ

1 × 「科学以外の手法によって解明」では，ある種の光で照らすという比喩にならない。

2 × 選択肢**1**と同様に，「虫かごに閉じこめて」では，光の比喩にならない。

3 ◎ 正しい。蛍のような小さな明かりを「強力なライト」で観察しては，蛍の微妙な明かりがわからないので，蛍の真実を見逃してしまう危険があるという比喩になっている。

4 × 蛍を見るのであるから，蛍を寄せ集めては意味がない。また，光源については触れられていないので誤りである。

5 × 対象を間違った方法で見たために見過ごしてしまうという趣旨に外れる。

No.6の解説　空欄補充（外国語習得）　→問題はP.116　正答1

STEP① 出題形式の確認

出題形式は空欄補充である。空欄の位置は本文の最後である。

STEP② 選択肢に目を通す

選択肢を見ると，大人になるとどう変化するのかという内容だと予想できる。

STEP③ 本文を読む

出典は，正高信男『0歳児がことばを獲得するとき』である。大意は以下のとおり。

<われわれが学校などで外国語を習得しようとするとき単語や文法などの知識を得ても何を話していいのかわからないことがあるが，英語に関する知識は皆無な小学生たちが国際親善のためにアメリカに行ったりすると，すぐに向こうの小学生たちと打ち解けて意思疎通ができるようになる。ドイツでの研究によると第二言語の熟達に肝要なのは単に「臨界期」や年齢といったものではなく，意思疎通をはかりたいという心構えなのだ>

本文の構成は以下のとおり。

国際親善の日本人小学生
　英語知識はなくとも表情や身ぶりで意思疎通はできる
ドイツの研究
　一般には臨界期
　　↕しかし
　一種の心構え
　　意思疎通をはかりたいと思うと熟達する
　ただ一般に，人間は［　　　　］傾向にある

空欄後の「**傾向**」を説明する内容が入ることになる。

STEP❹　選択肢を選ぶ

1 ◎ 正しい。熟達には「一種の『心構え』」が必要であることに対して，「ただ一般に」と制限を加えていること，第５段落で「一般に世間に流布している常識に従えば，……発達上『臨界期』……つまり外国語は子どものうちに学べば上達するが，一定の年齢以上になってからでは……」とあることから，年齢と心構えに関する内容だとわかる。

2 × 「一定の年齢になってからでは，いくら努力しても若いときのように上手にはならないという発想」は，「しかし」によって否定され心構えの必要を主張しているので，もう一度選択肢のような内容が入るのは不適切である。

3 × 「心構え」について論じている文脈から「文法にとらわれて自由に会話ができなくなる」とはつながらない。

4 × 「母語への愛着」心は本文の内容から外れるので不適切である。

5 × 「知識として学んだことは実生活に結びつけられない」は本文の内容から外れるので不適切である。

実戦問題❷　応用レベル

＊＊
No.7 **次の文の空所A，Bに該当する語または語句の組合せとして，最も妥当なのはどれか。**

【地方上級（特別区）・平成25年度】

京都・奈良を中心とした地方の，低い丘陵（きゅうりょう）にかこまれた自然は，季節の変化に富んでいる。何百年の文化がここに栄えて，詩人や画家，建築家さえもが，季節に敏感にならなかったとすれば不思議である。「秋来ぬと眼にはさやかにみえねども」微妙な風の肌触りに秋を予感するほど，季節の感覚が研（と）ぎすまされていたのは，俳人が季題に執しはじめるよりもはるかにまえのことであった。短詩型は日本に固有のものではない。しかし秋の予感というただそれだけのことで，一篇の詩を書きつけるのに充分だと考えたのは，おそらく日本の詩人だけであったろう。画家が詩人と共に紅葉や柿一枝に敏感であったことはいうまでもない。中世から江戸時代初期にかけて京都に建築し，庭をその周囲に配した何人かの芸術家が，秋の移り易い光線の変化を，あらかじめ周到な計算のうちにとり入れていたであろうことに，ほとんど疑いの余地はない。しかし秋ばかりではなく，春には花と霞，夏には螢と夕立，冬には枯木と雪があり，それぞれの季節にそれぞれの風俗があった。絵巻物から浮世絵版画まで，『古今集』から天明の俳人まで，いや，さらに時代を降って今日まで，［　A　］に対する敏感さは，ほとんどすべての日本人を特徴づけているといってもよい。日本の自然は美しい，と日本人がいう。他の国にくらべて美しいという意味ならば，客観的判断として少しも正確な言分ではなかろう。山紫水明はこの国にかぎらない。荒い自然の大きさからいえば，島国の風物は箱庭の域を出ない。しかし一度観光宣伝の立場をはなれるとすれば，第三者の立場からの比較検討ほど無意味なことはない。日本の自然が美しい，と日本人がいうのは，比較の問題ではなく自然への［　B　］である。その意味で，この意味ほどよく日本人を語るものはないのだ。

	A	B
1	季節	愛の告白
2	季節	尊敬と畏怖
3	自然	感覚の問題
4	自然	尊敬と畏怖
5	風物	愛の告白

＊＊
No.8 **次の文の［　　］に当てはまるものとして最も妥当なのはどれか**

【国家一般職・令和４年度】

思想史，哲学史の専門家たちは，当然，過去の思想家の誰彼を取り上げて研究する。カントの専門家があり，ヘーゲルの専門家がある。それが「学問」というものであるからには，誰もそれに文句を言う人はいない。しかし，そういう専門的研究家たちとは別に，自ら創造的に思索しようとする思想家があって，この人たちも，研究者とは全然違う目的のために，過去の偉大な哲学者たちの著作を読む。現在の思想文化が，過去の思想的遺産の地盤の上にのみ成立しているものである以上，これもまた当然のことだ。こうして現代の創造的思想家たちも，己れの哲学的視座の確立のために，あるいは少なくとも，強烈に独創的な思索のきっかけとなるであろうものを求めて，過去を探る。現代ヨーロッパの思想界ではこの傾向が特に目立つ。それをテクストの「読み」という。過去のテクストの「読み」を出発点として，その基盤の上に思惟の創造性を求めることは，現代西洋哲学の一つの顕著な「戦略」である。

厳密な文献学的方法による古典研究とは違って，こういう人達の古典の読み方は，あるいは多分に恣意的，独断的であるかもしれない。結局は一種の誤読にすぎないでもあろう。だが，このような「誤読」のプロセスを経ることによってこそ，過去の思想家たちは現在に生き返り，彼らの思想は潑剌(はつらつ)たる今の思想として，新しい生を生きはじめるのだ。ドゥルーズによって「誤読」されたカントやニーチェは，専門家によって文献学的に描き出されたカントやニーチェとはまるで違う。デリダの「戦略的」な解釈空間にたち現われてくるルソーやヘーゲルは，もはや過去の思想家ではない。

西洋思想界のこのような現状に比べれば，東洋思想，東洋哲学の世界は沈滞している，と言わざるを得ない。勿論，研究者の数は多い。現に日本でも無数の専門家たちが，今も昔も変りなく，東洋思想の貴重な文化的遺産を，孜々(しし)として研究している。だが，それらの思想文化の遺産を，己れの真に創作的な思惟の原点として，現代という時代の知的要請に応じつつ，生きた形で展開しているといえるような，つまり［　　　　　］は，残念ながら我々のまわりには見当らない。現代日本の知の最前線にある思想家たちが，自分の思索のためのインスピレーションを求めて帰っていく古典は，例えばマルクスでありニーチェでありヘーゲルであって，東洋哲学の古典ではないのだ。

1　東洋思想の古典に精通し，それらの真の解釈を「戦略的」に創造する専門家

2　東洋哲学に伝統的な日常的自然的態度を現代的に再構築せしめんとする思想家

3　ドゥルーズやデリダを創作的に「誤読」し，彼らの遺産を「生きた現代の哲学」として現代日本の知の最前線に蘇らせようとする思想家

4　西洋の思想的過去を東洋思想のコンテクストの現場に引き出して，その未来的可能性を創造的に探らんとする知の先駆者

5　東洋哲学の古典を創造的に「誤読」して，そこに己れの思想を打ち建てつつあるような，独創的な思想家

＊＊
No.9 **次の文の［　　　］に入るものとして最も妥当なのはどれか。**

【国家専門職・平成23年度】

芭蕉は，今日のわれわれなら「藝術」と言い，「自然」と言うところを，「風雅」と言い，「造化」と言っている。では「自然」と「造化」，あるいは「藝術」と「風雅」との間に，完全な等価関係が成立するかというと，それはむづかしい。そこには欧米人と違った日本人特有の自然観，そしてそれに由来する藝術観が根底にあるようだ。

《中　略》

ヨーロッパ流に言う「自然」とは，「人工」の対立概念で，人間の外なる対象として存在する，草木虫魚，地水火風，日月星辰など，万有の総体である。だが「造化」と言った時，そこには万物を創造し，化育するという一つの働きが思い浮ぶ。道家の概念で，世界の始めに万有を創った造物主を考えているようだが，同時にその言葉には，万物は変化し流転するという，時の流れの認識を含んでいる。

ヨーロッパでは，「自然」に対する「人工」の極致として「藝術」が対置されるが，東洋で「造化」の対立語は「人工」ではない。巨大な「造化」の力に較べれば，「人工」とはあまりにも卑小なものとの考えがある。日本の藝術家も職人も，ものを作り出す者であるからには，人工のかぎりを尽くす。だが，尽くした果てに，おのれの力の限界に行き当り，ある諦念を経て，自分の創造物の仕上げを，自分よりも遥かに巨大で精妙なものの力，言いかえれば「造化」の力に委ねる。諦念，諦観とは，気力弱くしてあきらめることではない。物の道理を明かに見て達する，一つの高い認識の境地である。だから，日本の藝術の理想としては，［　　　　　　　　　　］という境位を理想として置いてある。「おのずからにして化す」という境である。

「藝術」の代りに使った「風雅」という言葉には，風に随って飄々として，おのずから化せられるもの，といった感じが伴ってくる。芭蕉がさきに挙げた文中に，「造化に随ひ，造化に還れ」あるいは「造化に随ひて四時を友とす」と言っているのは，そのような藝術観の上に立っている。

1　「完成」はやがて「滅び」ゆくためにある
2　「作る」ということの果てに「作らない」
3　技のかぎりを尽くしてこそ「仕上る」
4　最後の「仕上げ」を見る者に委ねる
5　美は「出来損ね」や未完のなかにある

＊＊ No.10 次の文の［　　］に当てはまるものとして最も妥当なのはどれか

【国家総合職・平成28年度】

「死」を完全な“無”とする考え方は，肉体を裏地として持たない言語の産物なのではないだろうか。かつて「死」は「生」と地つづきだった。ファン・ルルフォ『ペドロ・パラモ』やエイモス・チュツオーラ『やし酒飲み』のような，ラテンアメリカやアフリカの小説ではいまでも死者が楽々と生者の住む世界に入ってくる。そこには恐怖も驚きもない。肉体を裏地として濃厚に持っている言語が，“無”という記号と化してしまった「死」と無縁なのは，思えば当然のことだ。

それに対して，私たちがいま使っている言語は，［　　　　　　］が主流になっている。ところが本来人間はそれでは概念を自分の中に定着させることができない。その歪みが極限に現われているのが「死」だ（しかし，じつは「生」にもまた同じだけの歪みが現われている）。「ある」と「ない」は“対”ではない。「ある」は肉体に先行し，肉体によって人間にもたらされる事態であり，「ない」は肉体によっては知ることができない，ただ言語によって生み出された概念だ。まったく同じ理由によって，「生」と「死」は“対”ではない。肉体はひたすら生きていることだけを知り，言語によってもたらされた「死」を知ることがない。

「生」と「死」は，数直線上のプラスとマイナスのような，同じ秩序の中にあることではない。数学においてさえも，「0は数か？」「マイナスは数か？」「複素数（虚数）は数か？」という議論に答えるために，概念の視覚化（＝肉体との連絡）の方策として数直線や座標が作り出された。

1　肉体の延長線上に確かな「生」を感じさせるものとして聞き手に訴えかけること

2　生き生きとした「生」から遊離して，かつての「死」の世界の言葉で表現すること

3　言語の対象について視覚化を試み，視覚化できないものを思考の枠外とみなすこと

4　具体性の象徴としての肉体と抽象性の象徴としての記号のちょうど中間に位置すること

5　概念を数学の記号のように肉体と完全に切り離されたところで記述すること

＊＊＊
No.11 次の文の［　　］に当てはまるものとして最も妥当なのはどれか。

【国家一般職・平成30年度】

われわれは道徳的な問題や政治的判断に関しても，科学的な問題と同じようなアプローチが可能であるといわれれば，そうした考えには相当に抵抗感があり，不信感をもつにちがいない。というのも，道徳的な善や悪，法的な正義や不正は，科学が自然のなかに見出す法則とはまったく別の意味での，道徳的原則や法的原理によって，判定されているように思われるからである。道徳の原理などが神的な起源をもつのか，人間理性のうちにあるのか。このことはもちろん道徳哲学・法哲学の重大な問題ではある。しかし，それが自然界の法則とはまったく別のものであるのは，はじめから自明なことではないのか。

デューイはこのような発想に対して，それは自明どころか，反対にまったく誤っているのだと主張する。というのも，彼の理解では自然の内なる法則や規則というものも，実際には探究の現時点での「保証つきの言明可能性」に従ったものでしかないのであるから，それ自体として永遠的かつ客観的に存在するものではない。

それとまったく同様に，道徳や社会の規則もまた，［　　］有効性が確かめられている，人間どうしの社会的な活動のルール，人々の結びつきの規則にすぎないからである。道徳や法的正義などの価値判断に関して，理性であれ神であれ，何らかの絶対的な根拠や源泉を求めようとすることは，科学についての認識論的反省の場合と同様に，「傍観者的知識観」にもとづいた伝統的哲学がひきずってきた，誤った保守主義，無益な「確実性の追求」という誤謬に陥る，ということに他ならないのである。

1　古いパラダイムの破棄と新しいパラダイムの形成による累積的な進歩によって

2　あらゆる社会に永遠に妥当する真理ではなくて，この時代，この社会において

3　自然界の法則が永遠的かつ客観的であるのとは異なり，認識論的反省をふまえて

4　民主主義など政治的体制の形態にかかわらず，確実性を追求する伝統的哲学にもとづいて

5　神的な起源をもとうとも，人間理性のうちにあろうとも，別の意味での原理によって

実戦問題2の解説

No.7の解説　空欄補充（日本人と自然）　→問題はP.124　正答1

STEP❶　出題形式の確認

出題形式は空欄補充である。

STEP❷　選択肢に目を通す

選択肢を見ると，（日本人の）自然観についての内容だと予想できる。

STEP❸　本文を読む

出典は，加藤周一『日本人とは何か』である。大意は次のとおり。

＜古来日本人は季節に敏感で，ちょっとした季節の変化を感じ取ってきた。この敏感さは日本人を特徴づけ，自然への愛を告白するものである＞

本文の構成は以下のとおり。

京都・奈良，何百年の文化
詩人，画家，建築家など季節に敏感
　秋の予感だけで詩
　春，夏，冬も
　↓
　［　A　］に対する敏感さ＝日本人の特徴
　日本の自然は美しい　←　比較の問題ではなく
　　　　　　　　　　　　　自然への［　B　］である。

STEP❹　選択肢を選ぶ

冒頭で日本人が古代より「季節に敏感」で，「季節の感覚が研ぎすまされていた」とある。さらに，秋，そして春夏冬の季節にそれぞれの風俗があると述べているので，**A**には「季節」が入る。**A**の直後に「自然」という語もあるが，自然の中の微妙な「変化」から季節を予感することから「季節」のほうが適切である。ここで，**1**か**2**が残る。

Bには，客観的に第三者の立場から比較するのでなく，日本人が主観的に感じる感情が入る。選択肢から「尊敬と畏怖」か「愛の告白」のどちらかが入る。「尊敬と畏怖」についての言及はなく，日本人が季節を敏感に感じるという文脈から「愛の告白」のほうが適当である。ちなみに**3**の「感覚の問題」だが，日本の自然が美しいというのが「感覚の問題」だとすると，それがどういう問題なのか説明がないと，続く「その意味で」日本人を語るにはつながらない。

よって，正答は**1**である。

No.8 の解説　空欄補充（東洋思想研究の問題点）　→問題はP.124　正答5

STEP❶　出題形式を確認する

出題形式は空欄補充である。空欄は本文の最終段階にあり「つまり」に続くものである。

STEP❷　選択肢から内容を予想する

選択肢を見ると，繰り返し使用されているキーワードとして，「東洋思想」「西洋思想」があるので，本文は「思想について東洋と西洋を比較した」内容だと予想できる。また，空欄に「専門家」「思想家」「先駆者」のうち誰が入るのかを意識しながら読むとよい。

STEP❸　本文を読む

出典は，井筒俊彦『意味の深みへ――東洋哲学の水位』である。本文の大意は以下のとおり。

＜思想史，哲学史の専門家は過去の思想を研究するが，それとは別に過去の偉大な哲学者の著作を現代の文脈の中で潑剌たる今の思想として新しい解釈を加える思想家がいる。しかし，これは西洋思想において見られるだけで，東洋思想や東洋哲学においては見られない＞

本文の構成は以下のとおり。

専門家―過去の思想家の研究
↕
思想家―恣意的，独断的，一種の誤読
　　　だが，彼らの思想は潑剌たる今の思想として，新しい生をいきはじめる
思想文化の遺産を現代という時代の知的要請に応じつつ，生きた形で展開
つまり，［　　　　　］←東洋哲学にはない　　↑西洋思想界

「**つまり**」があるので，前文を言い換えた内容が入る。そして，それは「東洋哲学にはない」ものである。

STEP❹　選択肢を選ぶ

1 × 古典に精通する専門家（研究者）は東洋思想に対しても存在するとある。また，「戦略的」であるのは思想家の「デルタ」などであり，「専門家」ではない。

2 × 「日常的自然的態度」についての記述はない。

3 × ドゥルーズやデリタ「が」過去の思想家を「誤読」したのである。また，西洋の思想を蘇られることに関しては日本の思想家でも行っており，ここで問題とされていることは，「東洋」の思想が「誤読」のプロセスを経て新しい形で展開されていないことである。

4 × 「西洋の思想的過去」を「東洋思想のコンテクスト」に引き出すのではなく，過去の「東洋思想」を現代の文脈で生き返らせる思想家がいないのである。

5 ◎ 正しい。

No.9 の解説　空欄補充（日本人の藝術観）

→問題はP.126　正答2

STEP❶　出題形式の確認

出題形式は空欄補充である。空欄は後半部分にあり，第３段落をまとめた文が入る。

STEP❷　選択肢に目を通す

選択肢を見ると，芸術作品を作る境地について論じた文章だと予想できる。

STEP❸　本文を読む

出典は，山本健吉『いのちのかたち―日本の美の源を探る―』である。大意は次のとおり。

＜芭蕉の「風雅」「造化」を考えると，欧米人とは違った日本人特有の自然観とそれに由来する藝術観があることに気がつく。日本の藝術家も職人も人工のかぎりを尽くし，ある諦念を経て，自分の創造物の仕上げを「造化」の力に頼る。「おのずからにして化す」という境である。そこに藝術を風雅とする藝術観がある＞

本文の構成は以下のとおり。

今日のわれわれ：　藝術 ⟺ 自然
　　　　　　　　　≠　　≠ ⟸ 日本人特有の自然観，藝術感
芭蕉：　風雅 ⟺ 造化
ヨーロッパ：　自然 ⟺ 人工 ⟹ 極地として藝術
日本：　造化 ＞ 人工
日本の藝術家も職人　①人工のかぎりを尽くす
　　　　　　　　　　②ある諦念（高い認識の境地）を経て
　　　　　　　　　　③仕上げを造化の力に委ねる
　　　　　　　　　　［　　　　　］という境位を理想
　　　　　　　　　　おのずからにして化す
　　　　　　　　　　⟹ 藝術の代わりに風雅

STEP❹　選択肢を選ぶ

第３段落の「『造化』の力に委ねる」を**言い換え**たものが空欄に入る。

1 ×　「滅びる」に関連する記述は本文中にない。

2 ◎　正しい。人工のかぎりを尽くすが，諦念を経て，最後には「造化」の力に頼るのである。「作る」ことの果てに「作らない」のである。

3 ×　仕上げは「造化」の力に頼るのである。

4 ×　「見る者」という視点は本文にない。

5 ×　最後は「造化」の力に頼って仕上げるので，未完とはいえない。

No.10の解説　空欄補充（死と生）　→問題はP.127　正答5

STEP❶　出題形式の確認

出題形式は空欄補充である。

STEP❷　選択肢に目を通す

本問の選択肢を見ると，生と死について言語が表現することについて論じた文章だと予想できる。

STEP❸　本文を読む

出典は，保坂和志『世界を肯定する哲学』である。大意は次のとおり。

＜かつて「死」は「生」と対比される概念ではなかったが，私たちがいま使っている言語は概念を肉体と切り離し，記号化してしまっている＞

本文の構成は以下のとおり。

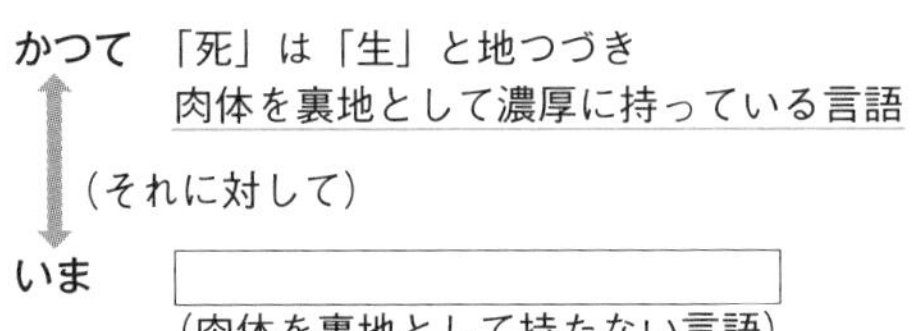

「ある」と「ない」，「生」と「死」は対ではない

第1段落では，問題提起の後に「かつて」の言語と特徴を述べ，第2段落では，「いま」の言語の問題点を「ある」「ない」，「生」「死」の“対”という視点で論じている。第3段落は補説である。

STEP❹　選択肢を選ぶ

1 ×　「肉体の延長線上に確かな『生』を感じさせるもの」では，「いま」の「肉体を裏地として持たない」言語の特徴とはいえない。

2 ×　「かつての『死』の世界の言葉で表現する」のでは，「かつて」と「いま」の対比になっていない。

3 ×　「視覚化」については，第3段落で補説として触れられているにすぎず，「かつて」の言語との対比にならない。また，言語と「視覚化」を結び付けての議論はなされていない。

4 ×　「具体性」「抽象性」という視点は，本文中の対比の図式にはない。

5 ◎　正しい。「かつて『死』は『生』と地つづき」とあるので，かつての言語は「肉体を裏地として濃厚に持っている」のに対して，いまの言語は「『死』を完全な“無”」と考え，「記号と化して」いることからいえる。

No.11の解説 空欄補充（道徳的原理） →問題はP.128 正答2

STEP❶ 出題形式の確認

本問は，空欄補充の問題である。

STEP❷ 選択肢に目を通す

「有効性」の条件についての記述だと予想できる。

STEP❸ 本文を読む

出典は，伊藤邦武『プラグマティズム入門』である。大意は次のとおり。

<道徳や社会の規則と科学が自然界に見出す法則とはまったく別なものと思われるが，そうではなく，両者ともに，デューイの指摘するように実際には探究の現時点での「保証つき言明可能性」に従ったものである>

本文の構成は以下のとおり。

・道徳的な問題，政治的判断
　　≠アプローチは別
・科学的な問題
デューイ
・自然の内なる法則や規則
　└保証つきの言明可能性
　　＝**それ**と同様
・道徳や社会の規則もまた［　　］有効性

第２段落にあるデューイの発想は，自明と思われている「道徳的原則や法的原理と自然法則はまったく別という」という考えを否定するどころか，永遠と思われている自然原理をも絶対ではないと指摘している点が理解できるかがポイントである。

STEP❹ 選択肢を選ぶ

空欄のある第３段落の第１文は「**それ**とまったく同様に，道徳や社会の規則もまた，［　　］有効性が確かめられている，人間どうしの社会的な活動のルール，人々の結びつきの規則にすぎないからである」であるが，**「それ」とは第２段落の「自然の内なる法則や規則」も「永遠的でかつ客観的に存在するものではない」こと**をさし，同様に道徳や社会の規則にも「絶対的な根拠や源泉」は求められないとなる。

1× パラダイムについて「古い」「新しい」という論点で比較してはいない。

2◎ 正しい。第２段落にあるデューイの発想に合致する。

3× 本文では，道徳や社会の規則も自然界の法則同様，「それ自体として永遠かつ客観的に存在するものではない」としている。

4× 「伝統的哲学がひきずってきた，無益な『確実性の追求』」を誤謬と断じているように，伝統的哲学を否定的にとらえている。

5× 本文では，「道徳的原則や原理」は否定されており，「別の意味での原理」を入れると本文の趣旨に反する。

文章整序

必修問題

次の文A～Fを並べ替えて一つのまとまった文章にする場合，最も妥当なのはどれか。

【地方上級（特別区）平成29年度】

A：いつどのような製品を売り出すか，どのような価格を設定するかを効果的に行うためには，ライバル企業の出方を予想することが不可欠であるし，どのような購買者をターゲットにするか，顧客とどのような契約を結ぶかについても，相手の顧客の事情を織り込んではじめて効果的な意思決定ができる。

B：**そのような**戦略的な意思決定をしなければならないのは，ビジネスの世界だけに限らない。会社や学校へ行くときの服装ひとつをとっても，あなたの身なりを見た人がどう感じるかによってその人があなたに対してとる行動は異なってくるであろう。スカートの色や丈，ネクタイとスーツの組み合わせなども，それを目にする人々の印象と行動を織り込んで戦略的に決定されるべきなのである。

C：程度の差はあれ，われわれの身のまわりで観察されるどのような事柄でも，戦略的環境において意思決定が行われた結果であるといえる。言い換えるならば，われわれは社会生活を行っていく上で，好むにしろ好まざるにしろ，戦略的な思考をして効果的な戦略を見出し実行する決断を常に迫られているのである。

D：**ところが**，人々は自分のおかれた戦略的環境をかならずしも意識しているわけではない。自分のおかれた戦略的環境の構造を理解して合理的に決定しているかどうかは疑わしい。

E：何気ない一言が，思わぬ結果を招いてしまう経験は誰しもあることだが，言葉の選び方**も**重要な戦略的決定のひとつである。誰をどのように誘うか，どこに食事に行くか，誰といつ結婚するか，子供をどのように教育するかなども，相手の利害を読み込んではじめて賢明な行動を選択できるはずのことなのである。

F：**また**，実際には戦略的な思考の結果とられている行動であるのにもかかわらず，われわれが**その**意義に気づいていないことも実は数多いのである。

1 C→A→B→E→D→F
2 C→B→E→F→A→D
3 C→F→D→E→B→A
4 D→A→E→F→B→C
5 D→E→B→F→A→C

難易度 ＊＊

必修問題の解説

文章整序問題とは，ある文章の順番をバラバラにしたものを，意味が通るようにもとの文章の順番に並べ替える問題である。文章の順番を判断するうえでは，接続詞や指示語が有力な手がかりになることが多いので，接続詞や指示語には線を引きながら注目したい。接続詞については111ページ，指示語については137ページのPOINTにまとめてあるので，そちらも確認してほしい。

STEP❶ 出題形式の確認

出題形式は文章整序である。**繰り返されるキーワード，指示語，接続詞に印をつけ，線でつなげながら，内容からグループ分け**を行っていく。

STEP❷ 本文を読む

出典は，梶井厚志『戦略的思考の技術』である。大意は次のとおり。

＜われわれは社会生活を行っていく上で，必ずしも意識しているわけでもなく，またその意義に気づかないこともあるが，さまざまな場面で戦略的な意思決定を行っている＞

各選択肢の要約は以下のとおり。

A：いつどのような製品を売り出すか，どのような価格を設定するか…相手の顧客に事情を織り込んではじめて効果的な**意思決定**ができる

B：そのような戦略的な**意思決定**をしなければならないのは，ビジネスの世界だけに限らない。服装も戦略的に決定されるべき

C：身のまわりで観察されるどのような事柄も，戦略的環境において**意思決定**が行われた結果。社会生活を行っていく上で，戦略的思考をして効果的な戦略を見出し実行する決断を迫られる。

D：ところが，戦略的環境を意識していない。理解して合理的に決定しているか疑わしい。

E：言葉の選び方も重要な戦略的**決定**のひとつ。誰をどのように誘うか…

F：また，戦略的思考の結果とられている行動にもかかわらず，その意義に気づいていない。

STEP❸ 選択肢を選ぶ

繰り返される「意思決定」という**キーワード**，「そのような」という**指示語**，「ところが」「また」などの**接続詞**をヒントに小さなグループに分け，選択肢の並び順と比較して筋の通った順序を見つけ出していくのだが，本問は，本文だけで文章の順序すべてを考えるのは難しいので，**つながりが明らかとなった部分だけを手がかり**にして，選択肢を選ぶのがよいであろう。

AからFを内容面からグループ分けすると，ビジネスにおける戦略的な意思決定についてはA・B，ビジネス以外のさまざまな意思決定についてはB・E，戦略的な決定を意識していないことについてはD・Fとなる。

選択肢を見ると，最初に来るのはCかDであるが，Dの「ところが」という接続詞は，前に否定する事柄がなければ逆接でつなげることはできないので，最初にDが来るという選択肢は不適切である。ここで，選択肢は**1**から**3**に絞られる。Cは冒頭に来て，日常的に戦略的な「意思決定」がなされているという問題提起をしている。

Bの「そのような」に着目すると，Aの「効果的な意思決定」をさしているとわかる。よって，A→Bとなり，**1**が正答だとわかる。

また，Eの「言葉の選び方も」の「も」に着目すると，Bのビジネス以外の場面でも戦略的な意思決定がなされていることを付け加えているので，A→B→Eとなる。

さまざまな場面での意思決定がなされている（C→A→B→E）に対して，Dの「ところが」で，それらの戦略的な意思決定が「意識しているわけでない」とし，Fの「また」で，「気づいていないこともある」ある場合を付け加えている。

よって，C→A→B→E→D→Fとなるので，正答は**1**である。

正答 1

FOCUS

文章整序（並べ替え）形式は，内容把握形式より出題は少ないが，国家一般職，東京都，特別区では例年１題出題される傾向にある。

また，接続詞や指示語が順序関係を明らかにするキーワードとなることが多いので，それらが何をさしているのかを明確に把握することが重要である。

POINT

重要ポイント1 文章整序問題の解き方

(1) 設問を読む

まずは，出題形式を確認する。

(2) 文章を読み内容を把握する

順序がバラバラのままで文章をひととおり読み，テーマや流れを把握し，内容面から順序を判断するためのヒントを得る。

(3) 接続詞や指示語のチェック

接続詞や指示語により，文章の前後関係が特定できるので，接続詞や指示語に線を引く。接続詞であれば，どの部分とどの部分を結んでいるのか，あるいはそれらがどういう関係となり文章を構成しているのかを読み取り，指示語であれば，どの部分のことをさしているのかを把握する。

(4) 並べ替えできるものから並べ替える

接続詞や指示語あるいは内容から順序がわかるものを並べ替える。**小さなグループをいくつか作って，それから全体をまとめていくとよい。**

(5) 選択肢と照合する

自分の順序と一致する選択肢を探す。一部の順序しかわからない場合には，その順序を含む選択肢を選ぶ。順序の見当がつかないときは，逆に選択肢を利用し考えることもできる。なお，自分の順序と同じ選択肢がない場合には，自分の順序は間違いなので，考え直す。

(6) 選んだ選択肢の順序で読み返す

選んだ選択肢の順序で読み返し，矛盾点や違和感がないか確認をする。

重要ポイント2 指示語

ここでは，文章整序に必要な指示語について整理する。なお，接続詞については，テーマ3の重要ポイント2（P.111）を参照。

指示代名詞	これ（ら），それ（ら），あれ（ら），ここ，そこ，あそこ
連体詞	この，その，あの，かかる
副詞	こう，そう，ああ
形容動詞	こんな，そんな，あんな
複合語	このような（に），あのような（に），そのような（に）

実戦問題❶　基本レベル

＊
No.1　**次の［　　　　］の文の後に，A～Eを並べ替えて続けると意味の通った文章になるが，その順序として最も妥当なのはどれか。**

【国家専門職・平成20年度】

> 小説は常に過去を表現するものだという気がします。それは言葉が常に後からくるものだ，ということと関わりがあるのかもしれません。

A：先を歩いている人たちが，人知れず落としていったもの，こぼれ落ちたもの，そんなものを拾い集めて，落とした本人さえ，そんなものを自分が持っていたと気づいていないような落とし物を拾い集めて，でもそれが確かにこの世に存在したんだという印を残すために小説の形にしている。そういう気がします。

B：たとえばここにボールペンがある。そのとき，「ボールペン」という言葉が先にあるのではなく，まず物体がここにあって，それを他のものと区別するために，この物体にボールペンという名前をつけたわけです。だからものの後ろから言葉がやってきているのです。

C：小説を書いているときに，ときどき自分は人類，人間たちのいちばん後方を歩いているなという感触を持つことがあります。

D：何かが起こる。それを表現する。紙の上に再現する。これが言葉の役割です。言葉が最初にあって，それに合わせて出来事が動くことは絶対にありません。ですから過去を見つめることが，私は小説を書く原点だと思います。

E：人間が山登りをしているとすると，そのリーダーとなって先頭に立っている人がいて，作家という役割の人間は最後尾を歩いている。

1　B→D→C→E→A
2　B→E→C→A→D
3　C→A→E→B→D
4　C→E→A→D→B
5　D→B→E→C→A

＊＊
No.2 次の［　　］と［　　］の文の間のA～Fを並べ替えて続けると意味の通った文章になるが，その順序として最も妥当なのはどれか。

【国家一般職・平成27年度】

> 中生代，巨大ハチュウ類である恐竜が地上をのし歩いていた頃，ホニュウ類はネズミくらいの大きさで，洞穴の中でブルブル震えている哀れな存在にすぎなかった。夜行性なのは，昼間地上に出ると恐竜に食べられてしまうからである。

A：視覚情報はたしかに一つの環境世界イメージを一瞬かたちづくりはするが，それによって引き起こされる行動は情けないほど反射的・刹那的なものである。

B：だが艱難（かんなん）汝を玉にす。このおそろしく長い屈辱的な歳月が，ホニュウ類の体内に〈情動〉をつくりこんだのだ。

C：多くのハチュウ類は視覚にたよっている。注目に値するのは，その視覚情報処理が脳ではなく，おもに網膜の神経回路でなされることだ。

D：一方，夜行性のホニュウ類は視覚にたよるわけにはいかなかった。それで嗅覚と聴覚とを発達させたのである。

E：肝心なのはこれらの情報処理が脳で行われるようになった点なのである。ホニュウ類の鼻や耳はたんなるセンサーで，匂いを嗅ぎ音を聞く中枢は脳なのだ。

F：空腹時に獲物が視野に入れば飛びかかるが，見えなくなれば忘れてしまう。ピーターパンのフック船長はおびえているが，ほんとうは執念深いワニなどは居ないのだ。

> つまりホニュウ類は，匂いや音をもとにして，時空にまたがる複雑な環境世界イメージを形成する能力を身につけ始めたわけである。

1　B→C→A→F→D→E
2　B→F→C→E→A→D
3　C→D→B→F→A→E
4　C→E→B→A→F→D
5　C→F→A→D→B→E

No.3 ＊ **次の短文Ａ～Ｇの配列順序として，最も妥当なのはどれか。**

【地方上級（特別区）・令和３年度】

Ａ：釣りには，道糸を手でもつ手釣りと，竿釣りがあります。

Ｂ：ところが竿釣りでは，潮の流れが道糸に当たって生じる抵抗を少なくするため，手釣りに比べて細い道糸を使います。

Ｃ：釣り人の多くは竿を使ってマダイを釣りますが，魚のアタリや引きが指先に直接伝わる手釣りの魅力は，捨てがたいものがあります。

Ｄ：船の釣りで人気の高いマダイですが，漁師の一本釣りは，いまも手釣りです。

Ｅ：道糸が違うということは，仕掛けが違うことになります。

Ｆ：手釣りと竿釣りは，使う道糸の太さが違います。

Ｇ：手釣りでは，大物をハリに掛けたとき指に糸が食いこまないようにするため，また，手繰った糸がからまないように専用の太い道糸を使います。

1　Ａ→Ｃ→Ｄ→Ｆ→Ｂ→Ｇ→Ｅ
2　Ａ→Ｃ→Ｅ→Ｆ→Ｄ→Ｇ→Ｂ
3　Ａ→Ｄ→Ｂ→Ｇ→Ｆ→Ｅ→Ｃ
4　Ａ→Ｄ→Ｃ→Ｆ→Ｇ→Ｂ→Ｅ
5　Ａ→Ｄ→Ｅ→Ｆ→Ｇ→Ｃ→Ｂ

＊＊
No.4 **次の文を並べ替えて一つのまとまった文章にする場合，最も妥当なのはどれか。**

【地方上級（東京都）・令和元年度】

A：一方，日本の伝統服の場合，中世に小袖の形式が確立して以来，直線的に構成されたキモノの前身頃を腹部の前で合わせ，腰のところで帯で留める形式になっている。キモノには身体と布との間にゆとり量が多く，肉体の形をほぼ完全に覆い隠してしまう。そこには眼に見える肉体の形を，衣服の形へ反映させようとする発想そのものが存在しない。

B：衣服の形というのは，通常，皮膚から一定の「ゆとり量」を保ちつつ，服が必要とする機能と美感を備えながら成型される。言い換えればそれは，布によって，着る人の身体を再構築する「デフォルマシオン（作り手が意図的に変形すること）」の技術であると言える。したがって衣服の形に一定の集合的な特色が認められた場合，そこには社会に特有の身体観がおのずと縫い込まれることとなる。

C：このように異なる衣服の成型手法は，「どのような身体を〈好ましい〉，あるいは〈美しい〉と思うのか」という身体観が，それぞれの社会で大きく異なる価値のもとに成り立ってきたことを伝えている。

D：たとえば「洋服」と表記される「西洋服飾」の伝統では，概して上半身の形に沿って，肉体の造形を再現するように，布地を立体的に構成する特色がある。文明史家のアルフレッド・クローバーは，このような西洋服飾の基本形は，「中世と近世とを通じてたえず作り変えられながら，何ら基本的な変化もともなわずに一千年以上も続いてきた」ことを指摘している（『様式と文明』）。つまり西洋服飾の伝統は，衣服によって，肉体の形を忠実に再現させようとする努力の集積である，といっても過言ではない。

E：和服と洋服の基本的な成型手法を比較すると，後者は肩を基準として胸まわりの立体感を強調する「立体裁断」の方法が特徴的であり，前者の方は，「着付け」の技術を駆使しながら，平坦な布から身体の立体的な造形を再構成しようとする特色が見られる。

1 B→C→D→A→E
2 B→D→A→E→C
3 E→A→D→B→C
4 E→B→A→C→D
5 E→C→A→D→B

No.5 ＊＊ **次の文の後に，Ａ～Ｅを並べ替えて続けると意味の通った文章になるが，その順序として最も妥当なのはどれか。**

【国家一般職・平成19年度】

「親譲りの無鉄砲（むてっぽう）で子供の頃から損ばかりして居る……」という夏目漱石『坊ちゃん』の冒頭は有名だが，良いか悪いか後先をよく考えないで行動することを無鉄砲という。鉄砲という漢字を書くけれども，これは当て字で，実は無鉄砲は「無点法」ということばに由来する。

Ａ：同じく，漢文に返り点や送り仮名がない，つまり無点だと，文意がはっきりしないことから，理屈の通らない向こう見ずの行動をとること，後先を考えないやり方を無点法というようになった。

Ｂ：したがって無点というのは，漢文を読むときに返り点や送り仮名が付いていないことである。返り点や送り仮名がないと，一般の人にはうまく読むことができないし理解が不十分となるだろう。

Ｃ：無点法の「点」とは，漢文を日本語の文法に当てて，いわゆる読み下し文で読むときの訓点の点であり，返り点の点のことである。

Ｄ：それが訛（なま）って無鉄砲になった。鉄砲の当て字を使うようになったのは，もちろん鉄砲伝来以後のことであるが，鉄砲もなくて刀を振り回すだけでは戦に勝てないことを自覚してからの用法である。ムテッパチともいう。

Ｅ：室町時代のことばを集めた『日葡辞書』には「無点なことをいう」のような表現について，わけのわからないことをいう，または，することだとある。「ムテンナヒト」というのもあって，これは，よく理解しておらず，はっきりと説明できない人のことである。

1　Ｃ→Ａ→Ｂ→Ｅ→Ｄ
2　Ｃ→Ｂ→Ｄ→Ｅ→Ａ
3　Ｃ→Ｂ→Ｅ→Ａ→Ｄ
4　Ｄ→Ｃ→Ａ→Ｅ→Ｂ
5　Ｄ→Ｅ→Ｃ→Ａ→Ｂ

実戦問題1の解説

No.1 の解説　文章整序（小説）　→問題はP.138　正答 1

STEP❶　出題形式の確認

文章整序の問題である。

STEP❷　文章を読み内容を把握する

囲みの文章を読むと「小説」は過去を表現するもので，それは「言葉が後からくる」ものだからとあるので，まず，「**言葉**」についての記述があり，そこから「**小説**」へと展開していく流れになると推測する。

出典は，小川洋子『物語の役割』である。

STEP❸　文を並べ替える

「言葉（過去）」について述べられているまとまりは，**囲み**，**B**，**D**。「後を歩くことが小説である」ということについて述べられたまとまりは**A**，**C**，**E**となる。

Bの「たとえば」に着目すると，**囲み**の「言葉が常に後からくる」例として「ボールペン」が挙げられているので，**囲み→B**となり，選択肢は**1**か**2**になる。**D**で「後ろから言葉がやってくる」から「過去を見つめることが小説の原点」と発展しているので**囲み→B→D**となり，この時点で選択肢**1**が正答となる。

後半は，**C**の「後ろを歩いている」から**E**の「山登り」のたとえになり，最後に**A**でまとめているので，**C→E→A**となる。正答は，**囲み→B→D→C→E→A**の選択肢**1**ということになる。

No.2 の解説　文章整序（ホニュウ類の進化）　→問題はP.139　正答 1

STEP❶　出題形式の確認

出題形式は文章整序である。

STEP❷　文章を読み内容を把握する

最初と最後に文章が固定されており，**ホニュウ類**が「哀れな存在」から「複雑な環境世界イメージを形成する能力」を身につけるまでに進化した経緯を**ハチュウ類**と比較した内容だと予想できる。

出典は，西垣通『マルチメディア』である。

STEP❸　文を並べ替える

キーワードで小さなグループを作ると「ホニュウ類」については**B**，**D**，**E**，最後の枠。「ハチュウ類」については**C**，**F**となる。また，「視覚」を使うという点で**A**，**C**，**F**となる。

選択肢から最初に来るのは**B**か**C**なので比較しみると，**B**の「だが」「この」は最初に置かれた枠の文章の「哀れな存在」を受けているので，**B**が最初に来る。この時点で選択肢は**1**か**2**に絞られる。

Dの「一方」に着目すると，ホニュウ類の説明の前に「ハチュウ類」の説明が来るので，Dの前にC，Fが来る。
「視覚」に着目すると，Aの「反射的・刹那的」の具体例としてFの「視野に入れば飛びかかるが，見えなくなれば忘れてしまう」が示されているので，A→F。ここで選択肢**1**が正答とわかる。
C→A→Fはハチュウ類の視覚についての説明で，Dの「一方」のあとにホニュウ類の説明D，Eが来る。
最後の枠の「つまり」に着目すると，Eの「匂いを嗅ぎ音を聞く中枢は脳」を言い換えているので，Eが最後となる。
したがって，並べ替えるとB→C→A→F→D→Eとなる。

No.3の解説　文章整序（手釣りと竿釣りの違い）　→問題はP.140　正答4

STEP❶　出題形式を確認

出題形式は文章整序である。選択肢を見ると，Aが最初にきて，続くのはCかDとなる。

STEP❷　文章を読み内容を把握する

出典は，藤井克彦『釣りに行こう』である。本文の大意は以下のとおり。
＜釣りには，道糸を手でもつ手釣りと竿釣りがあり，手釣りには魚の辺りや引きが指先に直接伝わる魅力がある。道糸は手釣りが太く，竿釣りは細くなっているものを使う＞
本文は手釣りと竿釣りの違いについて，道糸の違いから説明しているが，Bの「ところが」で竿釣りの横糸の記述があることから，Bの前にGの手釣りの横糸の説明がくるとわかるかがポイントである。

STEP❸　文を並べ替える

Bの「ところが」に着目すると，G「手釣りの道糸は太い」とB「竿釣りの道糸は細い」を比較しているとわかる。よって，G→Bとなるので選択肢は**2**と**4**に絞られる。
CとDはどちらも「マダイ」の釣り方について述べているが，Dの「船の釣りで人気の高い」はマダイ釣りの説明の導入であり，漁師はいまも「手釣り」だとし，その理由をCの「アタリや引き」で具体的に述べている。よって，D→Cなので正答は**4**だとわかる。
B・E・F・Gはどれも「道糸」について述べている。G→Bは確定しているので，FとEを見てみると，Fで「手釣りと竿釣りは，使う道糸の太さが違う」と提示し，G→Bで両者の比較をし，さらにEで道糸の違いが仕掛けの違いになると展開している。
したがって，A→D→C→F→G→B→Eの**4**が正しい。

No.4 の解説　文章整序（衣服の身体観）

→問題はP.141　正答2

STEP❶　問題形式の確認

本問は文章整序の問題である。

STEP❷　文章を読み内容を把握する

「一方」「たとえば」から，和服と洋服が比較されていることがわかるかがポイントになる。社会に特有な身体感がそれぞれの衣服に縫い込まれているという内容である。

出典は，矢田部英正『たたずまいの美学―日本人の身体技法』である。

STEP❸　文を並べ替える

身体観について書かれているのはB・C，和服と洋服について書かれているのはA・D・Eと，2つのグループに分けられる。

Aの「一方」に着目すると，キモノと比較されているのはDの「洋服」であるので，D→Aとなり，ここで正答は**1**か**2**に絞られる。さらに，Eで「和服と洋服」の成型手法をまとめているので，D→A→Eの順となる。

Bは衣服に社会に特有の身体観が縫い込まれるという問題提起をし，和服と洋服の例からそれを説明し，最後にCで「このように異なる衣服の成型手法は」とまとめている。よって，B→D→A→E→Cの**2**が正答となる。

No.5 の解説　文章整序（無鉄砲の語源）

→問題はP.142　正答3

STEP❶　出題形式の確認

文章整序の問題である。

STEP❷　文章を読み内容を把握する

囲みの文章を読むと「無鉄砲」という言葉がテーマで，実は「無点法」ということばに由来し，その語源について話が展開すると見当がつく。

出典は，堀井令以知『ことばの由来』である。

STEP❸　文を並べ替える

AからEの内容を見るとDだけが「無鉄砲」について書かれており，その他は「無点法」についての記述になっている。したがって，A，B，C，Eで「無点法」についての内容が来て，「それが訛って……」とあるように結論としてDが最後に来る。ここで，選択肢は**1**か**3**に絞られる。

BとCを見るとCは「点」の説明，Bは「無点」の説明になっている。Bに「したがって」とあることからも，まずCで「点」について解説した後にBで「無点」へと展開するので，C→B。ここで，正答は**3**とわかる。

AとEでは，無点という語の用法について話が展開している。Aの「同じく」からEの後にAが来るとわかるので，E→Aとなる。

以上からC→B→E→A→Dの**3**が正答となる。

実戦問題❷　応用レベル

***
No.6　**次の[　　　]の文の後に，A～Eを並べ替えて続けると意味の通った文章になるが，その順序として最も妥当なのはどれか。**

【国家総合職・令和３年度】

> ハンス・コーンも指摘するように，ヨーロッパのナショナリズムは二月革命[*1]と三月革命[*2]を境にして大きくその意味合いを変化させた。この時期以降，ナショナリズムは「民衆の民主的革命運動であることをやめ，すぐれて保守的，あるいは反革命的な運動になった。それは民衆に対立する上層階級を代表することが多くなり，すべての国際主義に強硬に反対した」。

A：自由と平等を旗印にしてポーランドの独立運動を支援したフランスのジュール・ミシュレに代表されるこの時期のナショナリストにとって，「ナショナリズム」とは普遍人間的な運動としての「民衆主義」であり，コスモポリタニズムと決して矛盾してはいなかった。

B：しかしコーンも言うように，「寛容でユートピア的なこの1840年代のナショナリズムは，48－49年の民主革命の敗北の後，その性格を変えた」。例えばドイツでは，三月革命の成果として成立したフランクフルト国民議会がプロイセンのポーランドの分割とデンマーク侵攻を追認したように，革命運動それ自体が民族的エゴイズムの萌芽を内包していたのである。

C：このナショナリズムの性格の変化は，同時に，ネイションの概念そのものの重心が，1848年から49年を境にして「民衆」から「国民」へと次第に移っていったことを意味している。

D：ときに自民族を熱心に称揚したとはいえ，彼らは決して他の民族を拒まなかったのである。三月革命直後のヴァーグナーが『芸術と革命』や『未来の芸術作品』のなかで説いた民衆(フォルク)の理念には，明らかにそうしたコスモポリタン的含意があった。

E：大革命期のフランスで「第三身分」を指すものとして急浮上した「ナシオン」の概念は，18世紀後半のコスモポリタン的愛国主義の精神を要約するものだった。この概念は，排他的で自民族中心主義的な運動に取り込まれる危機をたびたび経験しながらも，1840年代まで人道主義的民主主義者，あるいはコスモポリタン的平和主義者の拠り所であり続けた。

［注］[*1]二月革命：1848年２月，パリで起こった革命。
[*2]三月革命：1848年３月，ドイツ，オーストリア各地で起こった一連の自由主義的民族主義的革命。

1 C→A→D→E→B
2 C→B→A→E→D
3 C→E→A→D→B
4 E→A→B→C→D
5 E→B→C→A→D

＊＊
No.7 **次の＿＿の文の後に，A～Eを並べ替えて続けると意味の通った文章になるが，その順序として最も妥当なのはどれか。**

【国家専門職・令和元年度】

> 議院内閣制と大統領制の違いが注目されるきっかけの一つとなったのが，ホアン・リンスが1990年に出版した「大統領制の脅威」というタイトルの論文である。大統領制は，議院内閣制に比べると，民主主義体制を不安定にし，権威主義化を招きやすいというのが同論文の主張である。リンスは明示的に本人・代理人モデルを応用してはいないが，同モデルに沿った再構成が可能である。

A：本人・代理人モデルの観点でいえば，有権者を本人とする２系統の本人・代理人関係が成立しており，二つの代理人（大統領と議会）それぞれが移譲された権限を正統に行使できる。

B：具体的には，大統領の選出与党と議会の多数派政党が異なる「分割政府（divided government)」状態においては，議会運営が行き詰まりやすくなるため，体制崩壊につながりやすいとリンスは主張する。

C：２重の正統性が問題となるのは，立法府と執行府が対立する場合である。

D：一方の議院内閣制では，本人・代理人関係の形成は一つの系統でつながっており，代理人が複数存在する状態が発生しない。このため立法府と執行府との間で対立がおこりにくい。

E：リンスが指摘する第１の理由は，大統領と議会がそれぞれ別個に選挙で選ばれているという「２重の正統性（dual legitimacy)」である。

1 A→B→E→D→C
2 A→E→D→C→B
3 E→A→C→B→D
4 E→A→D→B→C
5 E→C→B→D→A

＊＊
No.8 次の文の後に，Ａ～Ｅを並べ替えてつなげると意味の通った文章になるが，その順序として最も妥当なのはどれか。

【国家一般職・平成21年度】

> 情報の経済学では，インセンティブという動機づけが制度の説明にとって重視される。だが，企業内部にいる人間は所得の増加という目的だけでなく，そこで多様なニーズを満たしている。ある人は仕事にやりがいをもって取り組みたいと思っているかもしれない。ある人は，人のつながりや良好な人間関係を求めているかもしれない。これらのニーズをすべて満たすためには，実際にはきわめて複雑な「仕掛け」が必要だということになる。

Ａ：これまで，こうした精神的に過酷な労働現場をかろうじて支えてきたのは，マイホーム主義と呼ばれる男性中心の家族のあり方であった。その一方で，経営者がいくら失敗しても企業内部から批判する声が一切上がらなくなり，同調社会的な無責任体制をもたらしてきた。今日行われているように，インセンティブ理論に基づいて，いくら成果主義賃金を導入しても，状況を一層ひどくするだけだろう。

Ｂ：しかも多くの場合，査定基準が公開されておらず，協調性といった曖昧な基準が設けられている。それが恣意的な情意査定を横行させる。こうした状況が，過労死を引き起こす一因となってきた。

Ｃ：しかし，より重要なのはパワー（権力）という問題である。実際には，多くの人びとはインセンティブによって動機づけられているというより，クビになるのを怖れて働いているかもしれないからだ。しかも，契約理論が言うように，日本の企業は契約というルールで覆いつくされているわけでもない。

Ｄ：一方，形式上は契約であっても，フィードバック関係がなく，情報が一方的にしか流れないために権力が生じるケースもある。日本の企業では，本人が人事査定に関して「知る権利」として保証されているわけではない。

Ｅ：たとえば，日本企業の「長期雇用」についても，法律や労使協約などで決まったものではなく慣行があると言われてきただけにすぎない。こうしたケースを，契約理論は「暗黙のコミットメント」（あるいは「黙示の契約」）だと表現する。しかし，これは誰も証明不可能な命題であり，すでに最近の厳しい雇用リストラや雇用流動化という現実によって反証されている。

1 Ｃ→Ａ→Ｄ→Ｅ→Ｂ　　**2** Ｃ→Ｅ→Ｄ→Ｂ→Ａ
3 Ｄ→Ａ→Ｂ→Ｃ→Ｅ　　**4** Ｄ→Ｅ→Ａ→Ｂ→Ｃ
5 Ｅ→Ｄ→Ｃ→Ｂ→Ａ

実戦問題2の解説

No.6の解説 文章整序（ナショナリズム）

→問題はP.146 正答3

STEP❶ 出題形式を確認

出題形式は文章整序である。

STEP❷ 文章を読み内容を把握する

出典は，吉田寛『ヴァーグナーの「ドイツ」』である。本文の大意は以下のとおり。

<民衆の民主的革命運動であり，コスモポリタン的平和主義的であったヨーロッパのナショナリズムは，二月革命と三月革命を境にその性格を変え，保守的で民族的エゴイズムの萌芽を内包していた>

囲みとAからEを要約したので見てみよう。

囲み：ヨーロッパのナショナリズムは二月革命と三月革命を境に変化。
民衆の民主的革命運動 ➡ 保守的，反革命的，国際主義に反対
A：民主主義であり，コスモポリタンと矛盾していない
B：しかし，48-49年民主革命の敗北後，性格を変えた
C：このナショナリズムの性格の変化，同時にネイションの概念，民衆から国民へ
D：他の民族を拒まない。コスモポリタン的含意あった
E：コスモポリタン的愛国主義の精神を要約，ナシオンの概念

二月革命，三月革命を境に性格が変化したナショナリズムの特徴を**変化前**，**変化後**に整理して考えられたかがポイントである。

STEP❸ 選択肢を選ぶ

変化前のナショナリズムで，コスモポリタン的であったことについて書かれているのはA・D・E，変化後についてはBである。Cは「民衆」から「国民」へと移ったとあるように，変化があったことを説明している。

Cの「**この**ナショナリズムの性格の変化」は囲みの「変化」をさし，「ネイションの概念」の変化へと展開している。よって，**囲み→C**なので**1**・**2**・**3**に選択肢が絞られる。また，Cの「ネイションの概念」の変化についてEで詳しく解説しているので，C→Eとなる。ここで正答は**3**とわかる。

Aの「この時期」はEの「1840年代まで」をさし，Dの「彼ら」はAの「ナショナリスト」をさしている。そして，変化前のナショナリズムに対してBの「しかし」でつなげて変化後の例を挙げている。したがって，C→E→A→D→Bの**3**が正答である。

No.7 の解説　文章整序（議院内閣制と大統領制）

→問題はP.147　正答**3**

STEP❶　出題形式の確認

出題形式は文章整序である。

STEP❷　文章を読み内容を把握する

出典は，粕谷祐子『比較政治学』である。大意は次のとおり。

<大統領制は大統領と議会の２重の正統性により対立しやすいが，議院内閣制は一つの系統であるため立法府と執行府との間で対立がおこりにくい>

冒頭の枠内の文章をヒントに大統領制は議院内閣制に比較して不安定な要素があるということに気がつくと解きやすいであろう。

議院内閣制 と **大統領制** の違い。
大統領制は不安定，権威主義化。リンスの本人・代理人モデル

A：本人・代理人モデルの観点でいえば，二つの代理人（大統領と議会）

B：具体的には，大統領の選出与党と議会の多数派政党は体制崩壊につながりやすい

C：**２重の正統性** が問題となるのは，立法府と執行府が対立

D：一方の **議院内閣制** では，

E：リンス，大統領と議会が別個の選挙という **「２重の正統性」**

STEP❸　文を並べ替える

冒頭の文章から，大統領制と議院内閣制とを比較していることがわかる。

大統領制についての記述は**A**・**B**・**C**・**E**，一方，議院内閣制については**D**のみである。大統領制のグループを見ると，単に系統が２つあることを説明している**A**・**E**と対立がある**C**・**B**に分かれる。まず，大統領制には２つの系統がありそれが対立するが，議院内閣制では対立しないという話の展開になることが予想される。

Bの「具体的には」に着目すると，**C**の「立法府と執行府が対立する場合」を**B**で詳しく述べているので，**C**→**B**となる。

以上より，**E**→**A**→**C**→**B**→**D**の**3**が正答となる。

No.8 の解説　文章整序（働く動機）

→問題はP.148　正答**2**

STEP❶　出題形式の確認

出題形式は文章整序である。

STEP❷　文章を読み内容を把握する

囲みに続いて，各文章を読んでおおまかな内容のイメージを持つようにする。そして，共通の語句などから小さなまとまりを作り，話の流れを推測し，並べ替えていくようにする。

出典は，金子勝・児玉龍彦『逆システム学』である。大意は次のとおり。<働く動機についてインセンティブが重視されるが，日本の企業はパワー（権力）によって働かされている面があり，契約も曖昧である。そのため過酷な労働状況であった。一方で，企業は同調社会的な無責任体制なため，インセンティブ理論は効果がない>

インセンティブの動機づけが重視されるが，企業内部には多様なニーズがあり，それらを満たすためには「仕掛け」が必要。

A：これまで，**こうした**精神的に過酷な労働現場を支えてきたのは，マイホーム主義である。一方，同調的な無責任体質をもたらしてきた。インセンティブ理論に基づいても状況をひどくするだけ。

B：**しかも**多くの場合，査定基準が公開されておらず，曖昧な基準。恣意的な上位査定が過労死を引き起こす。

C：**しかし**，より重要なのはパワー（権力）。インセンティブによって動機つけられているのではなく，クビを怖れている。しかも，日本の企業は**契約**というルールで覆いつくされているわけではない。

D：**一方**，形式的には**契約**であっても，情報が一方向。日本の企業では，人事査定に関して「知る権利」は保証されていない。

E：**たとえば**，「長期雇用」についても慣行に過ぎない。**契約**理論では暗黙の契約とするが，証明不可能で，リストラなどで反証されている。

STEP❸ 文を並べ替える

囲みの文とCは「インセンティブという動機づけ」について書かれており，AとBは「過酷な労働」について述べられている。また，C，D，Eでは日本企業における「契約」について書かれており，「日本企業ではインセンティブが動機となって働くのではなく，クビを怖れて働く。また契約も曖昧で過酷な労働現場になっている」という流れになっている。

囲みのインセンティブという動機づけに対して，Cは「しかし」で受け，インセンティブを否定しているので，Cが最初に来る選択肢は**1**と**2**だけになる。Cの「契約理論」の例としてEの「たとえば…」が続くのでC→Eとなり，選択肢**2**が正答となる。

Dの「一方」で「黙示の契約」から「形式上の契約」について話が進んで行くので，E→D。Dの「人事査定に関して「知る権利」が保証されていない内容をBの「しかも」で添加しているので，D→B。ここまでをまとめるとC→E→D→B。最後にBの「過労死」をAの「こうした精神的に過酷な労働現場」が受けるので，C→E→D→B→Aとなる。

実戦問題❸　発展レベル

＊＊＊
No.9　**次の文の後に，A～Fを並べ替えてつなげると意味の通った文章になるが，その順序として最も妥当なのはどれか。**

【国家専門職・平成16年度】

なんとか家族内処理ですませられた「最後を看取る介護」を，そのまま量的にも質的にも異なる今日の困難な長期介護へと敷衍（ふえん）してきた社会通念のために，問題解決へのボタンのかけ違いが生じた。

A：現実には在宅の障害老人の介護問題は，ふつうの市民の家庭に存在している「家庭内問題」あるいは「家族問題」であった。つまり，まさに市民生活での日常化された光景だからこそ，老人の人権侵害としては誰も告発できなかった。ここでは家族はじつは社会構造的には被害者なのだが，もう一方では直接的な加害者としても存在する――しかも日常的に。この構造があるために，いまでも「家の恥」，それの拡大版としての「村の恥」として問題を隠蔽（いんぺい）し続けている。

B：高齢障害者の悲惨な現実は，1980年代になってまず悪徳老人病院に収容された高齢障害者の実態を，マスメディアが暴露するというかたちで顕在化した。だが，これには重要な背景と必然性がある。

C：反復するが，この社会における高齢者介護問題は，ながらくのあいだ幾重にも人びとの目から隠されてきた。具体的に述べてみよう。

D：つまり医療――病院の悪徳性，極端な営利主義を前面に押し出すかたちでこそ，老人虐待の実態暴露が可能であった。ここでは対医療側との関係においてなら，一方的に被害者としてふるまうことが可能な市民にとって，老人病院の事件は，一種の非日常的な世界の「あきれた，とんでもないことだ。なんとひどいことだ」として考えられたから，この問題の告発が可能であった。

E：そして高齢者介護は家族内問題だという認識が，一種のくびきとなって高齢者とその家族の両方をしばり，あとに述べるように，じっさいには年々逼迫の一途をたどっていた長期介護の惨憺（さんたん）たる事情を，強固に家族内に隠蔽（いんぺい）してしまったのである。

F：だから，たとえ社会構造的には被害者であると自覚できても，それは家族内あるいは近隣関係においては何らの弁解にもならないために，市民生活において日常化した事態を告発することは，すなわち市民そのものを告発することになってしまう。少なくとも当事者である家族は，そう受け取らざるを得ないのである。それゆえいかに深刻化していても，あるいは深刻になればなるほど，問題は内へこもらざるを得ない。

1　A→B→F→C→E→D
2　A→E→D→C→B→F
3　C→F→D→E→A→B
4　E→C→B→D→A→F
5　E→F→C→A→B→D

＊＊
No.10　**枠で囲んだ文の（1）～（5）にA～Eを正しく入れると意味の通った文章となる。（1）～（5）に入る文章の組合せとして最も妥当なのはどれか。**

【国家専門職・平成19年度】

（1）。しかし，（2）。のみならず，（3）から，（4）。（5）。

A：政治資金の寄附もまさにその自由の一環であり，会社によってそれがなされた場合，政治の動向に影響を与えることがあったとしても，これを自然人たる国民による寄附と別異に扱うべき憲法上の要請があるものではない

B：会社が，納税の義務を有し自然人たる国民とひとしく国税等の負担に任ずるものである以上，納税者たる立場において，国や地方公共団体の施策に対し，意見の表明その他の行動に出たとしても，これを禁圧すべき理由はない

C：憲法第三章に定める国民の権利および義務の各条項は，性質上可能なかぎり，内国の法人にも適用されるものと解すべきである

D：憲法上の選挙権その他のいわゆる参政権は自然人たる国民にのみ認められたものである

E：会社は，自然人たる国民と同様，国や政党の特定の政策を支持，推進しまたは反対するなどの政治的行為をなす自由を有するのである

	（1）	（2）	（3）	（4）	（5）
1	C	B	D	A	E
2	C	D	B	E	A
3	C	D	E	A	B
4	D	B	C	E	A
5	D	C	A	B	E

＊＊＊
No.11 **次の□と□の文の間に，A～Eを並べ替えて続けると意味の通った文章になるが，その並べ方として最も妥当なのはどれか。**

【国家総合職・平成25年度】

> これまで，都市の経済活動を規制する手法は，建物の高さを制限することで，都市空間の供給を制限する数量規制であった。その典型である住宅の容積率の規制について見てみよう。
>
> 高度成長期，都心部に大規模なオフィスが集中して立地したことにともない，人口が集中して，道路や鉄道の混雑が深刻化することを防ぐため，建物の容積率が厳しく制限された。

A：今後，共働き世帯や高齢者が傾向的に増えるなかで，利便性の高い，都市部の高層住宅への潜在的需要は大きい。都市部でも容積率を引き上げ，四～五階建ての中高層住宅を基本とした市街地に転換することを，中期的な政策として打ち出せば，潜在的な住宅建設への需要を顕在化させる余地は大きい。

B：しかし，都市中心部での中高層住宅の建設が阻害されたことで，人口が郊外へ無秩序に拡大し，道路・下水道など社会資本の不足がより広範囲で問題となり，通勤ラッシュをいっそう深刻化させる要因となった。

C：オフィスや工場と異なり，都心部の住宅を整備することは，通勤時の道路や鉄道の混雑を緩和する。また，都心部ではすでに昼間人口が多いため，通勤者が居住者になって夜間人口が増えても，インフラ負荷の増大にはつながらない。

D：このためには，都市計画で定める指定容積率の大幅な引き上げが前提となる。もっとも東京都区部では，現行の容積率でも，その半分強しか活用されていない。この要因である建物の前面道路の幅員規制や日照権など，さまざまな規制を一括して改革する必要がある。

E：また，良好な住環境を確保するという名目で，木造二階建ての低層住居専用地域が，都市中心部にも幅広く残されている。

> 現在でも，都心部の商業地区においては，事務用ビルの一・五倍の容積率が高層住宅に認められており，こうした考え方はある程度受け入れられている。この適用を商業地域以外へも拡大する必要がある。

1 A→C→D→E→B　　**2** A→D→C→B→E

3 E→A→C→D→B　　**4** E→B→A→D→C

5 E→B→D→C→A

***
No.12 次はヨーロッパ近代の思考様式に関する評論の一部である。□の中の文の後にA～Fを並べ替えて続けると意味の通った文章になるが，その順序として最も妥当なのはどれか。

【国家総合職・平成13年度】

> こうした思考の原理は，論理学という研究分野で精緻になされてきたわけだが，とりわけ近代以降になると合理主義による思考の論理化のなかで，論理学の厳密性に擬えながら，世界そのものを論理的に，かつ厳密に取り扱おうとする傾向が現れる。

A：しかし，真偽の弁別を繰り返していって世界全体の判断に達するという演繹的な論理は，世界全体を判断の傘下に収めようとするのだから，当然のことに，判断の普遍妥当性を要求することになる。

B：たとえば，科学実践の現場でも，理論にそぐわない実験結果や現象が現れたときに，それらを無視し捨象して理論の斉一性を守るということが日常茶飯におこなわれるのである。

C：近代合理主義が，真と偽とを明確に区別するということも，真と偽という単純な二者択一に還元し，それを繰り返し演繹していくことで，壮大で複雑な世界全体をとらえうると考えたからだ。裏返して言えば，世界があまりにも大きく複雑な要素に満ち溢れているからこそ，単純な原理に還元することが必要であったのだろう。

D：しかし，そうした例外に属する現象が無視しえなくなれば，それを取り込むことのできない理論そのものを変える必要がでてくるわけで，こうして理論の転換がおこなわれるようになる。

E：これが，“科学革命”あるいは“パラダイム・シフト”と呼ばれる現象のひとつである。

F：つまり，ある部分では当てはまるが，べつの部分になると当てはまらない理論は，斉一的な世界像を求める近代の科学的合理主義のなかでは市民権を得ることはできないのである。

1 A→D→C→E→F→B
2 A→E→D→B→C→F
3 C→A→F→B→D→E
4 C→E→A→D→F→B
5 E→C→D→B→A→F

実戦問題3の解説

No.9の解説　文章整序（介護問題）

→問題はP.152　**正答4**

STEP❶　出題形式の確認

出題形式は文章整序である。

STEP❷　文章を読み内容を把握する

本文の出典は，岡本祐三『高齢者医療と福祉』である。まず，各文章を要約する。

囲み：家庭内処理ですませられた「最期を看取る介護」を今日の困難な長期介護へと敷衍してきたという問題。

A：介護問題は「家庭内問題」であり，老人の人権侵害は告発できなかった。家族は社会的構造的には被害者であり加害者。「家の恥」「村の恥」

B：高齢障害者の悲惨な現実は，1980年代マスメディアによって暴露される。これには重要な背景と必然性。

C：反復するが，高齢者介護問題は隠されてきた。具体的に述べてみよう。

D：**つまり**医療の悪徳性を前面に押し出すかたちで老人虐待の実態暴露が可能であった。

E：そして高齢者介護は家庭内問題という認識が，あとに述べるように，長期介護の惨憺たる事情を隠蔽した。

F：**だから**，たとえ社会構造的には被害者であると自覚できても市民そのものを告発することになってしまうので，問題は内へこもらざるを得ない。

STEP❸　文を並べ替える

BとDでは，高齢障害者の悲惨な現実の暴露についてかかれており，また，Dの「つまり」はBの「これには重要な背景と必然性がある」を説明しているので，B→Dとつながり，Cの「具体的に述べてみよう」はB→Dをさしているので，C→B→Dとなる。ここで，正答は**4**だとわかる。

Fの「だから，たとえ社会構造的には被害者」はAの「じつは社会構造的には被害者」とつながり，在宅介護問題が内へ向かうことを説明しているので，A→Fとなる。

Eの「……あとで述べるように，……隠蔽してしまったのである。」から，まず，C→B→Dの老人虐待の暴露の話が来て，その「あとで」強固に家庭内に隠蔽してしまったという内容のA→Fが来ることになる。

したがって，E→C→B→D→A→Fとなる。

No.10 の解説　文章整序（政治的行為）

→問題はP.153　正答4

STEP❶　出題形式の確認

出題形式は文章整序である。接続詞などがあらかじめ枠内に示され，内容だけで並べ替えをするというユニークな問題である。

STEP❷　文章を読み内容を把握する

出典は，最高裁判所大法廷判決（昭和45年6月24日）である。判例文は専門分野の試験科目で読み慣れている受験生も多いと思うが，やはり，文章理解の問題としての練習も必要になる。

ざっと目を通すと，自然人たる国民に限定したDと会社＝国民という記述があるA，B，C，Eに分けられる。AからEを要約したので，具体的に見てみよう。

A：政治資金の寄付もその自由の一環。会社の寄付＝自然人たる国民の寄付

B：会社（国税等の負担）＝国民（納税の義務）➡国などの施策に対し，意見の表明にでても禁圧すべきでない

C：憲法第三章の定める国民の権利･義務は，内国の法人にも適用

D：参政権は自然人たる国民にのみ

E：会社は国民同様政治的行為をなす自由を有する

STEP❸　文を並べ替える

枠内の「しかし」に着目すると（1）に対して（2）以降が反対の内容になるということから，自然人たる国民に限定したDが（1）に来て，会社＝国民という記述があるA，B，C，Eがその後に続くことになる。ここで選択肢は**4**・**5**だけになる。

Aの「その自由」とはEの「自由」をさし，抽象的な政治行為から具体的な寄付への話に流れることからE→Aとなる。ここで，選択肢**4**が正答だとわかる。

会社が国民とひとしく扱われるべきだという内容のB，CはDに続き，その後に寄付という政治行為が認められるという結論に達するので，（1）にはD，（2）にはB，（3）にはC，（4）にはE，（5）にはAが入る。

No.11 の解説　文章整序（容積率の引き上げ）

→問題はP.154　正答4

STEP❶　出題形式の確認

文章整序の問題である。

STEP❷　文章を読み内容を把握する

指示語や接続詞，繰り返される語句に注目しながら，文章を読んでいく。

本問では，囲みが冒頭と最後にあるので，容積率について，高度経済成長期には制限されていたものが，現在では，引き上げの必要が求められるようになったという流れはつかみやすいと思う。

出典は，八代尚宏『新自由主義の復権』である。

囲み：高度成長期，都市部で，人口集中を防ぐため，建物の容積率が厳しく制限された

A：今後，都市部の高層住宅への潜在的需要は大きい。容積率を引き上げによる潜在的な住宅建設への需要を顕在化

B：しかし，人口が郊外へ無秩序に拡大。道路・下水道の不足，通勤ラッシュの深刻化

C：都市部の住宅を整備は通勤時の混雑緩和，インフラ負担の増大につながらない。

D：このためには，都市計画で定める指定容積率の大幅な引き上げが前提。さまざまな規制の改革の必要あり。

E：低層住居専用地域が都市中心部に残されている。

囲み：現在でも，都市部の商業地区，一・五倍の容積率が高層住宅に認められており，こうした考えはある程度受け入れられている。

STEP❸　文を並べ替える

冒頭の囲みの人口集中を防ぐためという内容と，Eの良好な住環境を確保するという内容は，都市部における住宅地の容積率が制限された理由についての記述である。

次にBの「しかし」で，その問題点が指摘され，Aの「今後」「都市部の高層住宅への潜在的需要は大きい」へとつながり，E→B→Aとなるから，この時点で正答は**4**とわかる。

Dの「このためには」はAの「潜在的な住宅建設への需要を顕在化させる」をさし，Cで容積率の大幅な引き上げのメリットを述べている。そして，最後の囲みで，容積率引き上げ地域の拡大が必要であると結論づけている。

したがって，E→B→A→D→Cとなる。

No.12の解説　文章整序（パラダイム・シフト）

→問題はP.155　**正答3**

STEP❶　出題形式の確認

出題形式は文章整序である。

STEP❷　文章を読み内容を把握する

出典は，山本雅男『ヨーロッパ「近代」の終焉』である。

ざっと読むと，真偽の弁別を繰り返し→世界全体の判断→当てはまらないと無視→例外が無視し得ない→パラダイム・シフトという流れがつかめると思う。そこから，接続詞，繰り返され，あるいは言い換えられた語句に印をつけて結んでいくといくつかのグループができるので，そこから選択肢を選ぶこともできる。今回の問題では，D→Eの「転換」と「シフト」のグループはわかりやすく，すぐ選択肢を特定できる。以下の要約で確認してみよう。

囲み：近代以降，合理主義による思考の論理化のなかで，論理学の厳密性に擬えながら，世界を論理的に，かつ厳密に扱おうとする傾向が現れる。

A：しかし，真偽の弁別を繰り返し，世界全体を判断する演繹的な論理は，判断の普遍妥当性を要求する。

B：**たとえば**，科学実践の現場でも，理論にそぐわないものは，無視することは日常茶飯事。

C：近代合理主義は真と偽を明確に区別し，単純な二者択一に還元し，繰り返し演繹することで，世界をとらえようとした。世界が複雑だからこそ，単純な原理に還元することが必要。

D：**しかし**，そうした例外に属する現象が無視しえなくなれば，理論そのものを変える必要がでてくる。こうして理論の転換がおこなわれる。

E：これが，科学革命，パラダイム・シフトである。

F：**つまり**，ある部分では当てはまるが，べつの部分は当てはまらない理論は，斉一的な世界像を求める近代の科学的合理主義のなかでは市民権を得ることはできない。

STEP❸ 文を並べ替える

選択肢を見ながら考えると，冒頭の囲みの文章に続くのは，AかCかEとなる。囲みの「世界そのものを論理的に，かつ厳密に取り扱おうとする」から，「真偽の弁別を繰り返して」をつなげるのは唐突すぎる。また，Eも同様，いきなり「科学革命」「パラダイム・シフト」にはつながらない。したがって，囲みの次に来るのはC。次に，Cに続くのはAかEだが，Cの「真と偽…」とAの「真偽の弁別」がつながるので，C→A。Fの「当てはまらない理論」が「市民権を得ること」ができない例として，Bが続く。そして，Dが逆接で「例外に属する現象が無視しえなくなれば」と続き，最後にそれをさしてE「これが」が続く。

よって，C→A→F→B→D→Eとなるから，正答は**3**となる。

第2章 英 文

試験別出題傾向と対策

試験名	国家総合職					国家一般職					国家専門職				
年度	21-23	24-26	27-29	30-2	3-5	21-23	24-26	27-29	30-2	3-5	21-23	24-26	27-29	30-2	3-5
頻出度 テーマ 出題数	21	21	21	21	20	9	15	15	15	15	12	15	15	15	15
A 5 内容把握・要旨把握	14	15	15	15	15	7	9	9	9	9	9	9	9	9	9
B 6 その他の形式	7	6	6	6	5	2	6	6	6	6	3	6	6	6	6

国家公務員の採用試験が新制度になって以降，英文は，各試験区分で出題数が増加し，標準的な問題がそろうようになった。英文の出題形式では，ほとんどの試験区分で内容把握の出題が要旨把握の出題を上回っている。また，空欄補充，文章整序の出題もあるので注意したい。

内容面では，現代文のような哲学的で難解な文章は少なく，雑誌の論説やエッセイから引用されたわかりやすい文章が題材となっていることが多い。雑誌やエッセイからの引用が多いということは，出題文が時事性を帯びる傾向にあるということになる。

● 国家総合職

出題形式では，内容把握が最も多く出題されている。文章整序や空欄補充の出題も必ずあるので注意したい。また，例年，現代文より英文の出題のほうが多く，英文重視の形式をとっている。

内容面では，他の試験区分同様，標準的な問題もあるが，難易度の高い経済学や社会問題を題材とした問題も多くなってきている。

● 国家一般職

出題形式では，内容把握の出題が最も多い。選択肢から読み，内容に見当をつけて本文に当たることが重要である。また，ある程度の単語力と短時間で英文が読み取れる力も要求されている。

内容面では，雑誌やエッセイなどから，政治，教育，医学など多岐にわたり出題されているので，関心の幅を広げ，問題意識を持つことが要求される。また，癖のない良問がそろっているのも特徴の一つである。

● 国家専門職

出題形式は内容把握中心で，文章整序，空欄補充なども出題されている。

内容面では，フェローシップの募集要項などユニークな出題もあったが，近年は標準的な出題に変わってきている。とはいえ，出題数が増えたので，さまざまなテーマからの出題が予想される。

	地方上級(全国型)					地方上級(東京都)					地方上級(特別区)					市役所(C日程)				
	21-23	24-26	27-29	30-2	3-5	21-23	24-26	27-29	30-2	3-5	21-23	24-26	27-29	30-2	3-5	21-23	24-26	27-29	30-2	3-4
	14	15	15	15	15	12	12	12	12	12	9	9	11	12	12	9	9	9	9	6
テーマ5	14	15	15	15	15	12	12	8	12	12	4	3	5	6	6	9	9	9	9	6
テーマ6								4			5	6	6	6	6					

● 地方上級

ほとんどの試験区分において英文の要旨把握の出題はみられないが，地方上級全国型では頻出となっている（関東型，中部・北陸型も同様）。

内容面では，人文科学分野よりも，労働問題，環境問題，科学論など社会科学分野，自然科学分野からの出題が若干多いようである。出題に選ばれる題材が多岐にわたっていることから，偏りなくさまざまな分野に関心を持つことが要求されると見られる。

全国型では，例年，現代文３題に対して英文が５題出題されることから，英文重視の傾向にあると思われる。なお，出題のほとんどを要旨把握が占めているのが特徴である。

関東型は，ほぼ全国型と同じ出題である。

中部・北陸型は，全国型とほぼ問題が共通している。

東京都は，独自の問題であり，電子メールにおける表現として適切なものを選択させる問題などさまざまな話題を題材としている。

特別区では，空欄補充や文章整序が出題されることもある。英文自体が短い問題もある。小説を題材とした問題も頻出である。

● 市役所

例年３題の出題である。出題形式は要旨把握が多い。テーマは，エッセイ，経済，文化論などが頻出であるが，時事的な内容を含めて多岐にわたって出題されるので，関心の幅を広げ，問題意識を持つことが要求される。

内容把握・要旨把握

必修問題

次の文の内容と合致するものとして最も妥当なのはどれか。

【国家一般職・令和３年度】

In Africa around 275 million people don't have access to a decent reliable water supply. Many rural communities rely on **handpumps** for their daily water needs. Yet in Africa, 1 in 4 handpumps are broken at any one time. This can have a devastating effect on people's lives.

Long delays to repair **out-of-action handpumps** often force households to collect water from alternative distant or dirty water sources. When a pump breaks in a school, clinic or community, it usually takes weeks or months to repair. The health, education and economic costs, particularly for women and girls, are enormous but avoidable.

The Smart Handpumps project began as a DFID*-funded research project at the University of Oxford aiming to improve the sustainability of water supplies in rural Africa through innovative use of mobile data. Many handpumps in the region were frequently left broken **simply because** the mechanics were not aware that repairs were needed. The Smart Handpump technology, developed by Patrick Thomson of the Smith School of Enterprise and the Environment (SSEE), converts existing handpumps into 'Smart' handpumps, by installing a novel transmitter into their handles. The data from these has allowed the team to design a new maintenance model that allows a team of mechanics to act quickly to repair them faster. A trial of Smart Handpumps across two counties in Kenya reduced the average downtime of a handpump to less than three days, a huge improvement on the 30 days that pumps had previously been out of order.

《中　略》

This interdisciplinary research project is now part of the wider SSEE Water Programme led by Rob Hope, and includes social science, natural science and engineering. Findings have influenced water policy in Kenya at a national level, and the approach will now be tested by UNICEF in schools in Bangladesh.

［注］*DFID：英国国際開発省（Department for International Development）

1 アフリカの農村部では，手押しポンプにより水を確保する活動を母親の仕事とする慣習が残っているため，手押しポンプが故障した場合の影響は女性にとって非常に大きい。

2 アフリカでは，手押しポンプの故障は，修理に必要な部品の不足や専ら工員として働いている人がいないことから，しばしば放置されてきた。

3 今回のプロジェクトでは，手押しポンプが故障した場合に簡単に部品を取り替えられるよう設計するとともに，最新の材質を用いて手押しポンプを製造した。

4 今回のプロジェクトでは，改良された手押しポンプをケニアで試行したところ，故障により利用できない期間が以前に比べて短縮された。

5 今回のプロジェクトは，社会科学，自然科学，工学，公衆衛生にまたがるものとなっており，得られた成果は，アジアや中南米の各国政府の政策形成に影響を及ぼしている。

難易度　＊＊

必修問題の解説

英文の問題文は，現代文よりも内容としては平易なものが多く，現代文よりもキーセンテンスがわかりやすいので，多少英単語の意味がわからなくても，正答を導き出すことは可能である。選択肢も日本語のものが多いので，選択肢を先に読んであらすじをイメージしてから本文に入ることもできる。

英語が苦手という人も，キーセンテンスや選択肢をヒントにして，問題に取り組んでみてほしい。

STEP❶ 出題形式の確認

本問は内容把握の問題である。英文でも現代文同様に，内容を問うものと要旨を問うものとでは選択肢の選び方が違うので確認をする。

STEP❷ 選択肢から内容を予想する

選択肢を見ると「アフリカの農村部のポンプの使用状況」についての文章だとわかる。英文の場合は特に日本語の選択肢を先に読み，本文の内容を予想できると，わからない単語が出てきでも文脈から意味を推測できる。

STEP❸ 本文を読む

出典は，“Smart Handpumps”, University of Oxfordである。構成は以下のとおり。

（問題提起・現状）

1.アフリカのhandpump壊れていて困る。

2.修理には時間がかかり，**女性**が困る。 ←選択肢**1**

（プロジェクト）

3.The Smart Handpumps project ←選択肢**2**，**3**，**4**

故障に気がつかないため（simply **because**）放置される

↑'Smart' handpumpは transmitterからのthe dataで迅速な修理

（プロジェクトの影響）

4.学際的なプロジェクト

(social science, natural science and engineering) ←選択肢**5**

Kenyaに影響, Bangladeshでテスト予定

選択肢から，「故障の影響」「故障の原因」「プロジェクトの特徴」「影響を受ける分野や国」が問われているので，それらを確認しながら本文を読んでいく。英文の内容把握では「誰が」「どこの国で」「数字」などが問われやすい。

STEP❹ 選択肢から選ぶ

1 × 第１段落にポンプが故障したことによる損失は「特に女性や女の子たち（particularly for women and girls）にとって非常に大きい」とあるが，それが「水を確保するのが母親の仕事」だからという記述は本文中に見られない。

2 × 手押しポンプの故障が放置される原因は第３段落にあるように「故障に気がつかないため（simply because）」であり，部品や工員の不足ではない。

3 × スマート手動ポンプは第３段落にあるように「新型の送信機」があり，「データ」を送ることで修理工が即座に対応できるようにしたもので，「部品の取り替え」や「最新の材質」を用いたものではない。

4 ◎ 正しい。第３段落にある内容である。

5 × 今回のプロジェクトは学際的なものであるが，「公衆衛生」は含まれていない。また，ケニアやバングラデシュについての言及はあるが，「中南米」についての記述はない。

正答 4

全　訳

アフリカでは，およそ2億7500万人が信頼に足る水の供給を受けられずにいる。多くの村落では日々に必要な水を手押しポンプに頼っている。だが，アフリカでは4台に1台の手押しポンプが常に故障した状態にある。このことは人々の生活に壊滅的な影響を及ぼしうる。

動かなくなった手押しポンプを修理するのに長期の遅延が生じると，しばしば家庭では代わりとして，遠く離れたところにあるポンプか汚れた水源から水を汲んでくることを余儀なくされる。学校や診療所や地域社会でポンプが故障すると，大抵は修理するのに数週間から数か月かかる。健康，教育，そして経済的損失は，特に女性や女の子たちにとって非常に大きいものになるが，しかし，これは避けられることでもある。

スマート手押しポンププロジェクトは，英国国際開発省が資金提供し，オックスフォード大学で行われた研究プロジェクトで，モバイルデータの革新的な使用を通じて，アフリカ農村部における給水設備の持続可能性を改善することを目的としている。この地域の手押しポンプがしばしば壊れたままになっているのは，単に修理工が修理が必要なことに気がついてないからである。スミス企業環境大学院（SSEE）のパトリック・トムソン氏が開発したこのスマート手動ポンプ技術は，取っ手の部分に新型の送信機を装着することで，既存の手押しポンプをスマートな（賢い）手押しポンプに転換する。このスマート手押しポンプから送られるデータによって，修理工チームが迅速に行動し，研究チームはポンプをより早く修理できるような新しいメンテナンスモデルを作れるようになっている。ケニアの2つの県にまたがって行われたスマート手押しポンプの試運転により，手押しポンプの平均故障期間が3日以内にまで短縮され，それ以前のポンプ故障期間の30日間に比べると大きな進歩となった。

《中　略》

この学際的な研究プロジェクトは現在，ロブ・ホープ氏によって主導される，より大きな枠組みであるSSEE水プロジェクトの一つとなっているが，社会科学，自然科学，工学にまたがっている。これにより得られた知見は，ケニアの水政策に国レベルで影響を与えており，このアプローチは現在，ユニセフ（国連児童基金）によってバングラデシュの学校で試される予定になっている。

FOCUS

英文も現代文と同様に，本文の骨格を理解するように読み進めてほしい。これは，要旨把握，内容把握ともにいえることである。また，この分野では，「比較文化論」「エッセイ」など読みやすい文が頻出であるが，「経済学」や「政治学」からの難解な文章も少なからず出題されている。

要旨把握の問題を解く際には，本文の内容の一部と合致するだけではなく，筆者の主張をまとめた選択肢を選ぶ必要があるが，現代文のときと同様に，冒頭の一文や最後の一文，逆接の接続詞などに注意するという基本的な読み方ができれば，英文であっても十分対応できる。

なお，要旨把握の問題については，地方上級全国型で頻出ではあるのだが，地方上級全国型では試験問題・出典がともに非公開ということもあり，本書には収録できていない。

POINT

重要ポイント1　英文読解の勉強法

試験では制限時間の中で素早く英文を読み，答えを導き出さなければならない。したがって，**英語に慣れること，時間の制約に慣れることの２つが重要なポイント**になってくる。

英語に慣れるには，平素から英文に触れる習慣を身につけることが必要である。文法書を引っぱり出してきて最初のページから勉強しようとするより，英字新聞，小説，雑誌など英語で書かれた300語以上の文章を毎日読み，英語のリズムに慣れることのほうがよいだろう。その際には，英文を一文一文訳すのではなく，大まかでいいので内容が把握できるように読んでほしい。細かい文法，単語などの学習は，英文を読んでいく中で自分が実際にわからなかったところ，つまり，弱点を見つけ出して復習するとよいであろう。また，もしまだ英語力に自信がなければ，まず，あらかじめ内容を知っている本，簡単な物語の本などを数冊読んでみることから始めるのもよいだろう。

次に英語に慣れ，問題演習の段階に入ったら，自分の受験する試験区分の問題傾向に従って，問題を何問かに区切り，**割り当て時間を決めて解いていくとよい**。アウトプットの段階では必ず時間を意識してほしい。

重要ポイント2　選択肢を先に読む

英文問題では，文章の質としては現代文ほど難易度の高いものは出題されていない。しかし，書かれている言語が日本語ではなく，もちろん英語だということが，受験者にとってはかなりの負担になる。したがって，**英語も現代文同様，選択肢から内容，さらにわからない単語の意味を予想してから，本文に入るというやり方が有効である**。

ここで，特に注意してほしいのは，選択肢を先に読み，内容を推測するということは，一つ一つの選択肢を丁寧に読むということを意味するわけではないということである。つまり，５つある選択肢のうち，４つは間違った内容または要旨が書かれているのであるから，繰り返し使われている単語，似通った文章から，キーワード，キーセンテンスを，「この辺りでは？」と予測するにとどめてほしいのである。決して選択肢から読み取ったことを決めつけて，本文に入らないように注意してほしい。

また，選択肢を読んだだけで答えが導き出せそうだとしても，必ず，**本文に戻って答えの根拠を見つけ出すことが必要である**。もっともらしい答えであっても，根拠が本文になければ不正解になることも多い。

実戦問題1　基本レベル

No.1 次の英文中に述べられていることと一致するものとして，最も妥当なのはどれか。

【地方上級（特別区）・令和４年度】

Japanese people worry too much about their own English.

Then, when Japanese people give speeches, they apologize for not being good at English at the beginning. Sometimes, they say, "I'm not good at English, so I feel nervous," so the listeners think the Japanese person has no confidence and wonder if there is any value in listening to what he or she is saying.

Be aware that when giving speeches or presentations, Japanese people and Westerners have different **tacit rules**.

Japanese people think that the person giving the speech should convey the message to the listeners clearly, and that he or she should speak with perfect knowledge and knowhow.

On the other hand, Westerners think that in order to understand the person giving the speech, the listeners have a responsibility to make active efforts to understand.

There is a difference between Japanese people, who place a heavy responsibility on the speaker, and Westerners, who have a sense of personal responsibility for understanding the speaker. This causes various miscommunications and misunderstandings at presentations which include Japanese people.

Therefore, Japanese people should not apologize for not being able to speak English. They should start by saying clearly what they want to talk about.

1 日本人は，自分の英語力を気にして，スピーチのときに，最後に英語がうまくなかったことを謝ることがある。

2 スピーチやプレゼンテーションをするとき，日本と欧米とでは，暗黙のルールに違いがあることは有名である。

3 日本人は，スピーチをする人は完璧な知識とノウハウをもって話をしなければならないと考える。

4 欧米では，スピーチをする人の責任として，聞き手に理解させるために，積極的に行動しなければならないという意識がある。

5 日本人は，英語ができないことを謝ってから，自分の言いたいことを堂々と話し始めるようにしたいものである。

＊＊ No.2 次の文の内容と合致するものとして最も妥当なのはどれか。

【国家専門職・平成17年度】

The Kamo River, which runs through the middle of the ancient capital of Kyoto, attracts a large number of tourists, and its banks are a popular place for local young couples to spend time together.

Such young couples demonstrate an interesting phenomenon —— they sit at regular intervals of two meters from one couple to the next.

This phenomenon is already well-known among local citizens, some of whom theorize that it is rooted in a "sense of balance" that today's young generation shares with society, of not wanting to be too close nor too far apart from one another. Others argue that it is typical Kyoto sensibility to keep a certain distance from others so people can mind their own business.

This phenomenon can be seen along a section of the west bank of the river stretching about 1.1 kilometers between Sanjo Ohashi Bridge and Shijo Ohashi Bridge. In particular, around 5 p.m. on weekdays when the weather is good, between 80 and 100 couples huddle together along the bank.

Most of these couples are quite young, many in their teens. When asked why they come to the bank of the Kamo River, one 17-year-old male high school student replied that the spot is located in the city's downtown core, and the glow of area's neon lights gives him a feeling of security.

A 21-year-old female college student noted the area's lovely view, and said that because everyone comes in couples, she and her partner feel as though they fit right in.

Along with a group of his students, an associate professor conducted a field study of the couples sitting on the bank of the Kamo River. They observed a total 3,000 couples, and measured the intervals between them.

They found that if there was more than five meters between two couples, another couple that came along would sit right in the middle. If the space was less than five meters, the newcomers would skip the spot and search for somewhere else to sit. When the newcomers sat down in the five-meter space, the new interval would be about two meters on each side.

1 鴨川は，京都の観光地の中で若い観光客に最も人気のあるスポットであることは疑いの余地はない。

2 鴨川のカップルたちが示す興味深い現象の解釈については，地元市民の間でも意見が分かれている。

3 鴨川のカップルの大きな特徴は，年齢や職業などが多岐にわたることであるといわれている。

4 鴨川の土手に集まる理由として，京都の中心部の騒がしさを避けるためであると答えるカップルもいる。

5 ある助教授の実地調査によれば，鴨川の土手に座るカップルの間隔が5メートル未満になることはなかった。

* No.3 次の文の内容と合致するものとして最も妥当なのはどれか。

【国家専門職・平成27年度】

It's been four years since I last found myself conducting everyday life in Japanese. I was a bit nervous about this, but people were telling me not to worry. "It'll be like riding a bike," they said. "It'll all come back to you."

I have to admit that it has been like riding a bicycle — only, a slightly rusty one. The gears are a bit on the stiff side and the tyres are a little flat, so everything moves a lot slower than what I'm used to. The bell also doesn't quite ding as loudly as before, so sometimes it's hard to warn people that we're about to linguistically collide. Also, the seat hasn't been adjusted in a while, so it's not entirely comfortable. But despite occasionally taking much longer than anticipated, my Japanese language bicycle still gets me from A to B.

It also helps immensely when other commuters and pedestrians give you room to move. I've been very grateful for the number of people in my small town who have not panicked when they've had to change how they speak in order to help me understand.

The first was a waitress. After I had initially replied "Yes please," to her question of "Which would you like ? " she simply repeated slowly what she had said and used her fingers to indicate that there were two options. It may seem like the obvious thing to do, but many other service staff I've encountered have just repeated what they've said, and at the same incomprehensible speed as before.

The second great communicator was a woman at an electronics store. She drew diagrams, switched to informal Japanese and listed things in bullet points when explaining to me how my Internet set-up was going to work.

The third had the most difficult job. Even in English, explaining and understanding insurance coverage is a nightmare. But this gentleman used gestures and simple Japanese words to ensure that I understood what would be covered, in what situations and for how long. I was so grateful that I told him how awesome he was. He breathed a sigh of relief and said that he'd had practice with the other non-Japanese in my building, and revealed how he was sweating bullets the entire time.

Communication, like cycling, is a group effort. It makes for a much more pleasant journey if others give way, look out for each other and are understanding and helpful when you need it. And in general, language learning really is like riding a bicycle. You might wobble. You might crash in public. And you might end up with a few bumps and bruises. But in the end, you'll still have moved yourself forward.

1　4年ぶりに日本語で日常生活を送る著者に対し，周りの人々は，以前の状態に戻るためには自転車に乗って出掛けることが一番の近道だと話した。

2　自転車に乗っているときに他者が場所を空けてくれると大変助かるように，動転することなく，著者が理解できる話し方に変えてくれた人に著者は感謝している。

3　日本語が不得手な著者に対し，たいていの店員は同じ言葉をゆっくり繰り返すだけだったが，あるウェイトレスは，言葉を簡単なものに置き換えて理解を助けてくれようとした。

4　保険の適用範囲について著者に説明してくれた人の会社では，日本語を話せない人を相手にする際の説明のしかたを練習する機会が設けられていると聞いて，著者は大いに感心した。

5　言語を学習するときに大切なのは，自分の努力以上に，周りの人々が理解を示して気を配ったり，援助したりしてくれるかどうかである。

* No.4 次の英文中に述べられていることと一致するものとして，最も妥当なのはどれか。

【地方上級（特別区）・平成29年度】

What do weddings tell us about culture ? A cultural anthropologist* would certainly be able to answer that question better than I can, but I have noticed some interesting differences between American and Japanese weddings.

One difference is how Japanese and Americans use the word "wedding." In American English the wedding is the actual marriage ceremony, and the party afterwards is the reception. A wedding invitation in the U.S. always invites you to both events, whereas in Japan it's more common to be invited only to the reception.

So, a typical American wedding is far more public than a Japanese one. The Japanese ceremony is essentially a family affair. People often say that marriage for Japanese means a marriage of families, not just the couple, and perhaps keeping the ceremony private reinforces that idea. After all, the traditional concepts of *uchi* and *soto* are still powerful in Japanese society.

Sometimes the family in not even invited to an American wedding, though friends usually are. A Texas* friend told me his oldest son was married in Hawaii, but he didn't go. The couple invited a few friends, no family at all. The surprising thing is that this father and son are very close. He would have liked to go, he admits, but he understood that the wedding was really for the couple.

［注］*anthropologist：人類学者　　*Texas：テキサス州

1 結婚式への招待といえば，日本では実際の結婚の儀式とレセプションの両方への招待をさすが，アメリカでは一般的にレセプションのみの招待をさす。

2 典型的なアメリカの結婚式は，日本の結婚式よりもずっと公のものとかけ離れている。

3 結婚の儀式を内輪のものにしておくことで，日本人にとっての結婚は家族どうしのものというよりも夫婦だけのものである。

4 アメリカでは普通，結婚式に友人は招待するが，家族は時には招待すらされないことがある。

5 テキサス在住の友人は，彼の長男と驚くほど仲がよくなかったので，夫婦のためのものである結婚式に招待されなかった。

No.5 ＊＊ **次の文の内容と合致するものとして最も妥当なのはどれか。**

【国家総合職・平成27年度】

SHIKATA is one of the most used and most important words in the Japanese language. It means "way of doing things," with special emphasis on the form and order of the process. The root meaning of shi is a combination of "support" and "serve" in the sense of an inferior supporting and serving a superior. Kata, by itself, is usually translated as "form."

Some of the more common uses of kata include *yomi kata* or "way of reading ; " *tabe kata*, "way of eating ; " *kaki kata*, "way of writing ; " *kangae kata*, "way of thinking ; " and *iki kata*, "way of living."

There are dozens of other kata. In fact, there is hardly an area of Japanese thought or behavior that is not directly influenced by one or more kata.

When used in the Japanese context the shikata concept includes more than just the mechanical process of doing something. It also incorporates the physical and spiritual laws of the cosmos. It refers to the way things are supposed to be done, both the form and the order, as a means of expressing and maintaining harmony in society and the universe.

The absence of shikata is virtually unthinkable to the Japanese, for that refers to an unreal world, without order or form. On an everyday level, when the Japanese are faced with something that cannot be changed or controlled (or for some reason they don't want to make the necessary effort) they say, *Shikata ga nai* ("There is no way")—meaning it is utterly hopeless and therefore makes no sense even to try.

Early in their history the Japanese developed the belief that form had a reality of its own, and that it often took precedence over substance. They also believed that anything could be accomplished if the right kata was mentally and physically practiced long enough.

"Japan has no genuine philosophy as such, only form," says a Japanese mythologist. He adds, however, that most Japanese today are ignorant of the roots of much of their kata-ized behavior.

1 正しいkataを，十分長い期間，精神的，肉体的に修練すれば，何事をも成しうると，かつて日本人は信じていた。

2 日本語にはさまざまなkataがあるが，「読み方」「食べ方」「書き方」「考え方」「生き方」といった代表的なもの以外は世界ではほとんど知られていない。

3 形式ばかりにとらわれて，真の哲学を持っていない現代の日本人は，行動の背景にある哲学について学ぶべきである。

4 日常，日本人が「仕方がない」と口にするのは，直面した状況を変えたり，制御したりする方法がまったく思い浮かばないときに限られている。

5 「仕方」とは，元来，目上の者に仕える方法を意味する言葉であり，目上の者を助けるという概念は含まれていなかった。

＊＊ No.6 次の文の内容と合致するものとして最も妥当なのはどれか

【国家一般職・平成24年度】

Researchers in the Himalayas have uncovered a woolly rhinoceros[*1] fully a million years older than the ones that roamed Europe and Asia in the ice age.

The discovery, in an area known as the Zanda Basin in modern Tibet, is described in the current issue of the journal *Science*. It suggests that the woolly rhinoceros, and other giant ice age mammals, may have originated in the Himalayas.

The rhinoceros dates to 3.6 million years ago.

"Previously we had no idea where the ice age megafauna[*2] came from; now we know at least some of them probably came from Tibet," said an author of the study, Xiaoming Wang of the Natural History Museum of Los Angeles County. "They basically had a competitive advantage when the ice age came along — they were adapted to cold climate and high altitudes."

Dr. Wang and his colleagues unearthed a very complete skull of the rhinoceros, along with a bit of the neck and a few limb bones.

The rhinoceros probably had long fur to keep it warm and a flattened horn to sweep snow out of its way.

In addition to the rhinoceros, Dr. Wang and his colleagues discovered fossils of an ancient snow leopard, a three-toed horse, a sheep, a badger and 23 other kinds of mammals.

The origins of the giant mammals of the ice age have not been well studied. Some scientists have suggested they came from the Arctic. But the new fossils tell another story.

"We can call Tibet a cradle of the ice age, or at least ice age megafauna," Dr. Wang said.

［注］ *1 woolly rhinoceros：ウーリーライノセロス（サイの一種である“毛サイ”）
*2 megafauna：大型動物

1 氷河期より100万年以上前に北極地方で生息していたマンモスが，ウーリーライノセロスの起源であるとみられている。

2 研究者がチベットの高地で発見した足跡の化石により，10万年前のウーリーライノセロスは現在よりかなり大型であることが分かった。

3 氷河期の大型動物のなかにはチベットを起源とするものがあり，それらは氷河期が到来したときには，寒冷な気候と高地に適応していたとみられている。

4 ウーリーライノセロスの体全体の化石が発見されたことから，氷河期における新種の大型動物として学会で認められた。

5 氷河期の到来を察知して標高が高く寒冷なチベットから欧州などに逃れたウーリーライノセロスの生態の謎について，新たな研究が進められている。

*No.7 次の文の内容と合致するものとして最も妥当なのはどれか。

【国家一般職・平成17年度】

Traditionally, global conservation groups have concerned themselves with "saving" the world's rain forests, and as a result, most of us have never even heard of a tropical dry forest, let alone know that they are almost extinct !

Most tropical ecologists would agree that Latin America's dry forests are more endangered than rain forests. Of what little remains, only 0.08 percent is protected within national parks or reserves. "They're almost too small to be seen on a map," says Eric Von Horstman, director of the Cerro Blanco protected forest reserve near Guayaquil in Ecuador, "and it's a hard, uphill struggle to protect these tiny fragments." Because dry forests are found mainly in poor countries where population growth is rampant, people are always going to need more land on which to raise their oversized families. Most dry forest reserves are under constant attack by hunters, loggers and arsonists who burn the trees down.

《中　略》

Horstman works closely with governments, local communities and private donors to help people understand why it is important —— not only to conserve what little is left —— but to actually grow some of it back. "Without forests, water tables* drop dramatically, and that can have terrible consequences for the subsistence farmer in a hot, dry climate."

Dry forest ecologists agree that currently, the protected areas are not large enough to be self-sustaining into the future. "To truly save this habitat," says Dr. Daniel Janzen, the world's leading expert in dry forest restoration, "we not only need to protect what still remains, but we are going to have to give some land back to it."

Wherever you find dry forest reserves, you will usually find areas where small trees have been planted, in an effort to help the forests reclaim some of their former range. With hard work and community support, conservation pioneers such as Horstman and Janzen are attempting something never tried before : They are bringing back, not just a single species, but an entire tropical habitat from the very brink of extinction.

［注］*water table：地下水位

1　乾燥林の減少をこのまま放置すると，数十年後にはたった0.08パーセントしか残らないことが研究者の報告でわかり，その対策が求められている。

2　乾燥林が地図上ではっきりと表示されていないことが人々の乾燥林の危機に対する認識の低さにつながっているとHorstmanは主張した。

3　乾燥林を保護するのが難しいのは，それらが主に人口が増加している貧しい国にあり，そこでは大家族を養うのに人々がもっと土地を必要としているためである。

4　乾燥林が絶滅して生態系が破壊されると，雨期にラテンアメリカ諸国特有の激しい降雨に見舞われるため，地盤がゆるみ土砂災害の発生が多くなるといわれている。

5　乾燥林を救うには現在残っている樹木を保護するよりは，乾燥に強い外来種の樹木を植えて，砂漠や荒れ地を林に変えるほうが効果的である。

実戦問題1の解説

No.1 の解説　内容把握（スピーチの日米比較）　→問題はP.167　正答3

STEP❶　出題形式を確認する

出題形式は内容把握である。

STEP❷　選択肢から内容を予想する

選択肢を見ると「日本人」「欧米人」「スピーチ」があるので，本文は「スピーチについての日米比較」であると予想できる。

STEP❸　本文を読む

出典は，山久瀬洋二：Jake Ronaldson『日本人が誤解される100の言動』である。本文の大意は以下のとおり。

<スピーチやプレゼンには，日米で異なる暗黙のルールがある。日本人はスピーチする側に，欧米では聞き手側に責任があると考えるので，日本人が自分の英語がうまくないことを謝ると，聞く価値のないスピーチだと思われてしまう>

日米**比較**をしながら，日本人の**改善点**を述べているので，日米それぞれの「tacit rules（暗黙のルール）」を整理して考える必要がある。

STEP❹　選択肢を選ぶ

1× 第2段落にある内容だが，「最後に」謝るのではなく，「最初に（at the beginning）」謝るのである。

2× 第3段落に日米では暗黙のルールについて違い（different tacit rules）があることは述べられているが，その違いが「有名である」という記述はない。

3◎ 正しい。第4段落に「Japanese people think …… and that he or she should speak with perfect knowledge and knowhow」とある。

4× 第5段落に，欧米では話し手を理解するために「聞き手が」積極的に行動する責任があると述べられている。

5× 最終段落に「謝るべきでない（should not apologize）」とあるので，「謝ってから」話し始めるのではない。

全　訳

日本人は自身の英語力を心配しすぎる。

そして，日本人はスピーチを行う際に，初めに自身の英語は流暢ではないことを謝る。時には彼らは「私は英語が得意ではないので，緊張しています」と言ってしまうので，聞き手はこの日本人は自信がないのだと考え，そのような人の言うことを聞くことに価値があるのだろうかと思ってしまう。

日本人と欧米人とではスピーチやプレゼンテーションを行う際に，異なった暗黙のルールを持つということを押さえておこう。

日本人は，スピーチを行う人は言わんとする趣旨を聞き手にはっきりと伝えるべきで，完璧な知識とノウハウをもって話すべきであると考える。

他方，欧米人は，スピーチを行っている人のことを理解するために，聞き手が理解するための能動的努力を行う責任を持つと考える。

話し手に大きな責任を置く日本人と，話し手を理解するための聞き手の自己責任を意識する欧米人の間には大きな違いがある。これが，日本人が参加するプレゼンテーションにおいて，さまざまな意思疎通の失敗や誤解を生むのである。
それゆえ，日本人は英語が得意でないことを謝るべきではないのだ。日本人ははっきりと自分の言いたいことから話し始めればいい。

No.2 の解説　内容把握（他人との間隔）　→問題はP.168　正答 2

STEP❶　出題形式の確認

内容把握の問題である。

STEP❷　選択肢から内容を予想する

選択肢を見ると，鴨川に集まるカップルの実態について論じた文章だと予想ができる。

STEP❸　本文を読む

出典は，井上一馬『通勤快速 ―私たち自身の話―』である。

導入として，第１・２段落で，鴨川に地元のカップルが集まるという**現象**について述べ，第３段落でそれについて推測される**理由**について書かれている。そして，第４・５・６段落では具体的にその現象について**説明**があり，第７・８段落では，その現象を研究しているグループの**観察結果**がまとめられているという構成になっている。

単語も平易で具体的に書かれた文章なので，比較的容易に正答が導けるだろう。

STEP❹　選択肢を選ぶ

1 ×　観光客を魅了するスポットであるとは書かれているが，「最も」とは書かれていない。また，地元の若いカップル（local young couples）に人気がある場所である。

2 ◎　正しい。第３段落に２つの意見が述べられている。

3 ×　第５段落に「many in their teens」とあるように，多くが十代の若者である。

4 ×　「騒がしさを避けるため」ではなく，「the glow of area's neon lights」とあるように，夜景を見に来ているのである。

5 ×　間隔が５メートル以上あると新しいカップルが座り，両サイドが「about two meters」になるとある。

全　訳

古都，京都の中心を流れる鴨川は，多くの観光客を魅了しているが，その川原は一緒に時間を過ごす地元カップルたちの人気の場所である。
そうしたカップルは興味深い現象を示している――彼らは，隣のカップルとの間隔が２メートルになるように規則正しく座っているのである。
この現象はすでに地元市民たちの間ではよく知られており，これは，お互いに近づき過ぎず，離れ過ぎずという今日の若者世代の社会との「バランス感覚」に根ざしているものだと理論化する人もいる。また，これは他人のことには構わないために，他人との距離を一定に保つという典型的な京都人気質であるという人もいる。

この現象は三条大橋から四条大橋までの約1.1キロメートルに及ぶ川岸の西方で見られる。特に，平日の天気のよい午後５時ごろ，80から100組のカップルが川岸に沿って集まっている。

これらのカップルの多くはかなり若く，多くが十代である。なぜ，鴨川の川原に来るのか聞くと17歳の男子高校生は，そのスポットは京都の下町の中心にあり，ネオンの明かりの夜景があると安心感が持てるのだと答えた。

21歳の女子学生は，その地域のすばらしい景色に言及し，カップルで来ると，彼女も彼もまるで彼らがちょうどそこに納まっているかのように感じるからだと言った。

学生たちのグループと一緒にある助教授が鴨川の川原に座るカップルの実地調査をしている。彼らは，合計3000組のカップルを観察し，彼らの隣との間隔を計測している。

彼らは，もし，２つのカップルの間が５メートル以上あると，ほかのカップルが来て，ちょうど真ん中に座ることを発見した。もし間隔が５メートル以下だと新しく来たカップルは通り過ぎてほかに座るところを探すことになる。新しく来たカップルが５メートルの空きに座ると，新しい間隔はそれぞれの側で約２メートルになるのである。

No.3の解説 内容把握（言語を学ぶこと）

→問題はP.169 正答2

STEP❶ 出題形式の確認

出題形式は内容把握である。

STEP❷ 選択肢から内容を予想する

選択肢を見ると，日本語学習についての筆者の体験談だと予想できる。

STEP❸ 本文を読む

出典は，Samantha Loong “On yer bike” である。

筆者が久しぶりに日本語で生活することを**自転車に乗ることにたとえた**エッセイである。自転車に乗るときには，乗っている人だけでなく，周りの人も協力も必要であると述べ，筆者がコミュニケーションを取るときに協力してくれた３人の例を挙げている。

STEP❹ 選択肢を選ぶ

1× 自転車に乗るというのは，外国語でコミュニケーションを取るときのたとえであり，実際に自転車に乗るわけではない。

2◎ 正しい。第３段落に書かれた内容である。

3× たいていの店員は，前と変わらない速さで繰り返したとある。また，ウェイトレスは説明に指を使ったとある。

4× 「私の住んでいる建物のほかの外国人と練習した」とあるだけで，会社で説明のしかたを練習する機会があるという記述はない。

5× 「自分の努力以上」という記述はない。お互いの努力が必要なのである。

全訳

私が日本語で日常生活を送るのは４年ぶりだ。私はこのことに少し神経質になっていたが，みんなは心配することはないと言ってくれた。「自転車に乗るようなものだよ」と彼らは言った。「すべて元通りになるよ」。

それは，自転車―ちょっとさびついている自転車に乗っているようだということを私は認めなければならない。ギアはちょっと固くなって，タイヤは少し空気が抜け，だから，かつて慣れていたものより，すべてがかなりゆっくり動くのである。ベルは前ほど大きな音では鳴らないし，そのため，言語的にぶつかりそうになっても人々に警告するのが難しくなっている。それにシートはしばらく調整されていないので，まったく快適というわけにはいかない。しかし，ときおり思ったより長くかかったとしても，私の日本語自転車はまだ，A地点からB地点までには連れていってくれる。

ほかの通勤者や歩行者が通る場所を空けてくれることも大変助かる。私が理解できるように話し方を変えなければならない場面で，この小さな町の多くの人々が動転しないでいてくれることにとても感謝している。

１人目はウェイトレスであった。彼女が「どちらになさいますか？」と質問したのに，私は最初「はい，お願いします」と答えてしまった後，彼女は簡単に言ったことを繰り返し，２つの選択肢があることを指を使って示してくれた。これは当たり前のことに思えるかもしれないが，私が出会った多くのサービススタッフはただ言ったことを繰り返すだけだったし，前と変わらない，私が理解できない速さで言うのである。

２人目の素晴らしいコミュニケーターは，電気店の女性店員であった。彼女はインターネットをセットアップする方法について説明してくれたとき，図を描いてくれ，簡単な日本語の箇条書きで説明してくれた。

３人目は最も難しい仕事をしてくれた。英語であっても，保険の適用範囲を説明し理解させるのは悪夢のようだ。しかし，この紳士は私がどのような状況で何がどのくらいの期間カバーされているのか確実に理解できるように，身振りと簡単な日本語を使ってくれた。私はとてもありがたく思ったので，彼になんてすばらしいのかと伝えた。彼は安堵して，彼の住んでいる建物のほかの外国人と練習をしたと言った。そして，どのくらいずっとひどく汗をかいていたのかを明かしてくれた。

コミュニケーションとは自転車に乗るようなもので，お互いの努力が必要である。他の人が道を空けてくれたり，お互いに注意したり，必要なときは理解してくれたり助け合ったりすれば，旅は快適なものになる。概して，言語を学ぶことは本当に自転車に乗ることと似ている。よろめくかもしれない。みんなの前でぶつかるかもしれない。こぶができたり，打ち身になったりするかもしれない。しかし，最終的にはやはり前に進めるようになるのである。

No.4 の解説　内容把握（日米の結婚式の違い）

→問題はP.170 正答4

STEP❶　出題形式の確認

内容把握の問題である。

STEP❷　選択肢から内容を予想する

選択肢を見ると，アメリカと日本の結婚式の違いについて述べた文章だと予想できる。

STEP❸　本文を読む

出典は，Kay Hetherly：鈴木香織“A Taste of Japan”である。

第1段落で問題提起をし，第2・第3段落で日米の**違い**を述べ，第4段落であるアメリカ人家族の結婚式について**具体例**を挙げている。日米のどちらの結婚式について述べたものか整理して問題を解くことが大切である。

STEP❹　選択肢を選ぶ

1 ×　第2段落にある内容だが，「日本」と「アメリカ」の記述が逆である。

2 ×　第3段落にある内容だが，「日本」と「アメリカ」の記述が逆である。

3 ×　第3段落に日本人にとっての結婚式は夫婦だけのものではなく，家族どうしのものだとある。

4 ◎　正しい。第4段落にある内容である。

5 ×　第4段落に父親と長男の仲はとてもよかった（very close）とある。

全　訳

結婚式を通じて文化について何かわかることがあるだろうか？　文化人類学者なら私よりこの問いに対してうまく答えてくれることは確かだが，私はアメリカと日本の結婚式の興味深い違いについて目にしてきた。

1つ目の違いは，日本人とアメリカ人の「結婚式」という言葉の使い方である。アメリカ英語では結婚式といえば結婚の儀式のことであり。その後に続くパーティーはレセプションという。結婚式の招待といえば，アメリカでは通常その両方に招くものだが，日本ではレセプションのみ招待するのが一般的である。

だから，典型的なアメリカの結婚式は日本のものよりずっと公のものである。日本の結婚式は基本的に内輪のものである。日本人にとって結婚とは家族どうしの結婚であって，夫婦だけのものではなく，おそらく結婚式を内輪にすることはこの考えをより強固なものにしているとよくいわれる。結局，内と外という伝統的な概念はいまだ日本の社会で根強いのである。

アメリカでは，時には家族が結婚式に招待されないことがある。友達は普通に招待されていてもである。テキサス在住の友人は，彼の長男はハワイで結婚したが，自分は結婚式に行かなかったと言っていた。息子夫婦は数人の友人は招待したが，家族はだれも招待しなかった。驚いたことに，その父親と息子はとても仲がよかったのだ。彼は行きたかったと言っているが，結婚式は本当に夫婦のものだと納得したのだ。

No.5の解説　内容把握（日本語における「仕方」）

→問題はP.171　正答1

STEP❶　出題形式の確認

内容把握の問題である。

STEP❷　選択肢から内容を予想する

選択肢を見ると，日本語における「仕方」について論じた文章だとわかる。

STEP❸　本文を読む

出典は，Boye Lafayette De mente “Kata The Key to Understanding & Dealing with the Japanense！” である。日本語における「仕方」について，語源，用法，日本人の思想への影響と発展する内容となっている。

STEP❹　選択肢を選ぶ

1◎　正しい。第6段落目に書かれた内容である。

2×　日本語のさまざまな「方」について，それがどれほど世界で知られているかについての記述はない。

3×　「日本には真の哲学はなく，形式があるのみである」という引用はされているので選択肢前半は正しいが，行動の背景にある哲学について「学ぶべき」という記述はない。

4×　「あるいは何かの理由で必要な努力をしたくないとき」にも「仕方がない」と口にすると述べられている。

5×　目上の人を支え，あるいは仕えるとあるので，目上の人を助けるという意味が含まれていなかったとはいえない。

全訳

「仕方」は，日本語で最もよく使われ，最も重要な言葉の一つである。これは，「物事のやり方」を意味し，プロセスの形式や順序に特に主眼が置かれる。「仕」の語源は，目下の者が目上の者を支え，あるいは仕えるという意味で，「支える」と「仕える」の複合である。「方」は，それ自体で通常「form（形式）」と訳される。

「方」のより一般的な用法には「読み方」「食べ方」「書き方」「考え方」「生き方」といったものがある。

ほかにもたくさんの「方」がある。事実，日本人の思想や行動で，1つないし複数の「方」に直接影響を受けていないものはほとんどない。

日本語の文脈で使われるとき，この「仕方」の概念には，単に何かするという機械的なプロセス以上のものが含まれている。さらに，宇宙の物理的および超自然的な法則までも併せ持っている。それは形式と順序の両方において物事が本来なされるべき方法を意味し，それは社会と宇宙の調和を表現し維持する手段として定まっているのである。

「仕方」が存在しないということは，日本人にはありえないことといってよく，それは，形式も順序もない，非現実の世界を意味することになるのだ。日常生活のレベルで日本人が何か変えられないもの，また制御できないものに直面したとき（また何らかの理由で必要な努力をしたくないとき），日本人は「仕方がない」というのだ。つまり，まったく望みがないことであり，それゆえ，やってみる意味さえないということだ。

日本人は歴史の初期段階で，形式には独自の実体があり，しばしばそれは物質よりも先行するという信念を持つようになった。同時に彼らは，正しい「方」の実践が十分な期間，精神的にも肉体的にも行われれば，何事も成し得るという信念を抱いた。

「日本には真の哲学はなく，形式があるのみである」と，ある日本の神話学者は述べている。だが，それに加えて彼は，ほとんどの日本人が今日，自分たちの「方」にはまった行動の多くにある背景というものを知らないと述べている。

No.6 の解説　内容把握（ウーリーライノセロス）

→問題はP.172　正答3

STEP❶　出題形式の確認

出題形式は内容把握である。

STEP❷　選択肢から内容を予想する

選択肢を見ると，氷河期に生息していたと思われるウーリーライノセロスについての文章だと予想できる。

STEP❸　本文を読む

出典は，Sindya N. Bhanoo "Ancient Woolly Rhino Points Himalayas" である。ウーリーライノセロスの発掘の**結果**とそれについての**推論**を整理して，選択肢と照らし合わせるとよい。

STEP❹　選択肢を選ぶ

1× 第1段落にあるように，これまで発掘されていた氷河期のヨーロッパ・アジアのものより，100万年以上前に生息していたウーリーライノセロスがヒマラヤ山脈で発掘された。また，「マンモス」についての言及はない。

2× 第5段落にあるように，発見されたのは頭蓋骨や首の小片，脚の骨である。

3◎ 第4段落に「they were adapted to cold climate and high altitude.」とある。

4× 体全体の化石ではなく，完全な頭蓋骨である。また，「氷河期における新種の大型動物として学会に認められた」という記述はない。

5× ウーリーライノセロスが「氷河期の到来を察知して」逃れたという記述はない。また，「新たな研究が進められている」という記述もない。

全　訳

ヒマラヤ山脈の調査チームは，氷河期のヨーロッパやアジアに生息していたものよりさらに100万年以上前に生息していたと思われるウーリーライノセロスを発見した。

現在のチベットにあるザンダ盆地として知られる地域でのこの発見は，「サイエンス」誌の最新号に掲載されている。それによるとウーリーライノセロスや他の氷河期の大型ホ乳類は，ヒマラヤ山脈に起源を持つかもしれないのだ。

ウーリーライノセロスの起源は360万年前にさかのぼる。

「これまでは，氷河期の大型動物がどこからやってきたのかは，わからなかった。それが今では，少なくともその一部はおそらくチベットからやってきたということがわかる」とこの研究の著者であるロサンゼルス郡自然史博物館のXiaoming　Wang博士は言った。

「氷河期がやってきたとき，それらはもともと競争優位な立場にあった。それらは寒い気候と高地に適応していたのだ」。

Wang博士と彼の共同研究者は，ウーリーライノセロスのまったく完全な頭蓋骨と，首の小片と何本かの脚の骨を発掘した。

ウーリーライノセロスはおそらく，体温を保つための長い毛と雪をかき分けるための平らな角を持っていたであろう。

ウーリーライノセロスに加えて，Wang博士と共同研究者は古代のユキヒョウ，足の指が３本の馬，羊，アナグマの他に23種類のホ乳類の化石を発見している。

氷河期の大型ホ乳類の起源については，これまであまり研究されてこなかった。北極に起源があるという説を説いた研究者もいた。だが，新たに見つかった化石からは別のストーリーが考えられるのだ。

「チベットを氷河期の揺りかご，少なくとも氷河期の大型動物の揺りかごと呼んでもよい」とWang博士は言った。

No.7 の解説　内容把握（乾燥林）

→問題はP.173 **正答3**

STEP❶　出題形式の確認

内容把握の問題である。

STEP❷　選択肢から内容を予想する

選択肢を見ると，乾燥林の保護についての文章だと予想できる。

STEP❸　本文を読む

出典は，『Asahi Weekly』July 25, 2004である。

第１段落で熱帯乾燥林の**認知度**，第２段落で**現状**，中略以降で**取組み**について述べられている。細かいところが問われているので，段落に区切って**線を引いたり印をつけたり**して，どこに何が書かれているかすぐに確認できるようにするとよい。

STEP❹　選択肢を選ぶ

1 ×　「only 0.08 percent is protected within national parks or reserves.（たった0.08パーセントしか国立公園や指定保護地区の中で守られていない）」とあり，「数十年後にはたったの0.08パーセントしか残らない」とはいっていない。

2 ×　「They're almost too small to be seen on a map（それらはほとんど地図で表示するにはあまりに小さい）」とあるが，それが「人々の乾燥林の危機に対する認識の低さにつながっている」とまでは明言していない。

3 ◎　正しい。「Because dry forests are found mainly in poor countries where population growth is rampant……」とある。

4 ×　選択肢にあるような「ラテンアメリカ諸国特有の激しい降雨」「土砂災害」といった記述は本文中に見られない。

5 ×　もとに戻すのであるから，「外来種の樹木を植え」るとはいえない。

全 訳

伝統的に，地球保護団体は熱帯雨林を「保護」することに関心を寄せてきた。そしてその結果，絶滅の危機に瀕しているということを知らないどころか，われわれの多くは熱帯乾燥林の話すら聞いたことがない事態に陥ってしまった。

多くの熱帯エコロジストはラテンアメリカの乾燥林は熱帯雨林より深刻な被害を受けていることに同意するであろう。ほとんど残っていないその中で，たった0.08パーセントしか国立公園や指定保護地区の中で守られていない。「それらは，ほとんどが地図で表示するにはあまりに小さい」とエクアドルのグアヤキル近くのCerro Blanco保護林指定地区の代表Eric Von Horstmanは言う。「そして，それらの小さなかけらを保護するのは，非常に困難な試練である」。乾燥林の多くは，人口増加が著しく貧しい国にあるので，そこでは人々は増えすぎてしまった家族を養うために，もっと土地を必要としているのである。多くの乾燥林は，ハンター，木こり，木を焼き倒すために放火する人たちの絶え間ない攻撃にさらされている。

《中　略》

Horstmanは政府，地方のコミュニティーそして個人的協力者と密接に活動しており，なぜ残りわずかなものを守るだけでなく，実際にそのいくらかをもとに戻すことが重要なのか人々が理解するのを手伝っている。「森なしでは地下水位は急激に下がってしまい，それが暑く，乾燥した気候という，農業で生計を立てている人にとって恐ろしい結果を招くかもしれないのだ」。

乾燥林エコロジストたちは，保護された地区は広がりつつあるが，将来自活するに足る大きさではないということに同意している。「まさにこの生育地を救うために」，乾燥林復元の世界第一人者であるDaniel Janzen博士は言う。「われわれはまだ残っているものを守る必要があるだけでなく，いくらかの土地をもとに戻さなければならなくなるだろう」。

乾燥林保護地区を見つければいつでも，小さな木が植えられている区域を普通に見つけるようになるだろう。それは，森をいくらか以前の形に回復させる努力のうちになされたものである。懸命な取組みと地域のサポートによって，HorstmanやJanzenのような保護の先駆者が今までは決してなされなかった試みをしている。つまり，彼らは呼び戻しているのである。単に一つの種だけでなく，まさに絶滅の危機から熱帯の生育地全体を。

実戦問題❷ 応用レベル

**
No.8 次の文の内容と合致するものとして最も妥当なのはどれか。

【国家一般職・平成18年度】

When people of different points of view get together, they question each other's way of doing things and habits of thought. From this collision of different ways of looking at the world come new ideas — creativity. But what kind of diversity is most important for ensuring creativity? Researchers at Northwestern University set out to answer that question.

《中　略》

The scientists sought to compare successful teams with less successful ones, and figure out exactly how they differed in composition. They focused on a few academic fields, defining successful teams as those whose papers were most frequently cited. They also looked at the annals[*1] of Broadway musicals over the past century and studied how the mix of composers, lyricists[*2], directors and so forth correlated with the success of the production, measured in terms of the number of weeks a production ran before closing.

What they found was that the most successful teams did two things right. First, they attracted a mixture of experienced people and those who were newcomers to whichever field they were in. That's not surprising — the need for fresh blood has long been recognized as an important ingredient in success. The second criterion, though, was far less obvious. What successful teams had in common was at least a few experienced members who had never collaborated with each other. "People have a tendency to want to work with their friends — people they've worked with before," says Luis Amaral, a physicist at Northwestern and a coauthor. "That's exactly the wrong thing to do."

《中　略》

One of the interesting things about this study is that it helps makes sense of the macro notion that relationships among innovators in an industry are an important ingredient in success. Studies have shown that part of the reason Silicon Valley is so good at spawning new companies is that there's such an extended network of people who worked together earlier in their careers. In Boston's Route 128 beltway, by contrast, networks are more "clumpy" — people tend to work with the same people, who in turn tend to be isolated from their counterparts at other companies.

［注］[*1] annals：年代記，年史，記録　[*2] lyricist：叙情詩人，作詞家

1 創造的な仕事をした組織では，少なくとも何人かの，それまで共同して仕事をしたことがない経験豊かなメンバーがいた。

2 成功している企業では，創造性が重視され，職員から提案された新しいアイデアが積極的に業務に生かされている。

3 ブロードウェイで成功したミュージカルでは，作曲家，作詞家，監督にいずれも経験豊富な者を採用していた。

4 シリコンバレーでもボストンの128号線沿いでも，同業種の企業間で人材の交流が盛んに行われている。

5 学術分野では著名な学会誌にその論文が引用されたこと，文芸分野ではブロードウェイで公演されたことが，成功したチームの基準として設定された。

No.9 ** 次の文の内容と合致するものとして最も妥当なのはどれか。

【国家一般職・平成29年度】

The share of people living in poverty around the world has dropped in the past three decades, but over a quarter of the world's population still doesn't earn enough to have reliable access to food. And a billion people are extremely poor, earning less than $1.25 a day.

That's according to the United Nations' Food and Agriculture Organization's (FAO) 2015 State of Food and Agriculture report. The report finds marked improvements in some areas — including parts of Asia, where urbanization and economic growth have been significant in recent decades. But it also shows that poverty persists across the developing world, and sub-Saharan Africa, where almost half the population is extremely poor, continues to struggle.

《中　略》

The Zambia Child Grant program is one example of successful social assistance. In areas with the highest rates of extreme poverty and child mortality, the program gives money to households with children under five years old. This measure has improved food security throughout the country, since beneficiaries have expanded agricultural production on their lands.

Targeting rural areas for social protections is strategic, since most of the world's poor live in rural areas where a majority of people work in agriculture. The poor rely on agriculture for their livelihoods and spend a large portion of their incomes on food, says FAO economist André Croppenstedt. That's why investing in agriculture is key to addressing poverty and hunger.

Other economic growth spurs agricultural development, too, Croppenstedt says. As incomes and food demand rise in rapidly growing cities, so too does agricultural productivity. More infrastructure investments in rural areas help improve output too.

1 貧困で苦しむ人々の割合は，過去30年で急増しており，世界のおよそ４分の１以上の国において，十分な食料を買うための収入がない人々に対する支援が課題となっている。

2 2015年の国連食糧農業機関（FAO）報告書によれば，現在，急激な経済成長に伴う所得格差が広がっているアジアや，発展途上国のサハラ以南のアフリカにおいて，貧困層が拡大している。

3 ザンビアでは，５歳以下の子供が住む農家に対し，子供の養育係を雇用するための手当を支給したことで，農家が農業に専念できるようになり，農業生産性が向上した。

4 世界の貧困層の多くは，人々の大半が農業に従事している地域に住んでいるため，農村を支援することが重要であり，農業への投資は貧困対策や飢餓対策への鍵となる。

5 農村を発展させ，貧困をなくすためには，公共事業を行うことによって農村に住む人々の収入を向上させ，農村の人口を増加させることが重要である。

No.10 ＊＊ **次の文の内容と合致するものとして最も妥当なのはどれか。**

【国家総合職・平成29年度】

Today's teams are different from the teams of the past : They're far more diverse, dispersed, digital, and dynamic. But while teams face new hurdles, their success still hinges on a core set of fundamentals for group collaboration.

The basics of team effectiveness were identified by J. Richard Hackman, a pioneer in the field of organizational behavior who began studying teams in the 1970s. In more than 40 years of research, he uncovered a groundbreaking insight : What matters most to collaboration is not the personalities, attitudes, or behavioral styles of team members. Instead, what teams need to thrive are certain "enabling conditions." In our own studies, we've found that three of Hackman's conditions —— a compelling direction, a strong structure, and a supportive context —— continue to be particularly critical to team success. In fact, today those three requirements demand more attention than ever. But we've also seen that modern teams are vulnerable to two corrosive problems —— "us versus them" thinking and incomplete information. Overcoming those pitfalls requires a fourth critical condition : a shared mindset.

The key takeaway for leaders is this : Though teams face an increasingly complicated set of challenges, a relatively small number of factors have an outsized impact on their success. Managers can achieve big returns if they understand what those factors are and focus on getting them right.

《中　略》

Together the four enabling conditions form a recipe for building an effective team from scratch. But even if you inherit an existing team, you can set the stage for its success by focusing on the four fundamentals.

How will you know if your efforts are working ? Hackman proposed evaluating team effectiveness on three criteria : output, collaborative ability, and members' individual development. We have found that these criteria apply as well as ever and advise that leaders use them to calibrate their teams over time. The ideal approach combines regular light-touch monitoring for preventive maintenance and less frequent but deeper checks when problems arise.

1　今日のチームは，過去に比べ多様化し，直面する課題も複雑化しており，チームが新たな困難を乗り越えられるかどうかは，チームのメンバーの性格や行動様式にかかっている。

2　Hackman の３つの条件は，チームの成功を特に決定づけるものだが，現代のチームの弱点を克服するには，これらに加え，チームで共有された物の見方が必要である。

3　現代では相対的に多くの要素がチームの成功に影響しており，そのうち何が重要であるかを理解し，それ以外の要素を排除することで，管理者は大きな成果を達成できる。

4　チームの成功を可能にする条件は，寄せ集めのメンバーから作るチームには適用できるが，既存のチームを継承した場合には適用が困難である。

5　チームの有効性を評価する指標として，成果物，効率性，メンバーの個人の成長が挙げられ，管理者が自分のチームを評価するための新たな手法として注目されている。

No.11 次の文の内容と合致するものとして最も妥当なのはどれか。

【国家専門職・令和２年度】

According to conventional wisdom, highly successful people have three things in common: motivation, ability, and opportunity. If we want to succeed, we need a combination of hard work, talent, and luck. The story of Danny Shader and David Hornik highlights a fourth ingredient, one that's critical but often neglected: success depends heavily on how we approach our interactions with other people. Every time we interact with another person at work, we have a choice to make: do we try to claim as much value as we can, or contribute value without worrying about what we receive in return ?

As an organizational psychologist and Wharton professor, I've dedicated more than ten years of my professional life to studying these choices at organizations, and it turns out that they have staggering consequences for success. Over the past three decades, in a series of groundbreaking studies, social scientists have discovered that people differ dramatically in their preferences for reciprocity*—their desired mix of taking and giving. To shed some light on these preferences, let me introduce you to two kinds of people who fall at opposite ends of the reciprocity spectrum at work. I call them takers and givers.

Takers have a distinctive signature: they like to get more than they give. They tilt reciprocity in their own favor, putting their own interests ahead of others' needs. Takers believe that the world is a competitive, dog-eat-dog place.

《中　略》

If you're a taker, you help others strategically, when the benefits to you outweigh the personal costs. If you're a giver, you might use a different cost-benefit analysis: you help whenever the benefits to others exceed the personal costs. Alternatively, you might not think about the personal costs at all, helping others without expecting anything in return.

〔注〕* reciprocity：相互関係

1　大きな成功を収めるには，やる気，能力，チャンスといった要素よりも，人とどのようにかかわるかということのほうが重要だと考えられている。

2　社会学者たちは，相互関係において，どのくらい与え，どのくらい受け取るのが望ましいと考えるかは，人によってまったく異なることを発見した。

3　組織においては，同僚との競争に勝ち抜いていくことが求められ，競争において勝ち抜いた者が結果として能力が高いとみなされる傾向がある。

4　他者に与えるよりも，自分が他者からより多く受け取ろうとする人は，世の中は厳しい競争社会だと考えているだけでなく，他者に対して冷酷で非情な人間性を備えている。

5 相手からの見返りを期待することなく他者を助ける人は，自分自身の道徳的な価値観や宗教心に基づいて，どのように行動するかを決定している。

＊＊＊
No.12 次の文の内容と合致するものとして最も妥当なのはどれか。

【国家総合職・令和２年度】

An international team of scientists has developed a diet it says can improve health while ensuring sustainable food production to reduce further damage to the planet. The "planetary health diet" is based on cutting red meat and sugar consumption in half and upping intake of fruits, vegetables and nuts. And it can prevent up to 11.6 million premature deaths without harming the planet, says the report published Wednesday in the medical journal *The Lancet*. The authors warn that a global change in diet and food production is needed as 3 billion people across the world are malnourished — which includes those who are under and overnourished — and food production is overstepping environmental targets, driving climate change, biodiversity loss and pollution.

《中　略》

The diet breaks down the optimal daily intake of whole grains, starchy vegetables, fruit, dairy, protein, fats and sugars, representing a daily total calorie intake of 2,500. They recognize the difficulty of the task, which will need "substantial" dietary shifts on a global level, needing the consumption of foods such as red meat and sugar to decrease by more than 50%. In turn, consumption of nuts, fruits, vegetables, and legumes must increase more than two-fold, the report says. The diet advises people consume 2,500 calories per day, which is slightly more than what people are eating today, said Dr. Walter Willett, lead author of the paper and a professor of epidemiology and nutrition at the Harvard T.H. Chan school of public health. People should eat a "variety of plant-based foods, low amounts of animal-based foods, unsaturated rather than saturated fats, and few refined grains, highly processed foods and added sugars," he said.

Regional differences are also important to note. For example, countries in North America eat almost 6.5 times the recommended amount of red meat, while countries in South Asia eat 1.5 times the required amount of starchy vegetables. "Almost all of the regions in the world are exceeding quite substantially" the recommended levels of red meat, Willett said.

The health and environmental benefits of dietary changes like these are known, "but, until now, the challenge of attaining healthy diets from a sustainable food system has been hampered by a lack of science-based guidelines, said Howard Frumkin, Head of UK biomedical research charity The Wellcome Trust's Our Planet Our Health program. The Wellcome Trust funded the research. "It provides governments, producers and individuals with an evidence-based starting point to work together to transform our food systems and cultures," he said.

1 健康のために減量が必要な人が世界中に多数存在しており，肉類，糖類，イモ類の摂取量を減らすことで，1千万人以上の人々の寿命が劇的に延びると予想されている。

2 現在の農業生産は，生物多様性の喪失や環境汚染を助長するおそれがあるため，世界の人々の食生活を変えるとともに，地球環境を守るために農薬や肥料の使用を制限すべきである。

3 世界の人々が健康的で地球環境にやさしい食生活を送るためには，摂取量を減らすべき品目もあるが，全世界的にみると，現在よりも多めにカロリーを摂取する必要がある。

4 北米の人々が健康的な食生活を送るためには，南アジアの人々の食生活にならい，肉類の摂取量を半減させるとともに，野菜の摂取量を1.5倍に増やす必要がある。

5 持続可能で健康的な食生活への転換は，資金不足やガイドラインの欠如により停滞しているため，まず政府や生産者などの関係者が集まり，ガイドラインを策定することから始めるべきである。

＊＊

No.13 次の文の内容と合致するものとして最も妥当なのはどれか。

【国家一般職・令和５年度】

Since 2010, numerous public health efforts have been implemented to reduce rates of childhood obesity[*1], including Michelle Obama's Let's Move campaign and the Healthy, Hunger-Free Kids Act. Despite these efforts, rates of childhood obesity have increased, a sign that these actions may not be as beneficial as people assume, said Solveig Argeseanu Cunningham, associate professor of global health and epidemiology[*2] at Emory University.

Experts believe that lowering rates of childhood obesity may come down to public policy, such as improving school nutrition packages and expanding the Supplemental Nutrition Assistance Program.

"Those types of policy changes, there's some evidence that they reduce food insecurity, improve nutrition, and can improve child weight outcomes together in an equitable way," said Dr. Jennifer Woo Baidal, the director of the Pediatric Obesity Initiative at Columbia University.

However, since socioeconomic status was not a major predictor of childhood obesity, policy changes may not be enough on their own, said Dr. Venkat Narayan, the executive director of the Global Diabetes Research Center at Emory. More organized research is needed to find the factors leading to increased rates and earlier onsets of childhood obesity, as well as finding strategies to effectively prevent obesity from becoming more "severe," he added.

"Other countries keep large registries and databases, where they can have this timely surveillance[*3] of what is happening over time with individuals," Baidal said. "It's just another sign of the lack of investment in child health and obesity prevention in the United States."

［注］[*1] obesity：肥満　[*2] epidemiology：疫学，流行病学　[*3] surveillance：監視

1 小児期の肥満の割合を減らすため多くの取組みが実施されており，2010年と比較すると，現在のほうが実施される取組みの効果が高いことが示されている。

2 Cunningham氏は，Emory大学において小児期の肥満の実験を行った結果，子供本人が減量の努力をしても，期待どおりの効果が得られない傾向があることを指摘している。

3 専門家たちは，学校での肥満対策のみでは効果が限られていると確信しており，国レベルで肥満対策に取り組むための新たな法整備を推奨している。

4 Narayan氏は，より「重度」の肥満の子供から優先的に，効果的な治療を開始することの必要性を指摘している。

5 Baidal氏は，他国では大規模なデータベースがあることを挙げ，米国において子供の健康や肥満の予防に対する投資が不十分であることを指摘している。

＊＊ No.14　次の文の内容と合致するものとして最も妥当なのはどれか。

【国家専門職・平成29年度】

From bug eyes to aquiline noses[*1], square jaws to chin dimples, no two faces are alike. That diversity may have evolved to make it easier to recognize other people, researchers reported.

The shape and configuration of a human face are much more variable, compared with other body parts, the study found. What's more, genes that have been linked to face structure vary more than DNA in other regions of the body. This suggests that the forces of evolution have selected for facial diversity, perhaps to make individuals more recognizable to other people, the researchers say. "An individual may actually benefit from having a unique face," says lead investigator Michael Sheehan, a postdoctoral fellow at the University of California, Berkeley. "It's like evolving a name tag."

There are many situations in which it might be evolutionarily costly to be confused with another person, Sheehan notes, such as if an enraged neighbor mistakes you for their enemy. "Or maybe you've done something fantastic and someone wants to give you a reward, but they give it to someone else instead," Sheehan notes. "Being cryptic could be harmful."

That seems to be true for the paper wasp*2, Polistes fuscatus, a species that is "phenomenally diverse in their color patterning," Sheehan says. In 2011 his team reported that these highly social insects rely on their distinctive face and body patterns to recognize each other, which helps them keep track of who's who in the wasp hierarchy.

In the new study, published today in Nature Communications, Sheehan and his colleagues analyzed a U.S. Army database that includes dozens of face and body measurements for thousands of its service members, from the distance between pupils to the length of the calf. Sheehan's team found that most body parts are internally consistent: If a person's hand is wide, it's usually long, too. Face parts, in contrast, are not predictable.

［注］*1 aquiline nose：ワシ鼻　*2 paper wasp：アシナガバチ

1　進化の過程における人の体の変化は，遺伝的な要因に限らず，生まれ育った地域の気候やその地域における食文化などの環境的な要因が大きく影響している。

2　人の顔は，時代が進むにつれて，ますます似通ったものになってきているため，今後もより類似していくと予想される。

3　自分が他人の顔を容易に識別できないことは，他人から自分の顔を容易に識別されないこと以上に，その人自身にとって不利益となる。

4　ある研究によって，一部の高度に社会化された昆虫は，顔を識別することはできないが，他の個体が自分にとって敵かどうかを識別するための方法を持っていることが明らかとなった。

5　ある人の手の幅が広ければ，その長さも長いように，ほとんどの体の部位には，内部的な一貫性があるが，顔の部位については，予測不可能であるとの研究結果が出た。

実戦問題2の解説

No.8 の解説　内容把握（仕事のメンバー構成）　→問題はP.184　正答 1

STEP❶　出題形式の確認

出題形式は内容把握である。

STEP❷　選択肢から内容を予想する

選択肢を見ると，創造的な仕事を成功させるにはどうしたらいいかについて，いくつかの業種について書かれた文章だと予想できる。

STEP❸　本文を読む

出典は，"True Teamwork"（Newsweek　May 9, 2005）である。

第１段落で創造性を確保するうえで最も必要なものは何か？という**問題提起**をし，第２段落で調査の際の**分析方法**，**定義**などを挙げ，第３段落で**分析結果**を述べ，第４段落で結論としてシリコンバレーなどの**例**を挙げている。

STEP❹　選択肢を選ぶ

1 ◎　正しい。第３段落の調査結果の２番目に書かれた内容である。

2 ×　本文では，成功チームのメンバー構成について議論されているだけで，新しいアイデアを生かしているかどうかは議論されていない。

3 ×　第３段落に「they attracted a mixture of experienced people and those who were newcomers to whichever field they were in」とあり，「作曲家，作詞家，監督にいずれも経験豊富な者を採用した」のではなく，「その分野の専門家ではない人が混じっていた」としている。

4 ×　第４段落後半にあるように，ボストン128号沿いでは「people tend to work with the same people」であるので，人材の交流が盛んとはいえない。

5 ×　第２段落にあるように，学術分野では論文の引用件数，ブロードウェイでは上演週の多さを成功したチームの基準としている。

全　訳

視点が異なる人が集まると，互いの行動や考え方について疑問を持つものだ。このようにさまざまな世界観がぶつかり合うことによって，新しいアイデア，すなわち創造性は生まれる。では，創造性を確保するうえで最も重要な多様性とはどのようなものだろうか。ノースウェスタン大学の研究者は，この質問に対する答えを見つけ出そうとした。

《中　略》

研究者は，成功を収めたチームとそうではないチームを比較し，メンバー構成がどのように異なっているのかを解明しようとした。いくつかの学術分野に焦点を絞り，論文の引用件数が最も多いチームを「成功を収めたチーム」と定義した。また，ブロードウェイ・ミュージカルの記録も過去１世紀にわたり調査し，作曲家，作詞家，監督などの構成が，公演の成功にどのように関連しているのか，上演週で測った。

その結果，最も成功を収めたチームは的を射た２つのことをしていた。１つは，経験豊富なメンバーと，それまでその分野に携わったことのないメンバーを混ぜて採用していたことである。成功の重要な要素として新メンバーが必要であることは以前からわかっていたことであるから，これは驚くべきことではない。しかし，２つ目の基準はそれほど明らかにされてはいなかった。成功したメンバーに共通していたのは，少なくとも数名，それまでお互い共同で仕事をしたことがない経験豊富なメンバーがいたことである。「人はたいてい，友達，すなわち以前に働いたことがある人と一緒に仕事をしたがる傾向がある」と，ノースウェスタン大学の物理学者で共同研究者のルイス・アマラルはいっている。「これこそが間違っているのだ。」

《中　略》

この研究の興味深い点の一つは，ある業界における革新者どうしの関係性が成功の重要な要素となるというマクロ的な概念を理解するうえで役立つということである。研究結果は，シリコンバレーが新興企業を生み出すことに長けている理由の一つは，職歴の浅いうちに一緒に働いていた人々の大きなネットワークが存在するという点を示している。これに対して，ボストンの128号道路沿いではネットワークはより「かたまっている」。人々は同じ相手と働く傾向があり，そして，他企業の同じ立場の人々から孤立してしまいがちであるというのである。

No.9 の解説　内容把握（世界の貧困）

→問題はP.185 **正答4**

STEP❶　出題形式の確認

本問は内容把握の問題である。

STEP❷　選択肢から内容を予想する

選択肢を見ると，世界の貧困とその対策についての内容だと予想できる。

STEP❸　本文を読む

出典は，“Four Charts That Illustrate The Extent Of World Poverty”（NATIONAL GEOGRAPHIC）である。

第１・２段落で世界の貧困状況を述べ，第３・４・５段落でその対策について述べている。**選択肢は各段落に対応して作られている**ので，選択肢の日本語を参考に間違っている箇所を探すことができる。

STEP❹　選択肢を選ぶ

1 × 貧困で苦しむ人々の割合は，「急増」ではなく，「落ちてきている（has dropped）」とある。

2 × アジア地域は，貧困の改善がみられる地域に含まれているので，貧困は拡大していない。また，所得格差については本文の範囲では論じられていない。

3 × ザンビアの手当の支給は農家に限るとは述べられていない。また，５歳以下の子供がいる家庭にお金を支給したのであり，「子供の養育係の雇用」のためにお金を支給したわけではない。

4 ◎ 正しい。第４段落で述べられている内容である。

5 × 農業を発展させ，生産性を上げることが重要と述べているが，農村の人口増加については述べられていない。

全　訳

貧困で苦しむ人々の割合は，過去30年で下がってきているが，世界人口のおよそ４分の１以上が，まだ十分な食料を買うだけの収入がない。また，10億人が極度な貧困状態にあり，１日に1.25ドルすら稼いでいない。

これは，国連食糧農業機関（FAO）の『世界食糧農業白書2015』によるものである。報告によれば，いくつかの地域では著しい改善がみられるーそこにはアジアの諸地域が含まれ，それらは都市化や経済成長がここ数十年著しい。しかし，貧困は依然，発展途上国に残っており，サハラ以南のアフリカ諸国は，人口のほぼ半分が極度の貧困状態で，今も苦しんでいるということも報告している。

《中　略》

ザンビア子供支援プログラムは社会保障が成功した例の一つである。極度の貧困と子供の死亡率が最も高い割合の地域において，この支援プログラムは５歳以下の子供がいる世帯に対し手当を支給するものである。この対策は国中くまなく食の安全を改善させてきたが，それは受益者がその土地の農業生産を拡大しているからである。

社会保障を農業地域を対象とすることは戦略的である。それは世界の貧困層の多くが，人々の大半が農業に従事している地域に住んでいるからだ。貧困層は生計を農業に頼り，食べるために収入の大部分を使っているとFAOのエコノミストAndré Croppenstedtは言っている。農業への投資が貧困対策や飢餓対策の鍵になるのはこのためである。

ほかの経済発展も農業の開発を促すとCroppenstedtが言う。所得と食の需要が急速に発展している都市で高まるにつれて農業生産性も高まる。インフラ投資をもっと農村地帯で行えば，生産高の拡大の助けにもなる。

No.10 の解説　内容把握（チームの成功）　→問題はP.186　正答２

STEP❶　出題形式の確認

本問は内容把握の問題である。

STEP❷　選択肢から内容を予想する

「チーム」「困難」などから，チームが困難を乗り越える手段について書かれた文章だと予想ができる。

STEP❸　本文を読む

出典は，“The Secrets of Great Teamwork”(Harvard Business Review)。

チームが成功する条件としてハックマンの提案する**３つの条件**に加えて（第１・第２段落），**第４の条件**があることと（第２段落末），チームの有効性を評価する**３つの指標**を押さえられるか（第５段落）がポイントである。

STEP❹　選択肢を選ぶ

1 ×　前半部分は第３段落で述べられている内容だが，後半の「チームのメンバーの性格や態度や行動様式」については，第２段落にあるように重要とは考えられていない。

2 ◎　正しい。第２段落中ほどに「three of Hackman's condition」，第２段落末に「a fourth critical condition」についての言及がある。

3 ×　第３段落に成功に多大な影響を与えているものは，比較的少数の要因であると書かれている。

4 ×　第４段落にあるように，チームを最初から作る場合も既存のチームを継承する場合にも適用できるとある。

5 × 第５段落にあるように，有効性を評価する指標は「output, collaborative ability, and member's individual development」とあり，「collaborative ability」は効率性ではなく協調性である（効率性はefficiency）。また，これらの指標は，「新たな手法」ではなく，すでにハックマンが指摘したものである。

全　訳

今日のチームは，過去のチームとは異なっている。それは，今日のチームは過去よりもずっと多様で分散しており，またデジタル方式でダイナミックであるということだ。しかし，チームが新たなハードルに直面している一方で，彼らの成功には，今なお一連の核となるグループの共同作業の基本原則がカギとなる。

チームの有効性についての議論の基礎は，1970年代にチームの研究を始めた，組織行動論の分野における先駆者であるJ.リチャード＝ハックマンによって明らかにされた。40年を超える研究の中で，彼は革新的な洞察を示した。つまり，共同作業において最も重要なことは，チームのメンバーの性格や態度や行動様式ではない。それよりも，チームが成功するために必要なことは，一定の「可能にさせる条件」であるということだ。われわれ自身の研究においては，ハックマンが示した条件のうち３つ，すなわち揺るぎない方針，強固な組織構造，そして意欲が高まる制度は，チームの成功にとって引き続き特に必要不可欠なものであるということがわかった。実際，今日ではこれらの３つの条件をこれまで以上に重視することが求められている。しかし，私たちが同時にわかったことは，現代のチームは，２つの甚大な問題に対して脆弱であるということである。それは，「われわれ対彼ら」の二項対立的思考と不完全な情報である。これらの困難を克服するには，第４の重要な条件が必要となる。それは，チームで共有された考え方である。

リーダーが心にとどめておくべきキーポイントはこうである。すなわち，チームはますます複雑化する一連の課題に直面するが，それらの成功に多大な影響を与える要因は比較的少数なのだ。それらの要因が何かを管理者が理解し，それらにきちんと対処することにフォーカスするならば，彼らは大きな成果を達成できるだろう。

《中　略》

この可能にさせる４条件を合わせることで，効果をもたらすチームを最初から構築するための処方箋が出来上がる。だが，既存のチームを引き継いだ場合でも，４つの基本原則にフォーカスすることでチームの成功をお膳立てすることはできる。

自分の努力がきちんと機能しているかは，どのようにしてわかるのだろうか。ハックマンはチームの有効性を評価する３つの指標を提唱した。それは，成果物，協調性，そしてメンバー個人の成長だ。私たちは，これらの指標が今まで同様に妥当なものであると知り，折に触れてリーダーがチームの調整に活用することを推奨している。理想的なアプローチは，定期的に予防点検のためにさりげなく監視をすることと，問題が起きたときには，回数を少なくしてより入念にチェックを行うことを組み合わせることである。

No.11の解説　内容把握（他者を助けるときのコストに対する考え方）→問題はP.188　正答２

STEP❶　出題形式を確認する

出題形式は内容把握である。

STEP❷　選択肢から内容を予想する

選択肢を見ると，「自分」「他者」「関係」とあるので，本文は「自分と他者とのかかわり方による影響について」書かれていると予想できる。

STEP❸ 本文を読む

出典は，“GIVE AND TAKE Why Helping Others Drives Our Success”, Adam Grant Penguin Books 2014である。本文の大意は以下のとおり。

<成功は，他の人々との相互関係の築き方に大きく左右されるが，これに関連して社会学者たちは，相互関係において何を優先させるかは人によって大きく異なり，2つに分類されることを発見した。享受者は他者に多くを要求し，供与者は見返りを求めない>

STEP❹ 選択肢を選ぶ

1 × 第1段落にあるように「相互関係の築き方」が成功には重要だとしているが，「やる気，能力，チャンス」と比較して重要だとする記述はない。

2 ◎ 正しい。第2段落に「social scientists have discovered that people differ dramatically in their preferences for reciprocity-their desired mix of taking and giving」とある。

3 × 第3段落に世界が競争に満ちているという記述はあるが，「競争において勝ち抜いた者が結果として能力が高いとみなされる」という記述はない。

4 × 前半は第3段落にある内容だが，他者からより多く受け取ろうとする人が「他者に対して冷酷で非常な人間性を備えている」という記述はない。

5 × 「見返りを期待することなく他者を助ける人」が「自分自身の道徳的な価値観や宗教審に基づいて」行動しているという記述はない。

全　訳

社会通念によれば，大成功を収めた人々には動機，能力，機会という3つの共通する点がある。もし成功したければ，努力，才能，そして幸運の組合せが必要である。ダニー・シェダーとデビッド・ホーニックの話は，重要であるものの，しばしば見逃されてしまう「成功は，他者との関係をどのように取るかに大きく依拠する」という第4の要素を強調している。仕事で他者とかかわるたび，私たちはできるだけ多くの見返りを主張しようとするのか，もしくは，見返りについて気にせずに価値を提供するのかという選択をする。

組織心理学者，そして ウォートン校の教授として，私は職業人生の10年以上を組織におけるこれら選択についての研究に費やし，そして，それらが成功に大きな影響を与えるということが明らかになった。過去30年間の一連の画期的研究の中で，社会学者たちは，相互関係における趣向，つまり人々がどのぐらい受け取り，どのくらい与えたいのか，というのは人によって大きく異なるということを発見した。この趣向についてよりはっきりとさせるために，私は2種類の，仕事における相互関係という領域において正反対に位置する人間を紹介したい。私は彼らを享受者と供与者と呼んでいる。

享受者は明らかに，自分が供与するよりも多くのものを享受することを好むという特徴を持つ。彼らは自己都合で相互関係をひずませ，他者の必要なものよりも自身の利潤を優先する。享受者は，世界は競争に満ちた，弱肉強食な場所であると信じている。

《中　略》

もしあなたが享受者ならば，戦略的に，自己の払うコストより利益が上回るときに他者を助ける。もしあなたが供与者ならば，他者を助けることによってあなたが支払うこととなるコストが利益を上回っていようが，いつでも他者を助けるという異なった費用対効果分析をすることになるだろう。言い換えれば，あなたは個人的なコストについて一切考えずに，少しの見返りも期待せずに他者を助けるかもしれないということである。

No.12の解説　内容把握（健康的な食生活）　→問題はP.189　正答3

STEP❶　出題形式の確認

出題形式は内容把握である。

STEP❷　選択肢から内容を予想する

選択肢を見ると，「食生活」「摂取量」といったキーワードがあることから，健康的な食生活のために必要な摂取量についての文章だと予想できる。

STEP❸　本文を読む

出典は，Channel 3000 "Scientists：'Planetary health diet' can save lives and the planet" January 21. 2019である。

世界レベル，北米，南アジアにおける食生活の問題点，健康的な食生活の特徴をつかめるかがポイント。選択肢を読んだ段階で，**どの数値とどの地域に注意する**のか見当をつけて本文に当たる必要がある。

STEP❹　選択肢を選ぶ

1× 「減量」についての言及はない。本文の「diet」とは「減量」という意味ではなく，「食事・食生活」という意味で使われている。また，第1段落には「最大1160万人の早期死亡を防ぐ」ためには「赤身の肉と糖類」の摂取量を減らすとあるが，「イモ類」については書かれていない。

2× 「農業生産」「農薬や肥料の使用」についての言及は本文の範囲にはない。

3◎ 正しい。第2段落中頃に書かれている内容である。「今日食べているものよりもわずかに多い」カロリーを摂取し，「赤身の肉や砂糖などの食品の消費は50％以上減らす必要」があるとしている。

4× 第3段落に，「南アジアの国々はでんぷん質の野菜の必要量の1.5倍」を食べているという指摘があるのみで，北米人が南アジアの人々に倣う必要があるとは述べていない。また，健康的な食生活のためには「ナッツ，果物，野菜，豆類の消費量は2倍以上に増加しなければならない」としている。

5× 最終段階に資金提供についての言及はあるが，資金不足であるとは述べていない。また「ガイドラインを策定することから始めるべき」という記述もない。

全訳

国際的な科学者チームは，地球へのさらなる被害を減らすために持続可能な食糧生産を確保しながら，健康を改善することができるという食生活を開発した。

「地球にやさしい食生活」は，赤身の肉と砂糖の消費量を半分に減らし，果物，野菜，ナッツの摂取量を増やすことに基づいている。そして，それは地球に害を与えることなく，最大1160万人の早期死亡を防ぐことができると，医学雑誌ランセットに水曜日に発表されたレポートは述べている。著者らは，世界中の30億人が栄養不良（栄養不足や過剰の人々を含む）であり，食糧生産が環境目標を超え，気候変動，生物多様性の損失，環境汚染を助長しているので，食生活と食糧生産の世界的な変化が必要であると警告している。

《中　略》

この食生活では，１日当たりの最適な摂取量を，全粒穀物，でんぷん質の野菜，果物，乳製品，タンパク質，脂肪，砂糖に分類し，１日の総カロリー摂取量は2500であることを表している。世界レベルで「持続可能な」食生活のシフトを必要とする課題の難しさを著者らは認識しており，赤身の肉や砂糖などの食品の消費は50%以上減らす必要がある。一方，ナッツ，果物，野菜，豆類の消費量は２倍以上に増やさなければならない，と報告書は述べている。この食生活では，人々が今日食べているものよりもわずかに多い１日当たり2500カロリーを消費することを勧めていると，論文の筆頭著者でハーバードT.H.チャン公衆衛生スクールの疫学と栄養学の教授ウォルター・ウィレット博士は述べている。人々は「さまざまな植物性食品，少量の動物性食品，飽和脂肪ではなく不飽和脂肪，そして，精製された穀物，高度に加工された食品，砂糖の添加については少なく」食べるべきだ，と彼は言った。

地域の違いも特筆すべき重要なことである。たとえば，北米の国々では推奨される赤肉の摂取量の約6.5倍を食べ，南アジアの国々はでんぷん質の野菜の必要量の1.5倍を食べる。「世界のほぼすべての地域は，かなり実質的に赤肉の推奨レベルを超えている」と，ウィレットは述べている。

このような食生活の変化による健康と環境の利点は知られているが，「これまで，持続可能な食糧システムから健康的な食事を得るという課題は，科学に基づくガイドラインの欠如によって妨げられていました」と英国の生物医学研究慈善団体ウェルカム・トラストの「私たちの地球，私たちの健康プログラム」の責任者ハワード・フラムキンは述べている。このウェルカム・トラストは研究に資金を提供している。「これは，政府，生産者，個人に対して，私たちの食糧システムと文化を変革するために協力するのに必要なエビデンスに基づく出発点を提供します」と，彼は述べた。

No.13 の解説　内容把握（小児肥満）　→問題はP.190　正答５

STEP❶　出題形式の確認

出題形式は内容把握である。

STEP❷　選択肢から内容を予想する

選択肢を見ると，「小児」「肥満」「取組み」というキーワードが見つかるので，「小児肥満の取組みについて」論じた文章だと予想できる。

STEP❸　本文を読む

出典はRachel Fadem “Rates of childhood obesity have increased, study finds”（CNN）である。大意は次のとおり。

<小児肥満を防ぐためにさまざまな政策が取られているが，想定していたほどには効果が出ていない。政策だけでなく，小児肥満の発生率の増加と早期発症につながる要因を見つけるために，より組織化された研究が必要である>

Howeverの後に筆者の主張が述べられている点に注意しながら，引用されているそれぞれ専門家の意見を理解できたかどうかがポイントである。

STEP❹ 選択肢を選ぶ

1× 第1段落に想定しているよりも「取組の効果」は出ていないとある。また，「2010年以降」の取組みについての記述はあるが，それを現在と比較する内容は述べられていない。

2× 第1段落のCunningham氏の指摘の中に「小児期の実験」についての記述はない。また，「子供本人が減量の努力」をするという記述もない。

3× 「学校」での肥満対策についての記述はない。また，「Healthy Hunger Free Kids Act」という法がすでにあり，法整備は推奨していない。

4× 第4段落のNarayan氏の指摘の中に「より『重度』の肥満の子供から優先的に，効果的な治療を開始」するという記述はない。肥満が深刻化するのを防ぐ方策の必要性について述べているだけである。

5◎ 正しい。最終段落に書かれている内容である。

全 訳

2010年以来，小児肥満率を減らすために，数多くの公衆衛生の取組みが実施されてきており，Michelle ObamaのLet's MoveキャンペーンやHealthy Hunger Free Kids Act（法）も含まれている。これらの努力にもかかわらず，小児肥満の割合は増加しており，これらの活動が人々が想定するほどには効果的ではない可能性を示しているとSolveig Aregeseanu Cunningham，Emory大学のグローバルヘルスおよび疫学の准教授が述べている。

専門家たちは，小児肥満率を低下させるには，学校栄養パッケージの改善や栄養支援プログラムの拡大などの公共政策に最終的に行きつくかもしれないと信じている。

「この種の政策変更には，食糧不安を軽減し，栄養状態を改善し，そして，子供の体重結果を改善しうることが同じように合わさってなされるという証拠がある」とColumbia大学の小児肥満戦略の局長であるJennifer Woo Baidal博士は述べている。

しかし，社会経済的地位は小児肥満の主要な予測因子ではなかったため，政策の変更だけでは十分ではない可能性があると，Emory大学のグローバル糖尿病研究センターの事務局長であるVenkat Narayan博士は述べている。肥満がより「重症」になるのを効果的に防ぐための戦略を見つけるだけでなく，小児肥満の発生率の増加と早期発症につながる要因を見つけるために，より組織化された研究が必要であると彼は付け加えた。

「他の国々は大規模な記録とデータベースを保持しており，個々人に時間の経過とともに何が起こっているかをタイムリーに監視することができる」とBaidal氏は言った。「これは，米国における子供の健康と肥満防止への投資が不十分であるという，もう一つのサインである。」

No.14の解説 内容把握（顔の識別） →問題はP.191 正答5

STEP❶ 出題形式の確認

本問は内容把握の問題である。

STEP❷ 選択肢から内容を予想する

「顔」「識別」などから，顔の識別について進化と絡めて論じている文章だと予想できる。

STEP❸ 本文を読む

出典は“It's Thanks to Evolution That No Two Faces Are Alike, Study Finds”(NATIONAL GEOGRAPHIC) である。

顔の識別について，①進化の視点，②アシナガバチ，③米軍のデータベースの３点で書かれているので，**それぞれに選択肢を対応させて**考えよう。

STEP❹ 選択肢を選ぶ

1 × 「生まれ育った地域における食文化などの環境的な要因」についての記述は本文中にはない。

2 × 冒頭部分に「二つとしてそっくりな顔はない」とあるので，「似通ったものになってきている」とするのは誤りである。

3 × 「他人の顔を識別すること」と「他人から自分の顔を識別される」ことを比較する記述はない。

4 × 第４段落に「特徴的な顔と体のパターンを頼りに，お互いを認識」するとあるように顔について識別できると考えられる。

5 ◎ 正しい。第５段落に書かれた内容である。

全 訳

出目からわし鼻，えらの張った顔からあごのくぼみに至るまで，二つとしてそっくりな顔はない。この多様性は，より簡単に他人を識別できるように進化してきた結果なのかもしれないと研究者は報告している。

人間の顔の形や構造は，体のほかの部分に比べてはるかに変化に富んでいるということがその研究によってわかった。そのうえ，顔の構造に関連してきた遺伝子は身体の他の部位の遺伝子よりも変異している。これは進化の力が顔の多様性を選択してきたことを示唆し，おそらくそれはそれぞれの人と他の人とを識別しやすくするためであったのだろうと研究者は述べている。「人間は，その人固有の顔を持っていることから実際に恩恵を受けているかもしれない」とカリフォルニア大学バークレー校の博士研究員でこの調査のリーダーを務めるマイケル・シーハンは語る。「これは名札を進化させたようなものだ。」

他の人と混同されてしまうと進化的に犠牲を払う状況は多くあるとシーハンは言う。たとえば，激怒した隣人があなたと敵を間違えるような状況である。「あるいは，あなたが何か素晴らしいことをして，誰かがそれに対して褒章をあげようとしたけれど，代わりに誰か他の人にあげてしまうということもあるかもしれない」とシーハンは指摘する。「区別が曖昧であることは，害になりうる」

それはPolistes Fuscatusという「色のパターンが非常に多様な」種であるアシナガバチにも当てはまるとシーハンは言う。2011年に彼の研究チームは，この高度に社会化された昆虫は彼らの特徴的な顔と体のパターンを頼りにお互いを認識し，このことがハチのヒエラルキーの中で誰が誰であるのか把握するのに役立っているということを報告している。

今日「ネイチャー・コミュニケーションズ」の中で発表されたこの新しい研究において，シーハンと彼の共同研究者たちは，瞳と瞳の距離からふくらはぎの長さに至るまで，数千人の軍人の数十か所に及ぶ顔と体の測定値を含む米陸軍のデータベースを解析した。シーハンのチームは，ほとんどの体の部位は内部的な一貫性，つまり手の幅が広ければ，普通長くもあるといったことがいえるとした。ところが，これとは対照的に顔の部位は予想不可能なのだ。

実戦問題❸　発展レベル

＊＊＊
No.15 次の文の内容と合致するものとして最も妥当なのはどれか。

【国家専門職・平成21年度】

Even if the speaker and the listener know the same language, communication can never be perfect. The problem of perfect communication lies on both sides of the interaction.

First, there is a fundamental limit to expressing one's thoughts in words that is imposed by the tool of language itself. We may not be aware of this limitation, because we apply the tool we know so unconsciously, but assiduous learners of Japanese become aware, in time, that the Japanese often express different thoughts and feelings than those that can be expressed in English (for instance, politeness levels). Of course, this holds true in the opposite direction as well.

Second, speakers often cannot perfectly express their thoughts in language—this is an issue of the skill of the language user.

Third, the speaker's concept of a thing is quite subjective and can hardly be shared completely by others via whatever the means may be ; sometimes the listener and the speaker, even though they share the same language, may have a different idea about what words mean.

Fourth, the listener may not hear, or may mishear, some parts of what was said, or may forget some parts of it.

Fifth, even if the listener has heard perfectly well, he or she generally cannot form exactly the same thought that the speaker had in mind, except maybe between experts using highly technical language.

So, language is in no way perfect for communication. Indeed, knowing what another person is thinking—truly understanding them—is one of the hardest tasks of human social interaction, even when language is shared. Nevertheless, we humans continue to use it; we constantly seek to be understood.

Why do we try to communicate at all ? What does communication mean to us ?

These are some of the most basic questions about the nature of human life. People are social animals. Like most animals, we require connection with other members of our species to prosper. As a basic observation it makes sense to recognize the urge to communicate as an essential survival mechanism.

Humans have always asked themselves, in some form, the question "What makes living worthwhile ? " Apart from the physical requirements of food, water and shelter for survival, I believe that, spiritually speaking, communication is the most essential desire we have for living.

1 話し手と聞き手とが理解し合うためには，少なくとも同じ種類の言語を使用する必要がある。

2 人間は社会的動物であり，繁栄するために同じ種の仲間とのつながりを必要としている。

3 聞き違いや聞いた内容を忘れることがなければ，コミュニケーションは完全に成立しうる。

4 異なる言語間の共通性は，勤勉な学習によってこそ理解できるようになるものである。

5 人間にとってコミュニケーションは，水や食料よりも生きるために重要なものである。

＊＊＊
No.16 次の文の内容と合致するものとして最も妥当なのはどれか。

【国家総合職・平成25年度】

Maintaining the good education performance should be a priority given its important link to economic growth. Countries with more human capital innovate faster, thereby achieving greater productivity gains. This requires improving the education system and adapting it to the new challenges of a fast-changing world. In addition, more training is needed for workers. However, the heavy reliance on non-regular employment tends to limit on-the-job training. Addressing the duality*1 of the Japanese labour market is therefore a priority and would have the double benefit of reducing inequality while supporting growth. This requires a comprehensive approach, including an adjustment in the employment protection for regular workers combined with more training and better social insurance coverage of non-regular workers.

Japan is also a leading OECD country in terms of R&D (research and development), although this is not fully reflected in its innovation performance. Co-operation among universities, government and research institutes needs to be enhanced through greater mobility of researchers and boosting the share of public research funds for universities that is allocated competitively. Upgrading tertiary education*2, in part through stronger competition and internationalisation, would not only increase human capital but would also boost the rolc of universities in innovation.

Stronger competition and regulatory reforms in the service sector would not only boost innovation but also support the productivity of services which has lagged behind that in manufacturing in recent years. This is all the more important, given that services account for 70% of valueadded and employment in Japan. Strengthening competition is the key to improving productivity in this sector.

［注］ *1 duality：二重構造　*2 tertiary education：高等教育

1　非正規労働者に対する訓練や社会保険の充実などの方策により，日本の労働市場の二重構造に対処すべきである。

2　非正規労働者の労働力への過度の依存は日本の人的資本の質を低下させるため，正規労働者を増やし，非正規労働者を減らすべきである。

3　日本は生産管理の分野で他のOECD諸国に卓越している一方で，技術革新の分野では遅れをとっている。

4　大学や研究機関における公的研究資金を獲得するための競争が激化していることが，日本の大学や研究機関による技術革新を促している。

5　サービス部門は，日本の主要産業となっているが，雇用と付加価値の創出については製造業に遅れをとっている。

＊＊＊

No.17　**次の文の内容と合致するものとして最も妥当なのはどれか。**

【国家総合職・平成26年度】

Created by Congress in 1978 and made up of federal district court judges selected by the Chief Justice of the United States, the Foreign Intelligence Surveillance Act court (FISA court) originally had only the power to approve electronic surveillance of Americans and of foreigners in the U.S. believed to be acting on behalf of foreign powers or terrorist organizations. In the 1990s, Congress gave the court the power to authorize physical searches too, and in 2008 it gave the judges oversight of datamining procedures and the tactics used to minimize invading Americans' privacy.

Critics say it's a rubber stamp and point to statistics released by the court. In 2012 the government applied 1,789 times for permission to conduct electronic surveillance; the court modified 40 requests and denied none. The government withdrew one. More troubling are the blanket approvals the court has granted for programs like those revealed by Edward Snowden that can collect virtually all metadata on phone calls and Internet communications in the U.S., declaring it all relevant to terrorism investigations. Even hawks worry that the FISA court order gives the FBI and NSA carte blanche to surveil Americans.

Judge Reggie Walton, the current FISA court chief, released a rare statement in the wake of Snowden's revelations, saying, "There is a rigorous review process of applications submitted by the Executive Branch, spearheaded initially by five Judicial Branch lawyers who are national-security experts and then by the judges." The FISA court judges forced amendments to one broad surveillance program under George W. Bush's Administration and recently found one aspect of another program unconstitutional. There has never been a documented case of abuse against a U.S. citizen. Two cases have been appealed to the special secret FISA Court of Review, which serves as the FISA court's appaels body and whose three judges are selected by the Chief Justice from the federal bench. No cases have reached the Supreme Court, the final judicial authority over FISA investigations.

1 FISA法廷は，テロの捜査のために重要だとして，米国内の電話およびインターネット通信に関するメタ・データを事実上すべて収集できるプログラムについて，包括承認を与えた。

2 行政府からの監視申請の許否に関するFISA法廷の決定は終審であり，当該決定に不服のある行政機関にはこれを争う道は開かれていない。

3 Snowdenにより行政府による電話傍受等が暴露された際に，FISA法廷の長官は異例の談話を発表して，行政府からの監視申請に関する同法廷による審査が形式的なものにすぎないことを認めた。

4 2012年には行政府からFISA法廷に対して，40件の電子的な方法による監視申請が提出されたが，同法廷による審査の結果，このうち承認された申請は1件もなかった。

5 FISA法廷は，1978年に法律により創設された当初から一貫して，外国政府のために活動していると疑われるアメリカ人について，電話傍受などの方法により監視を行う権限を有している。

＊＊＊
No.18 **次の文の内容と合致するものとして最も妥当なのはどれか。**

【国家総合職・平成28年度】

Widening income and wealth inequality in America is part of a trend seen across the Western world. A 2011 study by the Organization for Economic Cooperation and Development found that income inequality first started to rise in the late '70s and early '80s in America and Britain (and also in Israel). The trend became more widespread starting in the late '80s. Within the last decade, income inequality grew even in traditionally egalitarian countries like Germany, Sweden, and Denmark. With a few exceptions —— France, Japan, Spain —— the top 10 percent of earners in most advanced economies raced ahead, while the bottom 10 percent fell further behind.

But the trend was not universal, or inevitable. Over these same years, countries like Chile, Mexico, Greece, Turkey, and Hungary managed to reduce (in some cases very high) income inequality significantly, suggesting that inequality is a product of political and not merely macroeconomic forces. It is not true that inequality is an inevitable byproduct of globalization, the free movement of labor, capital, goods and services, and technological change that favors better-skilled and better-educated employees.

Of the advanced economies, America has some of the worst disparities in incomes and opportunities, with devastating macroeconomic consequences. The gross domestic product of the United States has more than quadrupled in the last 40 years and nearly doubled in the last 25, but as is now well known, the benefits have gone to the top —— and increasingly to the very, very top.

In 2012, the top 1 percent of Americans took home 22 percent of the nation's income ; the top 0.1 percent, 11 percent. Ninety-five percent of all income gains since 2009 have gone to the top 1 percent. Recently released census figures show that median income in America hasn't budged in almost a quarter-century. The typical American man makes less than he did 45 years ago (after adjusting for inflation) ; men who graduated from high school but don't have four-year college degrees make almost 40 percent less than they did four decades ago.

American inequality began its upswing 30 years ago, along with tax decreases for the rich and the easing of regulations on the financial sector. That's no coincidence. It has worsened as we have underinvested in our infrastructure, education and health care systems, and social safety nets. Rising inequality reinforces itself by corroding our political system and our democratic governance.

1 この10年間，フランスや日本などの先進諸国では，富裕層の所得水準が急激に上昇する一方で，貧困層の所得水準は低下し続けている。

2 グローバル化によって，資本や労働力の国際的な移動が促進されたため，所得と富の不平等が地球規模で拡大することは避けられないものとなった。

3 米国の国内総生産は，1970年代の水準と比べて約４倍となり，マクロ経済状態が大幅に改善されたため，国民の所得が増加し雇用機会均等も促進された。

4 米国の国民の平均所得は，この四半世紀で約40％増加したため，これまで経済的理由により大学進学をあきらめていた階層の学生が四年制大学に進学することが可能となった。

5 米国内では，富裕層への減税や金融セクターへの規制緩和の実施によって，政治システムと民主主義的ガバナンスがむしばまれることとなり，不平等が拡大している。

No.19 ＊＊ **次の文の内容と合致するものとして最も妥当なのはどれか。**

【国家総合職・平成30年度】

It is nearly impossible to sustain a business without access to capital. Estimates suggest that women-owned entities represent just over thirty percent of formal, registered businesses worldwide. Yet, seventy percent of formal women-owned Small and Medium Enterprises (SMEs) in developing countries are either shut out by financial institutions or are unable to receive financial services on adequate terms to meet their needs. This results in a nearly $300 billion annual credit deficit to formal women-owned SMEs. Lack of networks, knowledge, and links to high value markets further constrain female entrepreneurship.

Women entrepreneurs play a critical role in economic development by boosting growth and creating jobs, particularly for the poorest forty percent of the population. Yet, women entrepreneurs face numerous challenges to financing, owning, and growing a business, including limited access to capital and technology, a lack of networks and knowledge resources, and legal and policy obstacles to business ownership and development.

Women-led enterprises tend to be concentrated in retail and service sectors where profits and growth opportunities are lower, and rarely in more profitable industries such as construction, electronics, or software.

Lack of networks and knowledge also constrain female entrepreneurship. Studies show that men have more social connections that enable them to access business opportunities, information, and contacts than do women.

In this way, women are disadvantaged from the start, having fewer professional connections, role models, and mentorship opportunities, which can adversely affect their businesses in the long run.

To help unlock the potential of women entrepreneurs, the new Women Entrepreneurs Finance Initiative (We-Fi) will enable more than $1 billion in financing to improve access to capital, provide technical assistance, and invest in projects and programs that support women and women-led SMEs in World Bank Group client countries.

The goal of the facility is to leverage donor grant funding of over $325 million and mobilize more than $1 billion in international financial institution and commercial financing, by working with financial intermediaries, funds, and other market actors, potentially through similar models.

1 世界の企業の30%を女性が所有しているが，そのうち70%の企業は中小企業であるため，大企業に比べて不利な条件でしか金融サービスを受けることができない。

2 女性起業家は，雇用の創出等で重要な役割を果たしており，法律や政策によって事業の発展が支援されているが，資本や技術の不足，ネットワークや知識の欠如といった課題に直面している。

3 女性主導の企業が建設業等の収益性の高い産業でめったに見られないのは，女性が不利な立場に置かれており，起業に高いコストがかかる建設業等に参入することが困難だからである。

4 女性が男性に比べて社会的つながりに恵まれていないことは，起業することを制限するだけでなく，長い目で見ればビジネスにも不利な影響を及ぼし得る。

5 We-Fi の目標は，女性起業家の資本へのアクセスを改善することであり，すでに集められた10億ドルの資金は，発展途上国の女性が経営する中小企業に直接融資される予定である。

＊＊＊
No.20 次の英文中に述べられていることと一致するものとして，妥当なのはどれか。

【地方上級（特別区）・平成21年度】

The question of the effects of climate and other natural phenomena on human history is not all speculative. We can see some of its very practical ramifications in the problems of cattle, soil, and grasslands. Here the chemistry of soils enters in as well as climate, but the two are not without relation.

From time to time, in different parts of the world, cattle exhibit perverted* appetites. They take to chewing bones, and will sometimes even devour the carcasses of other cattle that have died. These abnormal instincts are invariably the prelude to grave disorders. In typical cases the bones grow soft, the joints become swollen, the animals get thin and feeble and move stiffly and awkwardly* ; their hoofs grow abnormally long; sterility* and abortion are common. Milch cows* and young growing beasts are invariably the most seriously affected ; and imported modern breeds suffer worse than the poorer native types. Sheep may be affected in the same sort of way ; and horses too, though more rarely.

These outbreaks, which may inflict severe losses, may only recur every few years ; or they may continue unabated* for long periods. In every case they are confined to particular regions. In such a region, even in years when there is no actual disease, the animals are generally below par.

［注］*perverted：異常な　*awkwardly：ぎこちなく　*sterility：不妊
*milch cow：乳牛　*unabated：衰えない

1 世界各地で，時折，家畜が異常食欲を示すことがある。

2 重大な病気の典型的な症例では，骨格が硬化し，関節が腫れ上がり，動物はやせ細ってしまう。

3 貧弱な国内種のほうが輸入された近代種よりも重大な病気の被害がひどい。

4 重大な病気の発生は，損害は少ないが，数年に一度起こる。

5 重大な病気が発生する地域でも，実際に病気発生を見ない年では，動物たちは元気がよい。

実戦問題❸の解説

No.15の解説　内容把握（コミュニケーション）　→問題はP.202　正答2

STEP❶　出題形式の確認

問題形式は内容把握である。

STEP❷　選択肢から内容を予想する

選択肢を見ると，「言語」「コミュニケーション」などのキーワードが見つかるので，コミュニケーションについて言語などから考察している文章だと予想できる。

STEP❸　本文を読む

出典は，"Japanese in Depth / Live to communicate !" by Shigekatsu Yamauchi（Daily Yomiuri Online, May. 20, 2008）である。

コミュニケーションについての５つの問題とまとめについて，それぞれ何について述べられているのかを整理して読むことが大切である。

本文は，コミュニケーションは完璧ではない（communication can never be perfect）ということについての**理由を５つ**挙げて説明した後で，**それでもコミュニケーションを取ろうとする理由**を考えるという構成になっている。

STEP❹　選択肢を選ぶ

1× 同じ種類の言語を使用したとしてもコミュニケーションは完璧でないとあるが，理解し合うために，「同じ種類の言語を使用する必要がある」とは述べていない。

2◎ 正しい。「we require connection with other members of our species to prosper.」とある。

3× コミュニケーションが完全に成立するということはないと書かれている。

4× 勤勉な学習者が言語間のズレを認識することについて述べられているところはあるが，「勤勉な学習によってこそ…」という記述はない。

5× 「Apart from the physical requirements of food, water and shelter for survival」とあり，コミュニケーションが水や食料よりも生きるために重要とは述べられていない。

全　訳

話し手と聞き手とが共通する言語を知っていたとしても，コミュニケーションが完璧となりうるとは決していえない。完璧なコミュニケーションを妨げる問題は相互作用の両サイドにある。

第一に，考えていることを言葉に表現するときに根本的に限界があり，それは言語という道具自体に課されたものである。私たちはこの限界に気がつかないかもしれない，というのも私たちはあまりにも無意識にこの道具を利用しているからである。しかし，勤勉な日本の学習者ならやがて気がつくようになる。日本語は，しばしば，英語で表現される以上に，異なった考えや感情を表現する（たとえば，敬語など）。もちろん，逆も当てはまることである。

２番目に，話し手は，しばしば，自分の考えを言語に完璧に表現することはできない。これは，言語を使う側のスキルの問題である。

３番目に，話し手のものに対する概念はまったく主観的で，どんな手段で伝えようともそれを通してほかの人と完璧にわかり合えるということはほとんどない。共通の言語を使っていても聞き手と話し手は言葉が意味することに異なる認識を持つかもしれない。

４番目に，聞き手は言われたことの一部が聞こえないかもしれないし，聞き間違えるかもしれない。一部を忘れてしまうかもしれないのだ。

５番目に，聞き手が完璧に聞いていたとしても，高度な専門言語を使う専門家どうしのような場合を除いて，話し手の心にある考えとまったく同じものを描くことはたいていできない。

したがって，言語は完璧なコミュニケーションの方法ではないのである。なるほど，ほかの人が考えていることを知ることは，つまり，真にそれらを理解することは，人間の社会相互作用の最も大変な作業の一つである。たとえ言語が共有されていたとしてもだ。それでも，人はそれを使い続ける。絶えず，理解されることを求めるのである。

いったいどうしてコミュニケーションを取ろうとするのだろうか？　コミュニケーションがわれわれに意味することはなんであろうか？

これらは人間の生活の本質についてのもっと基本的な疑問である。人間は社会的な動物で，多くの動物同様，繁栄のため同じ種の仲間とのつながりを必要としている。基本的な観察に見られるように根本的な生存の仕組みとしてコミュニケーションへの衝動を認識することは意味がある。

人間はいつも自分自身に問いかけてきた。何らかの形で，生きることを意味あることにするものは何か？食べ物や水，生きるための隠れ家など物質的な欲求を別にして，心が通い合った会話，コミュニケーションは生きるために持ちたいと思う最も基本的な欲求であると私は信じている。

No.16 の解説　内容把握（日本再生）　→問題はP.203　正答 1

STEP❶　出題形式の確認

出題形式は内容把握である。

STEP❷　選択肢から内容を予想する

選択肢を見ると，非正規労働者，技術革新，競争などについて論じた文章だと予想できる。

STEP❸　本文を読む

出典は，OECD“Policies for a revitalization of Japan”である。

非正規労働者，職業訓練，人的資本，サービス部門の遅れなど，日本の再生のための政策についてさまざま書かれている文である。**要素が多いので，選択肢の日本語を参考にしながら，一つ一つ押さえていくとよい。**

STEP❹　選択肢を選ぶ

1 ◎　正しい。第１段落で述べられている。

2 ×　第１段落に「非正規雇用への過度の依存が，職場内訓練の機会を狭めている」という記述はあるが，人的資本の質の低下についての記述はなく，また，正規労働者を増やし，非正規労働者を減らすべきという記述もない。

3 × 他のOECD諸国に卓越しているのは，「生産管理」ではなく「研究開発(R&D)」である。

4 × 大学や研究機関に競争原理を導入することで技術革新を促すだろうと述べているに過ぎず，実際にどうなのかの記述はない。

5 × サービス業が製造業に遅れを取っているとされているのは，雇用と付加価値の創出ではなく「生産性」である。

全訳

優れた教育成果を維持することは，それが経済成長につながるという重要性から，優先されるべきである。人的資本により恵まれた国は，より速いスピードで技術革新を行い，それによってさらに生産性を高めるのだ。そのためには教育制度を改善し，めまぐるしく変化する世界の新しい課題にそれを合わせる必要がある。それに加えて，労働に対する職業訓練も充実させる必要がある。しかし，非正規雇用への過度な依存によって作業を通じての教育訓練の機会が制限される傾向にある。日本の労働市場が二重構造になっていることに優先的に対策が取られれば，それが，不平等を減らし，一方で成長を支援するという一石二鳥になるだろう。そのためには正規労働者の解雇規制の見直しとともに職業訓練を増やしたり，社会保険の適用範囲を非正規労働者にも広げるといった包括的なアプローチが必要となる。

日本はまた，R&D（研究開発）の分野ではOECD諸国の中で卓越しているが，それが技術革新の分野では十分に反映されていない。各大学と政府および研究機関の協力を拡大することが必要であり，それは研究者の人材の流動性を高めることや大学への公的研究資金の獲得について競争原理に基づく配分の割合をより増やすことによってなされる必要がある。高等教育を競争や国際化の強化によってより質の高いものにすることは，人的資本を増やすだけでなく，技術革新の分野における大学の役割を高めることにもつながるだろう。

サービス分野における競争の強化と規制改革は，技術革新を促進するだけでなく，近年製造業に遅れをとっているサービス業の生産性の向上にもつながる。このことは，サービス業が日本の付加価値の創出と雇用の70パーセントを占めていることを考えれば，なおさら重要である。競争を強化することが，この分野において生産性を向上させる鍵である。

No.17の解説　内容把握（FISA法廷）

→問題はP.204　**正答1**

STEP❶　出題形式の確認

内容把握の問題である。

STEP❷　選択肢から内容を把握する

「FISA法廷」「電子的な方法による監視」などのキーワードから，電子的な方法による監視にかかわるFISA法廷についての文章だと予想できる。

STEP❸　本文を読む

出典は，Massimo Calabresi “Waching the Wachers : Is the secretive FISA court too close to the FBI and NSA ?” である。

第１段落で，FISA法廷の制定や権限の拡大について述べ，第２段落で，指摘されるFISAの問題点を挙げ，第３段落で，問題点に対する長官の反論を述べるという構成になっている。

構成はわかりやすいのだが，用語の難易度が高いため，多くの受験生は苦戦するかもしれない。**選択肢**の日本語を参考にしながら，本文を読んでいくことが大切である。

STEP❹ 選択肢を選ぶ

1◎ 正しい。第２段落にある内容である。

2× 現在は上訴されていないが，最高裁への提訴の可能性も示唆されている。第３段落に「the FISA court's appeals body」という苦情係があり，訴訟はできるとある。

3× 第３段落に「There is a rigorous review process of applications……」とあるので，「形式的なものにすぎない」とはいえない。

4× 第２段落にあるように申請は1789回，「承認されなかった」ものは１件もない。

5× FISA法廷は監視の承認をするだけである。また，1990年代，2008年と権利は拡大している。

全　訳

1978年に議会によって設立され，連邦最高裁判所主席判事により選ばれた地区連邦裁判所判事からなる，外国諜報活動偵察法法廷（FISA法廷）は，当初は，外国政府やテロ組織のために活動していると疑われるアメリカ人やアメリカにいる外国人の電子的な方法による監視を承認する権限を持っていただけであった。1990年代，議会はボディーチェックを認める権限をこの法廷に与え，2008年には，データ・マイニングの処理の監視の判断やアメリカ人のプライバシーの侵害を最小化するための方策を与えた。

批評家たちは，それはゴム印を押すだけのように安易だとして，法廷が発表した数字を指摘した。2012年，政府は1789回の電子的方法による監視の実行の許可を申請し，法廷は40の請求の修正をしたが，１件も却下しなかった。政府は１件の撤回をしただけだ。より問題なのは，テロ捜査のために必要だとして，Edward Snowdenに暴露されたような電話およびインターネット通信に関するメタ・データを事実上すべて収集できるプログラムについて包括承認を与えたことだ。タカ派でさえFISA法廷の決定がアメリカ人の監視のための白紙委任状をFBIやNSAに与えることを危惧している。

Reggie Walton判事，現在のFISA法廷の長官はSnowdenの暴露を受け，異例の談話で「行政府による申請に対しては厳しい審査過程があり，まず，国家安全が専門の司法府の５人の弁護士が，そして判事たちが審査している」と発表した。FISA法廷の判事は，George W. Bush政権下に広範な調査のプログラムを改正させ，最近ではもう１つのプログラムの解釈の１つに違憲性を見つけた。アメリカ市民に対する悪用を立証したケースは１つもない。FISA法廷の苦情係である，連邦判事から連邦最高裁判所主席判事によって選ばれた３人の判事からなる，特別秘密FISA不服申し立て法廷に２つの訴訟が上がっているが，FISA法廷の調査に関して，最高裁，すなわち終審まで上訴されたものはない。

No.18 の解説　内容把握（所得と富の不平等）

→問題はP.206　正答 5

STEP❶　出題形式の確認

出題形式は内容把握である。

STEP❷　選択肢から内容を予想する

選択肢を見ると，所得について富裕層と貧困層との格差ついて論じた文章だと予想できる。

STEP❸　本文を読む

出典は，Joseph E. Stiglitz “The Great Divide” である。

所得の格差については時事的な問題なので注意したい。単語は難易度が高いが，何が格差の問題点なのか**具体例**を挙げて論じているので，選択肢から見当をつけて本文を読むとよい。

STEP❹　選択肢を選ぶ

1 ×「フランス，日本，スペインなどの少数の例外を除き」とあり，フランスや日本では格差は広がっていない。

2 × 選択肢に書かれている主張は第２段落で「It is not true」と否定されている。

3 × アメリカの国内総生産は「過去40年で４倍以上」増えたにもかかわらず，中位所得はほぼ25年前と変わっていないので，「国民所得が増加し雇用機会均等も促進された」とはいえない。

4 × 中位所得は「ほぼ四半世紀前と変わっていない」と述べられている。また，大学進学をあきらめていた階層の学生が大学へ進学するという記述は本文中にはない。

5 ◎ 正しい。第５段落に書かれた内容である。

全　訳

アメリカにおける所得と不平等の拡大は西側諸国に通して見られる傾向の一部である。経済協力開発機構（OECD）の2011年の調査によると，所得と不平等が最初に表れ始めたのは，1970年代遅くから80年代初めのアメリカとイギリス（そしてイスラエル）である。この傾向は80年代後半に広がり始めた。過去10年の間に所得の不平等はドイツやスウェーデン，デンマークのような伝統的に平等主義である国々でも拡大した。フランス，日本，スペインなどの少数の例外を除き，主要な先進国では上位10%の高所得者はさらに差を広げ，一方で，下位10%はさらに遅れをとっている。

しかし，この傾向は世界的でもなければ，必然でもない。同じ時期にチリ，メキシコ，ギリシャ，トルコ，ハンガリーのような国々は（ケースによってはとても高い）所得の不平等の大幅な軽減に成功した。これは単に不平等がマクロ経済の力学によって生まれるものではなく，政治的なものによって生まれるものであることを示唆している。不平等は，グローバル化が進み，労働力・資本・商品・サービスの自由な移動が可能になり，より高度な技能を持つ社員や高い教育を受けた社員に有利になるような技術革新があったため，必然的な副作用として生まれたというのは，真実ではない。

先進国の中でも，アメリカは所得と機会の不均衡が最悪で，それがマクロ経済に及ぼしている影響は破滅的である。アメリカ合衆国の国内総生産は過去40年間で４倍以上，過去25年間でほぼ２倍に増えているが，今ではよく知られているように，その恩恵は上位層に行ってしまった。そして，上位層の中の上位層にますます流れている。

2012年には，アメリカの上位１％が国民所得の22％を獲得し，上位0.1％では国民所得の11％を獲得した。そして2009年以降のすべての所得増加分の95％は上位１％に流れている。最近発表された国勢調査の数字によると，アメリカにおける中位の所得の数字は，ほぼ四半世紀前と変わっていない。平均的なアメリカ人男性の所得は（インフレ調整後）45年前よりも少なく，高卒で四年制大学の学位を持たない男性の所得は40年前と比べてほぼ40％減少している。

アメリカにおける不平等は30年前，富裕層への減税と金融セクターの規制緩和に伴って急激に拡大し始めた。このことは偶然の一致ではない。国内インフラや教育，医療制度，社会的なセーフティーネットへの投資が抑えられる中，格差は悪化していった。不平等の拡大は，わが国の政治システムや民主主義的ガバナンスをむしばむことで広がっている。

No.19 の解説　内容把握（女性の起業）　→問題はP.207　正答４

STEP❶　出題形式の確認

本問は内容把握の問題である。

STEP❷　選択肢から内容を予想する

「女性の起業」「困難」などから，起業する女性が直面する困難についての文章だと予想できる。

STEP❸　本文を読む

出典は，“Women Entrepreneurs Finance Initiative”(The World Bank)である。

女性の起業について直面する問題を挙げていき，最後に解決への取り組みを示している。**選択肢はそれぞれの問題点に対応して作られている**ので，段落ごとに要点をまとめて読んでいくとよい。

STEP❹　選択肢を選ぶ

1× 第１段落にあるように，「発展途上国」において女性がオーナーである公式の中小企業のうちの「70％」なのであり，「世界の企業の30％を女性が所有している」うちの70％ではない。また，「十分な条件での金融サービスを受けられない」という記述はあるが，その窮状を大企業と比較はしていない。

2× 「法律や政策によって事業の発展が支援されている」のではなく，第２段落末にあるように「法的あるいは政治的な障害がある」のである。

3× 前半は第３段落に書かれている内容であるが，女性主導の起業が収益性の産業ではまれである理由についての明確な言及は本文中にはない。

4◎ 正しい。第５段落に書かれている内容である。

5× 前半は第７段落に書かれている内容であるが，10億ドルは「すでに集められて」いるとも「直接融資される予定」とも書かれていない。

全 訳

十分な資本へのアクセスができずに事業を継続することは，ほぼ不可能である。概算によれば，世界中にある登記された公式の法人のうち，女性がオーナーの企業の割合は30%を上回る程度である。それにもかかわらず，発展途上国において女性がオーナーである公式の中小企業の70%が，金融機関からの融資をまったく受けられないか，必要に見合うだけの十分な金融サービスを受けられてはない。その結果，女性がオーナーである公式の中小企業は年間3,000億ドル近くの資金不足に陥っている。ネットワークや知識，そして高付加価値市場とのつながりの不足が，女性の起業を一層抑制している。

女性起業家は経済成長を加速させ，雇用創出をすることで，経済発展において決定的に重要な役割を担っており，特に人口の下位層40%に属する貧困層においてはなおさらである。しかし，女性起業家は資金調達，経営，事業拡張を試みるうえで数多くの困難に直面している。それには資本や技術の利用が制限されたり，人脈や知識を十分に得られなかったり，会社経営や事業を拡張することに法的あるいは政治的な障害が存在するといったことが含まれる。

女性が経営する企業は，利益や成長の機会がより小さい小売・サービス分野に集中する傾向があり，建設業，エレクトロニクス産業，ソフトウェア産業といったより収益性の高い分野ではまれである。

人脈や知識の不足もまた，女性の起業を抑制している。研究によれば，男性のほうが女性に比べて，企業の機会や情報やコネにアクセスできるような社会的なつながりを持っている。

このように，女性は初めから不利な立場におり，職業上のつながりやお手本となる先例や先輩に相談できる機会がより少なく，長期的な視点に立つと，彼女らのビジネスにマイナスの影響を与えるかもしれない。

女性の起業家の可能性を切り開く助けとなるよう，新たに創設された女性起業家資金イニシアティブ（We-Fi）は，資本へのアクセスを改善し，技術的な援助を行い，また世界銀行グループ加盟国における女性や女性が経営する中小企業を支援する事業や計画に投資するために10億ドルを超える資金の提供をすることになるだろう。

この融資制度の目的は，３億2500万ドルを超える寄付による助成金を活用して，金融仲介業者やファンドそのほかの市場参加者と，できれば同じ枠組みを通じて協働し，国際的な金融機関や商業貸付が保有する10億ドルを超える資金を流動化させることである。

No.20 の解説　内容把握（牛の異常）

→問題はP.209　正答 1

STEP❶　出題形式の確認

内容把握の問題である。

STEP❷　選択肢から内容を予想する

選択肢を見ると，家畜の病気についての文章だと予想できる。

STEP❸　本文を読む

出典は，Julian Huxley：小泉一郎・多田幸蔵『自然科学と社会科学』である。

家畜に起きる異常を一つ一つ整理しながら読み進めていくとよい。

STEP❹　選択肢を選ぶ

1 ◎　正しい。「in different parts of the world, cattle exhibit perverted appetites.」第２段落に書かれている内容である。

2 ×　第２段落に「bones grow soft」とあり，「骨格は硬化しない」。

3 ×　第２段落に「imported modern breeds suffer worse than the poor native types」とあり，被害がひどいのは輸入された近代種である。

4 ×　第３段落に「severe losses」とあり，損害は深刻である。また，数年続くこともあるとある。

5 ×　第３段落に「the animals are generally below par」とあり，体調が優れないとある。

全　訳

気候や自然現象が人類の歴史に影響を及ぼした可能性は，推測にすぎないというわけではない。家畜と土壌と放牧地の問題に実際に影響が波及していることがわかる。ここには土壌の性質も気候同様反映してくるが，この２つも無関係なわけではない。

時折，世界各地で，家畜が異常な食欲を示すことがある。家畜たちは骨をかむようになり，ときにはほかの家畜の死骸をむさぼったりする。このような異常行動は決まって深刻な異常の始まりである。典型的なケースでは，骨が柔らかくなり，関節がはれ，体はやせ，弱くなりぎこちない動きをする。ひづめは異常に長くなり，不妊や流産することもよくある。乳牛や育ち盛りの動物が最も深刻な影響を受けるのが普通である。輸入された近代種のほうが，貧弱な国内種よりもひどい病気に冒されやすい。羊も同じような病気にかかることがあり，まれだが，馬にも起こる。

このような異常の発生は深刻な損害を与えることもあるが，数年おきに起こることもあれば，長い間ずっと続くこともある。どのケースも特定の地域に限られており，そのような地域では，実際には発症していないときでも，家畜は概して体調が優れない。

その他の形式

必修問題

次の文のア，イに当てはまるものの組合せとして最も妥当なのはどれか。

【国家専門職・令和２年度】

The 19th century was the age of capitalism, the 20th century socialism. The 21st century, it seems, will be the age of [ア]. But, as **Mrs Thatcher** said, 'The Good Samaritan[*1] had to earn his money first.'

Warren Buffett, when he made a gift of $31bn to the Gates Foundation, already worth $29bn, joked that his children would have to work for their living—apart from a billion dollar handout to each.

Later, when Buffett and Gates held a press conference to announce what they intended to do with their fortune, it was clear that channelling it through government was not an option. 'Bill and Melinda will do a better job than ... the Federal Treasury,' said Buffett. Instead they would 'seek out talent to distribute their money just as they sought out talent to acquire it'.

For these **tycoons**[*2], who have prospered in the free market global economy, government and the public sector are [イ]. Governments may have built the welfare state in the 20th century, but to provide them with free cash to support these structures (schools, hospitals, etc) was not on their agenda. Instead their efforts will be focused on alleviating[*3] world poverty and disease, and improving access to technology.

［注］ *1 Good Samaritan：慈悲深い人　*2 tycoon：（実業界の）有力者
*3 alleviate：軽減する

	ア	イ
1	materialism	efficient and reliable
2	charity	promoting IT infrastructure
3	democracy	monopolistic and inefficient
4	charity	monopolistic and inefficient
5	materialism	promoting IT infrastructure

難易度 ＊＊

必修問題の解説

このテーマでは，英文の内容把握，要旨把握以外の形式の問題を扱う。

出題形式はさまざまであるが，頻出のものは現代文と同様，文章整序，空欄補充である。

また，このテーマでは選択肢も英文であることが多いが，選択肢の英文はたいていの場合，本文の英文に比べるとかなり易しくなっている。それから，会話文が題材に用いられることも特徴の一つとして挙げられる。

STEP❶ 出題形式の確認

本問の出題形式は空欄補充である。

STEP❷ 選択肢から内容を予想する

選択肢を見ると空欄**ア**に入る候補として「materialism（物質主義）」，空欄**イ**に入る候補として「monopolistic（独占的）」などの語句が見られることから，社会科学分野の文章だと予想できる。難しい単語もあるが，ほかの選択肢の単語からも本文の方向性はわかるので，選択肢に目を通すことは有効である。

STEP❸ 本文を読む

出典は，Paul Dummett with Colin Benn "SUCCESS WITH BEC" である。本文の構成は以下のとおり。

19cはcapitalism　20cはsocialism　21cは［ア］

But　サッチャー

「慈悲深い人になるには，まずお金を稼がなければならない」

バフェット ➡ ゲイツ財団に寄付

　政府は選択肢にない（government was not an option）

有力者tycoons ➡ 政府は×（government and the public sector are

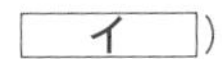
［イ］）

バフェット氏の寄付についてがテーマで，政府ではなくゲイツ財団に寄付した理由に気がつくかがポイントである。

STEP❹ 選択肢から選ぶ

ア：「materialism（物質主義）」「charity（慈善）」「democracy（民主主義）」の3つのいずれかが入る。本文のサッチャー氏の引用やバフェット氏の寄付についての記述から，「charity（慈善）」を入れるのが文脈から見て適切である。ここで選択肢は**2**か**4**に絞られる。

イ：「efficient and reliable（効率的で信頼性がある）」「promoting IT infrastructure（IT基盤の整備を促進している）」「monopolistic and inefficient（独占的で非効率である）」の3つのいずれかが入る。「these tycoons」はバフェット氏らのことをさし，彼らは第3段落にあるように政府は寄付の送り先として選択肢にはない（government was not an option）と述べられているので，政府に対しては否定的な見方をしている。したがって，選択肢**3**か**4**の「monopolistic and inefficient」を入れるのが適切である。「efficient and reliable」や「promoting IT infrastructure」を入れてしまうと政府を肯定的にとらえることになってしまうので，文脈から外れてしまい不適切である。
したがって，正答は**4**である。

正答 4

全訳

19世紀は資本主義，20世紀は社会主義の時代だった。21世紀は慈善の時代になると思われる。しかし元イギリス首相サッチャー夫人が言ったように，「慈悲深い人になるには，まずお金を稼がなければならない。」

ウォーレン・バフェットは，すでに290億ドル相当を寄付していたゲイツ財団に対して310億ドルの寄付をしたとき，冗談で，自分の子供たちにはそれぞれに10億ドルの施しをしたが，それは別として，彼らは食べるために自分で稼がなければならないと言った。

その後，バフェットとゲイツは記者会見を開いて，自分たちの財産を使って何をするつもりなのかを公表したとき，政府を経由することは選択肢にはなかったことが明らかになった。「ビル（ゲイツ）とメリンダ（夫人）はもっといい仕事をするでしょう……連邦財務省よりも」とバフェットは言った。その代わりに彼らは「財産を獲得するために才能を探し出したのと同様に，財産を分け与えるためにも才能を探し出すだろう。」

世界の自由市場経済において成功を収めてきたこれらの実業界の有力者にとって，政府や公共部門は独占的で非効率である。政府は20世紀において，社会保障制度を作り上げたかもしれないが，それらの仕組み（学校や病院など）を支えるために自由に使えるお金を政府に提供することは，彼らのやるべきことではなかった。その代わりに彼らは世界の貧困や病気を軽減することや，技術を利用しやすく改善することに焦点を当て，尽力することになるだろう。

FOCUS

英文解釈のその他に入る問題形式としては，表題を付けるもの，it がさし示すものを選ぶものなどさまざまだが，やはり，空欄補充，文章整序問題が頻出である。また，この問題形式で扱われる英文は比較的容易なものが多いので，ぜひ得点したいところである。なお，例年，多くの試験区分で空欄補充か文章整序問題のどちらか一方が1題出題されるという傾向にあることにも注意したい。

POINT

重要ポイント1 英文の空欄補充問題の解き方

（1）出題形式を確認する

本文中の空欄の位置を確認する。空欄の位置が冒頭であれば，筆者の主張を抽象的に述べた文章の可能性が高く，中ほどであれば，前後の文の関係から内容を探り，文末にあれば，結論的な内容になると予測ができる。

（2）選択肢に目を通す

選択肢はたいてい，ある部分以外はほとんど同じ内容ということが多い。したがって各選択肢のどの点に注意すればよいか，あらかじめ注意しておくとよい。

（3）本文を読む

英語は非常に論理的な文章といわれている。現代文で私たちが見てきた構成よりもその論理性は高い。つまり，どこに何が書いてあるか予測しやすいのである。空欄補充の問題では，文全体の構成の中で空欄を考えるものであるから，英文の構成パターンに慣れておくとよい。

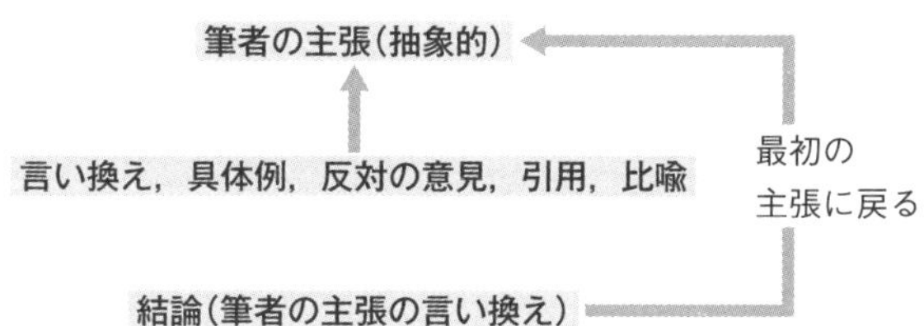

英文では，筆者の主張を読者に納得させるために，いろいろな具体例や比喩を使う傾向が強い。筆者の主張が容易に理解できなかったとしても，必ず前後にヒントがあることを覚えていてほしい。

重要ポイント2 英文の文章整序問題の解き方

（1）選択肢に目を通す

多数の並べ替えの組合せから，選択肢は5つに絞ってくれている。これは大いに役立つヒントである。

（2）文全体に目を通す

まず，文章の内容を要約しながら，接続詞，指示語，繰り返される語句に印を付ける。それから，わかりやすいものから2つ，3つの小さなグループを作っていく。その都度，選択肢に照らし合わせて，間違った組合せの選択肢を消去する。

（3）答えが出たら見直しをする

必ず，自分の並べ替えた順で読み直してみる。

実戦問題❶　基本レベル

No.1 *　**次の英文の空所ア，イに該当する語の組合せとして，最も妥当なのはどれか。**

【地方上級（特別区）・令和３年度】

I do not like mystical language, and yet I hardly know how to express what I mean without employing phrases that sound poetic rather than scientific. Whatever we may wish to think, we are creatures of Earth; our life is part of the life of the Earth, and we draw our nourishment from it just as the plants and animals do. The rhythm of Earth life is slow; autumn and winter are as essential to it as spring and summer, and [ア] is as essential as motion. To the child, even more than to the man, it is necessary to preserve some contact with the ebb and flow of terrestrial life. The human body has been adapted through the ages to this rhythm, and religion has embodied something of it in the festival of Easter. I have seen a boy of two years old, who had been kept in London, taken out for the first time to walk in green country. The season was winter, and everything was wet and muddy. To the adult eye there was nothing to cause delight, but in the boy there sprang up a strange ecstasy; he kneeled in the wet ground and put his face in the grass, and gave utterance to half-articulate cries of delight. The [イ] that he was experiencing was primitive, simple and massive.

	ア	イ
1	movement	joy
2	movement	pain
3	rest	sorrow
4	rest	joy
5	rest	pain

No.2 次の英文の空所ア，イに該当する語の組合せとして，最も妥当なのはどれか。

【地方上級（特別区）・平成29年度】

Monsieur* Madeleine was so popular as an employer and a citizen that everyone in the town gradually came to respect and love him, all except one man. His name was Javert, and he was a police inspector. There is in some men the ability to recognize a beast, and he watched Madeleine with [ア] eyes always.

One day, in Montreuil-sur-Mer*, a working man was caught under the wheels of his cart. It was old Fauchelevent, the gardener. Monsieur Madeleine was nearby as a crowd gathered. Seeing the old man under the cart, Monsieur Madeleine cried out, "I will give twenty luis* to anyone who can lift this cart !"

Nobody stepped forward.

"Come, he is hurt ! He may die ! Thirty luis, then. Anyone ?"

Javert, who was also among the crowd, was watching Madeleine with narrowed eyes.

"I only knew of one man who was strong enough to lift such a cart," said Javert. "He was a convict at Toulons*."

Monsieur Madeleine looked at Javert with startled eyes and seemed to [イ] at this statement. But when he looked at the man suffering under the cart, he took off his coat. Madeleine put his broad back under the cart, and, straining with all his might, began to lift it. Others joined to help. They were finally able to get the cart off of Fauchelevent and saved his life. Throughout it all, Javert continued to stare at Madeleine with narrowed eyes.

［注］*Monsieur：英語の「Mr.」「Sir」に当たる敬称
*Montreuil-sur-Mer：モントルイユ・シュル・メール（地名）
*lui：ルイ（通貨の単位）
*Toulons：ツーロン（地名）

	ア	イ
1	gentle	shiver
2	gentle	smile
3	resentful	rejoice
4	suspicious	rejoice
5	suspicious	shiver

No.3 * 次の文のア，イに当てはまるものの組合せとして最も妥当なのはどれか。

【国家専門職・平成27年度】

There was once a king who was very lazy. He wanted many things, but he didn't want to work to get them. Of course he didn't have to, as he was king. Probably, most kings are like that.

He was bored. So he called in his Councillor* and asked, "What is the best possible thing for a person to have ?"

"The best possible thing for a person to have, Your Majesty," the Councillor answered, "is wisdom."

"Then I want that," said the king. "Tell me where I can get it."

"In books, Your Majesty," said the Councillor.

"Then I order you to bring me those books."

"All of them, Your Majesty ?"

"All of them."

The Councillor searched all the bookstores in the land. Soon the king's palace was filled with thousands of books.

[ア]. He called his Councillor again.

"You told me that having wisdom is the best thing. You told me it was in these books. Now I have the books, therefore I have wisdom. But there is no pleasure in it. Tell me, what is so good about having wisdom ?"

"You must read the books, Your Majesty."

"Read them !" shouted the lazy king. "[イ]. I order you to read them, and write down the wisdom that is in them as briefly as possible."

The Councillor gathered all the scholars in the land. They labored for twenty years, reading the books and writing summaries of them. When they were done they had written down all the wisdom of the world in only one hundred books. They presented these to the king.

"Too many, too many !" shouted the king. "Five books at the most."

［注］ *Councillor：顧問官

	ア	イ
1	The king was still bored	There are too many
2	The king was still bored	They are interesting
3	The king learned what wisdom was	I'm too busy
4	The king learned what wisdom was	There are too many
5	The king found his mistake	They are interesting

No.4* **次のア～オを並べ替えて続けると意味の通った文章になるが，その並べ方として最も妥当なのはどれか。**

【国家一般職・平成24年度】

ア：Anita was surprised by the idea, but she was happy to accept the situation. How, though, was she going to earn money for the next two years? She decided to go into business. While Gordon prepared for his trip, Anita thought about the kind of business she would like to start. She wanted a business that would give her some time to see her children, so she knew that she wanted to work regular hours.

イ：After some time, she started to think about cosmetics. "Why is there so little choice for women who want to buy cosmetics?" Anita asked herself. "The cosmetics companies decide what goes into their bottles, they decide how big the bottles should be and, worst of all, they decide to ask a very high price for them."

ウ："Why not open a shop?" she thought. That would allow her to work from nine in the morning to five in the afternoon. But what could she sell? She had to find something that people needed but that they couldn't buy from any other shop. She also wanted to do something that she believed in. She didn't want to make money just to get rich; she wanted to be sure that she was selling a good product and offering a good service.

エ：Gordon told Anita that he had an unusual plan. All his life, he had had a dream: he had always wanted to ride a horse from Buenos Aires to New York. Now he wanted to make that dream come true, while he was still young and healthy. But it meant that he would have to leave Anita and the children for two years.

オ：And when Anita found out more, she was really shocked by the price of some cosmetics. She realized that some companies were buying their materials for $1 and then selling them for over $100. Customers were often spending a lot of money on a pretty bottle and a famous name.

1 ア→ウ→イ→オ→エ
2 ア→エ→イ→ウ→オ
3 エ→ア→ウ→イ→オ
4 エ→ア→オ→イ→ウ
5 エ→ウ→イ→オ→ア

＊＊
No.5 次の[　　]と[　　]の文の間に，ア～オを並べ替えて続けると意味の通った文章になるが，その順序として最も妥当なのはどれか。

【国家総合職・令和３年度】

> People hate losses (and their Automatic Systems can get pretty emotional about them).

ア：Roughly speaking, losing something makes you twice as miserable as gaining the same thing makes you happy.

イ：Consider a simple experiment. Half the students in a class are given coffee mugs with the insignia of their home university embossed on it. The students who do not get a mug are asked to examine their neighbor's mugs.

ウ：In more technical language, people are 'loss averse.' How do we know this?

エ：They do so by answering the question 'At each of the following prices, indicate whether you would be willing to (give up your mug/buy a mug).'

オ：Then mug owners are invited to sell their mugs and nonowners are invited to buy them.

> The results show that those with mugs demand roughly twice as much to give up their mugs as others are willing to pay to get one.

1 ア→イ→エ→オ→ウ
2 ア→ウ→イ→オ→エ
3 イ→ア→ウ→オ→エ
4 イ→ウ→エ→オ→ア
5 イ→エ→オ→ア→ウ

実戦問題1の解説

No.1 の解説　空欄補充（地球の生命のリズム）　→問題はP.222　正答4

STEP❶　出題形式を確認

出題形式は空欄補充である。空欄は２か所で，単語を入れるものである。

STEP❷　本文を読む

出典は，Bertrand Russell：坂本和男『対訳ラッセル２』である。本文の大意は以下のとおり。

＜地球の生命の満ち引きのリズムに触れることは大人よりも子供にとってはさらに大切で，子供は大人が何も感じなくなってしまったものに対しても地球のリズムを感じ喜ぶのである＞

STEP❸　選択肢を選ぶ

ア：「movement（運動）」か「rest（休息）」のいずれかが入る。空欄前文は「秋冬が春夏と同じように必要不可欠」となり，空欄を含む文，「［ア］ is as essential as motion（**ア**は動きと同様に不可欠なものである）」と対句になっているので，空欄には「秋冬」に相当する「rest」が入る。「movement」では「motion」と意味が類似し「運動は動きと同様に不可欠」となってしまう。

イ：空欄後の「he」とは濡れた土にひざまづき「cries of delight（歓喜の叫びをあげた）」少年で，その喜びをさして「The ［イ］」としているので，「joy」の喜びが入る。そのほかの「pain（痛み）」，「sorrow（悲しみ）」は，不適切である。

よって，**4**が正答である。

全　訳

私は神秘的な言葉は好きではないが，それにもかかわらず，私がいいたいことを，科学的というよりも詩的に聞こえる言葉を使わずにどのように表現したらよいかわからない。どのように考えようと望もうとも，私たちは地球の創造物である。私たちの生命は地球の生命の一部であり，ちょうど植物や動物がそうするのと同様に，地球から栄養を引き出している。地球の生命のリズムはゆったりとしていて，秋冬は，春夏と同じように地球の生命には不可欠であり，静止（**ア**）は，動きと同様に不可欠である。子供にとっては，大人にとってよりさらにいっそう，地球上の生命の満ち引きとなんらかの接触を保つことが必要である。人間の身体は遠い昔からこのリズムに適応してきており，宗教は復活祭の中にそれをいくぶんか具現化している。ロンドンにずっといて，緑深い田舎を散歩するために初めて連れ出された２歳の男の子を見たことがある。季節は冬で，何もかもが濡れてぬかるんでいた。大人の目には，喜びをもたらすものなど何もなかったが，男の子の心には不思議な恍惚感がわき起こったのである。彼は湿った地面の上にひざまずき草に顔をうずめて，半ば言葉にならない歓喜の叫びをあげたのだ。彼が経験している喜び（**イ**）は根源的で，単純で，力強いものだった。

No.2の解説　空欄補充（レ・ミゼラブル）　→問題はP.223　正答5

STEP❶　出題形式の確認

本問の出題形式は空欄補充で，２か所の空欄に単語を入れるものである。**ア**には形容詞，**イ**には動詞が入る。

STEP❷　本文を読む

出典は，Victor Hugo：Nina Wegner・平湊音『英語で読むレ・ミゼラブル』である。

ジャヴェールはマドレーヌに疑いの目を向けているが，**その理由がマドレーヌこそがツーロンの囚人ではないかと考えているからだとわかるかどうかがポイントである。**ツーロンの囚人しかできないことをマドレーヌがやってのけたことから，この物語の場面が理解できるだろう。

STEP❸　選択肢を選ぶ

ア：空欄にはジャヴェールの様子を表す語句が入る。「彼はマドレーヌにいつも［　**ア**　］目を向けていた。」ジャヴェールは他のみんながマドレーヌを愛し尊敬しているにもかかわらず，けだものを見抜く目を持って，例外としてマドレーヌにマイナスの感情を持っている。「narrowed eyes（疑いの目）」で見ている場面も第５・第７段落にある。

選択肢を見ると，「gentle（優しい）」「resentful（憤慨した）」「suspicious（疑い深い）」とあるので，**ア**には「suspicious」が入る。「resentful」では，何に憤慨したのかわからないので，不適切である。

イ：マドレーヌは自分で持ち上げる力がありながら，他にできる者がいないか探しているが，これは**自分がツーロンの囚人であることを隠したい**からである。だから，ジャヴェールの発言に自分がツーロンの囚人だと気づかれたのではないかと驚き，「［　**イ**　］しているように見えた」のである。よって，**イ**には「shiver（震える）」が入る。なお，「smile」は「微笑む」，「rejoice」は「喜ぶ」である。

よって，正答は**5**である。

全　訳

マドレーヌ氏は雇用主そして市民として，とても人気があったので，町のみんなが徐々に彼を尊敬し，愛するようになった。ただ，一人の男を除いてだが。その男の名はジャヴェール，警視であった。なかには，けだものを見抜く能力を持つ者もいるもので，彼はマドレーヌにいつも（ア）疑いの目を向けていた。

ある日，モントルイユ・シュル・メールで，ある労働者が自分の荷馬車の車輪の下敷きになり，動けなくなっていた。それは庭師のフォーシュルヴァン老人だった。マドレーヌ氏は群衆が集まってきたとき，ちょうどそばにいた。荷馬車の下敷きになっている老人を見て，マドレーヌ氏は叫んだ。「この荷馬車を持ち上げた者には20ルイを出そう！」

進み出る者は誰もいなかった。

「さあ，彼は傷を負っているぞ。死んでしまうかもしれない！　30ルイならどうだ。誰かいないか？」

ジャヴェールもまたその群衆の中にいたが，険しい目つきでマドレーヌを見つめていた。

「こんな荷馬車を持ち上げられるだけの力のある男はたった一人しか知らない」とジャヴェールは言った。「彼はツーロンの囚人だった。」

マドレーヌ氏はジャヴェールを驚いた目で見，この発言に（イ）震えているようだった。しかし，荷馬車の下で苦しんでいる男を見ると，マドレーヌはコートを脱いだ。マドレーヌは，自分の広い背中を荷馬車の下に入れ，全身の力を振り絞って，荷馬車を持ち上げ始めた。他の人々も助けに加わった。彼らはついにフォーシュルヴァンを荷馬車から引きずり出し，彼の命を救ったのだ。その間ずっと，ジャヴェールは険しい目つきでマドレーヌのことをじっと見つめたままであった。

No.3の解説　空欄補充（怠け者の王様）　→問題はP.224　正答1

STEP❶　出題形式の確認

出題形式は空欄補充である。

STEP❷　本文を読む

出典は，Douglas Lummis "Lazy king"（『高校生のための英語読本』）である。

怠け者だが，欲しがり屋の王様の話で，顧問官とのやり取りから**最後のオチへと展開する構成**になっている。**ア**には王様の性格が表れた文が入り，**イ**には王様が何千冊もの本を読むように言われたことに対して述べた文が入ることが予想できる。

STEP❸　選択肢を選ぶ

ア：退屈していた王様が，持つものとして最良のものを顧問官から聞き，本を集めさせて知恵を持てたはずなのに**ア**の状態である。また，空欄後に「there is no pleasure in it」とあり，ここからもまだ以前の状態と変わっていないことがわかるので，**1**・**2**の「王様はまだ退屈していた」が入る。

なお，**3**・**4**は「王様は知恵とは何かを学んだ」，**5**は「王様は自らの過ちがわかった」という意味である。

イ：空欄後にあるように，自分で読まずに顧問官に読ませるので，**1**・**4**「多すぎだ」か，**3**「私は忙しすぎる」が入る。

よって，**ア**：The king was still bored，**イ**：There are too manyの組合せの**1**が正答である。

なお，**2**・**5**は「それらはおもしろい」という意味である。

全　訳

昔とても怠け者の王様がいた。王様はたくさんのものを欲しがったが，それを手に入れるために働くことを嫌がった。もちろん，そんなことをする必要もなかった。彼は王様であったから。たぶん多くの王様がこのようであっただろう。

王様は退屈していた。だから，顧問官を読んで尋ねた。「人が持つものとして最良のものは何だ？」
「人が持つものとして最良のものは，陛下」顧問官は答えた。「知恵でございます」
「そうか，ならばそれが欲しい」王様は言った。「どこで手に入るのか教えてくれ」
「本の中でございます，陛下」顧問官は言った。
「では，それらの本を持ってくるのだ」
「すべてでございますか？陛下」
「すべてだ」
顧問官は国中の本屋すべてを探した。すぐに王様の宮殿は何千もの本で埋め尽くされた。
(ア) 王様はまだ退屈していた。王様はまた顧問官を呼んだ。
「おまえは知恵を持つことが最高のことだと申したな。それはこれらの本の中にあると。今，私は本を持っておる。それゆえ，私は知恵を持っておる。しかし，なんの喜びもない。申せ，知恵を持つことでどんないいことがあるのか？」
「お読みにならなければなりません，陛下」
「これらを読むだと！」怠け者の王様は叫んだ。「**(イ)** 多すぎだ。お前が読むのだ。そして，できるだけ短くそこにある知恵について書くのだ」。
顧問官は国中の学者をすべて集めた。彼らは本を読み要約を書き，20年間励んだ。それが終わったとき，世界中の知恵はたった100冊の本にまとまった。彼らは王様の前にそれらを披露した。
「多すぎだ，多すぎだ！」王様は叫んだ。「多くて５冊だ」。

No.4の解説　文章整序（仕事を始めたきっかけ）　→問題はP.225　正答3

STEP❶　出題形式を確認する

出題形式は文章整序である。

STEP❷　本文を読む

出典は，David Evans “Women in Business” である。

夫がいない２年間にどのような仕事をして収入を得るか考える内容である。

繰り返しの語句，特定できる名詞につく「the」からつながりを見つけていく。

STEP❸　選択肢を選ぶ

選択肢を見ると，**ア**か**エ**のいずれかで始まっているので，まず２つの文章を読み比べる。**ア**は「the idea」に驚くも，２年間どうやって収入を得ようか考えるという内容で，**エ**はゴードンが馬で旅をするので２年間いないというもの。「The idea」，「the situation」の「the」は定冠詞で**エ**のゴードンが馬で旅をすることを特定するので，**エ→ア**。

ウでお店を出そうと考えるので，その後に具体的なお店として**イ**，**オ**の化粧品の話が来る。

まず，お店を始めようと考え，「化粧品」を思いつき，化粧品の値段が高いことに気がつくという流れになるので，**ウ→イ→オ**。

正答は，**エ→ア→ウ→イ→オ**の**3**となる。

全訳

エ：ゴードンはアニタにとてつもない計画があると言った。彼はずっと，夢を抱き続けていた。馬に乗ってブエノスアイレスからニューヨークまで縦断したいと思っていたのだ。今彼は，まだ若くて健康なうちにその夢をかなえたいと思ったのだ。しかし，それは，アニタと子供たちから２年間離れていなければならないということを意味していた。

ア：アニタはその考えに驚いたが，その状況を喜んで受け入れた。でもこれから２年間，どうやってお金を稼ごうか？　彼女は起業することにした。ゴードンが旅行の準備をしている間，アニタはどんな仕事を始めようかと考えた。子供の世話をする時間が取れる仕事がよかったので，毎日決まった時間に働きたいと思っていた。

ウ：お店を始めるのはどうかしら？と彼女は考えた。それなら，午前９時から午後５時まで働ける。でも，何を売ったらいいだろうか？　みんなが必要としているもので，他の店では買えないようなものを見つけなければいけなかった。彼女はまた，何か信念を持ってできることをしたいと思っていた。単にお金持ちになるために稼ぐのではなく，自分がよいものを売り，よいサービスを提供しているのだという確信が欲しかった。

イ：しばらくすると，彼女は化粧品について考え始めた。「どうして化粧品を買いたいと女性は思っているのに，こんなに選択肢が少ないのだろう？」とアニタは疑問に思った。「化粧品会社が自分で瓶に入れるものを決めて，瓶の大きさも決めて，さらに最悪なのは，とても高い値段をつけることだわ。」

オ：そしてアニタがさらに調べていくと化粧品の値段の高さに衝撃を受けた。なかには原材料を１ドルで買って，100ドルを超える値で売っている会社があることがわかった。顧客はしばしば，かわいい瓶とブランドの名前に大金を払っているのだ。

No.5の解説　文章整序（損失回避）

→問題はP.226　**正答2**

STEP❶　出題形式を確認する

出題形式は文章整序である。

STEP❷　本文を読む

出典は，R. H. Thaler & C. R. Sunstein "Nudge: Improving Decisions About health, wealth and happiness" である。本文の大意は以下のとおり。

<人は損失を嫌うもので，マグカップの実験ではマグカップを持っていた人が売る際につける値段は，カップを持っていない人が買うために支払うつもりの値段の2倍であることが示されている>

人々が損失を嫌うことを実験結果で示すという構成になっている。「they」が誰か，「then」は何の次なのかを考える。また，「How do we know this？」の「this」は何をさし，この疑問の答えがマグカップ実験であることに気がつくかがポイントである。

STEP❸　選択肢を選ぶ

イ・エ・オはマグカップ実験についての記述である。**イ**の「a simple experience」が初めにきて被験者のグループ分けについて説明をして，**オ**の「then」で次の指示が出される。**エ**の「They」は実験参加者の生徒で，「do so」は**オ**の指示を実行することである。よって，**イ→オ→エ**とつながる。

アは「losing, miserable」から，冒頭の枠の「人々は損失を嫌う」を2倍という数字でより具体的に言い換えているので，**冒頭枠→ア**とつながる。

ウにある専門用語「loss averse（損失回避）」は**ア**の説明を受けており，**ウ**の「this」は**ア**をさしている。

したがって，**ア→ウ→イ→オ→エ**の**2**が正答である。

全　訳

人は損失を嫌う（そして，人の自動反応システムはそれら（損失）に対してかなり感情的に働くことがある)。

ア：ざっくり言うと，何かを失うことは，同じものを得ることで幸せになることの2倍，人をみじめな気分にさせる。

ウ：より専門的な言葉を使えば，人は「損失回避」する生き物であるということだ。どうやったら，そうであることがわかるだろうか？

イ：簡単な実験を考えてみよう。クラスの生徒の半数がコーヒー用マグカップに彼らの地元の出身大学の校章を浮き彫りしたものを与えられる。マグカップを与えられなかった生徒は，近くにいる人のマグカップを注意深く見るよう求められる。

オ：その後，マグカップを持っている人はそれを売るように促され，持ってない人はそれを買うように促される。

エ：彼らは，「次に示される値段のそれぞれにおいて，あなたは（マグカップを手放す／マグカップを買う）つもりがあるかどうかを示す」という質問に回答することで，そのこと（マグカップを手放す／買う）をしたことになる。

実戦問題2 応用レベル

＊＊
No.6 次の文のA，B，Cに入る文ア，イ，ウの組合せとして最も妥当なのはどれか。

【国家一般職・平成21年度】

After a meeting adjourns, comments from participants may vary from "That was an excellent meeting" to "That meeting was a waste of time." Frequently, the leader feels that it was a productive meeting because the objectives were accomplished, but participants who attended feel that the meeting was nonproductive and ineffective. Why ? Because there is a difference of opinion on what constitutes a productive meeting.

The first criterion for a productive meeting : [A] This assumes, of course, that the objectives of the meeting were worthwhile. These are usually determined by the leader.

The second criterion for a productive meeting : [B] This criterion is more difficult to determine. Some participants think that comments, reactions, and discussion are necessary. Other participants may feel that this is a complete waste of time. And the leader may not be sure which is right.

The third criterion for a productive meeting : [C] This doesn't mean that they have to be happy about the subject of the meeting or about the decisions that were reached. For example, the objective may be to communicate to the participants that there are going to be layoffs. Those in the meeting may have to reduce their staffs. Obviously, the participants will not be happy. They may be satisfied, however, if they understand the reasons for the layoffs and have a chance to raise questions and perhaps suggest alternative solutions to the problem of excessive costs. To get satisfied participants, it may be necessary to allow time for free and open discussion.

ア：Are the participants satisfied ?

イ：Were the objectives accomplished in minimum time ?

ウ：Were the objectives accomplished ?

	A	B	C
1	ア	ウ	イ
2	イ	ア	ウ
3	イ	ウ	ア
4	ウ	ア	イ
5	ウ	イ	ア

＊＊
No.7 **次の文のア～コには，leader(s)，follower(s) のいずれかの語が入るが，leader(s) が入るもののみをすべて挙げているのはどれか。**

【国家専門職・平成23年度】

Broadly speaking, there are two types of people in the world. One type is known as leaders, and the other as followers. Decide at the outset whether you intend to become a leader in your chosen calling*, or remain a follower. The difference in compensation is vast. The [ア] cannot reasonably expect the compensation to which a [イ] is entitled, although many [ウ] make the mistake of expecting such pay.

It is no disgrace to be a [エ]. On the other hand, it is no credit to remain a follower. Most great leaders began in the capacity of [オ]. They became great [カ] because they were intelligent [キ]. With few exceptions, the person who cannot follow a leader intelligently, cannot become an efficient [ク]. The person who can follow a leader most efficiently, is usually the person who develops into leadership most rapidly. An intelligent [ケ] has many advantages, among them the opportunity to acquire knowledge from his/her [コ].

［注］* calling：職業

1 ア，ウ，オ，カ，コ
2 ア，エ，キ，ケ
3 イ，ウ，エ，カ，キ
4 イ，エ，オ，ク，ケ
5 イ，カ，ク，コ

No.8 ＊＊ 次の［　　　］の文の後に，ア～オを並べ替えて続けると意味の通った文章になるが，その順序として最も妥当なのはどれか。

【国家総合職・平成29年度】

> Students who take notes on a computer tend to perform worse than students who take notes by hand, according to a 2014 study by Pam A. Mueller and Daniel M. Oppenheimer.

ア：This confirms my own experience when meeting with students who appear to have anearly verbatim record of what I said in class but fail to grasp what I was trying to convey.

イ：Yet I've lost count of how many times I've called on a student with a question, only to have him look up from his laptop in bewilderment and ask me to repeat it.

ウ：It's like making a cake recipe from scratch, measuring out all the ingredients perfectly, but forgetting to put the concoction* in the oven. Laptops in the classroom can also make it harder to teach. Most law professors do more than lecture. We ask questions, pose hypotheticals, encourage students to engage in dialogue.

エ：That slows down class discussion, making it harder to cover the material planned and impairing the learning experience of students who aren't absorbed in playing games.

オ：They found that laptop users were basically creating a transcript of the lecture, while those taking notes by hand were synthesizing the information.

［注］* concoction：混ぜ合わせたもの

1 ア→エ→ウ→イ→オ
2 ア→オ→イ→ウ→エ
3 オ→ア→ウ→イ→エ
4 オ→ウ→エ→ア→イ
5 オ→エ→イ→ウ→ア

＊＊

No.9 **次の[　　　]の文の後に，A～Eを並べ替えて続けると意味の通った文章になるが，その順序として最も妥当なのはどれか。**

【国家専門職・平成21年度】

Almost everyone experiences some difficulty remembering people's names—sometimes only seconds after being introduced.

A：If a person has a complicated or unfamiliar name, you might ask how to spell it. Sometimes just visualizing an image of the name spelled out will fix it into your memory.

B：It is helpful to repeat the person's name during an initial conversation, or to comment on how the person reminds you of someone else you know the same name.

C：The main reason for this name-memory challenge is that often we are not fully paying attention—we are hearing, but not truly listening.

D：Using a person's name when saying goodbye will also help secure it into your memory bank.

E：Fortunately, for those of us who take solace in being "good with faces," there are many easy-to-learn strategies to make remembering names easy.

1 B→C→A→E→D

2 B→D→C→E→A

3 C→A→E→D→B

4 C→E→B→A→D

5 E→D→A→B→C

＊＊
No.10 **次の文の後に，ア～オを並べ替えてつなげると意味の通った文章になるが，その順序として最も妥当なのはどれか。**

【国家専門職・平成16年度】

The first sign is often a twinge[*1] in your knee or your back or some stiffness at the base of your thumb.

ア：Doctors used to think of it as a disease of old age, but they now believe that this form of arthritis[*2], the most common of about 100 types, begins its relentless, initially painless course when you're still in your 30s, 20s or even younger.

イ：By then the damage has been done, and even the best treatments can't do much more than ease the pain and try to maintain the status quo[*3] in what are already degenerating joints.

ウ：Think again. If you are within even shouting distance of middle age, chances are you have osteoarthritis, a degenerative disorder[*4] in which the cartilage —— the natural shock absorber that cushions the insides of your joints —— begins to break down.

エ：Or maybe you're getting out of the car and a sharp pain shoots down your leg from your hip to your calf. "Nothing serious," you think. "I must have just straind something. I'm too young to have arthritis."

オ：Most of the time you won't suspect anything is wrong until you're in your 40s or 50s and begin to feel those telltale twinges, signs that the disorder may be starting to affect your bones.

［注］ *1 twinge：鋭い痛み　*2 arthritis：関節炎
*3 status quo：現状　*4 degenerative disorder：変形性疾患

1 エ→ア→イ→オ→ウ
2 エ→ウ→ア→オ→イ
3 エ→ウ→オ→ア→イ
4 オ→ア→イ→エ→ウ
5 オ→ア→エ→イ→ウ

文章理解 第2章 英文

実戦問題2の解説

No.6の解説　空欄補充（ミーティングの評価基準）

→問題はP.233　正答5

STEP❶　出題形式の確認

本問は空欄補充である。

STEP❷　本文を読む

出典は，Donald L. Kirkpatrick "How To Conduct Productive Meetings" である。

ミーティングを評価する**基準**として3つを挙げ説明しているが，それぞれに**ア**，**イ**，**ウ**の英文が入る形になっているので，それぞれの基準をまとめ，英文と合致するものを選ぶとよい。

STEP❸　選択肢を選ぶ

基準1を見ると「目的」について述べられているので，**A**には**ウ**「目的は達成されたか？」が入る。

基準2を見ると「時間」に関して述べられているので，**B**には**イ**「目的は最短の時間で達成されたか？」が入る。

基準3を見ると「満足」に関して述べられているので，**C**には**ア**「出席者は満足しているか？」が入る。

したがって，**5**が正答となる。

全　訳

ミーティングが一時休止した後の出席者のコメントは「すばらしいミーティングだった」というものから「あのミーティングは時間の無駄だった」というものまで，さまざまある。目的が達成されたから生産的なミーティングだったとリーダーが感じても，出席者のほうは非生産的で無駄だったと感じているというのはよくあることなのだ。なぜか？それは生産的なミーティングとはどんなものかについての見解が異なっているからである。

生産的なミーティングかどうかの1つ目の基準は(ウ)「目的は達成されたか」というものだ。これはもちろん，ミーティングの目的がそれに値するものであるというのが前提にある。これは，普通，リーダーが決める。

生産的なミーティングかどうかの2つ目の基準は(イ)「目的は最短の時間で達成されたか」というものである。この基準を決定するのは難しい。出席者の中には，感想や反論や議論することが必要と考える人もいるし，そういったことは，まったく時間の無駄だと考える人もいるかもしれない。すると，リーダーはどちらがいいか迷うかもしれない。

生産的なミーティングかどうかの3つ目の基準は(ア)「出席者は満足しているか」というものだ。これは，ミーティングのテーマや達した結論に出席者が満足しなければならないということではない。たとえば，ミーティングの目的が出席者に従業員の解雇が行われることを伝えることであったとする。出席者はそれぞれのスタッフを減らさなければならないかもしれない。明らかに出席者の気分はよくないであろう。しかしながら，解雇を行う理由を理解し，質問する機会があり，あるいは過剰なコストに対して別の解決方法を提示することができたなら，彼らは満足するかもしれない。出席者を満足させるには，自由でオープンな議論の時間を認めることも必要かもしれない。

No.7 の解説　空欄補充（リーダーとフォロワー）

→問題はP.234　正答5

STEP❶ 出題形式を確認

空欄補充問題である。複数ある空欄に２つの語句を入れる形式である。

STEP❷ 本文の読む

出典は，“Think and Grow Rich” by Napoleon Hill（1960, 1983 Ballantine Books）である。

「leader」と「follower」を比較した内容なので，それぞれの特徴を分けて考えていく。

STEP❸ 選択肢を選ぶ

アは報酬を期待できないので，「follower」が入り，**イ**はその資格があるので「leader」が入る。**ウ**は勘違いしているので「follower」が入る。**エ**でいることを恥じることはないとあるので「follower」が入る。**オ**からリーダーが出てくるので「follower」が入る。**カ**は偉大とあるので「leader」が入る。**キ**はリーダーになる前の話なので「follower」が入り，**ク**は有能であるので「leader」が入る。知的な**ケ**は**コ**から学ぶので，それぞれ「follower」，「leader」が入る。

よって，「leader」が入るのは，**イ**，**カ**，**ク**，**コ**なので，正答は**5**となる。

全訳

大まかに言って，世界には２つのタイプの人間がいる。１つ目はリーダーのことであり，もう一方は，追随者である。あなたが選んだ職業においてリーダーになるつもりか，追随者のままでいるか，最初の段階で決めなくてはならない。報酬の違いは大きい。**(ア)**追随者は**(イ)リーダー**に与えられているような報酬を当然期待することはできない。だけれども，多くの**(ウ)**追随者はそのような報酬を期待するという間違いを起こしている。

(エ)追随者であることは恥ではない。だからといって，追随者のままでいることは誉れでもない。多くの偉大なリーダーは**(オ)**追随者の中から出てくる。彼らは偉大な**(カ)リーダー**になる。なぜなら，彼らは知性的な**(キ)**追随者であるからだ。ほとんど例外なく，リーダーに知性的に従えない人は有能な**(ク)リーダー**にはなれない。最も効率よくリーダーに従えた人が通常最も早くリーダーシップを発達させるのである。知的な**(ケ)**追随者は多くの優位性があり，彼らの中に**(コ)リーダー**からの知識を得る機会を持つのである。

No.8 の解説　文章整序（授業中のパソコン利用）

→問題はP.235　正答3

STEP❶ 出題形式の確認

本問は文章整序の問題である。

STEP❷ 本文を読む

出典は“I'm Banning Laptop From My Classroom”(THE WALL STREET JOURNAL)。

冒頭の枠内で，授業を受ける際に手書きでノートを取る学生とパソコンに打ち込む学生の理解度を比べ，後者のほうが成績が悪いと述べているので，これについての詳しい説明が以下に続くことになる。**内容面とThis, That, Theyなどの代名詞をヒントにグループ分けをするとよい。**

STEP❸ 選択肢を選ぶ

冒頭の枠で，２人の研究者による，手書きでノートを取る学生とパソコンに打ち込む学生との比較が述べられている。選択肢をヒントにすると**ア**か**オ**のどちらかで始まることになるが，**オ**の「They」は「２人の研究者」をさし，手書きでノートを取る学生とパソコンで打ち込む学生を比較している内容から，冒頭の枠に続くのは**オ**だとわかる。

残る**ア～エ**は，「私」の経験から考えたことを具体的に書いている内容となることから，２人の研究に共感し，自分の経験を語るという流れになることがわかる。

アの「This」に着目すると，確証を与えてくれるのは，冒頭**→オ**の内容となるので，**オ→ア**となり**3**が正答だとわかる。

イの「Yet」に着目すると，**ウ**の「参加を促す」に対して，**イ**で，質問に戸惑う学生の様子が続くので**ウ→イ**。それが，**エ**の「That」につながり，授業が滞る結果になると述べている。よって，**オ→ア→ウ→イ→エ**となるので，正答は**3**である。

全訳

パム・モラー氏とダニエル・オッペンハイマー氏による2004年の研究によるとパソコンでメモを取る学生は手書きでノートを取る学生よりも成績が悪い傾向がある。

オ：彼らが発見したのは，ノートパソコンの使用者は基本的に講義録を作成しており，一方で，手書きでノートを取る人たちは情報を総合する作業を行っている，ということである。

ア：このことは，私が授業で話したことをほぼ逐語的に記録しているようだが，私が伝えようとしたことは理解していない学生たちに出会ってきたという私の経験に確証を与えてくれる。

ウ：それはケーキのレシピを最初から作っていて，すべての材料の分量を完璧に量ったにもかかわらず，それらを混ぜ合わせたものをオーブンに入れるのを忘れるようなものである。教室にパソコンを持ち込むことは，教えることを困難にすることもある。多くの法学の教授は，講義以上のことをしている。われわれは質問し，仮定を示して，学生たちに対話に参加することを促している。

イ：だが，私はこれまで数えきれないほどたくさん学生に質問したが，学生はびっくりして，パソコンから顔を上げ，私にもう一度質問を言ってくれるように言うという経験をしてきた。

エ：そのせいで，クラスのディスカッションのペースは遅くなり，計画していた教材をこなすことが難しくなり，ゲームに没頭しているわけではない学生の学習経験が少なくなっているのだ。

No.9の解説　文章整序（名前の覚え方）

→問題はP.236　正答4

STEP❶　出題形式の確認

文章整序の問題である。

STEP❷　本文を読む

出典は，“The Experts' Guide to 100 things Everyone Should Know How to Do” by Samantha Ettus（Clarkson Potter）である。

名前を覚えるのが難しいということからどう覚えるかについて論じた文章である。**問題提起，説明，解決**の流れに分けること，A，Bの「If ～」の**繰り返し**に気がつくかがポイントである。

STEP❸　選択肢を選ぶ

囲みで相手の名前を記憶するのが難しいとし，Cで「this name-memory challenge」の理由を述べているので，Cが最初に来る。この時点で選択肢は**3**・**4**に絞られる。

囲み→Cに対して，解決方法があるとEでいっており，A，B，Dが具体的解決方法なので，**囲み→C→E**となり，選択肢**4**が正答となる。

全　訳

囲み：多くの人が，人の名前を覚えることはちょっと難しいと感じたことがあるものだ。紹介されてほんの数秒しただけの場合もそういうことはある。

C：この名前を記憶することが大変である理由は，私たちがそこに十分な注意を払っていないことがよくあるからである。聞こえてはいるが本当に聞き入っているわけではないのだ。

E：幸運なことに，表情で取り繕っている人にとって，名前を簡単に覚える簡単な方法がたくさんある。

B：会話の最初の頃，相手の名前を繰り返すのも有効である。相手が，同じ名前の知っているほかの人を連想させると話すこともよい。

A：もし，相手が複雑でなじみのない名前なら，どうやって書くのかを聞くこともできる。ただ名前のスペルを視覚化したイメージにするだけで記憶に残ることもある。

D：相手の名前を言いながらさよならを言うことで，記憶の貯蔵庫に確実にしまっておけるようにもなるだろう。

No.10 の解説 文章整序（関節炎）

→問題はP.237 **正答2**

STEP❶ 出題形式の確認

文章整序の問題である。

STEP❷ 本文を読む

出典は，『TIME』June 16, 2003である。

医学用語が多くて一見難しく思えるが，関節炎の進行について，軽い→重いの流れがわかればよいだろう。**イ**の「By then」，**エ**の「Or」がどことつながるかがポイントとなる。

STEP❸ 選択肢を選ぶ

囲みは関節炎の初期症状について述べられたものであり，**エ**の「Or」以降も初期症状について書かれているので囲みに続いて**エ**が来る。ここで選択肢は**1**，**2**，**3**のどれかになる。

アで20代，30代の話をし，**オ**で40代，50代で進行してしまった状態へと話は流れる。そして，**イ**の「By then」へと移るので，**ア→オ→イ**がひとかたまりとなり，選択肢と比較して**2**が正答だとわかる。

ウの「Think again」は，**エ**の大したことはないとした判断に対して述べられたものなので，**エ→ウ**。以上より，**エ→ウ→ア→オ→イ**の順となる。

全訳

囲み：最初のサインはしばしばひざや背中の鋭い痛みや親指の付け根のこわばりである。

エ：もしくは車から降りたときのお尻からふくらはぎにかけて足に走る鋭い痛みかもしれない。「大したことはない」と思うかもしれない。「どこか痛めたに違いない。関節炎になるには若すぎる。」

ウ：もう一度考えてみなさい。もし中年までまだ間があるとしても，変形性関節炎，つまり関節の内側を包む天然の衝撃吸収帯である軟骨が壊れ始める変形性疾患になる可能性はある。

ア：医師はそれが老人の病気だと考えてきたが，関節炎のこの型，最も一般的な約100の型は，最初は，30代，20代もしくはもっと若いときから痛みのない進行で始まり，容赦なく始まると今では信じている。

オ：40代，50代になって，変形が骨にまで影響し始めたサインである激しく鋭い痛みを感じ始めるまで，ほとんどの場合どこかが悪いとは疑わないだろう。

イ：このときまでにはダメージは進行し，最善の治療法は，痛みを軽減するしかなく，すでに悪化した関節の現状を維持することしかない。

第1章　数表

テーマ❶　実数・割合
テーマ❷　指数・構成比
テーマ❸　増加率

第2章　グラフ

テーマ❹　実数・割合
テーマ❺　指数・構成比
テーマ❻　増加率

第3章　特殊な問題

テーマ❼　度数分布
テーマ❽　統計・相関
テーマ❾　その他

試験別出題傾向と対策

頻出度	試験名	国家総合職					国家一般職					国家専門職				
	年度	21-23	24-26	27-29	30-2	3-5	21-23	24-26	27-29	30-2	3-5	21-23	24-26	27-29	30-2	3-5
	テーマ ＼ 出題数	2	3	2	3	4	3	5	4	3	2	6	7	6	4	4
A	1 実数・割合	2	3	1	3	4	3	4	4	2	2	6	7	6	4	3
B	2 指数・構成比		1	1				1								1
B	3 増加率									1						

資料解釈の出題は，大きく「数表」と「グラフ」の２つの分野に分けることができる。両分野ともに，与えられた資料の意味を的確に把握し迅速かつ効率のよい計算処理が求められる。本章で扱う「数表」における出題は主に，「実数・割合」「指数・構成比」「増加率」の３つに分けられる。

いずれも解法の過程は

①与えられた資料の意味の正確な把握

②選択肢から処理する内容の把握

③明らかに間違っている選択肢の振るい落とし

④迅速な計算と正答の決定

であることに違いはない。

資料解釈は，資料の注意深い把握と処理能力を問う分野であり，高度な数学的知識は必要ない。しかし，多数の数値を処理することは要求されるので，計算すべき部分を的確に見抜き，無駄の少ない計算を心掛けることが重要となる。計算処理を敬遠する受験生は多いだろうが，典型問題の演習で，確実に得点できる分野であることを認識してほしい。

●国家総合職

資料解釈の出題２問のうち，数表から１問程度が出題されている。数表といっても，単純な出題は少なく，複数の図表が与えられてその関連性を問う問題なども近年多く出題されている。ただ，数表からの出題は難度がそれほど高くなく，数表の意味の把握と正確な計算を心掛ければ，確実に正答を得られる問題が多い。その意味では，国家一般職や国家専門職の過去問も練習問題として十分に使える。また，数表の中でも実数・割合からの出題が比較的多い。

●国家一般職

資料解釈の出題３問中，数表から１問程度出題される。難易度はそれほど高くはないので，確実に得点をすることが求められる。出題分野は実数・割合からが多

	地方上級（全国型）					地方上級（東京都）					地方上級（特別区）					市役所（C日程）				
	21-23	24-26	27-29	30-2	3-5	21-23	24-26	27-29	30-2	3-5	21-23	24-26	27-29	30-2	3-5	21-23	24-26	27-29	30-2	3-4
	0	0	0	0	0	2	1	1	0	0	6	5	6	6	6	0	1	0	1	1
テーマ1						2	1				1	1	2	2	3				1	1
テーマ2											2	1		2						
テーマ3								1			3	3	4	2	3		1			

い。さまざまな数値から構成される数表が用いられるので落ち着いて，処理すべき数値を見いだす必要がある。

●国家専門職

出題3問のうち2問程度が数表からの出題である。また，その中でも実数・割合からの出題が多い。数字を分析する資質を見る必要が高いためか，難易度は国家総合職とともにやや高い。計算も要求されているので，不必要な部分をいかに省くかが特に重要になる。国家専門職だけでなく，国家総合職のレベルまでの練習を積んでおきたい。

●地方上級

出題傾向や形式は，試験の種類によって大きく異なる。とりわけ全国型ではその傾向が顕著であるといえる。各自，当該受験型の過去問には必ず目を通しておくことが重要である。数表は，**全国型**での出題が少ないが，全国型を除いたすべての受験型において頻出分野ということができる。特に実数，指数・構成比からの出題が多い。問題のレベルは高くはないが，日頃からの演習が重要である。

全国型では，数表からの出題頻度は低い。**関東型**では，資料解釈の出題数は多くないが，数表分野からの出題頻度は高いので要注意である。出題範囲は実数から増加率と幅広く満遍なく出題されている。**中部・北陸型**では，資料解釈の出題数自体は少ないが，数表はその中では頻出分野といえる。

東京都では，数表からの出題頻度は低い。**特別区**では，出題の5割程度がこの分野からである。出題傾向に偏りはなく，実数，指数・構成比，増加率から満遍なく出題される。正確な計算力を求められる問題が多い。

●市役所

市役所では，数表からの出題頻度は低かったが，近年出題2問のうち1問程度の出題がみられるようになった。数表の中では，実数・割合の出題が多い。

実数・割合

必修問題

表は，世界銀行によるセクター別融資額の推移を示したものである。これから確実にいえるのはどれか。

【国家専門職・平成28年度】

〔単位：百万ドル〕

セクター ＼ 年度	2010	2011	2012	2013	2014
農業・漁業・林業	2,618	2,128	3,134	2,112	3,059
教育	4,945	1,733	2,959	2,731	3,457
エネルギー・鉱業	9,925	5,807	5,000	3,280	6,689
金融	9,137	897	1,764	2,055	1,984
保健・その他の社会サービス	6,792	6,707	4,190	4,363	3,353
産業・貿易	1,251	2,167	1,352	1,432	1,807
情報・通信	146	640	158	228	381
行政・法律・司法	10,828	9,673	8,728	7,991	8,837
運輸	9,002	8,638	4,445	5,135	6,946
水と衛生・治水	4,103	4,617	3,605	2,220	4,332
総額	58,747	43,006	35,335	31,547	40,843

［注］四捨五入のため，総額と一致しない場合がある。

1 2011～2014年度についてみると，融資額が毎年度増加しているセクターが１つある。

2 2010年度と2014年度を比べると，総額に占める割合が減少しているセクターは，「教育」「金融」「保健・その他の社会サービス」「運輸」の４つである。

3 2010年度と2011年度を比べると，「産業・貿易」セクターへの融資額の増加の影響を受けて，「情報・通信」セクターへの融資額も増加した。

4 表中の各年度において，上位３セクターの融資額の合計は，常に総額の５割を上回っている。

5 表中の各年度において，下位３セクターの融資額の合計は，常に総額の１割を上回っている。

難易度 ＊

必修問題の解説

実数や割合に関する問題は，与えられた数値をそのまま用いて計算しようとすると，手間と時間がかかりすぎて制限時間内に処理することが困難な場合が大半である。したがって，概算や計算テクニックを駆使し，いかに計算を少なくできるかというところが，問題を攻略するカギである。

1 ×　単純に各セクターごとの数値を見比べる。
融資額が毎年度増加しているセクターは１つもないので，明らかに誤っているとわかる。

2 ×　概算をして反例を１つみつける。
「運輸」の総額に占める割合は，百の位で四捨五入して千の位以上の数字に注目すると，2010年度は$\frac{9}{59}\fallingdotseq 0.15$，2014年度は$\frac{7}{41}\fallingdotseq 0.17$であるから，2010年度より増加しているので，誤りとなる。

3 ×　与えられた資料からは判断できない。
他のセクターへの影響については，この資料からは判断できないので，誤りとなる。

4 ◎　概算をして確かめてみる。
各年度の上位３セクターの融資額の合計は，百の位で四捨五入して千の位以上の数字に注目すると，2010年度からそれぞれ30，26，18，17，23である。また，同様にして，総額は2010年度からそれぞれ59，43，35，32，41であるから，常に総額の５割を上回っているので，これが正答である。

5 ×　概算して反例を１つみつける。
下位３セクターの融資額の合計は，百の位で四捨五入して千の位以上の数字に注目すると，2010年度は$0+1+3=4$であるから，総額の１割を上回っていないので，誤り。

正答 4

FOCUS

明らかな誤りを含む選択肢や，与えられた資料からは判断できない選択肢を除いたり，計算を省略化するなどして，スピードアップを図りたい。

重要ポイント 1 資料解釈の問題の解き方

(1) 資料が示している値の意味を十分理解し，どのデータを使えば求める計算ができるのか正確に把握する。特に**極端な数値をみつけたら，そこから反例を挙げて**，消去法で選択肢を減らせることが多い。

(2) 実際の試験では，時間が足りなくなる場合が出てくるので，計算時間の短縮は最も重要なポイントである。(重要ポイント2・3参照)

(3) 資料解釈は，**与えられた資料から導かれる事柄を判断する問題**である。たとえ，ある選択肢が一般常識や歴史的・社会的背景から主観的に判断して妥当と思われても，**資料から論理的に導かれる客観的事柄でないものは間違い**である。決して，自分の憶測や主観で判断してはならない。

(4) 与えられた資料には，隅々まで気を配ること。脚注で示される事柄も，資料の要となる場合があるので注意したい。

重要ポイント 2 計算の工夫1～有効数字

数表の問題（特に実数を含む資料）では，ケタ数の多い計算が要求される。この場合，まず問題からどのくらいの精度の計算結果が要求されているかを考え，概算で済むところでは有効数字を考慮した計算を行う。

活用方法

有効数字nケタの計算を行う場合，対象となる数の（$n+1$）ケタ目を四捨五入し，有効数字nケタの数に置き換えたうえで計算を行う。計算結果は，nケタ目まで信用できるので，（$n+1$）ケタ目を四捨五入しnケタの数にする。

例

以下の数を有効数字３ケタの数にする（▒は四捨五入する位）。

452,824 ＝ 453,000
28,132 ＝ 28,100
0.24583 ＝ 0.246

例

1,358,463÷53,421＝25.4293…（実際の計算結果）

有効数字３ケタの場合，1,358,463は，４ケタ目の８を四捨五入して1,360,000＝136×10^4，53,421は，534×10^2として

$(136\times10^4)\div(534\times10^2)=25.46\cdots\fallingdotseq25.5$（概算の結果）

ほとんどの場合，**有効数字３ケタの概算**で対処できる。まず有効数字３ケタで計算し，僅差の計算結果が出た場合，さらに有効数字のケタ数の多い計算を行う。

[注意] 本書解説中の数値の単純化と説明の省略について

資料解釈の問題の解説では，計算に要する時間の短縮を図るため「計算の工夫」を積極的に行っている。そのため，問題中の資料の数値を四捨五入するなどして単純化していることがある。また，紙面の都合上「○を△の位で四捨五入して」「有効数字３ケタで概算して」などの説明が省略されていることもあるので，注意してほしい。

重要ポイント3 計算の工夫2～割り算よりかけ算

迅速な計算能力は，資料解釈では非常に重要なポイントとなる。日頃からの練習で，必要最低限のプロセスによって計算結果を得る「コツ」を身につけておきたい。

資料解釈で行われる計算のほとんどは，かけ算・割り算である。このときの鉄則は，**「割り算よりかけ算」**である。このことは，特に割合に関する問題で有効である。

たとえば，「項目Aの項目Bに対する割合は30%を超えている」かどうかを検証するときに，A÷B×100を計算して実際の割合を求めるよりも，B×0.3の計算値とAの値との比較を行ったほうが，計算労力は少なくて済み，迅速である。

問題文のとおりに素直に計算するよりも，常に簡易な（楽な）計算で済ませるテクニックを身につけることが，重要である。

例

「平成14年の165,432件は，平成13年の201,245件の80%を超えているかどうか」という問題のとき，

165,432÷201,245≒165,000÷201,000＝0.8208…≒82.1〔%〕

と計算するよりも，

201,245×0.8≒201,000×0.8＝160,800≒161,000

165,432（平成14年）＞161,000（平成13年の80%）なので，平成14年は平成13年の80%を超えている，ということができる。明らかにかけ算のほうが楽である。

重要ポイント4 注意すべき問題形式

（1）単位当たりの数

数表内に用いられる数値として，単位当たりの数が用いられることがある。これは，たとえば人口千人当たりの自動車台数や，単位面積当たりの人口（人口密度）などのように，実数そのものを示すものではなく，あくまでも決められた単位当たりの数である。よって，**基準となる単位のもとになっている実数（上記の例では人口や面積）が与えられていない限り，実数の比較はできない**ことに注意したい。

（2）アンケート問題

アンケートの回答の集計結果を用いた資料では，その回答方法が，**複数回答可なのか複数回答不可なのかに注意**を払う必要がある。特に複数回答可の場合に注意が必要である。複数回答可のアンケート問題の注意点は，

①各項目の回答数合計は，アンケートを受けた人の人数を上回る。

②項目Aと項目Bに回答した人の合計は，A＋Bではない。つまり，AとBに重複して回答した人がいる可能性があることに注意したい。

実戦問題❶　基本レベル

＊
No.1 **表Ⅰは，余暇の過ごし方について，現状一番多くしていること（「現状一番目」）・将来したいこと（「将来」）を，若年層，中年層，高年層の３つの年層別に，1973年と2018年で比較したものであり，表Ⅱはその回答者数である。これらからいえることとして最も妥当なのはどれか。**

【国家一般職・令和３年度】

表Ⅰ　年層別余暇の過ごし方（現状一番目・将来）

〔%〕

	若年層（16～29歳）			中年層（30～59歳）			高年層（60歳以上）		
	現状一番目		将来	現状一番目		将来	現状一番目		将来
質問項目	1973年	2018年	2018年	1973年	2018年	2018年	1973年	2018年	2018年
好きなことをして楽しむ	54	56	42	38	43	43	39	47	45
友人や家族との結びつきを深める	13	18	20	12	23	21	9	12	17
体をやすめて，あすに備える	15	15	6	31	22	6	31	17	8
知識を身につけたり，心を豊かにする	9	3	17	11	6	15	9	9	13
運動をして，体をきたえる	7	7	11	4	6	9	4	12	7
世の中のためになる活動をする	1	0	3	2	1	6	3	2	7

［注］　四捨五入等の関係により，割合の合計が100％にならない場合がある。

表Ⅱ　回答者数

〔単位：人〕

	若年層	中年層	高年層
1973年	1,244	2,392	607
2018年	270	1,185	1,296

1　若年層で，1973年に現状一番多くしていることを「知識を身につけたり，心を豊かにする」と答えた者の数は，高年層で，2018年に将来したいことを「知識を身につけたり，心を豊かにする」と答えた者の数より多い。

2　高年層で，1973年に現状一番多くしていることを「体をやすめて，あすに備える」と答えた者の数は，高年層で，2018年に将来したいことを「体をやすめて，あすに備える」と答えた者の数より少ない。

3　1973年に現状一番多くしていることと，2018年に現状一番多くしていることを比較した際に，すべての年層で５％ポイント以上の差がある質問項目は，「友人や家族との結びつきを深める」である。

4　2018年に，現状一番多くしていることを「好きなことをして楽しむ」と答えた者の数は，2018年の全回答者の５割を超えている。

5　中年層で，1973年に現状一番多くしていることと，2018年に将来したいことを，質問項目別に比較した際に，両者の人数の差が最も大きいのは，「体をやすめて，あすに備える」である。

＊＊
No.2 **図は，海外に在留する邦人数の推移を，表は海外に在留する邦人の長期滞在者，永住者別，地域別の推移をそれぞれ平成15～17年について示したものである。これらから確実にいえるのはどれか。**

【国家専門職・平成19年度】

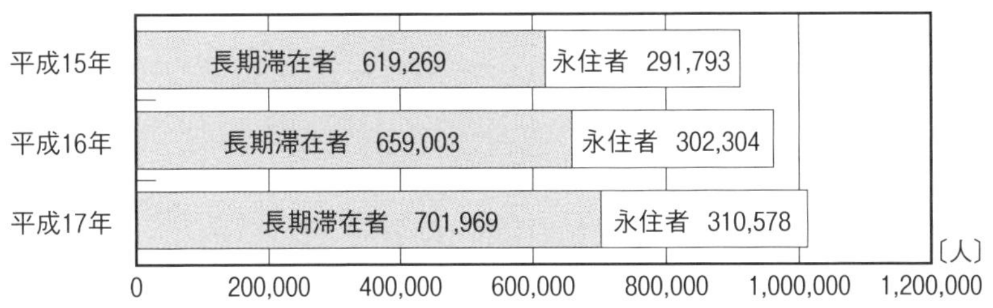

地　域	長期滞在者〔人〕			永　住　者〔人〕		
	平成15年	平成16年	平成17年	平成15年	平成16年	平成17年
アジア	199,122	226,752	252,376	7,399	7,982	8,371
大洋州	35,152	37,704	39,652	27,866	30,183	33,219
北米	240,033	244,644	256,295	129,606	135,584	141,290
中米・カリブ	5,056	5,242	5,550	2,528	2,568	3,150
南米	5,491	5,407	5,347	88,819	87,269	84,354
西欧	119,293	123,107	124,972	33,540	36,421	37,671
中・東欧，旧ソ連	5,260	5,779	6,456	455	518	676
中東	4,749	4,828	5,732	1,108	1,249	1,330
アフリカ	5,069	5,498	5,552	472	530	517
南極	44	42	37	0	0	0

出典：外務省「海外在留邦人数統計（平成18年版）」より引用，加工

1 アジア地域に在留する長期滞在者は，平成16年，平成17年とも，前年に比べて20％以上増加している。

2 平成17年において，中米・カリブ地域の長期滞在者および永住者のうち永住者の占める割合は，全地域において永住者が占める割合より大きい。

3 北米地域に在留する長期滞在者と永住者を合わせた邦人数は年々増加しているが，前年からの増加人数は，平成16年，平成17年とも16,000人以下となっている。

4 平成17年における長期滞在者は，南米以外の地域では前年に比べいずれも増加しており，前年比増加率は中・東欧，旧ソ連地域が最も高い。

5 海外に在留する永住者数は，年々増加しており，長期滞在者および永住者全体に占める割合は，平成17年のほうが平成15年よりも高い。

＊
No.3 **表は，社会保障に関するアンケート調査の結果を示したものである。この表から確実にいえるのはどれか。**

【国家専門職・平成25年度】

これまで社会保障の知識を得た手段（複数回答を含む）　〔%〕

	新聞	テレビ・ラジオ	インターネット	書籍・雑誌	広報・パンフレット	公的機関等への問合せ	勤務先・学校	家族・知人	その他	調べたことがない
総回答数 1,342人	66.0	66.0	26.1	24.1	39.8	32.9	31.4	37.2	1.6	5.1
20歳代 146人	41.1	48.6	34.9	16.4	18.5	17.1	41.1	46.6	−	13.0
30歳代 217人	52.1	59.0	46.1	22.1	27.2	29.5	47.5	43.8	0.9	3.7
40歳代 230人	62.6	63.0	33.5	22.6	37.0	30.9	40.4	38.7	0.4	4.8
50歳代 234人	73.1	71.4	27.4	25.2	44.9	39.3	33.8	32.9	1.7	4.3
60歳代 297人	77.8	73.1	14.8	30.3	51.2	42.4	20.5	36.4	3.4	2.4
70歳代 218人	76.6	72.5	6.4	22.9	48.6	29.4	11.5	28.4	1.8	6.0

緊急に見直しが必要だと思われる分野（複数回答を含む）　〔%〕

	医療制度	年金制度	介護制度	子育て関連制度	雇用支援策	貧困対策	その他	わからない
総回答数 1,342人	53.1	66.3	56.9	42.0	47.5	25.1	10.0	2.6
20歳代 146人	41.8	71.2	39.0	50.7	40.4	30.8	7.5	5.5
30歳代 217人	49.3	71.4	44.2	47.9	47.9	24.4	6.5	3.2
40歳代 230人	53.9	71.7	55.7	43.9	45.2	27.4	9.1	3.9
50歳代 234人	50.9	72.6	56.8	43.2	49.6	28.6	14.5	1.3
60歳代 297人	57.2	59.3	65.0	39.7	52.9	18.9	9.4	1.3
70歳代 218人	60.1	55.0	71.6	30.3	44.5	24.3	11.9	1.8

1　これまで社会保障の知識を得た手段として「調べたことがない」と回答した者を除く全員が，これまで社会保障の知識を得た手段として「新聞」または「テレビ・ラジオ」と回答している。

2　これまで社会保障の知識を得た手段として「インターネット」と回答した者のうち，20歳代から50歳代までの者の割合は８割を下回っている。

3　70歳代の者のうち，緊急に見直しが必要だと思われる分野について「医療制度」と「介護制度」の両方とも回答した者は50人以上いる。

4　緊急に見直しが必要だと思われる分野として「貧困対策」と回答した者は，20歳代から70歳代までのいずれの世代でも50人を超えている。

5　40歳代の者のうち，これまで社会保障の知識を得た手段として「新聞」と「テレビ・ラジオ」の両方とも回答し，かつ緊急に見直しが必要だと思われる分野として「年金制度」と「子育て関連制度」の両方とも回答した者は最低でも36人いる。

＊No.4　次の表から確実にいえるのはどれか。

【地方上級（特別区）・平成26年度】

アジア５か国の外貨準備高の推移

〔単位：100万米ドル〕

国　名	2007年	2008	2009	2010	2011
日　本	954,145	1,010,691	1,023,586	1,062,816	1,259,494
イ ン ド	267,625	248,039	266,166	276,243	272,249
韓　国	262,176	201,170	269,958	291,515	304,349
マレーシア	101,084	91,212	95,496	104,947	131,843
中　国	1,531,349	1,950,299	2,417,903	2,867,905	3,204,609

1　2008年から2010年までの３年の日本の外貨準備高の１年当たりの平均は，１兆300億米ドルを下回っている。

2　2010年のインドの外貨準備高の対前年増加額は，2009年のそれの50％を下回っている。

3　2009年の韓国の外貨準備高の対前年増加率は，2010年のそれの４倍より大きい。

4　表中の各年とも，マレーシアの外貨準備高は，インドのそれの40％を下回っている。

5　2011年において，中国の外貨準備高の対前年増加率は，日本の外貨準備高のそれより大きい。

＊
No.5 **表は，ある市の1995年，2000年，2005年における，２人以上世帯および単身世帯の１か月当たりの家計の状況に関するものである。１か月当たりの家計の状況に関して，これから確実にいえるのはどれか。**

ただし，

○　実収入＝非消費支出＋可処分所得

○　平均消費性向＝(消費支出／可処分所得)×100

○　エンゲル係数＝(食料費／消費支出)×100

である。

【国家一般職・平成21年度】

	２人以上世帯			単身世帯		
	1995年	2000年	2005年	1995年	2000年	2005年
世　　帯　　数	25,610	26,093	26,225	1,525	1,475	1,451
平均世帯人員〔人〕	3.6	3.4	3.1	1.0	1.0	1.0
実収入〔千円〕	584	588	676	423	446	445
消費支出〔千円〕	354	362	414	225	234	240
平均消費性向〔%〕	72.7	74.1	73.5	66.5	65.1	67.4
エンゲル係数〔%〕	20.5	19.5	18.0	21.5	21.5	22.8

［注］実収入および消費支出は，１世帯当たりの数値である。

1　2005年についてみると，２人以上世帯における１人当たりの実収入は，単身世帯のそれの$\frac{1}{3}$よりも少ない。

2　２人以上世帯における世帯人員の総数についてみると，2005年は1995年よりも増加している。

3　単身世帯についてみると，2000年から2005年にかけて可処分所得が１割以上増加している。

4　2005年の単身世帯についてみると，非消費支出は10万円未満である。

5　2005年についてみると，２人以上世帯の食料費は，単身世帯のそれより３万円以上高い。

No.6 ＊＊ **表は，全国およびA県における医療施設数，病床数の推移を示したものである。これから確実にいえるのはどれか。**

【国家一般職・平成29年度】

〔単位：施設，床〕

区分				平成24年	平成25年	平成26年
全国	医療施設数			177,191	177,769	177,546
全国	病床数			1,703,853	1,695,114	1,680,625
A県	医療施設数	総数		2,802	2,821	2,822
		病院		142	142	142
		一般診療所		1,616	1,627	1,626
			有床診療所	161	156	147
			無床診療所	1,455	1,471	1,479
		歯科診療所		1,044	1,052	1,054
	病床数	総数		27,637	27,501	27,210
		病院		25,500	25,473	25,265
		一般診療所（有床診療所）		2,137	2,028	1,945
	人口10万人当たり	病院数		6.1	6.1	6.1
		一般診療所数		69.5	69.9	69.8
		病院病床数		1,096.8	1,094.2	1,085.3
		一般診療所(有床診療所)病床数		91.9	87.1	83.5

［注］病床数は歯科診療所を除く。

1　平成25，26年のいずれの年も，全国の病床数に占めるA県のそれの割合は，前年に比べ増加している。

2　平成26年における全国の医療施設数に占めるA県のそれの割合は，２％以上である。

3　平成26年におけるA県の病床数の対前年減少率は，一般診療所（有床診療所）より病院のほうが大きい。

4　平成26年におけるA県の病院１施設当たりの病床数は，一般診療所（有床診療所）のそれの10倍以上である。

5　平成24～26年の間，いずれの年も，A県の人口は250万人以上である。

＊
No.7 **表は，各地域の2000年の陸地面積，人口および森林面積と1990～2000年の森林面積の年平均増加率を表したものであるが，これから確実にいえるのはどれか。なお，ロシアの面積はヨーロッパに含まれている。**

【国家専門職・平成18年度】

地　域	陸地面積〔1,000km^2〕	人　口〔100万人〕	森林面積		森林面積年平均増加率（1990～2000年）〔%〕
			総面積〔1,000km^2〕	総面積に占める人工林の割合〔%〕	
アジア	30,800	3,680	5,500	21.1	−0.1
北アメリカ	21,400	489	5,500	3.2	−0.1
南アメリカ	17,500	347	8,900	1.2	−0.4
ヨーロッパ	22,600	728	10,400	3.1	0.1
アフリカ	29,800	796	6,500	1.2	−0.8
オセアニア	8,500	31	2,000	1.4	−0.2

出典：総務省統計局ホームページより引用・加工

1　陸地面積に占める森林面積の割合が最も大きいのは南アメリカであり，次いでヨーロッパ，アフリカの順に大きい。

2　人口１人当たりの森林面積が最も大きいのはオセアニアであり，その大きさは，最も小さいアジアの40倍を超える。

3　人工林面積が最も大きいのはアジアであり，その大きさは，その他のすべての地域の人工林面積を合わせた面積にほぼ等しい。

4　2030年には，アジアの森林総面積に占める人工林の割合は約６割となり，ヨーロッパの森林総面積に占める人工林の割合は約１割となる。

5　森林面積が最も減少しつつあるのはアフリカであり，2000年の森林面積は，1970年の森林面積と比べてその５分の１程度まで減少している。

実戦問題1の解説

No.1 の解説　年齢別の余暇の過ごし方

→問題はP.250　**正答5**

1 ×　回答者数×割合を比べる。

1973年現状若年層：1,244×9％

2018年将来高年層：1,296×13％　であり，前者は明らかに少ない。

2 ×　回答者数×割合を比べる。

1973年現状高年層：　607×31％

×約2↓　↑×約4

2018年将来高年層：1,296×8％　であり，前者が多い。

3 ×　1973年の割合と2018年の割合の差が５％を超えるか。

高年層の差は12－9＝3〔％〕であり，５％未満である。

4 ×　５割（50％）を基準に人数を求める。

若年層の50％を上回る人数：270×(56％－50％)＝270×6％

中年層の50％を下回る人数：1,185×(50％－43％)＝1,185×7％

高年層の50％を下回る人数：1,296×(50％－47％)＝1,296×3％

３つの層を合わせて考えると，明らかに50％を下回る人数のほうが大きい。

5 ◎　1973年の回答者数は2018年の回答者数の約２倍である。

正しい。**1973年の回答者数が2018年の回答者数の約２倍であることを割合で考えるには，2018年の割合の合計（100％）を基準としたとき，1973年の割合の合計を200％とすればよい。**つまり，1973年の割合を上から，76，24，62，22，8，4とすれば，これらの数値と2018年の割合の数値を比べることができる。

「体をやすめて，あすに備える」：62－6＝56〔％〕

「好きなことをして楽しむ」　：76－43＝33〔％〕，

このほかは明らかにこれらを下回るので，「体をやすめて，あすに備える」が最も差が大きい。

No.2 の解説　海外に在留する邦人数の推移

→問題はP.251　**正答2**

1 ×　割り算よりかけ算で考える。

平成16年が前年よりも20％以上増加していたとすると，その数値は約200,000×1.2＝240,000〔人〕以上でなければならないが，実際は約227,000人である。

2 ◎　まずは有効数字３ケタで概算する。

正しい。平成17年における中米・カリブ地域の長期滞在者および永住者のうち永住者の占める割合は，$\frac{3,150}{5,550+3,150}=\frac{315}{870}$ である。一方，グラフのデータから，全地域において永住者の占める割合を**有効数字３ケタの概算で求める**

と $\frac{311}{702+311}=\frac{311}{1,013}$ となる。ここで，**それぞれの分母・分子を比較する。**

前者の分数 $\frac{315}{870}$ は分母が分子の3倍よりも小さいが，後者のそれ $\frac{311}{1,013}$ は3倍よりも大きい。よって，前者のほうが後者よりも大きい。

3 × **3ケタで微妙なら，4ケタで概算する。**

有効数字3ケタで概算すると，平成15年は240＋130＝370〔千人〕，平成16年は245＋136＝381〔千人〕，平成17年は256＋141＝397〔千人〕となり，年々増加している。増加人数は，平成16年が約11,000人で16,000人以下であるが，平成17年は微妙である。そこで，**有効数字4ケタで概算する**と，平成16年は244,600＋135,600＝380,200〔人〕，平成17年は256,300＋141,300＝397,600〔人〕となり，約17,400人の増加である。これは16,000人よりも多い。

4 × **前年比増加率＝$\frac{増加数}{前年の値}=\frac{その年の値}{前年の値}-1$**

南極は前年よりも減少している。また，前年比増加率が最も高いのは中東である。

5 × **分数の比較は分子と分母の倍率で行う。**

前半は正しい。一方，後半については永住者数が長期滞在者および永住者全体に占める割合を有効数字3ケタで概算してみると，平成17年が $\frac{311}{702+311}=\frac{311}{1,013}$ で，平成15年が $\frac{292}{619+292}=\frac{292}{911}$ である。

×1.1倍未満

（平成17年）$\frac{311}{1,013}<\frac{292}{911}$（平成15年）

×1.1倍以上

よって，平成15年の割合のほうが平成17年よりも高い。

No.3 の解説　社会保障に関するアンケート調査　→問題はP.252　正答3

1 × **否定的に検討する。**

「新聞」「テレビ・ラジオ」と答えた者はともに66.0％であり，数値を合計すると100％を超えるが，**複数回答が可能**であるので，「新聞」と「テレビ・ラジオ」をともに回答した者もおり，「新聞」と「テレビ・ラジオ」をともに回答していない者が存在する可能性がある。

2 × **補集合を考える。**

20歳代から50歳代までの割合を計算することは煩雑なので，60歳代と70歳代の割合を計算する（全体集合のうち集合Aを除いた残りの部分をAの**補集合**という）。総回答者の中で「インターネット」と回答したのは1,342×0.261≒351〔人〕。60歳代と70歳代で「インターネット」と回答したのは，297×

0.148＋218×0.064≒58〔人〕。58÷351≒16.5〔%〕であるので，20歳代から50歳代までの割合は約83.5%であり，８割を超えている。

3 ◎ 最も少ない状況を想定してもなお50人以上いるかを検討する。

正しい。「医療制度」60.1%と「介護制度」71.6%の両方とも回答した者は，**最も重なりが少ない場合でも，60.1＋71.6－100＝31.7〔%〕は存在する**。つまり，218×0.317≒69〔人〕は存在するから，50人以上いる。

4 × 人数の少ない20歳代から攻略する。

20歳代について，「貧困対策」と回答した者は，146×0.308≒45〔人〕しかおらず，50人を超えない。

5 × 手段と分野に相関性はない。

40歳代で「年金制度」と回答した者は230×0.717≒165〔人〕，「子育て関連制度」と回答した者は230×0.439≒101〔人〕であり，165＋101－230＝36〔人〕であるから，**少なくとも36人は「年金制度」と「子育て関連制度」の両方を回答したといえるが，この36人がすべて「新聞」と「テレビ・ラジオ」と回答したとはいえない**ので，この命題は確実にはいえない。

No.4 の解説　アジア５か国の外貨準備高の推移　→問題はP.253　正答３

1 × ３年の合計で考える。

2008年から2010年までの３年で，日本の外貨準備高の１年当たりの平均が１兆300億米ドルを下回るということは，この**３年の合計が10,300〔億米ドル〕×3＝30,900〔億米ドル〕を下回る**ということである。2008年から2010年までの３年の３ケタを合計するだけでも，10,100＋10,200＋10,600＝30,900〔億米ドル〕となり，端数を加えると，明らかに30,900億米ドルを上回る。

2 × 有効数字３ケタで概算する。

2009年のインドの外貨準備高の対前年増加額は266－248＝18〔十億米ドル〕。一方，2010年のそれは276－266＝10〔十億米ドル〕であり，2010年は明らかに2009年の50%を超えている。

3 ◎ 有効数字３ケタで概算する。

正しい。2009年の韓国の外貨準備高の対前年増加率は $\frac{270-201}{201}$ ≒0.343であるが，2010年のそれの４倍は $\frac{292-270}{270}\times4=\frac{88}{270}$ ≒0.326であり，明らかに前者のほうが大きい。

4 × マレーシアの値が大きい年から検討する。

マレーシアの外貨準備高が大きい年から，有効数字３ケタで概算する。2011年のインドの外貨準備高の40%は，272×0.40＝108.8〔十億米ドル〕であり，マレーシアの2011年の外貨準備高は明らかにこれを上回っている。

5 × **有効数字3ケタで概算する。**

2011年の中国の外貨準備高の対前年増加率$\frac{320-287}{287}$≒0.115であるが，2010年の日本の外貨準備高の対前年増加率は$\frac{126-106}{106}$≒0.189であり，明らかに後者のほうが大きい。

No.5の解説　1か月当たりの家計の状況

→問題はP.254 **正答4**

問題文に与えられた3つの関係式を用いると，非消費支出のように表の項目にはない数値も求められることに注意する。

1 × **分母が同じであれば分子が大きいほど分数の値は大きくなる。**

2人以上世帯における1人当たりの実収入は$\frac{676}{3.1}$千円で，単身世帯のそれの3分の1は$\frac{445}{3}$千円である。3.1≒3なので，明らかに前者のほうが多い。

2 × **世帯人員の総数＝世帯数×平均世帯人員**

世帯人員の総数は，1995年が25,610×3.6≒92,200〔人〕で，2005年が26,225×3.1≒81,300〔人〕となるので，減少している。

3 × **可処分所得＝$\frac{\text{消費支出}}{\text{平均消費性向}}$×100**

上の式の分数の部分だけを概算すると，2000年は$\frac{234,000}{65.1}$≒3,600〔円〕，2005年は$\frac{240,000}{67.4}$≒3,561〔円〕となり，増加どころか減少している。

4 ◎ **肢3での計算結果を利用する。**

正しい。非消費支出は，実収入－可処分所得で求められる。**3**で計算したように，2005年の単身世帯の可処分所得は，3.561×100≒35.6万円である。一方，実収入は44.5万円であるので，非消費支出は44.5－35.6≒8.9〔万円〕となり10万円未満である。

5 × **食料費＝消費支出×エンゲル係数÷100**

2人以上世帯の食料費は414,000×18.0÷100＝74,520〔円〕であり，単身世帯のそれは240,000×22.8÷100＝54,720〔円〕である。その差は3万円未満である。

No.6の解説　医療施設数・病床数の推移

→問題はP.255 **正答4**

1 × **微妙な分数の比較法（テーマ2重要ポイント4参照）を利用する。**

平成25年は$\frac{27,501}{1,695\text{千}}$，平成26年は$\frac{27,210}{1,681\text{千}}$

（平成26年）$\dfrac{27{,}210}{1{,}681}$　$\dfrac{27{,}501}{1{,}695}$（平成25年）　分子・分母の大きいほうを右側に

$\dfrac{27{,}210}{1{,}681}$　$\dfrac{27{,}210+291}{1{,}681+14}$　２つの分数に分ける作業

×20未満↑ $\dfrac{27{,}210}{1{,}681} < \dfrac{291}{14}$ ↑×20以上　分けた２つの分数を比較する

（平成26年）$\dfrac{27{,}210}{1{,}681} < \dfrac{27{,}501}{1{,}695}$（平成25年）　不等号の向き「＜」が一致する

よって，平成26年は平成25年よりも小さくなっている。

2 ×　不等号を利用する。

平成26年の全国の医療施設数の２％：177,546×2％

177,546×2％＞**175,000×２％＝3,500**＞2,822

（ある数値より大きいことを示すために，少し小さく計算をしやすいものを挟む）

よって，全国の医療施設数に占めるＡ県の割合は２％未満である。

3 ×　対前年減少率＝$\dfrac{減少数}{前年の数}$

一般診療所：$\dfrac{2{,}028-1{,}945}{2{,}028}=\dfrac{83}{2{,}028}=0.04\cdots$

病院：$\dfrac{25{,}473-25{,}265}{25{,}473}=\dfrac{208}{25{,}473}=0.00\cdots$

よって，対前年減少率は一般診療所のほうが大きい。

4 ◎　１施設当たりの病床数＝$\dfrac{病床数}{医療施設数}$

一般診療所１施設当たりの病床数の10倍：$\dfrac{1{,}945}{147}\times10=\dfrac{19{,}450}{147}$

病院１施設当たりの病床数：$\dfrac{25{,}265}{142}$

一般診療所の10倍に比べて，病院は**分子が大きく分母が小さい**ので，病院は一般診療所の10倍以上である。よって正しい。

5 ×　人口＝$\dfrac{病院数}{人口10万人当たりの病院数}$×10万人

Ａ県の病院数と人口10万人当たりの病院数は，平成24～26年の間，変動していない。

人口：$\dfrac{142}{6.1}$×10万≒233万＜250万

よって，いずれの年もＡ県の人口は250万人未満である。

No.7 の解説　各地域の陸地面積，人口，森林面積　→問題はP.256　正答 2

面積などに関する問題は単位に注意する。ここでは陸地面積と森林面積が同単位で表されているので単純に比較できる。

1 × 割合 $= \dfrac{\text{森林総面積}}{\text{陸地面積}}$

陸地面積が森林面積の何倍になっているか調べると，アジアは５倍以上，アフリカは５倍足らず，北アメリカとオセアニアは約４倍，南アメリカとヨーロッパは約２倍となっている。よって，南アメリカとヨーロッパが１位，２位となるが，３位はアフリカではなく北アメリカである。

2 ◎ 人口１人当たりの森林面積 $= \dfrac{\text{森林総面積}}{\text{人口}}$

正しい。数字のケタ数をざっとみただけで，オセアニアが最大でアジアが最小であることがわかる。その大きさはそれぞれ $\dfrac{2{,}000}{31}$ と $\dfrac{5{,}500}{3{,}680}$ である。その比をとると $\dfrac{2{,}000}{31} \div \dfrac{5{,}500}{3{,}680} = \dfrac{2{,}000 \times 3{,}680}{31 \times 5{,}500} = \dfrac{20 \times 3{,}680}{31 \times 55}$ となる。ここで，分子は 73,600 となり，分母の40倍である 68,200 よりも大きい。よって，比の値は40よりも大きい。

3 × 共通部分を設定し計算を省く。

森林の総面積をみると，南アメリカとヨーロッパはアジアの２倍近くあるが，他の地域はアジアと同じくらいかそれよりも小さい。そこで，南アメリカとヨーロッパの森林総面積を 5,500×2 とし，他の地域のそれをアジアと同じ 5,500 として概算してみる。すると，アジア以外の地域の人工林面積の和は $5{,}500 \times 3.2 + 5{,}500 \times 2 \times 1.2 + 5{,}500 \times 2 \times 3.1 + 5{,}500 \times 1.2 + 5{,}500 \times 1.4 = 5{,}500 (3.2 + 2.4 + 6.2 + 1.2 + 1.4) = 5{,}500 \times 14.4$ となる（単位は10km^2）。一方，アジアのそれは 5,500×21.1 なのでアジアのほうがはるかに大きい。

4 × 与えられた資料からは判断できない。

2030年の予測については与えられた表だけからは判断できない。

5 × 与えられた資料からは判断できない。

1970年のデータが与えられていないので，この表だけからは判断できない。

実戦問題❷　応用レベル

＊＊
No.8　**表は，国籍別の訪日外国人１人当たりの宿泊数と費目別旅行支出の推移を示したものである。これから確実にいえるのはどれか。**

【国家総合職・平成30年度】

年	国籍	宿泊数〔泊〕	旅行支出〔円〕					
			総額	宿泊料金	飲食費	交通費	買物代	その他
2010	韓国	7.5	80,875	27,565	18,163	9,456	20,458	5,233
	中国	18.2	176,784	36,543	25,393	10,338	86,752	17,758
	インド	24.3	177,315	90,021	37,288	21,011	22,856	6,139
	フランス	21.4	232,668	68,560	52,254	32,448	65,324	14,082
	オーストラリア	11.9	169,445	64,360	35,898	22,132	33,124	13,931
2013	韓国	6.5	80,529	26,044	19,260	9,673	22,678	2,874
	中国	19.8	209,898	49,982	32,517	13,212	110,057	4,130
	インド	25.5	144,644	76,089	26,610	15,960	24,261	1,724
	フランス	20.0	203,913	91,395	44,931	28,480	33,059	6,048
	オーストラリア	13.4	213,055	90,890	46,890	31,244	36,867	7,164
2016	韓国	4.5	70,281	22,090	17,847	7,505	19,562	3,277
	中国	11.8	231,504	44,126	38,943	19,917	122,895	5,623
	インド	22.8	144,275	61,354	27,379	19,713	32,971	2,858
	フランス	16.0	189,006	75,462	40,799	34,590	30,299	7,856
	オーストラリア	13.2	246,866	99,802	51,202	40,169	37,587	18,106

1　2010年において，１泊当たりの交通費が最も高いのは，フランス国籍の訪日外国人である。

2　2013年において，旅行支出総額に占める買物代の割合が最も低いのは，オーストラリア国籍の訪日外国人である。

3　2013年における中国国籍の訪日外国人の１泊当たりの宿泊料金は，2016年のそれの半分以下である。

4　2016年についてみると，１泊当たりの買物代の2010年からの増加率は，インド国籍の訪日外国人のほうが，中国国籍の訪日外国人よりも高い。

5　2016年において，旅行支出総額に占める飲食費の割合が最も高いのは，韓国国籍の訪日外国人である。

＊＊
No.9 **ある地点の2015年から2018年までの４年間について，表Ⅰは各月の平均気温を，表Ⅱは各月の月合計降水量の値を示したものである。これらから確実にいえるのはどれか。**

【国家総合職・令和２年度】

表Ⅰ　各月の平均気温

〔単位：℃〕

	2015年	2016年	2017年	2018年
１月	5.8	6.1	5.8	4.7
２月	5.7	7.2	6.9	5.4
３月	10.3	10.1	8.5	11.5
４月	14.5	15.4	14.7	17.0
５月	21.1	20.2	20.0	19.8
６月	22.1	22.4	22.0	22.4
７月	26.2	25.4	27.3	28.3
８月	26.7	27.1	26.4	28.1
９月	22.6	24.4	22.8	22.9
10月	18.4	18.7	16.8	19.1
11月	13.9	11.4	11.9	14.0
12月	9.3	8.9	6.6	8.5

表Ⅱ　各月の月合計降水量

〔単位：mm〕

	2015年	2016年	2017年	2018年
１月	92.5	85.0	26.0	48.5
２月	62.0	57.0	15.5	20.0
３月	94.0	103.0	85.5	220.0
４月	129.0	120.0	122.0	109.0
５月	88.0	137.5	49.0	165.5
６月	195.5	174.5	106.5	155.5
７月	234.5	81.5	81.0	107.0
８月	103.5	414.0	141.5	86.5
９月	503.5	287.0	209.5	365.0
10月	57.0	95.6	531.5	61.5
11月	139.5	139.0	47.0	63.0
12月	82.5	84.0	15.0	44.0

1　2015年から2018年までの各年についてみると，月合計降水量の中央値は，一貫して増加している。

2　2016年の年降水量と2017年の年降水量を比べると，2016年のほうが多い。

3　2016年から2018年までの各月についてみると，月合計降水量が前年と比べて20％以上減少している月は，いずれも平均気温が前年と比べて減少している。

4　2018年の各月のうち，月合計降水量の対前年増加率が最も高いのは，12月である。

5　2018年の各月の平均気温と，同じ月の2015年から2018年までの４年間における平均気温を比べると，2018年のほうが上回っている月は半数以下である。

No.10 ＊＊ 表Ⅰ，Ⅱ，Ⅲは，A～D４か国の研究費等の状況を示したものである。これらの表から確実にいえるのはどれか。

【国家総合職・平成21年度】

表Ⅰ　各国の研究費の推移　〔百億円〕

年	A	B	C	D
1970	136	936	138	92
1980	525	1,434	486	207
1990	1,308	2,207	628	310
2000	1,629	2,886	503	289
2004	1,694	3,381	742	403

表Ⅱ　各国の技術貿易　〔億円〕

	年	A	B	C	D
輸出	1970	197	8,347	246	978
	1980	803	16,062	1,261	2,163
	1990	3,590	24,086	9,174	2,987
	2000	11,024	46,592	14,638	17,599
	2004	17,717	56,954	27,409	30,505
輸入	1970	1,479	802	1,096	913
	1980	3,011	1,641	2,593	1,867
	1990	8,744	4,539	10,052	3,949
	2000	11,863	17,748	19,631	8,993
	2004	15,248	25,858	27,480	13,099

表Ⅲ　各国の研究費（2004年）

国名	研究費〔億円〕		研究費の使用割合〔%〕				政府負担〔億円〕
		GDP比〔%〕	産業	政府研究機関	大学	民間研究機関	
A	169,376	3.4	70.1	8.8	19.3	1.8	33,888
B	338,132	2.7	70.1	12.2	13.6	4.1	104,652
C	74,173	2.5	69.9	13.6	16.5	0.0	22,526
D	40,292	1.7	63.0	10.3	23.4	3.3	13,196

1　1990年と2004年を比べると，研究費の増加率が最大であったのはD国である。

2　1970年と2000年を比べると，研究費の増加率が最大の国は技術貿易の輸出額の増加率も最大である。

3　1970年と2000年を比べると，研究費の増加率が最小の国は技術貿易の輸入額の増加率が最大である。

4　2004年では，GDPに対する研究費の割合が大きい国ほど技術貿易の黒字額が大きい。

5　2004年に，政府研究機関と大学の研究費の全額を政府が負担したのはB国とC国である。

＊＊
No.11 図表Ⅰ，Ⅱは，わが国の旅客輸送人数について，輸送機関別および輸送距離帯別の統計を示したものであるが，これらの図表から確実にいえるのはどれか。

【国家総合職・平成18年度】

図表Ⅰ　輸送機関別旅客輸送人数の推移

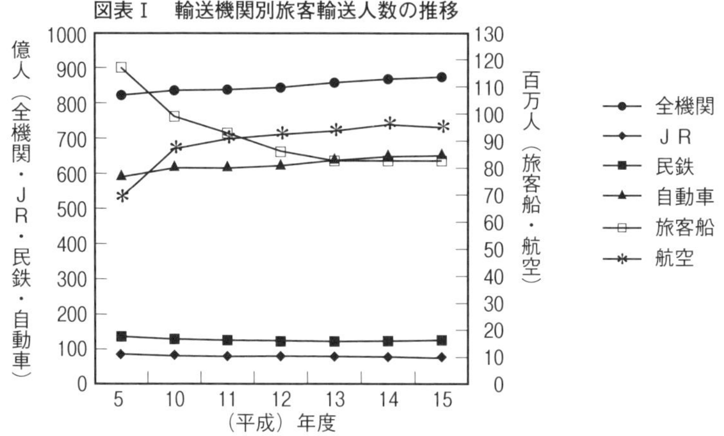

図表Ⅱ　輸送距離帯別の総旅客輸送人数・輸送機関分担率

		単位	（平成）年度	100km未満	100km～300km	300km～500km	500km～750km	750km～1000km	1000km以上
総旅客輸送人数		千人	15年度	85,951,345	1,406,844	170,533	89,987	31,328	55,426
			5年度	80,413,126	1,265,032	154,540	86,921	32,341	54,890
輸送機関分担率	ＪＲ	%	15年度	9.4	20.1	40.0	57.0	22.2	4.8
			5年度	10.3	24.3	44.0	58.6	28.4	9.3
	民鉄	%	15年度	15.2	2.0	0.0	0.0	0.0	0.0
			5年度	17.2	2.9	0.0	0.0	0.0	0.0
	自動車	%	15年度	75.3	77.6	54.0	22.3	21.7	7.0
			5年度	72.4	72.3	48.4	26.1	32.7	28.4
	旅客船	%	15年度	0.1	0.3	1.9	2.0	0.6	0.2
			5年度	0.1	0.4	3.3	2.9	0.9	0.5
	航空	%	15年度	0.0	0.1	4.1	18.7	55.5	88.1
			5年度	0.0	0.1	4.2	12.5	38.0	61.9

［注］輸送機関分担率は，当該年度における輸送距離帯別の総旅客輸送人数に占める各輸送機関の旅客輸送人数の割合である。

出典：「平成15年度　貨物・旅客地域流動調査（国土交通省）」から引用・加工

1 平成５年度から平成15年度にかけて，旅客船の旅客輸送人数は減少傾向にあるが，平成13年度以前は，自動車の旅客輸送人数を上回っていた。

2 平成15年度のJRの輸送距離帯別の旅客輸送人数を比較すると，500km～750kmの輸送距離帯が最も多かった。

3 平成15年度の輸送距離300km～500kmの輸送機関別の旅客輸送人数は，平成５年度に比べ，自動車のみ増え，JR，旅客船，航空では減少した。

4 平成15年度の自動車の輸送距離帯別の旅客輸送人数は，平成５年度に比べ，500km以上のすべての輸送距離帯で減少した。

5 平成15年度の航空の旅客輸送人数は，平成５年度に比べ約2,500万人増えたが，輸送距離帯別では，750km～1,000kmの増加人数が最も大きかった。

＊＊
No.12 表は，わが国における刑法犯等の認知件数および検挙件数を示したものである。これから確実にいえるのはどれか。

ただし，検挙率とは，同じ年次の認知件数に対する検挙件数の割合である。

【国家専門職・令和元年度】

〔単位：千件〕

年次	認知件数				検挙件数			
	全体	過失運転致死傷等	刑法犯	窃盗	全体	過失運転致死傷等	刑法犯	窃盗
平成５	2,437	636	1,801	1,583	1,359	636	723	553
10	2,690	656	2,033	1,789	1,429	656	772	597
15	3,646	855	2,790	2,235	1,504	855	648	433
20	2,541	714	1,826	1,379	1,288	714	573	379
25	1,917	603	1,314	981	997	603	394	254

1 ５つの年次についてみると，刑法犯の検挙件数に占める窃盗の割合が70％を上回ったのは，平成10年のみである。

2 平成10年と平成20年についてみると，認知件数全体に占める過失運転致死傷等の割合は，どちらの年も30％を下回っている。

3 平成25年における，認知件数全体に占める刑法犯の割合と検挙件数全体に占める刑法犯の割合では，前者のほうが低い。

4 ５つの年次についてみると，全体の検挙率が最も低いのは，平成25年である。

5 平成15年と平成20年の刑法犯の検挙率（％）の差は，10ポイントより大きい。

No.13 ＊＊ 平成30年産および令和元年産の普通大豆について，表は５つの産地・粒別・品種銘柄（以下「５銘柄」という）および全国の入札取引結果を表している。また，図は５銘柄および全国の落札数量の等級別割合を示している。これらから確実にいえることとして最も妥当なのはどれか。

ただし，落札金額合計は落札数量と平均落札価格の積とする。

【国家総合職・令和４年度】

表　普通大豆の入札取引結果

産地・粒別・品種銘柄	平成30年産（H30）		令和元年産（R１）	
	落札数量〔60kg 俵数〕	平均落札価格〔円 /60kg〕	落札数量〔60kg 俵数〕	平均落札価格〔円 /60kg〕
北海道・大粒・とよまさり	94,060	8,625	140,320	10,370
北海道・小粒・ユキシズカ	15,108	18,592	21,120	9,281
秋田・大粒・リュウホウ	7,260	8,093	19,800	9,836
新潟・大粒・里のほほえみ	11,880	8,139	4,620	10,161
福岡・大粒・フクユタカ	12,886	9,559	330	24,260
全　国	329,117	9,233	385,972	10,461

図　普通大豆の落札数量の等級別割合

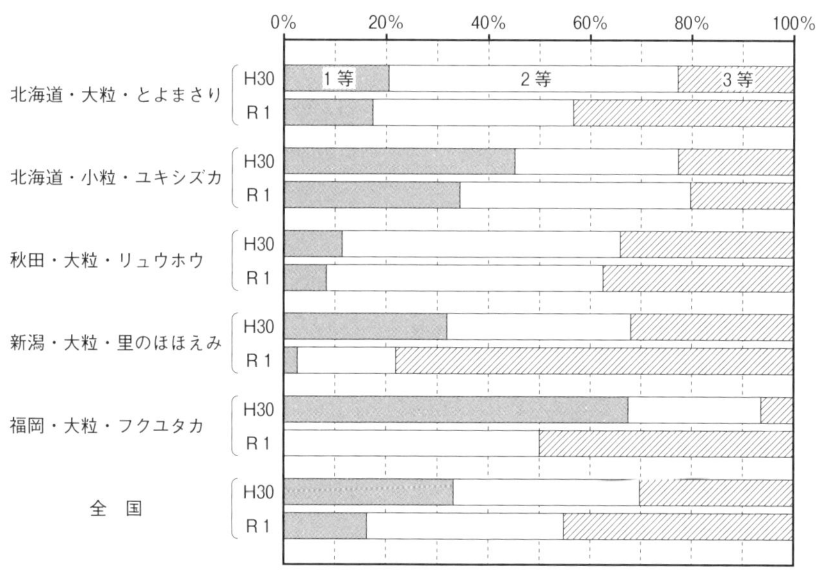

1　「秋田・大粒・リュウホウ」についてみると，令和元年産の３等の落札数量は，平成30年産のそれの４倍を超えている。

2　「新潟・大粒・里のほほえみ」についてみると，令和元年産の１等の落札数量は，平成30年産のそれの10分の１以下である。

3　令和元年産の２等の落札数量についてみると，全国に占める「北海道・大粒・とよまさり」の割合は，50％を超えている。

4　５銘柄のうち，平均落札価格が平成30年産よりも令和元年産のほうが高い銘柄はすべて，３等の落札数量は平成30年産よりも令和元年産のほうが多い。

5　５銘柄のうち，落札数量に占める３等の割合が平成30年産よりも令和元年産のほうが低い銘柄はすべて，落札金額合計が平成30年産よりも令和元年産のほうが大きい。

実戦問題❷の解説

No.8の解説　訪日外国人の宿泊数・支出の推移

→問題はP.263　正答5

1 ×　1泊当たりの交通費 $=\dfrac{交通費}{宿泊数}$

フランス：$\dfrac{32{,}448}{21.4}$　　オーストラリア：$\dfrac{22{,}132}{11.9}$

$$\dfrac{32{,}448}{21.4} < \dfrac{22{,}132}{11.9}$$

（分子：約1.5倍，分母：約2倍）

よって，フランスよりオーストラリアのほうが高い。

2 ×　四捨五入と微妙な分数の比較法を利用する。

旅行支出総額に占める買物代の割合 $=\dfrac{買物代}{総額}$

フランス：$\dfrac{33{,}059}{203{,}913} \fallingdotseq \dfrac{33}{204}$　　オーストラリア：$\dfrac{36{,}867}{213{,}055} \fallingdotseq \dfrac{37}{213}$

$\dfrac{33}{204}$　$\dfrac{37}{213}$　分子・分母の大きい数を右側に

$\dfrac{33}{204}$　$\dfrac{33+4}{204+9}$　2つの分数に分ける作業

$\dfrac{33}{204} < \dfrac{4}{9}$　分けた2つの分数を比較する

$\dfrac{33}{204} < \dfrac{37}{213}$　不等号の向き「<」が一致する

よって，オーストラリアよりもフランスのほうが低い。

3 ×　1泊当たりの宿泊料金 $=\dfrac{宿泊料金}{宿泊数}$

2013年：$\dfrac{49{,}982}{19.8}$　　2016年の半分：$\dfrac{44{,}126}{11.8} \times \dfrac{1}{2} = \dfrac{44{,}126}{23.6}$

2013年は分子が大きく分母が小さいので，2016年の半分よりも大きい。

4 ×　1泊当たりの買い物代 $=\dfrac{買物代}{宿泊数}$，四捨五入の積極利用

倍率が大きければ増加率も大きいので，倍率を比較する。

インドの倍率：$\dfrac{32{,}971}{22.8} \div \dfrac{22{,}856}{24.3} = \dfrac{33千}{23} \times \dfrac{24}{23千} \fallingdotseq \dfrac{33}{23} = 1.4\cdots$

中国の倍率：$\dfrac{122{,}895}{11.8} \div \dfrac{86{,}752}{18.2} = \dfrac{123千}{12} \times \dfrac{18}{87千} = \dfrac{369}{174} = 2.\cdots$

よって，インドより中国のほうが高い。

5 ◎　支出総額に占める飲食費の割合 $=\dfrac{飲食費}{総額}$

韓国：$\dfrac{17{,}847}{70{,}281}$であり，韓国は分母が分子の約4倍である。その他の国は，明らかに分母が分子の4倍を超えている。よって，韓国は最も割合が高いので，正しい。

No.9 の解説　各月の平均気温と月合計降水量

→問題はP.264　正答2

1 ×　中央値は，データを大きい順に並べたときの中央の値である。

本問では，データが各年12個あるので，中央値（メディアン：P.409，418を参照）は上から６番目と７番目の平均値になる。各年の６番目と７番目のデータを挙げると，2015年（103.5，94.0），2016年（120.0，103.0），2017年（85.5，81.0），2018年（107.0，86.5）であるが，その平均については2016年から2017年で明らかに減少している。

2 ◎　単純に合計するのが速い。

正しい。月合計降水量を合計して年降水量を求めていく。2016年の年降水量は1779.0mm，2017年は1430.0mmなので，2016年のほうが多い。

3 ×　前年比で月合計降水量が明確に減少している月の平均気温をみる。

2015年９月と2016年９月では明らかに月合計降水量が20%以上減少しているが，平均気温は増加している。

4 ×　対前年増加率＝$\frac{\text{翌年の値}}{\text{前年の値}}$－１の比較。

$$5\text{月}：\frac{165.5}{49.0}-1 \fallingdotseq 2.4 \qquad 12\text{月}：\frac{44.0}{15.0}-1 \fallingdotseq 1.9$$

よって，対前年増加率は12月よりも５月のほうが高い。

5 ×　2018年が2015～2017年をいずれも上回れば，４年間の平均も2018年が上回る。

2018年が2015～2017年のいずれも上回っているのは，３月，４月，６月，７月，８月，10月，11月の７か月あるので（６月は22.4が同じ値であるが平均すれば上回る），半数以上である。

No.10 の解説 4か国の研究費等の状況

→問題はP.265 正答3

1 × 概算で比較してみる。

1990年に対する2004年の研究費の比率は，B国が $\frac{3,381}{2,207} \fallingdotseq \frac{33}{22} = \frac{3}{2}$ であり，D国が $\frac{403}{310} \fallingdotseq \frac{4}{3}$ である。よって，B国の増加率のほうがD国よりも大きい。

2 × 概算で比較してみる。

1970年に対する2000年の研究費の増加率が最大の国は，その比率が10倍を超えているA国である。一方，技術貿易の比率は，A国が $\frac{11,024}{197} \fallingdotseq 56$で，C国が $\frac{14,638}{246} \fallingdotseq 60$ なので，A国が最大というのは誤り。

3 ◎ 概算して確かめてみる。

正しい。少し計算すると，1970年に対する2000年の研究費の増加率が最小の国はB国であることがわかる。一方，技術貿易の輸入額の増加率を調べると，B国だけが20倍を超えており，B国が最大である。

4 × 明らかに誤りの選択肢を除く。

研究費のGDP比は，B国よりもA国のほうが上である。しかし，技術貿易の黒字額（＝輸出額－輸入額）については，一見しただけでA国よりもB国のほうが多いことがわかる。

5 × 与えられた資料からは判断できない。

与えられた数値だけからは判断できないので誤り。

No.11の解説　機関別および距離帯別旅客輸送人数

→問題はP.266　正答4

1 ×　左右の目盛が異なっている。

図表Ⅰの2つの折れ線だけをみると一見正しそうであるが，旅客船の目盛は右，自動車の目盛は左なので，平成13年度以前も旅客船より自動車のほうが多い。たとえば，平成5年度の時点で旅客船の輸送人数が約120百万人（≒1.2億人）であるのに対し，自動車のそれは600億人である。

2 ×　実数＝総数×構成比

たとえ**構成比が小さくても総数（＝輸送人数）が多ければ，実数は大きくなることに注意**する。平成15年度のJRの場合，概算で求めると100km未満が約86,000,000×0.09＝7,740,000〔千人〕で，500km～750kmが約90,000×0.6＝54,000〔千人〕である。よって，前者のほうが多い。

3 ×　実数＝総数×構成比

300km～500kmの距離帯では，平成5年度よりも平成15年度のほうが総旅客輸送人数が約16,000千人多いので，たとえ輸送機関分担率（＝構成比）が減っていても実数は増えている可能性がある。実際，航空をみると，平成5年度が約155,000×0.42＝65,100〔千人〕で平成15年度が約170,000×0.41＝69,700〔千人〕である。よって，航空が減少したというのは誤り（JRも同様）。

4 ◎　微妙なのは500km～750kmのみ。

正しい。まず，750km～1,000kmの距離帯では，総旅客輸送人数と分担率ともに減少しているので明らかに平成15年度のほうが少ない。500km～750kmの距離帯では，平成5年度が約87,000×0.26＝22,620〔千人〕で平成15年度が約90,000×0.22＝19,800〔千人〕なので，平成15年度のほうが少ない。1,000km以上の距離帯では，総旅客輸送人数がほとんど同じで分担率が4分の1に減少しているので，平成15年度のほうが少ないことがわかる。

5 ×　平成5年度と15年度の総数の変化はほとんどない。

前半部分は図表Ⅰをみると，平成5年度が約70百万人で平成15年度が95百万人なので正しい。後半については，まず，750km～1,000kmの総旅客輸送人数が平成5年度，平成15年度ともに約3,200万人であり，航空の分担率の増加が約18%であることから，増加人数は約3,200×0.18万人となる。そして，1,000km以上では，総旅客輸送人数が平成5年度，平成15年度ともに約5,500万人であり，航空の分担率の増加が約26%であることから，増加人数は約5,500×0.26万人であるとわかる。よって，1,000km以上の増加人数のほうが明らかに多い。

No.12の解説　刑法犯の認知件数・検挙件数

→問題はP.267　正答2

1 ×　否定的に検討し，下回るものを探す。

平成5年の刑法犯の検挙件数の70％：723×0.7≒506＜553

よって，平成5年も窃盗の割合が70％を上回っている。

2 ◎　割り算よりかけ算で考える。

平成10年の認知件数の30％：2,690×0.3＝807＞656

平成20年の認知件数の30％：2,541×0.3＝762.3＞714

よって，どちらの年も過失運転致死傷等の割合は，認知件数の30％を下回っているので，正しい。

3 ×　2つの分数を比較する。

認知件数全体に占める刑法犯の割合：$\frac{1,314}{1,917}$

検挙件数全体に占める刑法犯の割合：$\frac{394}{997}$

$\frac{1,314}{1,917} > \frac{394}{997}$（3倍以上／2倍以下）

よって，前者のほうが高い。

4 ×　全体の検挙率＝$\frac{検挙件数全体}{認知件数全体}$

平成25年：$\frac{997}{1,917}=0.5\cdots$　　平成15年：$\frac{1,504}{3,646}=0.4\cdots$

よって，平成25年よりも，平成15年のほうが低い。

5 ×　刑法犯の検挙率＝$\frac{刑法犯の検挙件数}{刑法犯の認知件数}$

平成15年：$\frac{648}{2,790}\fallingdotseq 0.232=23.2\%$　　平成20年：$\frac{573}{1,826}\fallingdotseq 0.314=31.4\%$

よって，検挙率の差は，31.4－23.2＝8.2＜10で，10ポイントより小さい。

No.13の解説　普通大豆の取引結果

→問題はP.268　正答2

1 ×　3等の落札数量＝落札数量×3等の割合

令和元年・3等の落札数量 ＝19,800×37％

×約1.5↓　↑×約1.1

平成30年・3等の落札数量の4倍＝**7,260**×34％**×4**＝29,040×34％

よって，平成30年の4倍を下回る。

2 ◎　1等の落札数量＝落札数量×1等の割合

正しい。

令和元年・1等の落札数量 ＝4,620×3％

×約4↑　↓×約10

平成30年・1等の落札数量の10分の1倍＝**11,880**×32％×$\frac{1}{10}$＝1,180×32％

よって，平成30年の10分の1以下である。

3 ×　どちらの割合も約40％なので容易。

「北海道・大粒・とよまさり」令和元年・2等の落札数量 ＝140,320×40％

「全国」令和元年・2等の落札数量の50％＝**385,972**×40％×$\frac{1}{2}$≒193,000×40％

よって，全国の50％を超えない。

4 ×　福岡・大粒・フクユタカの令和元年の落札数量が少ないことに着目する。

福岡・大粒・フクユタカの平均落札価格は平成30年よりも令和元年のほうが高い。

「福岡・大粒・フクユタカ」平成30年・3等の落札数量＝12,886×7％

×約40↑　↓×約7

「福岡・大粒・フクユタカ」令和元年・3等の落札数量＝ 330×50％

よって，平成30年のほうが多い。

5 ×　3等の割合が令和元年のほうが低いのは北海道・小粒・ユキシズカのみ。

「北海道・小粒・ユキシズカ」平成30年の落札金額合計＝15,108×18,592

×約1.4↓　↑×約2

「北海道・小粒・ユキシズカ」令和元年の落札金額合計＝21,120×9,281

よって，平成30年のほうが多い。

指数・構成比

必修問題

次の表から確実にいえるのはどれか。

【地方上級（特別区）・平成25年度】

世帯当たりのエネルギー消費量およびその用途別構成比の推移

区分		2007年度	2008	2009	2010
用途計〔千kcal/世帯〕		10,510	9,933	9,749	10,203
構成比〔%〕	計	100.0	100.0	100.0	100.0
	冷房用	2.6	2.2	1.8	2.9
	暖房用	25.0	24.5	24.9	26.8
	給湯用	29.9	29.0	28.6	27.7
	厨房用	7.8	8.2	8.2	7.8
	動力他	34.7	36.1	36.5	34.8

1 2007年度の「給湯用」のエネルギー消費量を100としたときの2009年度のそれの指数は，95を上回っている。

2 2007年度から2010年度までの4年度の「動力他」のエネルギー消費量の1年度当たりの平均は，3,500千kcalを下回っている。

3 2008年度において，「冷房用」のエネルギー消費量の対前年減少率は，「給湯用」のエネルギー消費量のそれより大きい。

4 表中の各年度とも，「厨房用」のエネルギー消費量は，「動力他」のそれの25%を超えている。

5 表中の各用途のうち，2009年度のエネルギー消費量が前年度のそれを上回っているのは，「暖房用」および「動力他」である。

難易度 ＊＊

必修問題の解説

実数に比べると，指数・構成比の問題はケタ数が少ないが，計算の手間を省くべきであることは同じである。単純にかけ算をすると計算が膨大になるので，数式の一部分どうしを比較するなどのテクニックを身に着けることが必要になってくる。

1 × **数式の一部分どうしを比較する。**
2007年度の「給湯用」のエネルギー消費量の95%は，**10,510**×0.299×**0.95**であり，2009年度のそれは**9,749**×0.286である。**10,510×0.95**≒9,985>**9,749**より，**10,510×0.299**×0.95>**9,749**×0.286となるから，指数は95を下回る。

2 × **10,000×0.35と比較する。**
すべての年度で3,500千kcalを上回っている。2007年度から2010年度までそれぞれ10,000×0.35と比較する。たとえば2007年度は10,510は10,000の約５%増で，0.347は0.35の約１%減であるから，10,000×0.35<10,510×0.347となり，3,500千kcalを上回っている。同様にしてみていくと，他の年度もすべて10,000×0.35を上回っている。

3 ◎ **減少率の大小比較なので，構成比の減少率を比較すればよい。**
「冷房用」の構成比の対前年減少率は$\frac{0.4}{2.6}$，「給湯用」のそれは$\frac{0.9}{29.9}$である。$\frac{0.4}{2.6}>\frac{0.9}{29.9}$より，正しい。

4 × **明らかに誤りの選択肢を除く。**
各年度とも「厨房用」のエネルギー消費量は「動力他」のそれの25%＝$\frac{1}{4}$を超えていない。2007年をみると，$34.7\times\frac{1}{4}\fallingdotseq 8.7>7.8$より，25%を超えていない。

5 × **数式の一部分どうしを比較する。**
「暖房用」および「動力他」のどちらも2009年度のエネルギー消費量は前年度を超えていない。2008年度，2009年度の「動力他」は，それぞれ9,933×0.361，9,749×0.365である。9,749は9,933の約２%減，0.365は0.361の約１%増である。よって，9,933×0.361>9,749×0.365であるから，誤りである。

正答 3

FOCUS

指数・構成比に関する問題は，大きく２つに分けられる。

①基準となるものの実数が与えられていない場合
指数・構成比はあくまでも相対値であり，同一基準の項目間の大小しか比較できない。また，「比較できないこと」が回答のカギになりうる。

②基準となるものの実数が与えられている場合
基準値の実数と指数・構成比に基づいて，項目間の大小比較もできる。ただし，基準値の実数が異なるものである場合，単純にすると計算が膨大であるが，実数どうしも割合にして考えるとスムーズになることがある。
（例：男子3,328人の61.2%と，女子4,395人の50.3%の比較をするとき，3,328×0.61と4,395×0.50の比較ではなく，$\frac{4,395}{3,328}\times\frac{0.5}{0.6}\fallingdotseq\frac{4}{3}\times\frac{5}{6}>1$を利用。）

POINT

重要ポイント 1 指数

指数とは，ある基準となる数値を100としたとき，ほかの数値をこれに対する相対値として表したものである。

今，基準値をAとし，それに対応する指数I_Aを100としたとき，これと比較される他の数値Bに対応する指数I_Bに関して次の式が成り立つ。

$$I_B=100\times\frac{B}{A},\quad B=A\times\frac{I_B}{100}\quad (I_A=100)$$

たとえば，Aの数値が75，Bが90のとき，Aを基準としたときのBの指数は，$90\div75\times100=120$となる。

基礎知識および注意点

(1) 基準が同じであれば指数の比較により実数の変化はつかめるが，基準値が与えられない限り，実数そのものを知ることはできない。

(2) 指数からすぐに導き出せる事柄には，ある変量の増加率，最大（または最小）となる時期などがある。

(3) 基準が異なる場合，指数だけに基づいて実数の大小を比較することはできない。ただし，**基準となる実数がわかる場合，もしくは２つの基準値の比がわかる場合は，実数の大小比較もできる。**

重要ポイント 2 構成比

構成比とは，いくつかの要素からなるものの中で，ある要素が全体に対して占める割合である。構成比は，指数と同様に，**同一基準内の項目の割合の比較はできるが，基準の異なる構成比に基づいて実数の大小を比較することは基本的にはできない。ただし，全体の実数（総数）が与えられた場合には，計算により構成要素の実数を計算できる。**

構成比とともに全体の実数が与えられている場合，全体量と構成比に基づいて部分量（構成要素）の実数を求める計算は次のようになる。

部分量＝全体量×構成比

逆に，部分量の実数と構成比に基づいて全体量の実数を求めることもできる。

全体量＝部分量÷構成比

注意点は，上記指数と同様に，全体の実数（総数）の有無より，実数の比較ができるかどうかをまず判断することである。

なお，構成比とともに指数が与えられている資料では，実数が与えられていなくても指数を実数の代わりに用いることにより，基準の異なる項目間で実数の大小を比較できる場合があるので注意したい（実戦問題No.3を参照）。

重要ポイント 3 計算の工夫3～計算の分割

ある数値の変化や増加率を問う問題では，素直に実際の計算を行うよりも計算を分割して考えたほうが有利な場合が多い。とりわけ，ケタ数の多い問題で有効である。もちろん実際の計算をしてもかまわないが，迅速さを求めるなら，素直にするよりも工夫する努力をしてみるべきである。単純化して考えてみよう。

$A = B \times C$，$a = b \times c$ のとき，A は a の何倍になっているかを求める。素直に A，a の値を計算して $A \div a$ より求めるのが普通であるが，計算が複雑になりそうであれば，$B \div b$，$C \div c$ をそれぞれ計算して，その値の積から求めるほうが簡単な場合がある（実戦問題No.10を参照）。

重要ポイント 4 計算の工夫4～分数形の大小比較

割合の大小関係が問題とされている選択肢を検討するときなどには，分数形の式の大小比較を行わなければならない場合が出てくる。このような場合，必ずしも除算によって分数の値を実際に求めなくても大小比較を簡単に行えることが多い。

例

$\frac{508}{1{,}001}$ と $\frac{513}{1{,}024}$ の大小を比較する。

$\frac{513}{1{,}024} = \frac{508+5}{1{,}001+23}$ のように変形したときに，$\frac{508}{1{,}001}$ と $\frac{5}{23}$ を比較すると，

明らかに，$\frac{508}{1{,}001} > \frac{5}{23}$ と判断することができる。

このとき $\frac{508}{1{,}001} > \frac{508+5}{1{,}001+23} = \frac{513}{1{,}024}$ である。

これは慣れないと理解しにくいが，ぜひ習得しておきたい。一般的にまとめておく，

$\frac{b}{a}$ と $\frac{b+d}{a+c}$ の比較について，

a，b，c，$d > 0$ であるとき，

$$\frac{b}{a} > \frac{d}{c} \quad \text{ならば} \quad \frac{b}{a} > \frac{b+d}{a+c}$$

$$\frac{b}{a} < \frac{d}{c} \quad \text{ならば} \quad \frac{b}{a} < \frac{b+d}{a+c}$$

このような比較方法は，分母どうし，分子どうしの差が比較的小さい場合に有効である。

実戦問題❶ 基本レベル

*
No.1 **表は，週平均の労働時間と現在の仕事の疲労感やストレスとの関係についての従業員調査の結果であるが，これから確実にいえるのはどれか。**

【国家専門職・平成19年度】

〔単位：%，人〕

週平均労働時間	体力的に疲労感を感じる	精神的にストレスを感じる	いずれも感じない	無回答	回答者数
5時間未満	0.0	33.3	50.0	16.7	12
5～10時間未満	16.8	59.1	30.4	4.2	1,262
10～15時間未満	38.7	73.8	13.7	3.1	511
15～20時間未満	20.0	30.0	56.7	3.3	30
20～25時間未満	15.9	37.0	47.1	6.5	138
25～30時間未満	14.5	41.9	50.0	2.3	172
30～35時間未満	16.9	40.7	48.3	3.5	172
35～40時間未満	16.8	55.3	33.1	5.3	851
40～45時間未満	15.6	56.2	34.2	4.3	2,552
45～50時間未満	21.6	64.8	25.4	3.3	1,455
50～55時間未満	28.7	67.3	21.6	4.0	1,073
55～60時間未満	38.2	75.8	14.3	3.2	314
60時間以上	45.2	71.4	15.5	2.7	702

［注］「体力的に疲労感を感じる」および「精神的にストレスを感じる」は，複数回答である。

出典：厚生労働省『平成17年版労働経済白書』より引用，加工

1 週平均労働時間が40時間以上の各層では，いずれも「体力的に疲労感を感じる」と回答した者が，200人を超えている。

2 週平均労働時間において，「精神的ストレスを感じる」と回答した者が1,000人

を超えているのは，「40～45時間未満」と「45～50時間未満」の層である。

3 回答者総数でみると，「体力的に疲労感を感じる」「精神的にストレスを感じる」および「いずれも感じない」のいずれにも無回答の場合は，８％を超えている。

4 週平均労働時間が50時間以上の各層では，３分の１以上が「体力的に疲労感を感じる」と回答し，４分の３以上が「精神的にストレスを感じる」と回答している。

5 週平均労働時間が「60時間以上」の層では，「体力的に疲労感を感じる」「精神的にストレスを感じる」の両方に回答した者が200人を超えている。

No.2 * **次表は，労働者保護法規違反の検察庁受理人員に関するものである。これからいえることとして妥当なのはどれか。**

【国家専門職・平成６年度】

年次	労働基準法		労働安全衛生法		船員法		職業安定法		労働者派遣法	
	実数〔人〕	指数	実数〔人〕	指数	実数〔人〕	指数	実数〔人〕	指数	実数〔人〕	指数
61年	1,289	100	1,685	100	537	100	225	100	7	100
62	1,456	113	1,746	104	386	72	289	128	18	257
63	1,054	82	1,968	117	414	77	173	77	66	943
元	803	62	1,887	112	409	76	164	73	87	1,243
2	745	58	2,174	129	384	72	285	127	119	1,700

［注］「労働者派遣法」とは「労働者派遣事業の適正な運営の確保及び派遣労働者の就業条件の整備等に関する法律」をいう

1 受理人員の合計に占める労働安全衛生法違反の割合は，昭和63年より平成元年のほうが大きい。

2 平成２年の受理人員のうち，対前年比が最も高いのは，労働者派遣法違反である。

3 労働者派遣法違反の指数の急激な上昇は，昭和61年以降の派遣労働者の急増を反映したものである。

4 昭和61年から平成２年の間で，受理人員の合計数が最も多かったのは，平成２年である。

5 労働基準法違反に対する職業安定法違反の受理人員の比率は，昭和61年から平成２年まで一貫して増加している。

＊＊
No.3 **表はある町における男性高齢者人口の比率表を示したものであるが，ア～オのうちこの表から求めることができるもののみをすべて挙げているのはどれか。**

【国家総合職・平成９年度】

	1990年度	1991年度	1992年度	1993年度
男性高齢者人口の 全人口に対する割合	12.5%	14.6%	16.3%	18.4%
男性高齢者人口の 高齢者人口全体に対する割合	45.3%	44.9%	49.6%	47.1%
全人口の指数	100	106	118	123

ア：1991年度と1992年度の高齢者人口全体の大小

イ：1993年度の男女人口の比率

ウ：1990年度における女性高齢者の全人口に対する比率

エ：1990年度の女性高齢者人口に対する1991年度の女性高齢者人口の比率

オ：1992年度の男性高齢者人口と1993年度の男性高齢者人口との差

1　ア，イ

2　ア，ウ，エ

3　イ，エ

4　ウ，オ

5　ウ，エ，オ

＊＊
No.4 **次の表から確実にいえるのはどれか。**

【地方上級（特別区）・平成30年度】

政府債務現在高およびその構成比の推移

区分		平成23年度	24	25	26	27
政府債務現在高（10億円）		959,950	991,601	1,024,957	1,053,357	1,049,366
構成比（%）	計	100.0	100.0	100.0	100.0	100.0
	内国債	82.2	82.9	83.3	83.7	86.8
	政府短期証券	12.2	11.6	11.3	11.1	8.0
	借入金	5.6	5.5	5.4	5.2	5.2

1 平成23年度から平成27年度までの5年度の内国債の1年度当たりの平均は，860兆円を上回っている。

2 平成24年度の政府短期証券を100としたときの平成27年度のそれの指数は，75を下回っている。

3 平成24年度における借入金の対前年度増加率は，3％を超えている。

4 平成26年度における政府短期証券の対前年度増加額は，3兆円を上回っている。

5 平成25年度において，内国債の額は，借入金のそれの17倍を上回っている。

No.5* 次の表から確実にいえるのはどれか。

【地方上級（特別区）・平成17年度】

飲用牛乳等の生産量の指数の推移

〔平成9年＝100.0〕

区　分	平成9年	10	11	12	13	14
飲用牛乳	100.0	97.0	94.4	92.5	90.1	89.0
乳飲料	100.0	103.2	109.1	105.3	106.7	102.8
はっ酵乳	100.0	106.6	119.2	115.3	113.6	130.3
乳酸菌飲料	100.0	97.8	96.2	94.0	95.7	98.9

1 平成10年から平成12年までの各年のうち，乳酸菌飲料の生産量の対前年減少率が最も大きいのは，平成11年である。

2 平成10年の飲用牛乳の生産量を100としたときの平成14年のそれの指数は，90を下回っている。

3 平成10年において，はっ酵乳の生産量の対前年増加量は，乳飲料のそれの2倍を上回っている。

4 平成10年から平成14年までの各年のうち，飲用牛乳の生産量の対前年減少量が最も大きいのは，平成10年である。

5 表中の各区分のうち，平成12年における生産量の対前年減少率が最も大きいのは，はっ酵乳である。

*
No.6 **表はわが国の産業別就業者数の構成比〔%〕を示したものである。表から確実にいえるのはどれか。**

【国家専門職・平成８年度】

	昭和25年	昭和35年	昭和45年	昭和55年	昭和60年	平成2年
第一次産業	48.3	32.6	19.4	10.9	9.3	7.1
農業	45.2	30.0	18.0	9.8	8.4	6.3
林業	1.2	1.0	0.4	0.3	0.2	0.2
漁業	1.9	1.6	1.0	0.8	0.7	0.6
第二次産業	21.9	29.2	34.0	33.5	33.1	33.3
鉱業	1.7	1.2	0.4	0.2	0.2	0.1
建設業	4.3	6.1	7.6	9.6	9.0	9.5
製造業	15.9	21.9	26.0	23.7	23.9	23.7
第三次産業	29.7	38.2	46.6	55.3	57.3	59.0
電気・ガス・熱供給・水道	0.6	0.5	0.6	0.6	0.6	0.5
運輸・通信業	4.4	5.0	6.2	6.3	6.0	6.0
卸売・小売業,飲食店	11.2	15.9	19.2	22.8	22.9	22.4
金融・保険業	1.0	1.8	2.6	3.6	3.8	4.3
サービス業	9.2	12.0	14.7	18.4	20.5	22.5
公務	3.3	3.0	3.3	3.6	3.5	3.3
分類不能	0.1	0.0	0.0	0.3	0.3	0.6
計	100.0	100.0	100.0	100.0	100.0	100.0

1　平成２年の第一次産業の就業者数は，昭和25年の第一次産業の就業者数の約７分の１に減少した。

2　昭和25年には，サービス業の就業者数は農業の就業者数の約５分の１であるが，平成２年には，サービス業の就業者数は農業の就業者数の３倍を超えている。

3　昭和45年と平成２年を比べると，建設業の就業者数は増加したが，製造業の就業者数は減少した。

4　林業と漁業を合わせた就業者数が第一次産業において占める割合は，昭和25年から平成２年にかけて，調査の年ごとに低くなった。

5　平成２年には，第三次産業の就業者数は全産業の就業者数の約５分の３を占めており，昭和25年の第三次産業の就業者数の約２倍に増加した。

＊＊
No.7 **表は，全国および全国を10地域に分けたうちの一地域である北海道における，平成26年の生乳の用途別処理量について示したものである。これから確実にいえるのはどれか。**

【国家一般職・平成28年度】

地域	処理内訳	実数〔千トン〕	用途別割合〔%〕	対前年比〔%〕
全国	生乳処理量　計	7,334	100.0	97.7
	牛乳等向け	3,911	53.3	98.4
	うち　業務用向け	305	4.2	99.6
	乳製品向け	3,364	45.9	96.8
	うち　チーズ向け	498	6.8	102.5
	クリーム等向け	1,320	18.0	103.0
	その他向け	59	0.8	102.8
北海道	生乳処理量　計	3,488	100.0	98.1
	牛乳等向け	541	15.5	102.2
	うち　業務用向け	66	1.9	97.5
	乳製品向け	2,917	83.6	97.2
	うち　チーズ向け	491	14.1	102.4
	クリーム等向け	1,213	34.8	103.0
	その他向け	31	0.9	107.6

［注］四捨五入の関係により生乳処理量の合計が計に一致しない場合がある。

1　平成25年の「チーズ向け」処理量が２千トン以上の地域は，全国の10地域のうち５地域以上ある。

2　北海道の「乳製品向け」処理量の用途別割合は，平成26年のほうが平成25年より大きい。

3　北海道以外の９地域における「牛乳等向け」処理量の合計は，平成26年のほうが平成25年よりも多い。

4　平成26年の「クリーム等向け」処理量は，北海道で全国の95%を占めており，北海道以外ではその処理量が０トンの地域もある。

5　平成26年の「牛乳等向け」処理量の用途別割合が80%を超えている地域は，全国の10地域のうち１地域以上ある。

実戦問題1の解説

No.1 の解説　労働時間と疲労感とストレスの関係　→問題はP.280　正答5

欄外の「注」にも注意が必要である。本問では，調査結果に複数回答を許している部分があることを見落とすと正答がみつからない。

1×　否定的に検討する。
55～60時間未満の層では，「体力的に疲労感を感じる」と回答した人は，314×0.382≒314×0.4≒126〔人〕である。よって，40時間以上の各層で200人を超えているわけではない。

2×　不等号をうまく使って概算する。
45～50時間未満の層で「精神的にストレスを感じる」と回答した人は，1,455×0.648＜1,460×0.65＝949〔人〕であり，1,000人を超えていない。

3×　5時間未満の回答者数は非常に少ない。
週平均労働時間が5時間以上のどの層でも「無回答」の割合が7％以下であり，5時間未満の層のみ8％を超えている。ただ，5時間未満の層は**全回答者の0.2%にも満たないので無視できる**。よって，回答者総数に占める「無回答」割合は8％を超えていない。

4×　各層ごとに否定的に検討する。
50～55時間未満の層で「体力的に疲労感を感じる」と回答した人は3分の1（＝33%）に達していない。

5◎　体力・精神の少なくともどちらか＝100%－いずれも－無回答
正しい。「体力的に疲労感を感じる」と「精神的にストレスを感じる」は重複して回答できるが，**これらの項目と「いずれも感じない」および「無回答」に重複して回答することはない**。よって，60時間以上の層において，前の2項目に回答した人の割合は，100－15.5－2.7＝81.8〔％〕である。一方，これら2項目それぞれに回答した人の割合を加えると，45.2＋71.4＝116.6〔％〕になる。したがって，2つの項目の両方に回答した人は，116.6－81.8＝34.8〔％〕いることがわかる。これを実数で表すと，702×0.348≒244〔人〕なので200人を超えている。

No.2 の解説　労働者保護法規違反の検察庁受理人員数の推移　→問題はP.281　正答1

1◎　$割合=\dfrac{労働安全衛生法の実数}{実数の合計}$

正しい。昭和63年 1,968÷(1,054＋1,968＋414＋173＋66)≒0.536，平成元年 1,887÷(803＋1,887＋409＋164＋87)≒0.563 である。

2×　$対前年比=\dfrac{その年の実数}{前年の実数}=\dfrac{その年の指数}{前年の指数}$

実数または指数から対前年比を算出する。対前年比は，労働者派遣法違反では実数でみて 119÷87，職業安定法違反では指数でみて 127÷73である。労働者派遣法違反のほうが，分子が小さく分母が大きいので，対前年比は小さいことがわかる。

3 × **与えられた資料からは判断できない。**

4 × **単純に合計するのが速い。**

平成２年度の受理人員の合計数は，（745＋2,174＋384＋285＋119）＝3,707である。一方，昭和62年は（1,456＋1,746＋386＋289＋18）＝3,895である。

5 × **比率の増減は指数の比をみればわかる。**

比率の増減を確認するだけなので，指数の比を計算していけばよい。つまり，職業安定法違反の指数が常に労働基準法違反を上回っていれば，常に増加しているといえる。昭和63年に労働基準法違反＞職業安定法違反となる。

No.3 の解説　男性高齢者人口の比率表　→問題はP.282　正答２

男性高齢者人口の全人口に対する割合をa，男性高齢者人口の高齢者人口全体に対する割合をbとする。また，1990年度の全人口を100としたときの，各年度の全人口の指数をtとする。このとき，男性高齢者人口＝at，高齢者人口＝$\frac{at}{b}$，女性高齢者人口＝$\frac{at}{b}-at$となる。

これらの数値は互いに比較できるので，**ア**，**ウ**，**エ**は求めることができる。**イ**に関しては，高齢者以外の男女の指数がわからないので，求めることができない。**オ**は，実数がこの表では与えられていないので，求めることができない。よって**2**が正答となる。

No.4 の解説　政府債務現在高とその構成比の推移　→問題はP.282　正答２

四捨五入をして３ケタで概算する。

1 × **四捨五入を駆使して概算する。**

960兆×0.822＋992兆×0.829＋1,020兆×0.833＋1,050兆×0.837＋1,050兆×0.868
＝789兆＋822兆＋850兆＋879兆＋911兆≒4,250兆
4,250兆÷5＝850兆＜860兆
よって，内国債の１年度当たりの平均は，860兆円を下回る。

2 ◎ **割り算よりかけ算で考える。**

平成24年度の政府短期証券の75％：992兆×0.116×0.75＝992兆×0.087
≒86.3兆
平成27年度の政府短期証券　：1,050兆×0.08＝84兆
よって，平成27年度の指数は75を下回っているので，正しい。

3 × **割り算よりかけ算で考える。**

平成23年度の借入金の103％（３％増）：960兆×0.056×1.03≒55.4兆

平成24年度の借入金　　　　　　　　：992兆×0.055≒54.6兆

よって，平成24年度の借入金の対前年度増加率は３％未満である。

4 ×　対前年度増加額＝当年の額－前年の額

平成26年度の政府短期証券：1,050兆×0.111≒116.6兆

平成25年度の政府短期証券：1,020兆×0.113≒115.3兆

よって，対前年度増加額は約１兆円であり，３兆円を下回る。

5 ×　基準が同じ→倍率は構成比の倍率

基準（平成25年度の政府債務現在高）が同じなので，倍率は構成比の倍率になる。83.3%÷5.4%≒15.4＜17であるから，倍率は17倍を下回る。

No.5の解説　飲用牛乳等の生産量の指数の推移

→問題はP.283　**正答4**

表の数値は各区分の平成９年における生産量を100とした指数であるから，異なる区分間で生産量やその増減料を比較することはできない。

1 ×　平成12年の減少率が最も大きい。

乳酸菌飲料の生産量の対前年増加率は，平成10年が $\frac{97.8}{100.0}-1=-0.0220$，平成11年が $\frac{96.2}{97.8}-1\fallingdotseq-0.0164$，平成12年が $\frac{94.0}{96.2}-1\fallingdotseq-0.0229$ となっている。したがって，対前年減少率は平成12年が最も大きい。

2 ×　平成14年の指数を求める。

平成10年の飲用牛乳の生産量を100としたとき，平成14年のそれの指数は $100\times\frac{89.0}{97.0}\fallingdotseq91.8>90$ であるから，90を上回っている。

3 ×　与えられた資料からは判断できない。

いずれかの年において各区分の生産量の実数または比がわかっていないと，このようなことは判断できない。

4 ◎　平成９年の飲用牛乳の生産量を100と置く。

正しい。平成９年の飲用牛乳の生産量を100として考えれば，各年の対前年減少量は，平成10年が 100.0－97.0＝3.0，平成11年が 97.0－94.4＝2.6，平成12年が 94.4－92.5＝1.9，平成13年が 92.5－90.1＝2.4，平成14年が 90.1－89.0＝1.1 となっており，確かに平成10年が最も大きい。

5 ×　乳飲料の対前年減少率が最も大きい。

平成12年における生産量の対前年増加率は，飲用牛乳が $\frac{92.5}{94.4}-1\fallingdotseq-0.0201$，乳飲料が $\frac{105.3}{109.1}-1\fallingdotseq-0.0348$，はっ酵乳が $\frac{115.3}{119.2}-1\fallingdotseq-0.0327$，乳酸菌飲料が $\frac{94.0}{96.2}-1\fallingdotseq-0.0229$ なので，最も対前年減少率が大きいのは乳飲料である。

No.6 の解説　産業別就業者数の構成比

→問題はP.284　正答2

各年の就業者数がわからないので，年度間の実数の比較はできない。よって**1**，**3**，**5**は誤りとわかる。

2◎　割り算よりかけ算で考える。
正しい。昭和25年は45.2×0.20＝9.04≒9.2，平成２年は6.3×3＝18.9＜22.5。

4×　割合＝$\frac{\text{林業と漁業の構成比の和}}{\text{第一次産業の構成比}}$
昭和60年と平成２年の林業と漁業の構成比の合計は，それぞれ0.9と0.8でほぼ変わらないが，第一次産業が9.3から7.1へと大きく減少しているから，林業と漁業の第一次産業に占める割合は逆に増加していることになる。

No.7 の解説　生乳の用途別処理量

→問題はP.285　正答5

1×　２千トン以上が北海道以外に４地域以上あれば，そこで８千トン以上。
平成26年の「チーズ向け」処理量は，北海道以外の地域では498－491＝7〔千トン〕。全国も北海道も対前年比はほぼ同じでどちらも100%以上なので，平成25年の「チーズ向け」処理量は，北海道以外の地域では７千トン未満であり，８千トン未満なので，誤り。

2×　割合の増減は，対前年比の比をみればわかる。
北海道の生乳処理量の対前年比は乳製品向けの対前年比より大きいので，北海道の「乳製品向け」処理量の用途別割合は，平成26年のほうが平成25年よりも小さい。

3×　全国が減っているのに，北海道は増えている。
「牛乳等向け」の対前年比は，全国が減少しているのに対し，北海道は増加しているので，北海道以外の９地域においては減少していることになる。よって，平成26年は平成25年より小さい。

4×　与えられた資料からは判断できない。
北海道以外の地域でその処理量が０トンの地域があるかどうかは与えられた資料からは判断できない。また，「クリーム等向け」処理量は1,320×0.95＝1,254＞1,213より，北海道で全国の95%を占めていない。

5◎　全体が80%以上であれば，必ず１つは80%以上。
正しい。平成26年における北海道以外の地域での生乳処理量は7,334－3,488＝3,846≒3,800で，「牛乳等向け」は3,911－541＝3,370≒3,400であるから，「牛乳等向け」が占める割合は，$\frac{3{,}400}{3{,}800}$≒0.89より，80%を超えている。よって，全国10地域のうち１地域以上は必ず80%を超えている。

実戦問題2　応用レベル

＊
No.8　表は主要産業に雇用される男性の常用労働者の賃金の実態を表したものであるが，これからいえることとして正しいのはどれか。

【国家一般職・平成10年度】

年齢階層	企業規模計	大企業		中企業	小企業
	賃金額〔千円〕	賃金額〔千円〕	年齢階層間賃金格差〔20～24歳＝100〕	企業規模間賃金格差〔大企業＝100〕	
18～19歳	168.7(1.3)	170.6(－0.1)	84	98	99
20～24	200.7(1.0)	203.2(2.2)	100	97	100
25～29	245.9(0.7)	255.7(2.1)	126	93	96
30～34	299.7(3.6)	322.9(8.0)	159	89	89
35～39	347.6(5.2)	390.0(8.5)	192	86	81
40～44	384.0(5.1)	441.3(4.4)	217	84	76
45～49	414.0(2.3)	485.4(1.9)	239	83	72
50～54	429.8(6.1)	518.5(10.4)	255	80	68
55～59	392.8(6.8)	471.7(8.7)	232	83	72
年齢計	334.0(4.0)	383.7(7.7)	189	84	78

［注］賃金額欄の（　）内の数字は対前年上昇額〔千円〕である。

1　賃金額の対前年上昇率が最も高いのは，企業規模計では18～19歳層，大企業では50～54歳層である。

2　中企業についてみると，賃金額が最も高いのは55～59歳層である。

3　小企業の50～54歳層の賃金額は，企業規模計の40～44歳層の賃金額を下回る。

4　各企業規模ごとに20～24歳層の賃金額を100とした場合，年齢計の賃金額はいずれも160を超えている。

5　中企業と小企業を比較すると，賃金額の差が最も大きい年齢階層は45～49歳層である。

＊＊
No.9　次の表はある企業グループにおける従業員の懲戒処分の状況について処分理由別にまとめたものであるが，各処分理由を比較した場合にこれからいえることとして妥当なのはどれか。

【国家一般職・平成９年度】

1　「欠勤」は製造部門中で最も件数が多く，戒告の中でも件数が最も多い。

2　「勤務態度不良」は製造部門中で最も割合が高いが，件数でみると２番目に多い。

3　「監督責任」は事務部門中で最も件数が多いが，減給の中では件数は２番目に多い。

4　「不正取引」は事務部門中で件数は３番目に多いが，解雇の中では最も件数が多い。

5 「社外非行」は製造部門中で最も件数が少ないが，停職の中では件数は最も多い。

〔単位：%〕

処分の種類／処分理由	計	解　雇	停　職	減　給	戒　告	部門別の割合	
						事務部門	製造部門
合　　計	1,410件 (100)	(9.9)	(3.4)	(35.6)	(51.1)	(11.3)	(88.7)
欠　　勤	100 (31.7)	0.7	1.6	39.4	58.4	3.4	96.6
勤務態度不良	100 (16.7)	1.7	2.1	38.1	58.1	2.5	97.5
監督責任	100 (32.6)	0.1	1.5	39.3	59.1	21.5	78.5
不正取引	100 (10.0)	79.4	5.0	4.3	11.3	5.0	95.0
社外非行	100 (8.9)	16.7	17.5	38.9	27.0	26.2	73.8

＊＊ No.10 次の表から正しくいえるのはどれか。

【地方上級（東京都）・平成14年度】

工業所有権の登録別構成比の推移

〔単位：%〕

	平成6年	7年	8年	9年	10年	11年
特許登録	25.8	30.9	41.1	30.3	40.9	44.5
実用新案登録	17.0	18.1	18.2	10.2	10.4	6.5
意匠登録	11.0	9.9	6.7	7.6	10.4	12.2
商標登録	46.2	41.1	34.0	51.9	38.3	36.8
合　　計	100.0	100.0	100.0	100.0	100.0	100.0
登録総数	318千件	353千件	524千件	488千件	345千件	337千件

1 意匠登録についてみると，平成6年から11年までのうち，登録件数が最も多いのは11年であり，次に多いのは6年である。

2 商標登録についてみると，平成7年から9年までの各年とも，前年の登録件数を上回っている。

3 平成6年に対する11年の登録件数の比率を登録別にみると，最も大きいのは，特許登録であり，比率は2を上回っている。

4 平成7年から10年までについてみると，実用新案登録件数が前年に比べて減少した年は，いずれの年も意匠登録件数は前年に比べて減少している。

5 平成11年の登録件数の対前年度増加率を登録別にみると，最も大きいのは意匠登録であり，次に大きいのは特許登録である。

＊＊
No.11 **表はある都市の就労調査による初職期（20～24歳）と再就職期（40～44歳）における職業別・学歴別の就職成功率を比較したものである。この表から推測されることとして妥当なのはどれか。なお，表中の数値は，高卒を1.00とした学歴間の比を示したものである。**

【国家専門職・平成11年度】

	男性20～24歳				女性20～24歳			
	小中卒	高 卒	短大卒	大 卒	小中卒	高 卒	短大卒	大 卒
専門・技術	0.08	1.00	5.55	5.47	0.72	1.00	4.72	6.57
事 務	0.16	1.00	1.20	2.32	0.22	1.00	0.91	0.72
販 売	0.42	1.00	0.99	2.19	0.94	1.00	0.58	0.78
サービス業	1.84	1.00	0.84	0.24	4.17	1.00	0.50	0.18
保 安 職 業	0.17	1.00	0.44	0.49	0.00	1.00	1.12	0.00
技能生産工	1.16	1.00	0.69	0.32	2.10	1.00	0.27	0.09

	男性40～44歳				女性40～44歳			
	小中卒	高 卒	短大卒	大 卒	小中卒	高 卒	短大卒	大 卒
専門・技術	0.15	1.00	3.91	5.30	0.38	1.00	3.86	13.15
事 務	0.16	1.00	1.21	1.44	0.36	1.00	1.04	0.71
販 売	0.43	1.00	0.88	1.22	0.64	1.00	0.79	0.46
サービス業	1.37	1.00	0.77	0.42	1.34	1.00	0.58	0.25
保 安 職 業	0.38	1.00	0.57	0.68	0.00	1.00	7.40	0.00
技能生産工	1.65	1.00	0.63	0.24	1.72	1.00	0.43	0.17

1 サービス業や技能生産工では，男女とも再就職期は初職期に比べ高卒の就職成功率が高いが，これは年齢に応じて，学歴に合った職業が選択されるためである。

2 大卒と高卒について，職種別の就職成功率全体では，初職期においても，再就職期においても，高卒に比べて大卒のほうが高いといえる。

3 事務職と販売職を１つのグループと考えた場合，初職期・再就職期のいずれにおいても，男性の場合，高卒に比べて大卒のほうが就職成功率が高いが，逆に女性は低くなっている。

4 再就職期において，保安職業における大卒女性の就職率 0.00に比べ，男性のそれが高いのは，他の職種よりも保安職業に再就職する男性が多いからである。

5 技能生産工について初職期と再就職期との学歴別の就職成功率の違いを比べると，男女ともに同じ傾向を示しているが，これは性別，年齢，学歴に関係のない作業が中心だからである。

＊＊
No.12 **表Ⅰは，平成７～10年度におけるわが国の輸送機関別の旅客輸送人員を，表Ⅱは，平成６～10年度における乗用車等旅客輸送人員の構成割合を表したものである。これらの表からいえることとして確実なのはどれか。**

【国家総合職・平成15年度】

〔単位：百万人〕

表Ⅰ

	JR	民鉄	自動車	内航海運	国内航空	計
平成７年度	8,982	13,648	61,272	149	78	84,129
	101.1	99.5	102.2	98.7	104.0	101.7
8	8,997	13,596	61,543	148	82	84,366
	100.2	99.6	100.4	99.3	105.1	100.3
9	8,859	13,386	62,200	145	86	84,675
	98.5	98.5	101.1	98.0	104.9	100.4
10	8,764	13,249	61,839	127	88	84,067
	98.9	99.0	99.4	87.6	102.3	99.3

［注］各年度の下段は，対前年度比〔％〕である。

〔単位：％〕

表Ⅱ

	乗用車	貨物車	軽自動車	ハイヤー・タクシー	その他	計	
平成６年度	56.7	5.3	20.2	4.7	13.1	100.0	59,935
7	57.2	5.1	20.8	4.5	12.4	100.0	61,272
8	57.0	5.0	21.5	4.4	12.1	100.0	61,543
9	57.7	4.7	21.6	4.2	11.8	100.0	62,200
10	58.1	4.4	22.0	4.1	11.4	100.0	61,839

［注］各年度の計欄の右側は，自動車の旅客輸送人員〔単位：百万人〕である。

1　平成６年度から10年度までのJRの全旅客輸送人員は，10年度の輸送機関全体の旅客輸送人員の半数に満たない。

2　平成６年度から10年度までの間，旅客輸送人員全体に占める民鉄の割合が６分の１未満となったのは10年度だけである。

3　国内航空の旅客輸送人員については，平成６年度の旅客輸送人員を100とすると，110を初めて超えたのは８年度である。

4　平成７年度から10年度までの間，乗用車の旅客輸送人員は，いずれの年度も前年度に比べ増加している。

5　平成６年度から10年度までの間，ハイヤー・タクシーの旅客輸送人員が28億人を超えた年度はない。

実戦問題2の解説

No.8の解説　主要産業における男性常用労働者の賃金実態 →問題はP.290　正答3

1× 対前年上昇率＝$\dfrac{\text{対前年上昇額}}{\text{前年の額}}$

企業規模計の18～19歳層と30～34歳層とを比較すると，賃金は２倍弱なのに，対前年度上昇額は３倍弱なので，賃金額の対前年度上昇率は30～34歳層のほうが高い。

2× 中企業の賃金額＝大企業の賃金額×指数÷100

大企業に対する指数では，年齢層45～49歳と55～59歳は同じであるが，基準となる大企業の賃金額は45～49歳層のほうが多いので，中小企業でも45～49歳層のほうが多い。

3◎ 小企業の賃金額＝大企業の賃金額×指数÷100

正しい。小企業の50～54歳層は $519\times\dfrac{68}{100}\fallingdotseq 353$ で，企業規模計の40～44歳層を下回る。

4× 小企業賃金の年齢計の指数＝大企業賃金の年齢計の指数×小企業の年齢計の格差指数÷100

小企業賃金の年齢計の指数は $189\times\dfrac{78}{100}\fallingdotseq 147$ で，160未満である。

5× 中小企業の賃金額の差＝大企業の賃金額×（中企業指数－小企業指数）÷100

45～49歳層の指数の差は11，50～54歳層の差は12，基準となる賃金額も後者が高いので，その差も後者のほうが大きい。

No.9の解説　処分理由別，従業員の懲戒処分状況 →問題はP.290　正答5

複数の構成比が存在する表なので注意が必要である。

1× 各件数＝合計（1,410）×処分理由の構成比×処分の種類の構成比

全体に占める構成比の大きな項目についてみてみると，製造部門での欠勤は 1,410×0.317×0.966 で，監督責任は 1,410×0.326×0.785 であるから，明らかに欠勤が多い。一方，全体に占める構成比が大きい監督責任のほうが，戒告の中に占める割合が大きいので，欠勤は２番目となる。

2× 欠勤や監督責任の構成比は，勤務態度不良の２倍に近い。

勤務態度不良の割合は最も高いが，件数では，欠勤，監督責任に次いで３番目である。

3× 監督責任の構成比は最も大きく，減給の構成比（39.3）もほぼ最も大きい。

欠勤と比較しても減給の中で最も件数が多いのは，監督責任である。

4× 欠勤の構成比は３倍以上，社外非行の割合は５倍以上。

事務部門の中では，監督責任，社外非行，欠勤に次いで４番目である。

5◎ 社外非行の構成比は小さいが，停職の構成比（17.5）は大きい。
正しい。全体に占める構成比が最も小さく，かつ製造部門の割合も最も低いので，製造部門の中では最も少ない。また，停職の中では，構成比が他の項目の3.5倍から10倍大きく，全体に占める構成比と組み合わせて考えても，件数は最も多い。

No.10 の解説　工場所有権の登録別構成比の推移

→問題はP.291　正答5

本問の場合，構成比と合計に対応する実数が与えられているので各項目の実数を計算により求めることができるが，必ずしも実数を正直に計算するのが得策とはいえないので注意したい。

1× 登録件数の多そうなところに見当をつける。
登録総数×意匠登録の構成比により各年の意匠登録件数を求めることができるが，すべて計算するのは大変であるから，**ざっと数字をみて登録件数が多そうなところに見当をつけて必要最低限の計算だけで済ますようにする**。すなわち，構成比の大きい平成６年，11年と登録総数の多い９年に注目すると，11年 ＞ ６年は明らかであるが，６年 ＞ ９年は怪しいので実際に計算してみると，６年が318×0.11≒35〔千件〕，９年が488×0.076≒37.1〔千件〕であり，９年 ＞ ６年であることがわかる。

2× 登録件数の多そうなところに見当をつける。
前年に対して登録総数が大幅に増加している８年と構成比が大幅に増加している９年は計算しなくても商標登録件数は増加していそうなので，一番怪しい７年について計算して確認する。すると，６年が318×0.462≒147〔千件〕，７年が353×0.411≒145〔千件〕となっており，わずかであるが７年は前年に対して減少している。

3× $\dfrac{11\text{年の構成比}}{6\text{年の構成比}}$の部分のみの比較でよい。
この比率は

$$\frac{11\text{年の登録総数}\times 11\text{年の構成比}}{6\text{年の登録総数}\times 6\text{年の構成比}}=\frac{11\text{年の登録総数}}{6\text{年の登録総数}}\times\frac{11\text{年の構成比}}{6\text{年の構成比}}$$

で計算されるが，$\dfrac{11\text{年の登録総数}}{6\text{年の登録総数}}$の部分は各項目共通だから$\dfrac{11\text{年の構成比}}{6\text{年の構成比}}$の部分を比較すると，明らかに最も大きいのは特許登録である。特許登録の場合，実際の値は$\dfrac{337}{318}\times\dfrac{0.445}{0.258}\fallingdotseq 1.83$であり，２には達していない。

4× ９年の意匠登録件数は前年より増加している。
登録総数，構成比ともに前年より減少しているので９年の実用新案登録件数は明らかに前年より減少しているが，意匠登録件数は８年が524×0.067≒35.1〔千件〕，９年が37.1千件であるから，９年は前年より増加している。

5 ◎ $\frac{11年の構成比}{10年の構成比}$**の部分のみの比較でよい。**

正しい。平成11年の各項目の登録件数の対前年増加率は

$\frac{11年の登録総数}{10年の登録総数} \times \frac{11年の構成比}{10年の構成比} - 1$で計算されるが，$\frac{11年の構成比}{10年の構成比}$以外は各項目で共通であるから，$\frac{11年の構成比}{10年の構成比}$の値を比較すればよい。この値が比較的大きいのは明らかに特許登録と意匠登録であるから，実際にこの値を計算してみると，特許登録は$\frac{0.445}{0.409} \fallingdotseq 1.09$，意匠登録は$\frac{0.122}{0.104} \fallingdotseq 1.17$となっているので，平成11年の登録件数の対前年増加率は，意匠登録＞特許登録である。

No.11の解説　職業別・学歴別就職成功率の比較　→問題はP.292　正答3

実数が与えられていないので，「職業間」「男女間」「初職期と再就職期」それぞれの項目間での実数の比較はできない。また，**表から客観的に判断できること以外は誤りである**ことに注意する。

1 ×　与えられた資料からは判断できない。

就職成功率の高さについての理由は，この表からはわからない。

2 ×　実数や構成比が与えられていないので，全体の比較はできない。

この資料には各職業，男女，期別の人数が与えられていないので，大卒と高卒の就職率全体についてはわからない。

3 ◎　指数の傾向がそろっているので，比較ができる。

正しい。事務職と販売職ともに，男性では大卒のほうが高卒よりも高く，女性では逆に低くなっているので，事務職と販売職を１つのグループとして考えても，これらの傾向に変化はない。

4 ×　与えられた資料からは判断できない。

再就職期の男性が，ほかの職業に比べて保安職に再就職する人数が多いかどうかはわからない。

5 ×　与えられた資料からは判断できない。

理由については，この表からはわからない。

No.12の解説　機関別輸送人員の推移と自動車輸送の構成比　→問題はP.293　正答4

表Ⅰの対前年度比〔％〕は，$\frac{\textbf{当該年度の旅客輸送人員}}{\textbf{前年度の旅客輸送人員}} \times 100$で計算された値である。したがって，平成７年度の旅客輸送人員と対前年度比から平成６年度の旅客輸送人員を求めることができることに注意する。

1 × 平成６年度のJR輸送人員＝$\dfrac{\text{平成７年度のJR輸送人員}}{\text{平成７年度のJR輸送人員対前年比〔\%〕}}\times 100$

有効数字３ケタで計算すると，$\dfrac{8{,}980}{101}\times 100 \fallingdotseq 8{,}890$〔百万人〕となる。したがって，平成６～10年度のいずれの年度においてもJRの旅客輸送人員は平成10年度における輸送機関全体の旅客輸送人員（＝84,067百万人）の$\dfrac{1}{10}$を超えており，平成６～10年度のJRの全旅客輸送人員は$\dfrac{1}{10}\times 5=\dfrac{1}{2}$，すなわち平成10年度の輸送機関全体の旅客輸送人員の半数を上回ることは明らかである。

2 × $84{,}000\times\dfrac{1}{6}=14{,}000$

平成７～10年度のいずれの年度においても，輸送機関全体の旅客輸送人員は84,000百万人を超えているが，民鉄の旅客輸送人員はその$\dfrac{1}{6}$の14,000百万人に達していない。したがって，旅客輸送人員全体に占める民鉄の割合は平成７～10年度のいずれの年度においても$\dfrac{1}{6}$未満である。

3 × 相対微小値の省略を利用する。

対前年度比を用いて平成８年度におけるこの指数を計算すると，$100\times\dfrac{104.0}{100}\times\dfrac{105.1}{100}=100\times(1+0.040)\times(1+0.051)\fallingdotseq 100\times(1+0.040+0.051)=109.1$となり，110には達していない。（**テーマ３の重要ポイント３を参照**）

4 ◎ 合計と構成比が共に増加していれば，明らかに増加。

正しい。平成６～７年度，平成８～９年度の両期間は乗用車の構成比，自動車全体の旅客輸送人員ともに増加しているので，平成７年度と平成９年度において乗用車の旅客輸送人員が前年度に比べ増加していることは 明らかである。そこで，平成７年度と平成８年度，平成９年度と平成10年度について乗用車の旅客輸送人員を比較する。すると，有効数字４ケタで計算して，平成７年度は$61{,}270\times 0.572\fallingdotseq 35{,}050$〔百万人〕，平成８年度は$61{,}540\times 0.570\fallingdotseq 35{,}080$〔百万人〕，平成９年度は$62{,}200\times 0.577\fallingdotseq 35{,}890$〔百万人〕，平成10年度は$61{,}840\times 0.581\fallingdotseq 35{,}930$〔百万人〕なので，平成８年度と平成10年度も前年度に比べ増加していることがわかる。なお，ここでの計算は有効数字のケタ数を３ケタ以下にすると増減を判断できなくなるので注意が必要である。

5 × 否定的に検討する。

自動車全体の旅客輸送人員はあまり変化していないので，ハイヤー・タクシーの構成比が最も大きい平成６年度に着目して，ハイヤー・タクシーの旅客輸送人員を有効数字３ケタで計算してみると，$59{,}900\times 0.047\fallingdotseq 2{,}820$〔百万人〕となり，28億人を超えていることがわかる。

資料解釈 第1章 数表

増加率

必修問題

次の表から確実にいえるのはどれか。

【地方上級（特別区）・令和元年度】

自家用旅客自動車のガソリン燃料消費量の対前年度増加率の推移

〔単位　%〕

種　　別	平成26年度	27	28	29
バ　ス・特　種	△6.8	1.2	△3.4	0.8
普　通　車	△7.2	△1.5	△1.7	△0.2
小　型　車	△8.9	△6.8	△4.7	△5.9
ハイブリッド車	27.0	17.9	13.6	13.8
軽　自　動　車	2.3	0.9	3.9	2.6

［注］△は，マイナスを示す。

1　平成29年度において，「バス・特種」の燃料消費量および「軽自動車」の燃料消費量は，いずれも平成27年度のそれを上回っている。

2　表中の各種別のうち，平成28年度の燃料消費量の「合計」に占める燃料消費量の割合が，前年度のそれより大きいのは，「普通車」だけである。

3　平成26年度の「小型車」の燃料消費量を100としたときの平成29年度のそれの指数は，90を上回っている。

4　「ハイブリッド車」の燃料消費量の平成26年度に対する平成29年度の増加率は，「軽自動車」の燃料消費量のそれの6倍より大きい。

5　表中の各年度のうち，「バス・特種」の燃料消費量が最も少ないのは，平成26年度である。

難易度　＊＊

必修問題の解説

増加率の計算では，**相対微小値の省略**を用いて計算を省略することが多い（重要ポイント3）。そして，これを繰り返し用いることを**推移型**と呼ぶ。たとえば，もとの数100を，＋2.8%，－2.2%，－3.3%などと順次増減してその推移をみていく場合，100×1.028×0.978×0.967＝97.22……と計算していくのは大変である。そこで，このような場合は，推移部分を＋2.8%－2.2%－3.3%＝－2.7%とまとめて，100×(1－0.027)＝100×0.973＝97.3と**面倒な連続のかけ算を足し算・引き算にして処理**するとよい。特に，特別区ではこのパターンが頻出なので『集中講義！資料解釈の過去問』の第4章などで多くの類題に当たっておきたい。

1 × **相対微小値の省略（推移型）を利用する。**
平成27年度から29年度で，増加率は－3.4％と＋0.8％で－2.6％。よって，「バス・特種」の平成29年度は平成27年度を下回る。

2 × **燃料消費量（実数）は不明なので，異なる項目との比較はできない。**
数表からは，それぞれの**対前年度増加率（相対値）がわかるだけで，実数は不明であり，異なる項目（合計等）との比較はできない。**ハイブリッド車などが割合を増やしている可能性がある。

3 × **相対微小値の省略（推移型）を利用する。**
平成26年の指数を100とすると，そこから－6.8％，－4.7％，－5.9％をするので，**100を－17.4％すると概算**してよい。100×(1－0.174)＝82.6で，90を下回っている。

4 ◎ **相対微小値の省略（推移型）の利用とその限界。**
正しい。平成26年度から29年度の増加率は軽自動車について，＋0.9％，＋3.9％，＋2.6％で，＋7.4％（詳しく計算すると，1.009×1.039×1.026≒1.076で＋7.6％）。
ハイブリッド車について詳しく計算すると，1.179×1.136×1.138≒1.524で，＋52.4％。よって，7.4×6＝44.4で６倍よりも大きい。
なお，**増加率が10％を上回る場合は，相対微小値の省略（推移型）の利用には注意が必要である（下記の注を参照）**。

5 × **平成26年度から28年度で，増加率は＋1.2％，－3.4％で－2.2％**
よって，「バス・特種」の平成28年度は平成26年度を下回る。

正答 4

［注］肢４のハイブリッド車について，相対微小値の省略（推移型）を利用すると，＋17.9％，＋13.6％，＋13.8％で，「＋45.3％」となるが，正しい値である「＋52.4％」とは大きな差が生じてしまう。**増加率が10％を超えるような場合にこの方法を使うのは難しい**のである。
相対微小値の省略は，$(1+a)\times(1+b)\times(1+c)=1+a+b+c+\underline{ab+bc+ca+abc}$ の下線部を省くことであるが，肢４の場合，**ab＝0.179×0.136≒0.024で，abだけでも2.4％もの誤差が生じてしまう**。よって，上記の解説ではこの方法を用いない計算方法を用いたが，実際の試験でこの計算をするのはつらい。そこで，少し難しいが，ab，bc，ca合わせて2.4％×３≒７％程度の**誤差が出ることを理解しておき，それを補正して**，＋45.3％＋７％＝52.3％とするなどして，本問でも相対微小値の省略を用いることが現実的な解法であると考える。

FOCUS

増加率に関する問題も，指数・構成比の問題と同様に，基準となるものの実数が与えられていない場合には，あくまでも「率」であるため，同一基準の項目間の大小しか比較できない。同一項目間の数値を比較するには，基準を100とすれば計算がしやすいことが多い。

POINT

重要ポイント 1 増加率

(1) 増加率は，時系列データ内の基準値に対する増加量の割合であり，実数と混同をしてはいけない。つまり，**ほかと比べて増加率が大きいからといって増加量が大きいとは限らないことに注意する**。

$$\text{増加率}=\frac{\text{増加量}}{\text{基準値}}=\frac{\text{比較値}-\text{基準値}}{\text{基準値}}=\frac{\text{比較値}}{\text{基準値}}-1$$

たとえば，対前年増加率の場合は，比較値として当該年の実数，基準値として前年の実数を考えればよい。なお，増加量がマイナス（減少）の場合には増加率もマイナスになるが，このような場合その絶対値を減少率と呼ぶことがある。また，増加率と減少率を合わせて増減率と呼んだりもする。さらに，資料によっては増加率を上昇率，伸び率などと呼ぶこともあるので注意したい。増加率の計算は，通常は $\frac{\text{比較値}}{\text{基準値}}-1$ の形で計算したほうがよい。

(2) 指数・構成比と同様に，**増加率だけに基づいて，基準値の異なる項目間の実数の比較はできない。**

(3) 増加量が一定のとき，基準値が小さければ小さいほど，増加率は大きくなる。

(4) 計算過程においては，**相対微小値の省略**をできるだけ活用し，計算の簡素化に努める。

重要ポイント 2 増加率の絡んだ計算

時系列データを含んだ資料では，実数に基づいて対前年増加率などを計算するだけでなく，逆に対前年増加率などに基づいて実数を求める計算が必要になることが多い。このような計算は慣れないと手間取るので，十分に練習を積んでおきたい。

時系列データにおいて，A年の数値を a，B(＞A)年の数値を b，A年からB年までの期間の増加率を p %とすれば，

$$p=\frac{b-a}{a}\times 100=\left(\frac{b}{a}-1\right)\times 100 \text{であるから，} \frac{p}{100}=\frac{b}{a}-1$$

したがって，　$$\boldsymbol{b}=\boldsymbol{a}\times\left(1+\frac{\boldsymbol{p}}{100}\right),\ \boldsymbol{a}=\boldsymbol{b}\div\left(1+\frac{\boldsymbol{p}}{100}\right)$$

この形の計算式は，増加率に基づいて a や b を求めるときによく使われる。なお，減少の場合，p の値は負になることに注意する。

重要ポイント3 計算の工夫5～相対微小値の省略

$(1+x)(1+y)=1+x+y+xy$

$|x|\ll 1$, $|y|\ll 1$ のとき，$|xy|$ の値は極めて小さい値となり，$1+x+y$ に比べて無視することができる。

よって，$(1+x)(1+y)=1+x+y+xy\fallingdotseq 1+x+y$ として概算できる。つまり，足し算のみの簡単な近似計算になるわけである。

活用方法

$(1+0.021)\times(1-0.019)\times(1+0.031)$ を計算する。

実際の計算結果 $=1.021\times 0.981\times 1.031=1.032650631$

概算の結果 $=1+0.021+(-0.019)+0.031=1.033$

適用範囲

増加率が10%未満であれば，上記概算結果と，実際の計算結果は，ほぼ同じ値となる。

[注] 増加率が10%を大きく上回るようなときでも，およその見当をつけるためになら用いてもかまわないが，通常は確認の計算が必要になる。

応　用

$|x|\ll 1$, $|y|\ll 1$ のとき，一般に以下の概算を用いることができる。

$$\frac{1}{1+x}\fallingdotseq 1-x$$

$$\frac{1+x}{1+y}\fallingdotseq 1+x-y$$

$$(1+x)^2\fallingdotseq 1+2x$$

$$(1+x)^n\fallingdotseq 1+nx$$

重要ポイント4 増加率と構成比の関係

全体とそれを構成する部分要素という項目構成になっている資料の場合，増加率の推移傾向と構成比の推移傾向の間には次のような関係がある。

全体の増加率＞部分要素の増加率 → 部分要素の構成比は減少

全体の増加率＜部分要素の増加率 → 部分要素の構成比は増加

この関係を理解していれば，増加率の変化から特定の部分要素の構成比の変化についてある程度知ることができる（実戦問題No.6を参照）。

実戦問題❶　基本レベル

＊＊
No.1　次の表から確実にいえるのはどれか。

【地方上級（特別区）・令和４年度】

政府開発援助額の対前年増加率の推移

〔単位　%〕

供与国	2015年	2016	2017	2018	2019
アメリカ	△6.4	11.1	0.9	△2.7	△2.4
ドイツ	8.3	37.9	1.1	2.7	△6.0
イギリス	△3.9	△2.7	0.3	7.5	△0.5
フランス	△14.9	6.4	17.8	13.3	△6.7
日本	△0.7	13.2	10.0	△12.2	16.5

［注］△は，マイナスを示す。

1　表中の各年のうち，イギリスの政府開発援助額が最も多いのは，2015年である。

2　2015年のドイツの政府開発援助額を100としたときの2019年のそれの指数は，130を下回っている。

3　2016年のフランスの政府開発援助額は，2018年のそれの70%を下回っている。

4　2019年の日本の政府開発援助額は，2016年のそれの1.2倍を下回っている。

5　2017年において，ドイツの政府開発援助額の対前年増加額は，アメリカの政府開発援助額のそれを上回っている。

＊
No.2　次の表から正しくいえるのはどれか。

【地方上級（特別区）・平成27年度】

日本のアジア５か国への輸出額の推移

〔単位　100万円〕

国名	2008年	2009	2010	2011	2012
インドネシア	1,303,573	869,687	1,394,459	1,412,322	1,618,683
韓国	6,168,285	4,409,729	5,460,193	5,269,143	4,911,270
シンガポール	2,757,576	1,933,160	2,209,100	2,170,069	1,859,371
タイ	3,051,463	2,069,705	2,993,721	2,988,515	3,488,868
中国	12,949,889	10,235,596	13,085,565	12,902,160	11,509,144

1　2012年において，韓国への輸出額の対前年減少率は，中国への輸出額のそれより小さい。

2　2012年におけるシンガポールへの輸出額の対前年減少額は，3,000億円を下回っている。

3　2008年から2012年までの各年におけるタイへの輸出額の平均は，３兆円を上回っている。

4　インドネシアへの輸出額の2010年に対する2012年の増加率は，15％より小さい。

5　2010年における中国への輸出額に対する韓国への輸出額の比率は，前年におけるそれを上回っている。

*

No.3　**表は，Ｐ市における2009年３月末現在の世帯数と人口を地区別，町別に表したものである。これから確実にいえるのはどれか。**

【国家専門職・平成22年度】

地区・町		世帯数	人口	１年間の増減		人口の増減率	１世帯当たりの人数
				世帯数	人口		
X地区	A町	2,623	5,625	＋ 2	− 117	−2.0%	2.14
	B町	1,820	4,086	＋ 6	− 56	−1.4%	2.25
	C町	3,941	8,727	＋ 32	− 30	−0.3%	2.21
	小計	8,384	18,438	＋ 40	− 203	−1.1%	2.20
Y地区	D町	2,615	7,261	＋ 4	− 117	−1.6%	2.78
	E町	2,067	5,557	＋ 17	− 44	−0.8%	2.69
	F町	583	1,845	− 5	− 23	−1.2%	3.16
	G町	1,772	5,311	＋ 8	− 51	−1.0%	3.00
	小計	7,037	19,974	＋ 24	− 235	−1.2%	2.84
P市全体		49,727	121,497	＋244	−1,003	−0.8%	2.44

1　Ｇ町の１世帯当たりの人数は，2008年３月末においては２人台であった。

2　2009年３月末の世帯数と人口をみると，Ｅ町，Ｆ町，Ｇ町の３つの町の合計は，世帯数，人口ともにＰ市全体の１割未満である。

3　Ｙ地区の世帯数の増加割合は，2009年３月末までの１年間でみると，Ｐ市全体の世帯数の増加割合に比べて大きい。

4　Ｘ地区およびＹ地区のどの町においても，2009年３月末までの１年間に，１世帯当たりの人数は減少した。

5　Ｘ地区およびＹ地区を除くＰ市全体の人口の減少割合は，2009年３月末までの１年間でみると，1.0％を超えている。

No.4 ＊＊ **表は，主要業種別の1990年度および1999年度のCO_2排出量に対する2000年度のそれの増減率を示したものである。表に関する次の記述のア，イ，ウに該当する業種の組合せとして妥当なのはどれか。** 【国家一般職・平成14年度】

1990，1999，2000の各年度についてCO_2排出量を業種別に比較すると，1990年度が最も少なく2000年度が最も多かったのは［ア］業種である。また，各年度のうち1999年度が最も多かったのは［イ］業種である。

なお，1999年度において業種全体に占めるCO_2排出量の割合が1990年度におけるそれより大きかったのは［ウ］業種である。

	ア	イ	ウ
1	1	2	3
2	1	2	4
3	1	3	3
4	2	2	4
5	2	3	4

〔単位：%〕

業種	1990年度比	1999年度比
電力	9.1	1.5
ガス	−27.0	−5.6
石油	27.3	−2.3
鉄鋼	−1.7	2.8
化学	8.7	−0.2
製紙	7.6	3.1
自動車	−17.7	−2.5
ビール	−5.6	−5.5
全体	1.2	1.1

No.5 ＊＊ **次の表から確実にいえるのはどれか。** 【国家専門職・平成17年度】

東京消防庁歳出予算額の対前年度増加率の推移

〔単位：%〕

区分	平成11年度	12	13	14	15
消防管理費	△1.4	△2.8	0.4	0.9	△2.6
消防活動費	15.1	△10.2	15.0	7.2	△12.9
消防団費	△0.9	△5.6	△1.4	2.6	2.1
退職手当及年金費	31.0	6.2	6.2	△8.3	△1.5
建設費	△21.1	△8.3	△20.5	△12.8	26.0

［注］△は，マイナスを示す。

1 表中の各年度のうち，消防管理費の予算額が最も少ないのは，平成12年度である。

2 平成10年度の建設費の予算額を100としたときの平成14年度のそれの指数は，40を下回っている。

3 平成14年度において，消防団費の予算額の対前年度増加額は，消防管理費の予算額のそれの2倍を上回っている。

4 退職手当及年金費の予算額の平成10年度に対する平成13年度の増加率は，消防活動費の予算額のそれの2倍より小さい。

5 平成13年度の消防活動費の予算額の対前年度増加額は，平成14年度のそれの2倍を下回っている。

実戦問題1の解説

No.1の解説 政府開発援助額の対前年増加率の推移 →問題はP.302 正答4

1 × **相対微小値の省略を利用する。**

2015年を除く4か年で最も多いのは2018年であるので，2015年のイギリスの額を100として，2018年の額を計算する。

2018年：100×(1－0.027)×(1＋0.003)×(1＋0.075)
≒100×(1－0.027＋0.003＋0.075)＝105.1

よって，2018年は2015年よりも大きい。

2 × **相対微小値の省略を利用する（増加率が10%未満のみ）。**

POINTにあるように，**増加率が10%を超える場合は相対微小値の省略は使わないほうがよい**。そこで2016年の増加率37.9%は近似から外して計算する。

2019年：100×(1＋0.379)×(1＋0.011)×(1＋0.027)×(1－0.060)
≒100×1.379×(1＋0.011＋0.027－0.060)＝137.9×0.978≒135＞130

よって，2019年の指数は130を上回る。

3 × **まず，2018年ではなく2016年を100として2018年を表す。**

2018年を基準としているが，2016年を基準(100)としたほうがわかりやすい。

2018年：100×(1+0.178)×(1+0.133)＝117.8×1.133≒133.5

そうすると，2018年(133.5)の70%：133.5×0.7≒93.5＜100（2016年） となる。

よって，2016年は2018年の70%を上回る。

4 ◎ **増加率が10%を超えても相対微小値の省略が利用できる場合がある。**

正しい。2016年を基準（100）とする。

2019年：100×(1＋0.100)×(1－0.122)×(1＋0.165)
＝110×(1－0.122)×(1＋0.165)＝110×(1＋0.165－0.122**－0.122×0.165**)
＝110×(1.043**－0.122×0.165**)
≒114.7**－110×0.122×0.165**＜120

(このように，－12.2%，＋16.5%は異符号であり，真の値は114.7よりさらに小さくなるので，太字部分を省いて計算することもできる)

真の値がさらに小さくなることがわかっていれば，100×(1＋0.100－0.122+0.165)=100×1.143=114.3＜120として，相対微小値の省略を利用してもよい。

よって，2019年は2016年の1.2倍を下回る。

5 × **実数値が与えられていないので対前年増加額は不明。**

ドイツはアメリカよりも2017年の対前年増加率は上回っているが，2016年の政府開発援助額が不明であるので，対前年増加額は比較できない。

No.2の解説 日本のアジア5か国への輸出額の推移 →問題はP.302 正答1

1 ◎ **対前年減少率＝$\frac{\text{減少額}}{\text{前年の額}}$**

正しい。上から3ケタ目を四捨五入して上2ケタに注目すると，韓国は2011

年が53，2012年が49であるから，2012年における韓国の対前年減少率は$\frac{4}{53}\times 100 \fallingdotseq 7.5$〔%〕となる。同様にして，中国は2011年が129，2012年が115であるから，2012年における中国の対前年減少率は$\frac{14}{129}\times 100 \fallingdotseq 10.9$〔%〕である。

2 × **対前年減少額＝前年の額－今年の額**
2012年におけるシンガポールへの輸出額の対前年減少額は，2,170,069－1,859,371≒2,170,000－1,860,000＝310,000〔百万円〕であるから，3,000億円を上回っている。

3 × **各値の３兆円との差の合計で検討する。**
上から３ケタ目を四捨五入して上２ケタに注目すると，2008年からそれぞれ31，21，30，30，35であるから，30（３兆円の上２ケタ）との差を合計すると，＋1－9±0±0＋5＝－3であるから，３兆円を下回っている。

4 × **上から４ケタ目で四捨五入して３ケタで概算する。**
2010年は139，2012年が162である。よって，増加率は$\frac{23}{139}\times 100 \fallingdotseq 16.5$〔%〕であるから，15%より大きい。

5 × **比率＝$\frac{\text{韓国への輸出額}}{\text{中国への輸出額}}$**

上から４ケタ目を四捨五入して上３ケタに注目すると，2009年の比率は$\frac{44}{102}\fallingdotseq 0.43$，2010年は$\frac{55}{131}\fallingdotseq 0.42$より前年を下回っている。

No.3 の解説　地区別，町別の世帯数と人口の増減

→問題はP.303 **正答4**

1 × **2008年の１世帯当たりの人数＝$\frac{\text{2008年の人口}}{\text{2008年の世帯数}}$**

Ｇ町の2008年３月末の世帯数は1,772－8＝1,764，人口は5,311＋51＝5,362であり，１世帯当たりの人数は$\frac{5,362}{1,764}$となるが，2009年の$\frac{5,311}{1,772}$（≒3.00）と比べて，**分子は大きく，分母は小さいので**その値は大きくなり，３人以上である。

2 × **Ｐ市全体に0.1をかけた値と比較する。**
2009年３月末のこの３つの町の世帯数の合計は4,422でありＰ市全体の１割未満であるが，人口の合計は12,713であり１割を超えている。

3 × **対前年の増加割合＝$\frac{\text{増加数}}{\text{前年の値}}$**

Ｙ地区の2008年３月末の世帯数は7,037－24＝7,013であり，その2009年３月末までの増加割合は$\frac{24}{7,013}\fallingdotseq 0.0034$である。一方，Ｐ市全体の2008年３月末の世

帯数は49,727－244＝49,483であり，その2009年３月末までの増加割合は $\frac{244}{49,483}$ ≒0.0049であるので，Ｙ地区のほうが増加割合は小さい。

4 ◎ **Ｆ町以外は明らかに減少している。**

正しい。**１世帯当たりの人数は $\frac{人口}{世帯数}$ で求められるが，Ｆ町以外は分子が小さくなり，分母は大きくなっているので，明らかに減少している。**さらに，Ｆ町の2008年３月末の世帯数は583＋5＝588，人口は1,845＋23＝1,868だから，１世帯当たりの人数は $\frac{1,868}{588}$≒3.18であり，2009年３月末の１世帯当たりの人数は3.16であるので減少している。

5 × **Ｘ・Ｙを除く人口減少数＝1,003－203－235＝565**

Ｘ地区とＹ地区を合わせた人口減少は438であるので，Ｘ地区およびＹ地区を除くＰ市全体の人口の減少は1,003－438＝565になる。また，Ｘ地区およびＹ地区を除くＰ市全体の2009年３月末の人口は121,497－18,438－19,974＝83,085である。よって，その減少割合は1.0％未満である。

No.4 の解説　主要業種別CO_2排出量の増加率　→問題はP.304　正答４

増加率がマイナスになる場合は減少しているわけであるが，減少の場合を含めた用語として増減率という言葉も使われるので注意したい。

本問の場合，基準値の実数を知ることはできないので，2000年を100とした指数で業種別にCO_2排出量の変化を追うことにする。

ア：1990年度比も1999年度比も正で，かつ1990年度比＞1999年度比。

電力の場合，上記の指数は1990年が 100÷（1＋0.091），1999年が 100÷（1＋0.015）であり，計算するまでもなく1990年が最も少なく2000年が最も多い。同様に，製紙も1990年が最も少なく2000年が最も多い。したがって，２業種が該当する。

イ：1990年度比が正で1999年度比が負。

石油の場合，上記の指数は1990年が 100÷（1＋0.273），1999年が 100÷（1－0.023）であるから，やはり計算するまでもなく1999年が最も多い。同様に，化学も1999年が最も多い。したがって，やはり２業種が該当する。

ウ：増加率が全体のそれよりも大きい項目は全体に占める割合が増加。

1990年から1999年にかけての**増加率が全体のそれよりも大きい項目は全体に占める割合が増加している**といえる。1990年から1999年にかけての全体の増加率は $\frac{100\div(1+0.011)}{100\div(1+0.012)}-1=\frac{1+0.012}{1+0.011}-1$ であるから，$\frac{1+0.012}{1+0.011}$ の部分を比較してこの値より大きい業種を選べばよい。その際，**相対微小値の省略**（重要ポイント3）を活用して計算の手間を省くように。まず，全体は $\frac{1+0.012}{1+0.011}$ $\fallingdotseq 1+0.012-0.011=1.001$，そして電力が $\frac{1+0.091}{1+0.015}\fallingdotseq 1+0.091-0.015=1.076$，石油が $\frac{1+0.273}{1-0.023}>1.273$，化学が $\frac{1+0.087}{1-0.002}>1.087$，製紙が $\frac{1+0.076}{1-0.031}\fallingdotseq 1+0.076-0.031=1.045$ となっており，これら4業種は業種全体に占めるCO_2排出量の割合が1990年から1999年にかけて増加していることがわかる。これら4業種以外は1990年から1999年にかけての増加率がマイナスになっている。

したがって，**ア**：2，**イ**：2，**ウ**：4となるので，**4**が正答となる。

No.5 の解説　東京消防庁歳出予算額の対前年度増加率

→問題はP.304　**正答5**

1 ×　相対微小値の省略を利用する。

平成12年度の消防管理費の予算額を100とすると，平成15年度のそれの指数は $100\times(1+0.004)\times(1+0.009)\times(1-0.026)\fallingdotseq 100\times(1+0.004+0.009-0.026)=100\times(1-0.013)=98.7$ となる。したがって，**平成15年度の消防管理費の予算額のほうが少ない。**（**重要ポイント3**）

2 ×　不等号を利用する。

平成10年度の建設費の予算額を100とすると，平成14年度のそれの指数は，$100\times(1-0.211)\times(1-0.083)\times(1-0.205)\times(1-0.128)>100\times(1-0.22)\times(1-0.09)\times(1-0.21)\times(1-0.13)=100\times0.78\times0.91\times0.79\times0.87\fallingdotseq 49$ となり，40を上回っている。

3 ×　実数が与えられていないので，異なる項目の比較はできない。

4 ×　相対微小値の省略は増減率10%未満で用いる。

平成10年度の退職手当及年金費を100とすると，平成10年度に対する平成13年度の増加率は次のようにして計算される。

$$\frac{100\times(1+0.310)\times(1+0.062)\times(1+0.062)}{100}-1\fallingdotseq(1+0.310)\times(1+0.062+0.062)$$
$$-1=(1+0.310)\times(1+0.124)-1\fallingdotseq 1.31\times1.12-1\fallingdotseq 0.47$$

同様にして，消防活動費の予算額の同期間における増加率を計算すると，$(1+0.151)\times(1-0.102)\times(1+0.150)-1=1.151\times0.898\times1.150-1\fallingdotseq 1.15\times0.898\times1.15-1\fallingdotseq 0.19$ となる。そして，$0.47>0.19\times2$ なので，退職手当及年金費の増加率は消防活動費のそれの2倍よりも大きい。

5 ◎　実数が与えられていなくても，同じ項目の比較はできる。

正しい。**平成12年度の消防活動費の予算額を100**とすると，平成13年度のそれの対前年度増加額は $100\times0.150=15.0$，平成14年度のそれの対前年度増加額は $100\times(1+0.150)\times0.072=8.28$ となる。このとき，$15.0<8.28\times2$ である。

実戦問題2 応用レベル

＊＊
No.6 表は昭和50年から５年ごとの輸出額の商品別構成比と，その伸び率を示したものであったが，不注意により焼却処分にし一部が焼失してしまった。この表からいえることとして正しいのは，次のうちどれか。

【国家専門職・平成２年度】

	構成比〔%〕			伸び率〔%〕	
年度	50年	55年	60年	50～55年	55～60年
産業計	100.00	100.00	100.00	72	38
01 農林水産業	0.23	0.22	0.17		
02 鉱　業	0.06	0.06	0.03		
製造業	78.23	80.37	80.92		
03 食料品	1.00	0.94	0.61		
04 繊維製品	3.89	3.00			
05 パルプ・紙・木製品	0.87	0.76			
06 化学製品	6.45	5.11	4.50		
07 石油・石炭製品	1.44	1.07	0.77	28	−1
08 窯業・土石製品	1.25	1.39	1.16	92	15
09 鉄　鋼	14.41	9.69	6.42	16	
10 非鉄金属	1.27	2.06	1.15		
11 金属製品	2.67	2.77	2.04	78	2
12 一般機械			10.63	105	45
13 電気機械				166	101
14 輸送機械				76	47
15 精密機械				124	21
16 その他の製造工業製品			3.11	86	31
その他		19.35	18.87	59	35

1 製造業の輸出額は，昭和60年には50年の５倍を超えている。
2 化学製品の輸出額は，昭和50，55，60年と一貫して増加している。
3 非鉄金属の輸出額は，昭和50，55，60年と一貫して減少している。
4 電気機械の輸出額の構成比は，昭和50年と60年を比較するとほぼ等しい。
5 その他の製造工業製品の輸出額の構成比は，昭和50，55，60年と一貫して小さくなってきている。

＊＊
No.7 表は平成２年における東京都区部の消費者物価指数と上昇率を示したものである。この表からいえることとして正しいのはどれか。

【国家総合職・平成４年度】

		品　目	総合	食料	住宅	光熱・水道	家具・家事用品	被服・履物	保健・医療	交通・通信	教育	教養・娯楽	諸雑費
平成2年	8月	物価指数〔昭和60年＝100〕	108.2	108.2	114.0	85.7	100.1	110.2	106.6	102.2	121.1	113.6	107.4
		対前年同月比	3.0%	4.4	2.8	0.6	−0.3	3.8	0.5	0.1	4.9	4.3	1.1
		対前月比	0.3%	1.5	0.2	0.0	−0.1	−3.0	−0.1	0.1	0.0	0.8	−0.1
	7月	対前年同月比	2.5%	2.4	2.8	0.6	−0.1	4.1	0.6	0.1	4.9	3.9	1.2

1　保健・医療の平成元年８月の対前月比上昇率は，0.0である。

2　家具・家事用品の平成元年７月および８月の指数は100未満である。

3　平成元年７月の指数と平成２年７月の指数の差が最も大きいのは，住宅である。

4　平成元年８月で指数が総合よりも小さいのは，食料，住宅，家具・家事用品の３品目である。

5　教育の平成元年７月の指数は，同年８月の指数よりも大きい。

＊＊＊
No.8 表はある大学の卒業生の就職先を，産業別，職種別に分類し，各年度の対前年度増加率と構成比を示したものである。この表からいえることとして，正しいのはどれか。

【国家一般職・平成３年度】

産　業	年　度	計		事務職		技術職	
		対前年度増加率	構成比	対前年度増加率	構成比	対前年度増加率	構成比
全産業	平成元	25.0%	100.0%	20.0%	100.0%	33.3%	100.0%
	平成２	40.0	100.0	50.0	100.0	25.0	100.0
うち製造業	平成元	75.0	70.0	100.0	66.7	50.0	75.0
	平成２	57.1	78.6	75.0	77.8	33.3	80.0

1　平成元年度の全産業では，事務職に就職した者と，技術職に就職した者の人数比は，およそ２：１である。

2　平成２年度の全産業では，事務職に就職した者の人数は，技術職に就職した者の人数の約1.5倍である。

3 非製造業の技術職に就職した者の人数は，毎年減少している。

4 平成２年度の製造業では，事務職に就職した者と，技術職に就職した者の人数差は，30人である。

5 昭和63年度の製造業では，事務職に就職した者と，技術職に就職した者の人数は等しい。

＊＊
No.9 **表は，A～Eの５か国の2014～2018年における国内総生産（単位：十億ドル）および物価上昇率（前年比，単位：%）を示したものである。これから確実にいえるのはどれか。**

【国家一般職・令和元年度】

		2014年	2015年	2016年	2017年	2018年
A国	国内総生産	170	180	180	190	210
	物価上昇率（前年比）	1.1	1.0	1.3	2.1	2.2
B国	国内総生産	180	190	210	230	250
	物価上昇率（前年比）	2.3	1.8	2.0	1.6	2.2
C国	国内総生産	40	45	50	55	60
	物価上昇率（前年比）	0.6	0.5	−0.1	0.7	1.3
D国	国内総生産	35	35	40	40	45
	物価上昇率（前年比）	1.3	0.7	0.5	1.8	1.6
E国	国内総生産	20	25	25	30	30
	物価上昇率（前年比）	0.6	0.6	0.7	2.7	2.7

1 各国の2018年の国内総生産の成長率（前年比）を比較すると，Ｂ国の成長率が最も高い。

2 2014年からみた2018年の各国の国内総生産の成長率は，Ｅ国が最も高く，Ｃ国が最も低い。

3 2014年からみた2018年の各国の国内総生産の増加額を比較すると，Ｂ国は，Ａ国より小さいが，Ｄ国より大きい。

4 2013年の各国の物価を100とした2018年の指数を比較すると，最も小さいのはＣ国である。

5 2014～2018年の各国の物価上昇率の平均を比較すると，最も高いのはＥ国であり，最も低いのはＣ国である。

＊＊
No.10 **表は地域別の人口および食料生産の年平均増加率を示したものである。表から確実にいえるのはどれか。ただし，ここでは年平均増加率を次の式で求められる値とする。**

$$\text{年平均増加率} = \frac{(\text{期間中の最終年における値}) - (\text{期間中の初年における値})}{(\text{期間中の年数}) \times (\text{期間中の初年における値})} \times 100$$

【国家専門職・平成10年度】

〔単位：%〕

	人口		食料生産	
	1985～90年	1990～95年	1985～90年	1990～95年
アジア	1.9	1.8	3.6	2.8
中国	1.5	1.5	4.4	3.7
インド	2.0	1.9	3.8	2.3
アフリカ	3.0	3.0	3.0	2.0
ヨーロッパ	0.4	0.3	0.3	−1.5
北・中央アメリカ	1.4	1.4	0.0	−1.0
アメリカ合衆国	0.9	1.0	−0.4	−1.4
南アメリカ	1.9	1.7	2.3	1.9
オセアニア	1.6	1.4	0.6	2.7
世界計	1.8	1.7	2.1	0.8

1　世界人口に占めるインドの割合は，1985年と1995年では同じである。

2　アフリカの人口１人当たりの食料生産量は，1985年より1995年のほうが少ない。

3　世界計の人口１人当たりの食料生産量は，1990年より1995年のほうが多い。

4　1990～95年の人口１人当たりの食料生産の年平均増加率が1985～90年のそれを上回った地域はない。

5　1985～90年の人口１人当たりの食料生産の年平均増加率と1990～95年のそれとの差が最も大きいのは，南アメリカである。

実戦問題2の解説

No.6の解説　輸出額の商品別構成比と伸び率　→問題はP.309　正答2

昭和50年の輸出額の産業計を100とすると，昭和55年は172，昭和60年は172×1.38≒237となる。これに各年の構成比をかければ，昭和50年を基準とした指数に変換できる。以下この指数に基づいて比較する。

1×　構成比はほぼ同水準であるから伸び率だけに注目すればよい。
構成比はほぼ同水準であるから産業計の伸び率に注目すると，1.72×1.38≒1.7×1.4＝2.38＜5より，5倍を下回っている。

2◎　概算して確かめる。
正しい。構成比について，昭和55年は50年の約0.8倍，60年は55年の約0.9倍である。一方，伸び率については，55年は50年の約1.7倍，60年は55年の約1.4倍である。よって，輸出額については，55年は50年の1.7×0.8＝1.36〔倍〕，60年は55年の1.4×0.9＝1.26〔倍〕であるから，一貫して増加している。

3×　概算して反例を1つみつける。
昭和50年と60年を比較すると，構成比はほぼ同水準であるが，伸び率は肢**1**の計算結果より2.38倍くらいであるから，増加している。

4×　全体の伸び率より伸び率が大きければ構成比は大きくなる。
昭和50年から60年にかけて，電気機械の伸び率は産業計の伸び率を上回っているから，構成比は増加している。

5×　全体の伸び率より伸び率が大きければ構成比は大きくなる。
肢**4**と同様に考えると，昭和50年から55年にかけて構成比は増加している。

No.7 の解説　東京都区部における消費者物価指数と上昇率 →問題はP.310　正答 1

1 ◎　x が非常に小さいとき，$\frac{1}{1+x} \fallingdotseq 1-x$

正しい。平成元年８月の保健・医療の物価指数は，平成２年８月の物価指数が 106.6，対前年同月比が 0.5％であるから，$106.6 \times \frac{1}{1+0.005} \fallingdotseq 106.6 \times (1-0.005) = 106.6 \times 0.995 \fallingdotseq 1.06$。平成元年７月は $106.6 \times \frac{1}{1-0.001} \times \frac{1}{1+0.006} \fallingdotseq 106.6(1+0.001-0.006) = 106.6 \times 0.995 \fallingdotseq 1.06$。よって平成元年８月の保健・医療の物価指数対前月比上昇率は，0 である。（**重要ポイント３**）

2 ×　対前年同月比が x ％，前年の値＝今年の値 $\times \frac{1}{1+0.01x}$

家具・家事用品の平成元年８月の指数は，$100.1 \times \frac{1}{1-0.003}$，平成元年７月の指数は，$100.1 \times \frac{1}{1-0.001} \times \frac{1}{1-0.001}$ で，どちらも100よりも大きい。

3 ×　平成２年７月の指数と７月の対前年同月比を検討する。

平成２年８月の指数が大きく，前月比が小さく，７月の対前年同月比の絶対値が大きいほど，差は大きくなるはずである。住宅と比較して，教育はすべての数値で当てはまるので，明らかに差は住宅よりも大きい。

4 ×　x が非常に小さいとき，$\frac{1}{1+x} \fallingdotseq 1-x$

平成元年８月の総合の指数は，$108.2 \times \frac{1}{1+0.03} \fallingdotseq 108.2(1-0.03) \fallingdotseq 105$。住宅の指数は，$114 \times \frac{1}{1+0.028} \fallingdotseq 114(1-0.028) \fallingdotseq 111$。よって，住宅のほうが大きい。

5 ×　対前年同月比が x ％，前年の値＝今年の値 $\times \frac{1}{1+0.01x}$

教育の平成元年７月の指数は，$121.1 \times \frac{1}{1+0.00} \times \frac{1}{1+0.049}$，平成元年８月の指数は，$121.1 \times \frac{1}{1+0.049}$ で同じである。

No.8 の解説　大学卒業生の産業別，職種別就職状況　→問題はP.310　正答5

平成元年度の卒業人数を a，事務職を b，技術職を c と置くと，

$a = b + c$　…①

$0.7a = 0.667b + 0.75c$，これを分数に変換すると

$\frac{7}{10}a = \frac{2}{3}b + \frac{3}{4}c$，$42a = 40b + 45c$　…②

①，②より a を消去すると，$2b = 3c$，ゆえに $b : c = 3 : 2$ となる。よって平成元年度は，60％が事務職に，40％が技術職に就職したことになる。さらに平成元年度の卒業生の総数を100とすると，対前年増加率から下の表が完成する。

年　度	卒業数	事務職	技術職
昭和63年度	80	50	30
平成元年度	100	60	40
平成2年度	140	90	50

1 ×　上記の表より，3：2の比である。

2 ×　$90 \div 50 = 1.8$倍である。

3 ×　平成元年度の非製造業技術職は，構成比より $40 \times (1 - 0.75) = 10$，平成2年度は，$50 \times (1 - 0.8) = 10$で，変化していない。

4 ×　実数が与えられていないので，判断できない。

5 ◎　正しい。製造業の平成元年度の事務職は，$60 \times 0.667 \fallingdotseq 60 \times \frac{2}{3} = 40$，技術職は$40 \times 0.75 = 40 \times \frac{3}{4} = 30$，対前年増加率より昭和63年度では，それぞれ$40 \div (1 + 1) = 20$，$30 \div (1 + 0.5) = 20$。

No.9 の解説　国内総生産と物価上昇率

→問題はP.311　正答 4

1 × 成長率 $=\dfrac{\text{増加量}}{\text{前年の値}}$

B国の成長率：$\dfrac{250-230}{230}=\dfrac{20}{230}<0.1$　D国の成長率：$\dfrac{45-40}{40}=\dfrac{5}{40}>0.1$

2 × 2014年から2018年の成長率 $=\dfrac{\text{2014年から2018年の増加量}}{\text{2014年の値}}$

C国の成長率：$\dfrac{60-40}{40}=\dfrac{20}{40}=0.5$　D国の成長率：$\dfrac{45-35}{35}=\dfrac{10}{35}<0.5$

3 × 2014年から2018年の増加額＝2018年の額－2014年の額

B国の増加額：250－180＝70，A国の増加額：210－170＝40

4 ◎ 相対微小値の省略（推移型）を利用する。

C国：100を＋0.6%，＋0.5%，－0.1%，＋0.7%，＋1.3%で，＋3.0%になるので，103.0。ほかの国も同様に計算すると，A国：107.7，B国：109.9，D国：105.9，E国：107.3。よって，C国が最も小さいので，正しい。

相対微小値の省略（推移型）については，P.298を参照してほしい。

5 × 平均は合計値で求める。

B国の物価上昇率の合計：＋9.9%，E国の物価上昇率の合計：＋7.3%

よって，B国がE国より合計値が高く，平均も高い。

No.10の解説　人口，食料生産の地域別年平均増加率　→問題はP.312　正答2

1 ×　インドの人口の年平均増加率を世界計と比較する。

1985～95年にかけてインドの人口の年平均増加率よりも世界計のほうが小さいので，インドの世界人口に占める割合は増加していることになる。

2 ◎　1985～95年の人口の増加率と食料生産の増加率を比べる。

正しい。1985～90年と1990～95年のアフリカの人口の年平均増加率は，3.0％と3.0％。それに対して食料生産は3.0％と2.0％と人口の増加率を下回る。よって1985～95年にかけて1人当たりの食料生産量は少なくなっている。

3 ×　1990～95年の人口の増加率と食料生産の増加率を比べる。

1990～95年における世界計の人口の年平均増加率は食料生産のそれを上回っている。よって，1人当たりの食料生産量はこの間に少なくなっている。

4 ×　与えられた数式を用いる。

オセアニアの場合，1985年の人口をA，食料生産をBとすると，1985～90年の人口1人当たりの食料生産の年平均増加率は

$$\frac{\dfrac{B\times(1+0.006\times5)}{A\times(1+0.016\times5)}-\dfrac{B}{A}}{5\times\dfrac{B}{A}}=\frac{1}{5}\left(\frac{1+0.006\times5}{1+0.016\times5}-1\right)$$

となる。同様に考えて，1990～95年のそれは $\frac{1}{5}\left(\frac{1+0.027\times5}{1+0.014\times5}-1\right)$ であるから，

カッコ内の分数部分を比較すれば大小関係を判定できる。

このとき，$\frac{1}{5}\left(\frac{1+0.006\times5}{1+0.016\times5}-1\right)<\frac{1}{5}\left(\frac{1+0.027\times5}{1+0.014\times5}-1\right)$ は明らかであるから，

1990～95年のほうが1985～90年より大きい。

5 ×　4と同様に計算し，分数部分の大小を比べる。

南アメリカは，1985～90年が $\frac{1+0.023\times5}{1+0.019\times5}$，1990～95年が $\frac{1+0.019\times5}{1+0.017\times5}$，

オセアニアは，1985～90年が $\frac{1+0.006\times5}{1+0.016\times5}$，1990～95年が $\frac{1+0.027\times5}{1+0.014\times5}$

となっている。したがって，1985～90年の年平均増加率と1990～95年のそれとの差はオセアニアのほうが大きいことは明らかである。

第2章 グラフ

試験別出題傾向と対策

頻出度	試験名	国家総合職					国家一般職					国家専門職				
	年度	21-23	24-26	27-29	30-2	3-5	21-23	24-26	27-29	30-2	3-5	21-23	24-26	27-29	30-2	3-5
	テーマ ＼ 出題数	2	1	4	1	1	6	5	5	4	6	4	3	3	5	4
A	4 実数・割合	1		2			2	4	4	3	2	1	1	2	2	2
A	5 指数・構成比	1	1		1	1	2	2	1	1	4	3	2	1	3	1
B	6 増加率		1	2			2									1

本章で扱う「グラフ」における出題も主に，「実数・割合」「指数・構成比」「増加率」の３つに分けられ，これは「数表」と同じである。また，グラフと数表といっても，根本的な違いは，数値が数表を用いて与えられるか，グラフを用いて与えられるかだけである。よって，基本的な注意点も第１章「数表」と同じになる。

出題されるグラフの種類は，折れ線グラフ，棒グラフ，円グラフ，帯グラフ，対数グラフなど多様である。しかしながら，出題される観点には類似点が多いので，それぞれの種類のグラフを読み取ることさえひととおり練習しておけば，ほとんどの問題に対応ができる。その意味では，少なくとも実戦問題はすべて解いてほしい。

まずは，縦軸・横軸が何を示しているのかを正確に把握することが大切である。それができれば，一般的に「数表」よりも計算量は少な目である。数表との組合せ問題や複数のグラフからなる複雑な問題も出題されるが，それぞれの表やグラフが表している事項を把握できれば，恐れる必要はない。

●国家総合職

資料解釈の出題２問のうち，１問程度がグラフから出題されている。難易度は全体的にやや高めである。頻出の実数・割合の問題であれば，比較的素直な問題が多いが，対数グラフを用いた問題なども過去に出題されているので，このようなグラフの見方までを学習しておく必要がある。指数・構成比に関しては，数表とグラフの組合せ問題が多い。問題自体がやや複雑に感じるが，グラフ自体は，視覚的に容易に把握できるので，落ち着いて解答すればよい。増加率からの出題は，比較的少ない。概算や近似のしかたなどを本書で学んでおいてほしい。

●国家一般職

出題の半数近くがグラフからである。難易度はさほどは高くないが，数表に比べるとやや高い。趣向を凝らしたグラフおよび複合グラフがよく出題されており，把握に時間がかかる問題が多いことが特徴的である。また，最近では数表とグラフの組合せ問題も増えてきており，３次元グラフや円グラフの出題もされている。やはり，多くの

地方上級（全国型）					地方上級（東京都）					地方上級（特別区）					市役所（C日程）					
21-23	24-26	27-29	30-2	3-5	21-23	24-26	27-29	30-2	3-5	21-23	24-26	27-29	30-2	3-5	21-23	24-26	27-29	30-2	3-4	
3	3	3	2	3	12	12	12	12	12	6	7	6	6	6	3	3	2	2	2	
2	2	1		1	3	4	3	3	4	2	3	3	3	3	1		1	2	2	テーマ4
1	1				4	3	4	5	4	2	3	3	3	3		1	1			テーマ5
	1	2	2	2	6	5	5	4	4	2	1				2	2				テーマ6

種類のグラフの特徴をつかみ，慣れておくことが重要である。

●国家専門職

グラフからの出題は，３問のうちの１問程度であるが，２問の出題もありうる。特に，実数・割合，指数・構成比からの出題が多く，さらにそのほとんどが複数のグラフを組み合わせた問題となっている。個々のグラフの難易度は高くはないが，複数のグラフから論理的に導かれる事柄を把握する能力が問われることによって，難易度が高くなっている。演習問題を多くこなし，グラフの示すものを正確に読み取る能力を訓練しておく必要がある。

●地方上級

全般的に難易度の高い問題は少なく，形式も典型的なものが多い。出題されるグラフの種類はさまざまであるので，ひととおりの演習による，各グラフの特徴の把握，慣れは必要である。

全国型では，資料解釈の出題のほとんどがグラフからの出題である。出題分野も近年は増加率の出題が続いているが，３分野とも出題されている。難易度は高くない。典型問題が中心となっているので，基本問題の訓練で十分対応可能である。最近では，選択肢の正誤の組合せを答える問題も出題されており，その場合は消去法が使えないので注意したい。**関東型**，**中部・北陸型**では，資料解釈の出題自体が少ないが，その中ではグラフは頻出分野といえる。

東京都では，４問の出題のほとんどがグラフであり，徹底的な演習が必要となる。３分野の出題傾向に偏りはないが，同様の出題が繰り返されており，過去問演習が特に重要である。**特別区**では，出題の５割程度がこの分野からである。実数・割合，指数・構成比が多く，形式は棒グラフ・折れ線グラフが多い。

●市役所

市役所では，資料解釈の出題のほとんどがグラフからの出題である。出題分野は実数・割合と増加率がほとんどである。難易度は高くなく，典型問題が中心となっているので，基本レベルの訓練をしっかりと積んで，確実に得点したい。

実数・割合

必修問題

次の図から正しくいえるのはどれか。 【地方上級（東京都）・令和４年度】

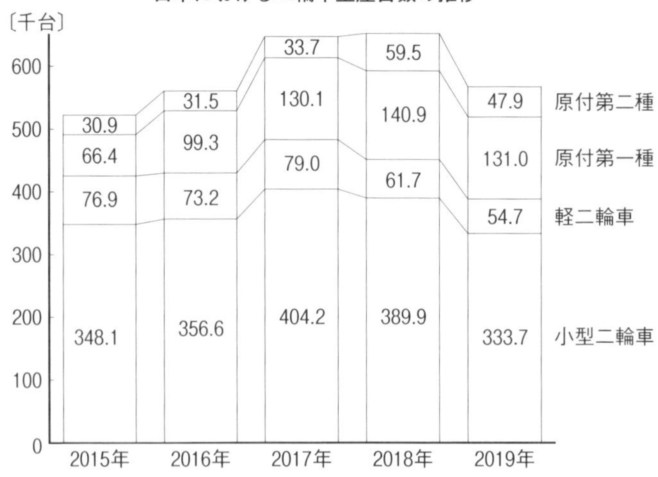

1　2015年における原付第一種と原付第二種の生産台数の計を100としたとき，2018年における原付第一種と原付第二種の生産台数の計の指数は200を下回っている。

2　2015年から2019年までの各年についてみると，二輪車生産台数の合計に占める小型二輪車の生産台数の割合は，いずれの年も60%を上回っている。

3　2016年から2019年までの各年における軽二輪車の生産台数の対前年増加率が，最も大きいのは2017年であり，最も小さいのは2018年である。

4　2017年から2019年までの３か年における原付第二種の生産台数の平均に対する2019年における原付第二種の生産台数の比率は，1.0を下回っている。

5　2019年についてみると，小型二輪車の生産台数の対前年増加率は，原付第一種の生産台数の対前年増加率を上回っている。

難易度＊

必修問題の解説

グラフの場合でも，実数や割合に関する問題は，数値が詳細に与えられることが多いので，うまく概算をすることが必要になる。また，むやみに計算するのではなく，選択肢が誤りであるといえるためには反例を１つ挙げればよいのだから，まずはグラフをよくみて，極端なデータをみつけることが重要である。また，選択肢**1**では数値どうしを割り算するより，比率をかけると計算を省くことができる。

1 × **2018年÷2015年をするよりも，2015年に２をかけるほうが楽にできる。**

2015年×２：(30.9＋66.4)×２＝97.3×２＝194.6〔千台〕
2018年　　：(59.5＋140.9)＝200.4〔千台〕

よって，2018年の指数は200を上回っている。

2 × **１つでも60％を下回っているものをみつければよい。**

「いずれの年も60％を上回っている」とあるから，この肢を否定するには，１つでも60％を下回るものをみつければよく，逆に１つもなければこの肢は正しいことになる。小型二輪車の割合が小さそうなのは2019年である。左の目盛りは大まかなので，しかたなく合計をする。

2019年合計の60％：(47.9＋131.0＋54.7＋333.7)×0.6＝567.3×0.6≒340＞333.7(小型二輪車)

よって，2019年の小型二輪車は全体の60％を下回っている。

3 ◎ **増加率＝倍率－1 より，倍率が大きければ増加率も大きい。**

正しい。軽二輪車の対前年増加率が正なのは，2017年のみであるので，最も大きいのは2017年でよい。

10％以上減少している2018年と2019年の対前年倍率を比較する。

2018年：$\frac{61.7}{79.0}=0.7\cdots$　　2019年：$\frac{54.7}{61.7}=0.8\cdots$　であり，2018年のほうが倍率が小さく，対前年増加率も小さい。つまり，最も小さいのは2018年である。

4 × **2017年と2018年の平均を2019年と比較すればよい。**

2017年と2018年の平均：(33.7＋59.5)÷２＝46.6，この２か年に2019年の47.9を含んで平均しても，47.9を上回ることはない。よって，2019年はこの３か年の平均を上回るので，比率も1.0を上回る。

5 × **増加率＝倍率－1 より，倍率が大きければ増加率も大きい。**

2019年の小型二輪車と原付第一種の対前年倍率を比較する。

小型二輪車：$\frac{333.7}{389.9}=0.8\cdots$　　原付第一種：$\frac{131.0}{140.9}=0.9\cdots$　小型二輪車は原付第一種の倍率を下回っており，対前年増加率も下回っている。

正答 3

FOCUS

複数の図やグラフがあるときには，選択肢ごとに利用するものが違うことも多いので注意が必要である。また，グラフの各軸が表す変数と単位は必ず確認することも必要である。POINTや問題にさまざまなグラフが登場するので，幅広く慣れておこう。

POINT

重要ポイント 1　折れ線グラフ・棒グラフ

実数・割合でよく用いられるグラフとして，折れ線グラフと棒グラフがある。

(1) 折れ線グラフ

折れ線グラフは，変数の変化の傾向を把握するために用いられる。資料解釈では，横軸に時間経過を示したグラフがよく出題される。また，後述の増加率の問題のほとんどは，折れ線グラフにかかわっている。

折れ線グラフの視覚的に変化の傾向をつかむことができるという利点が，増加率の問題では逆に落とし穴になるので，十分に注意したい（テーマ6の重要ポイント1を参照のこと）。

(2) 棒グラフ

棒グラフは，変数の値・割合を棒の長さで視覚化したグラフである。また，帯グラフとともに構成比を表すときにもよく用いられる。

一般的に，横軸には項目（年度や地域）が並んでおり，棒の幅は等しいので，その項目に対する数値は棒の長さから読み取れる。特殊な場合として，構成比と組み合わされたとき，棒グラフの幅も変化することがあり，その場合は，棒の面積としてとらえなければならない。

重要ポイント 2　対数グラフ

対数グラフとして出題される問題のほとんどが，縦軸が対数目盛となっている片対数グラフである。対数グラフの目盛りは，基準となる値から$\log x$の距離のところにxと目盛りをふってある。よって対数目盛の距離は，実数に比例しないことに注意することである。

対数グラフは，統計処理された数値の増減率の動きを視覚化するために用いられることがある。対数グラフの形状と増減率の動きは図のとおりである。

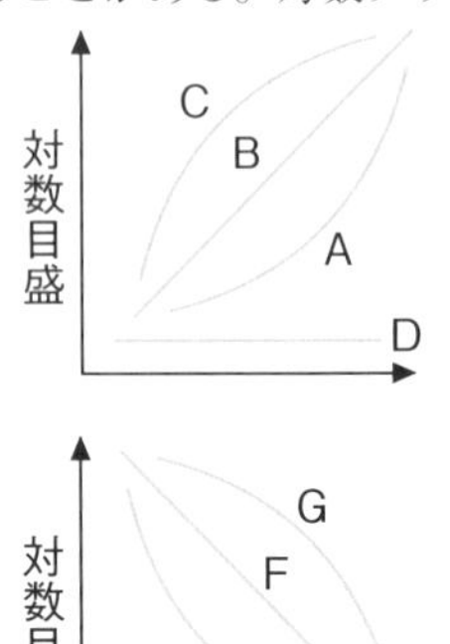

A　増加傾向にあり，増加率は次第に大きくなっている。
B　増加傾向にあり，増加率は一定している。
C　増加傾向にあるが，増加率は次第に小さくなっている。
D　増加も減少もしない。

E　減少傾向にあり，減少率は次第に小さくなっている。
F　減少傾向にあり，減少率は一定している。
G　減少傾向にあるが，減少率が次第に大きくなっている。

実戦問題1 基本レベル

* No.1 次の図から正しくいえるのはどれか。

【地方上級（東京都）・平成25年度】

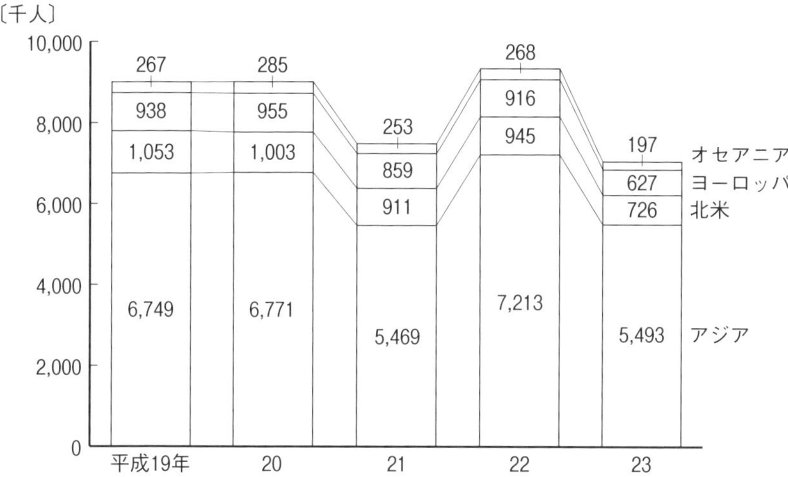

1 平成19年から21年までの３か年の外国人入国者数の累計を地域別にみると，アジアからの外国人入国者数は，オセアニアからの外国人入国者数を18,500千人以上，上回っている。

2 平成19年から23年までの５か年におけるヨーロッパからの外国人入国者数の１年当たりの平均は，870千人を上回っている。

3 平成20年から23年までの各年についてみると，北米からの外国人入国者数に対するアジアからの外国人入国者数の比率は，いずれの年も7.0を下回っている。

4 平成20年における北米からの外国人入国者数とオセアニアからの外国人入国者数の計を100としたとき，23年における北米からの外国人入国者数とオセアニアからの外国人入国者数の計の指数は75を下回っている。

5 平成22年における外国人入国者数の対前年増加率を地域別にみると，最も大きいのはアジアからの外国人入国者数であり，最も小さいのはヨーロッパからの外国人入国者数である。

No.2 ＊ 図Ⅰ，図Ⅱ，図Ⅲは，商店を卸売業と小売業に分けた場合のわが国における商店の数，年間売上高，働く人数の状況を示している。これらの図からいえることとして最も妥当なのはどれか。

【国家一般職・平成19年度】

図Ⅰ　商店の数〔万店〕

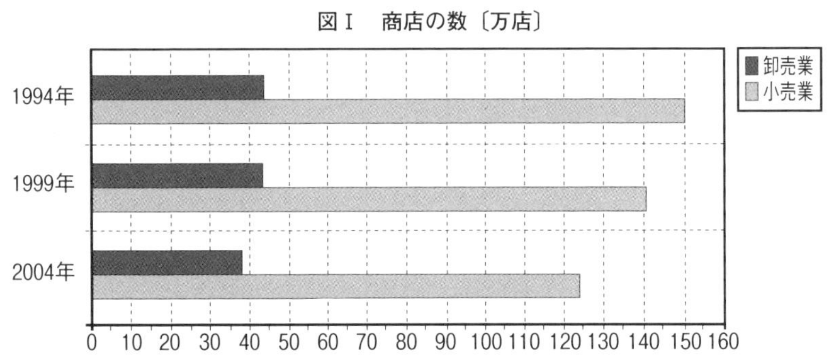

図Ⅱ　年間売上高〔兆円〕

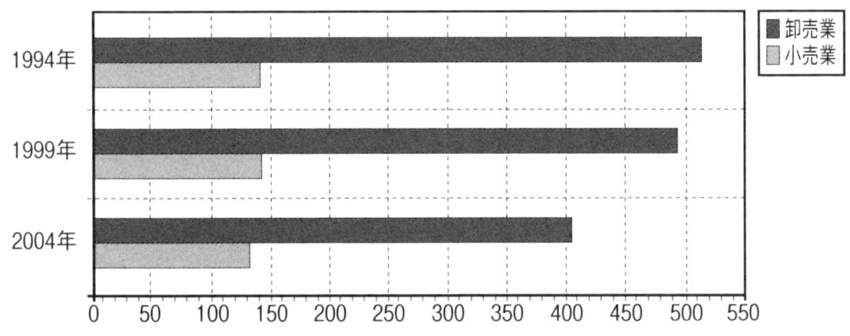

図Ⅲ　働く人数〔万人〕

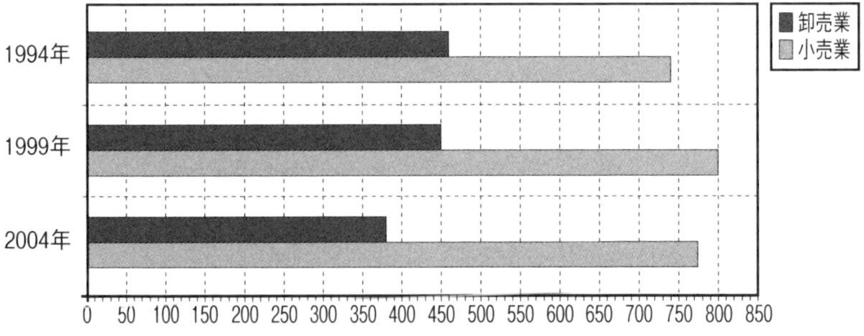

出典：経済産業省「商業統計」より引用・加工

1 全商店の数に占める卸売業の商店の数の割合は，1994年のほうが1999年より大きい。

2 卸売業の１店当たりの収益は，1994年のほうが2004年より大きい。

3 小売業の１店当たりの働く人の数は，計測年ごとに増えている。

4 2004年において商店で働く人の１人当たりの年間売上高は，卸売業が小売業の10倍を超えている。

5 1994年と2004年を比べたとき，小売業の商店数の減少の割合は，卸売業の年間売上高の減少の割合より大きい。

＊
No.3 図は，ある地域における養殖牡蠣の生産量と生産額に関するグラフである。この図から確実にいえるのは次のうちどれか。

【市役所・令和２年度】

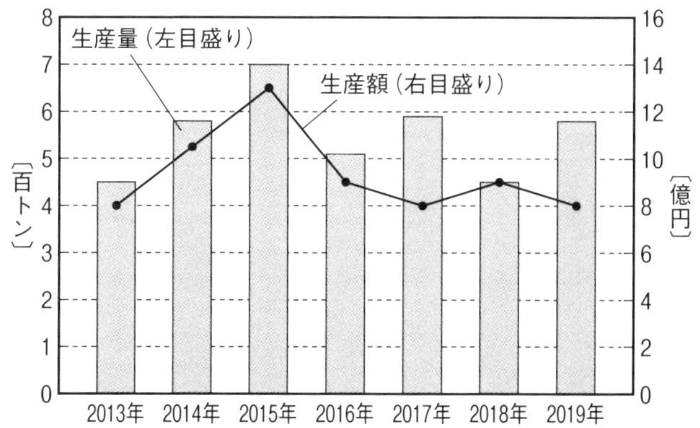

1 2013年からの生産量の累計が3,000トンを超えたのは2017年である。

2 2013年から2019年の７年間の平均生産額は10億円以上である。

3 2014年と2015年の生産額を比較すると，生産額は前年に比べ同額増加しているが，対前年増加率は減少している。

4 2013年から2019年の７年間の中で前年に比べ生産量が増加しているが，生産額が減少している年は１年だけである。

5 生産額に対する生産量の割合が最も高いのは2018年である。

*
No.4 **図Ⅰ，Ⅱ，Ⅲは，ある国の１年間の食品廃棄物および食品ロス等の状況を示したものである。これらから確実にいえるのはどれか。**

【国家専門職・令和２年度】

図Ⅰ　食品廃棄物等の発生状況等

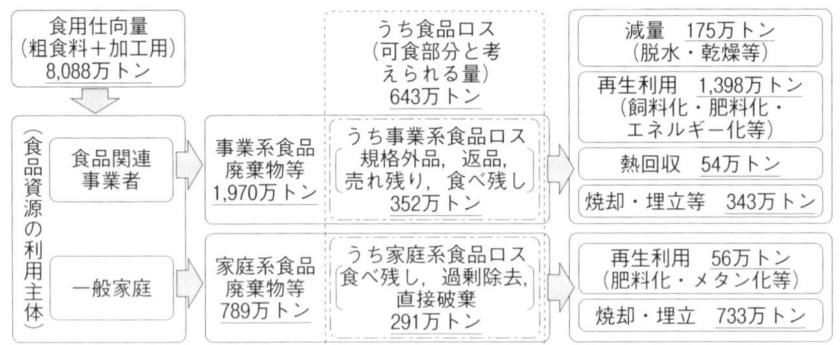

図Ⅱ　事業系食品廃棄物等の業種別内訳

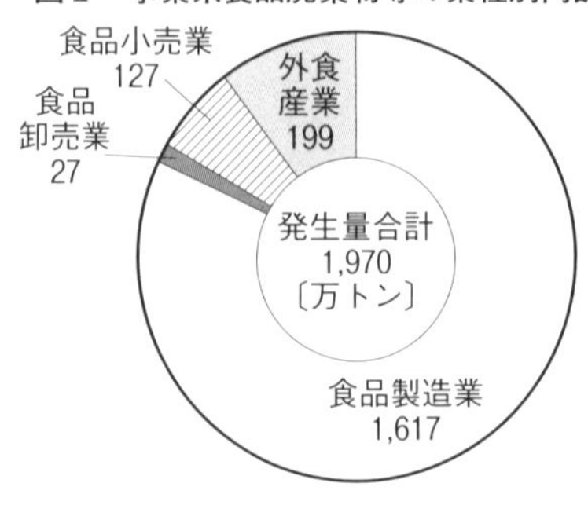

図Ⅲ　事業系食品ロスの業種別内訳

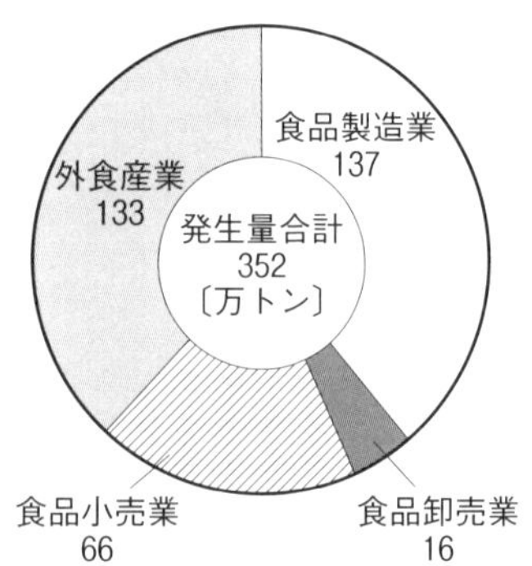

1　家庭系食品廃棄物等に占める食品ロスの割合は，事業系食品廃棄物等に占める食品ロスの割合の３倍を超えている。

2　事業系食品ロスと家庭系食品ロスの合計は，国民１人１日当たり約30グラムである。

3　食品製造業と外食産業から発生する食品ロスは，家庭系食品ロスより多い。

4　事業系食品廃棄物等と家庭系食品廃棄物等の合計は，食用仕向量の３割を超え，また，５割以上が再生利用されている。

5　事業系食品廃棄物等に占める食品ロスの割合を業種別にみると，食品卸売業が最も低い。

No.5 ＊ **図は被雇用者数の前年同期差を産業別に表したものである。この図からいえることはどれか。**

【国家専門職・平成11年度】

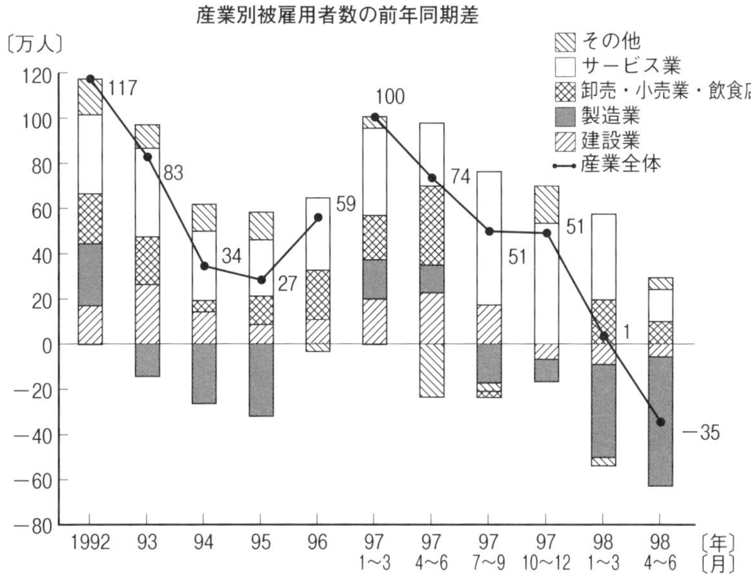

表中の数字は，産業全体の値を示したものである。

1　1998年１～３月期の被雇用者総数は前年同期より１万人増加しているが，1997年10～12月期より50万人減少している。

2　製造業の被雇用者数は1993年以降減少を続けている一方で，サービス業のそれは一貫して増加している。

3　1997年の７～９月期と10～12月期の被雇用者総数の前年同期差は同じであるので，被雇用者総数も同じである。

4　建設業の被雇用者数は，前年同期差が1997年10～12月期に減少に転じるまで増加を続け，1997年だけで約30万人増加している。

5　1996年の被雇用者総数は，1993年のそれより120万人増加している。

＊
No.6 **図は，地方公営企業の事業別経営状況の推移を，表は，平成24年度の地方公営企業の経営状況を地方公営企業法の法適用企業・法非適用企業ごとに示したものである。これらから確実にいえるのはどれか。**

【国家専門職・平成28年度】

図　地方公営企業の事業別経営状況の推移

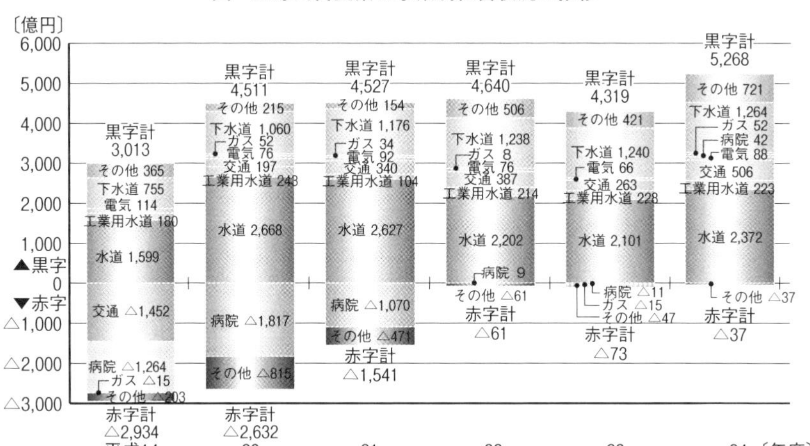

表　平成24年度の地方公営企業の経営状況　〔単位：事業，億円〕

区　分	法適用企業	法非適用企業	合　計
黒字事業数	2,172	5,548	7,720
黒　字　額	5,703	1,371	7,074
赤字事業数	810	130	940
赤　字　額	1,328	515	1,843
総事業数	2,982	5,678	8,660
収　支	4,375	856	5,231

1　平成21～24年度のうち，黒字額の対前年度増加率と赤字額の対前年度減少率が最大なのは，いずれも平成24年度である。

2　平成20～24年度のうち，黒字額に占める「水道」の割合が最も高い年度は，平成21年度である。

3　平成20～24年度の間，「病院」の赤字額は，一貫して減少している。

4　平成24年度の地方公営企業全体の「収支」は，平成14年度のそれに比べ，50倍以上である。

5　平成24年度において，「交通」の法適用企業の事業数は，200以上である。

実戦問題1の解説

No.1 の解説　外国人入国者数

→問題はP.323　正答4

1 ×　うまく概算する。

平成19年，20年におけるアジアとオセアニアからの外国人入国者数の差は，**いずれも6,500千人未満であるので**，2年間で13,000千人未満である。平成21年に上回るのは5,200千人程度なので，3か年のアジアからの外国人入国者数がオセアニアからの外国人入国者数を上回る数は18,500千人未満である。

2 ×　単純に平均するのではなく，870千人を基準に平均すると計算が楽。

ヨーロッパからの外国人入国者数が**870千人を上回っているのは**平成19年，20年，22年で，それぞれ68千人，85千人，46千人だから，199千人上回っている。これに対し，**870千人を下回っているのは**平成21年，23年で，それぞれ11千人，243千人だから，254千人不足している。したがって，5か年の平均では870千人を下回っている。

3 ×　数値どうしの割り算より，比率をかけて計算を省力化する。

平成22年の北米からの外国人入国者数が945千人だから，比率をかけると945×7＝6615〔千人〕となる，アジアからの外国人入国者数は7,213千人だから，比率は7.0を上回っている。

4 ◎　数値どうしの割り算より，比率をかけて計算を省力化する。

正しい。平成20年における北米からの外国人入国者数とオセアニアからの外国人入国者数の計は1,288千人（＝1003＋285）だから，**その0.75 $\left(=\frac{3}{4}\right)$ は，**

$1{,}288\times\frac{3}{4}=966$より，966千人である。平成23年における北米からの外国人入国者数とオセアニアからの外国人入国者数の計は923千人（＝726＋197）だから，指数75を下回る。

5 ×　グラフから1つ反例をみつける。

平成22年における外国人入国者数の対前年増加率が10％を超えているのはアジアだけであり（増加率約32％），増加率が最も大きいのはアジアであるというのは正しい。ヨーロッパは916÷859≒1.066（増加率約7％），北米は945÷911≒1.037（増加率約4％）より，ヨーロッパからより北米からのほうが増加率は小さい。

No.2 の解説　商店の数，年間売上高，働く人数の状況　→問題はP.324　正答 3

複数の図やグラフがあるときには，選択肢ごとに利用するものが違うので混乱しないようにしよう。本問の場合，**1**は図Ⅰのみ，**3**は図Ⅰと図Ⅲ，**4**は図Ⅱと図Ⅲ，**5**は図Ⅰと図Ⅱを利用する。

1 ×　割合＝$\dfrac{\text{卸売業の商店数}}{\text{卸売業の商店数＋小売業の商店数}}$

図Ⅰをみると1994年と1999年の卸売業の商店数はほぼ同じだが，小売業の商店数は1994年のほうが多い。よって，上の分数において，**1994年と1999年の分子はほぼ等しいが，分母は1994年のほうが大きい**ことがわかる。これは，1994年の割合のほうが1999年よりも小さいことを示す。

2 ×　与えられた資料からは判断できない。

年間売上高（営業収益）についてはデータが与えられているが，**収益**には営業外収益等も含まれる可能性があり，はっきりしない。よって，与えられた図のみでは判断できない。

3 ◎　1商店当たりの働く人の数＝$\dfrac{\text{働く人数}}{\text{商店の数}}$

正しい。図Ⅰと図Ⅲの小売業をみると，1994年から1999年にかけては，**分子（働く人数）が増えて分母（商店の数）が減っている。**よって，この間の割合は明らかに増えている。1999年と2004年については，1999年が$\dfrac{800}{140}<6$〔人〕なのに対して，2004年は$\dfrac{780}{124}>6$〔人〕である。したがって，この間も1店当たりの働く人の数は増えている。

4 ×　1人当たりの年間売上高＝$\dfrac{\text{年間売上高}}{\text{働く人数}}$

図Ⅱと図Ⅲをみると，2004年の卸売業は約$\dfrac{410}{380}=\dfrac{41}{38}$であり，小売業は約$\dfrac{130}{780}=\dfrac{13}{78}$である（単位は兆円／万人）。もし，選択肢の記述どおり卸売業が小売業の10倍を超えているのであれば$\dfrac{41}{38}>\dfrac{13}{78}\times10$となるはずである。しかしながら，分母を払って計算すると3,198＞4,940となって正しくない。よって，選択肢の記述は間違っていることがわかる。（ここではあえて分数の計算をせず，**計算の速いかけ算のみを使った。**）

5 ×　減少の割合＝$\dfrac{\text{1994年の値}-\text{2004年の値}}{\text{1994年の値}}$

小売業の商店数の減少の割合は，約$\dfrac{150-125}{150}=\dfrac{25}{150}=\dfrac{1}{6}$であり，卸売業の年間売上高の減少の割合は，約$\dfrac{510-410}{510}=\dfrac{100}{510}\fallingdotseq\dfrac{1}{5}$である。よって，小売

業の商店数の減少の割合のほうが小さい。

No.3 の解説　養殖牡蠣の生産量と生産額の推移

→問題はP.325　正答 3

1 ×　5年間で3,000トンを超えるには，年平均600トンを超える必要がある。
600トンを基準として，2013年から2017年の5年間で，2015年のみが基準を超えている（+100トン）。しかし，2013年は－150トンで，ほかの年も基準未満なので，年平均600トンを超えず，5年間で累計3,000トンを超えない。

2 ×　10億円を基準に考える。
10億円を基準として，2014年は+0.5億円，2015年は+3億円であり，正の合計は+3.5億円。その他の5か年はすべて負で，負の合計は明らかに－3.5億円を超える。以上より，7年間の平均生産額は10億円未満である。

3 ◎　対前年増加率＝$\dfrac{\text{前年からの増加額}}{\text{前年の額}}$

正しい。生産額の折れ線グラフは2013年から2015年で直線になっているので，前年に比べて同額増加している。対前年増加率＝$\dfrac{\text{前年からの増加額}}{\text{前年の額}}$について，前年からの増加額（分子）は同じだが，前年の額（分母）は2015年のほうが大きい。よって，対前年増加率は2014年よりも2015年が減少している。

4 ×　棒グラフが右上がりで，折れ線グラフが右下がりの年を探す。
生産量（棒グラフ）が前年よりも増加しているのは，2014年，2015年，2017年，2019年。このうち，生産額（折れ線グラフ）が前年よりも減少しているのは，2017年，2019年の2か年であり，1年だけではない。

5 ×　生産額（折れ線グラフ）に対する，生産量（棒グラフ）が高いものを探せばよい。

生産額に対する生産量の割合＝$\dfrac{\text{生産量}}{\text{生産額}}$より，生産額（折れ線グラフ）に対する，生産量（棒グラフ）が高いものを探す。2019年は2018年よりも，生産額（折れ線グラフ）は小さく，生産量（棒グラフ）は大きいので，生産額に対する生産量の割合は大きい。よって，最も高いのは2018年ではない。

No.4 の解説　食品廃棄物等の状況

→問題はP.326　**正答4**

1 × **食品廃棄物等に占める食品ロスの割合＝$\frac{食品ロス}{食品廃棄物等}$の比較。**

家庭系食品廃棄物等に占めるロスの割合　　　：$\frac{291}{789}=0.3\cdots$

事業系食品廃棄物等に占めるロスの割合の３倍：$\frac{352}{1,970}\times 3=\frac{1,056}{1,970}=0.5\cdots$

よって，３倍を超えない。

2 × **国民１人当たりの重さを出すには，人口の値が必要。**

事業系食品ロスと家庭形食品ロスの値は与えられているが，人口が不明なので，国民１人当たりの重さを出すことはできない。

3 × **食品製造業，外食産業，家庭系食品ロスの値は図Ⅰ・Ⅲにある。**

食品製造業と外食産業から発生する食品ロス：$137+133=270$

家庭系食品ロス：291

よって，家庭系食品ロスよりも少ない。

4 ◎ **それぞれ計算してしまうほうが速い。**

正しい。

事業系食品廃棄物等と家庭系食品廃棄物等の合計：$1970+789=2,759$

食用仕向量の３割：$8,088\times 0.3\fallingdotseq 2,426$

事業系食品廃棄物等と家庭系食品廃棄物等の合計の５割：$2,759\times 0.5\fallingdotseq 1,380$

再生利用：$1,398+56=1,454$

よって，合計は食用仕向量の３割を超え，合計の５割以上が再生利用されている。

5 × **業種別の食品廃棄物等に占める食品ロスの割合＝$\frac{図Ⅲの値}{図Ⅱの値}$の比較。**

食品卸売業：$\frac{16}{27}=0.5\cdots$

食品製造業は廃棄物等に比べて，食品ロスの減少量が大きいのでこれを比較する。

食品製造業：$\frac{137}{1,617}<0.1$

よって，食品卸売業の割合は，食品製造業の割合よりも高い。

No.5 の解説　産業別被雇用者数の前年同期差の推移

→問題はP.327　正答 5

1 ×　与えられた資料からは判断できない。
1997年の10〜12月期の51万人は，1996年の10〜12月期に対する増加量であるから，1998年１〜３月期との比較はできない。

2 ×　帯グラフを読み取る。
帯グラフから判断する。1996年は０なので，増減なしである。

3 ×　与えられた資料からは判断できない。
1996年７〜９月期と1996年10〜12月期の被雇用者数がわからないので，判断できない。

4 ×　1997年だけで明らかに30万人以上増加している。
建設業は1997年７〜９月期まで**プラスの領域にあるので，増加し続けていた**ことがわかる。しかし，1997年の４期の合計は約60万人なので，誤りとなる。

5 ◎　折れ線グラフを読み取る。
正しい。1994年から1996年の値をすべて足すと，34＋27＋59＝120〔万人〕となる。

No.6 の解説　地方公営企業の事業別経営状況の推移

→問題はP.328　正答 4

1 ×　赤字額の対前年減少率が最大なのは明らかに平成22年度である。

2 ×　黒字額に占める水道の割合＝$\frac{\text{水道の値}}{\text{黒字計の値}}$

平成21年度が$\frac{2,627}{4,527}$，平成20年度が$\frac{2,668}{4,511}$となっている。平成20年度は，平成21年度と比べて分母が小さく分子が大きくなっているので，平成20年度のほうが大きい。

3 ×　平成22年度は黒字，平成23年度は赤字。
平成22年度は９億円の黒字で，平成23年度は11億円の赤字なので，赤字額は増加している。

4 ◎　収支＝黒字額―赤字額
正しい。平成24年度の「収支」は5,231億円，平成14年度の「収支」は3,013－2,934＝79〔億円〕である。79億円の50倍は79×50＝3,950〔億円〕であるから，50倍を超えている。

5 ×　総事業数は書かれているが，交通の内訳は書かれていない。
与えられた資料からは「交通」の法適用企業の事業数を判断することはできない。

実戦問題❷　応用レベル

＊
No.7　**図は，ある国における1995年および2005年の出国者数を出国手段別，出国場所別に示したものである。これから確実にいえるのはどれか。**
なお，陸路とは，鉄道と自動車である。

【国家専門職・平成21年度】

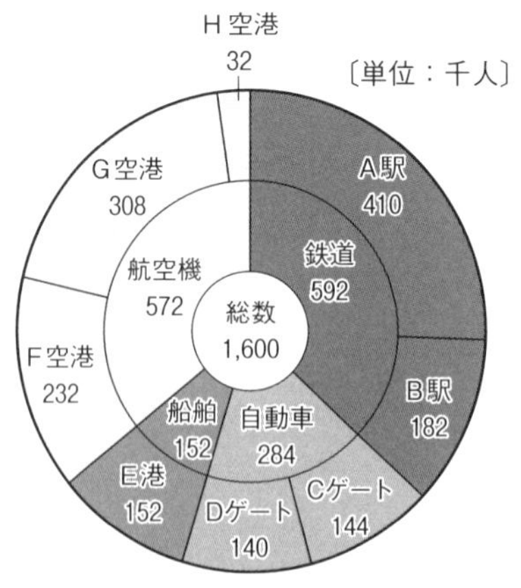

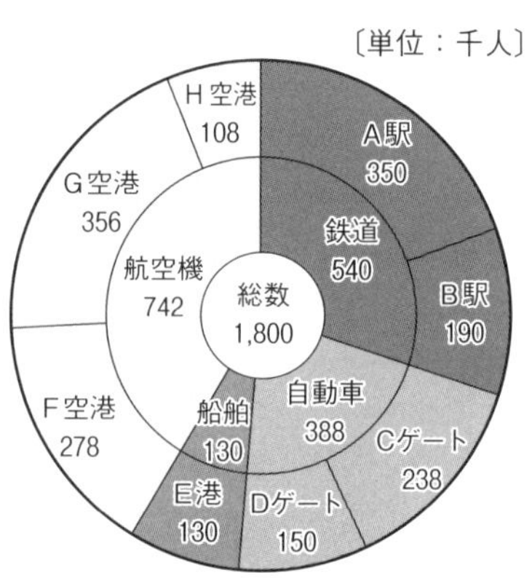

1　出国者総数に占める出国手段別人数の割合をみると，陸路は，1995年，2005年ともに4割未満である。

2　1995年と比べて2005年に出国者数が最も増えている出国場所は，H空港である。

3　出国者総数に占める出国手段別人数の割合をみると，海路と空路は，いずれも1995年より2005年のほうが小さい。

4　出国者総数に占める出国場所別人数の割合をみると，B駅は1995年より2005年のほうが大きい。

5　出国手段別人数に占める出国場所別人数の割合をみると，G空港は1995年より2005年のほうが小さい。

＊＊
No.8 図は，ある国における高齢化の推移と将来推計を示したものである。これから確実にいえるのはどれか。

【国家専門職・平成29年度】

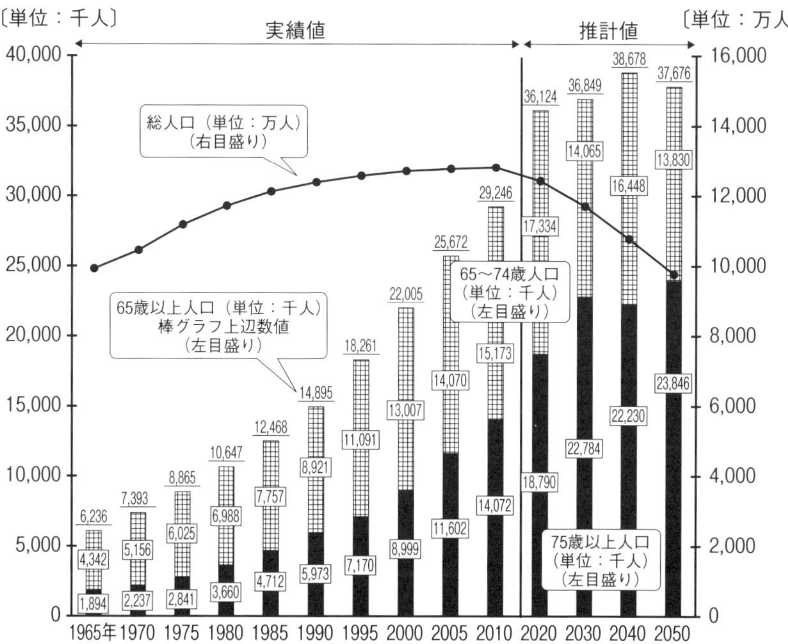

［注］四捨五入のため，65～74歳人口と75歳以上人口の合計が65歳以上人口と一致しない場合がある。

1 総人口に占める65歳以上人口の割合は，2040年までは増加を続けるが，2050年以降には減少に転じると推計されている。

2 1965年における総人口に占める75歳以上人口の割合は，1割を上回っている。

3 1995年，2000年，2005年のいずれの年も，65～74歳人口は75歳以上人口の1.3倍を上回っている。

4 2010年における65歳以上人口の2005年からの増加率は，1985年における65歳以上人口の1980年からの増加率より大きい。

5 2010年と比較して，2050年における65歳以上人口は1.2倍以上に増加し，75歳以上人口は1.6倍以上に増加すると推計されている。

＊＊
No.9 **図は，A～Lの12か国における男性の実退職年齢（平均値），法定退職年齢，平均寿命（65歳時平均余命から算出したもの）を示したものである。これからいえることとして最も妥当なのはどれか。**

【国家総合職・平成23年度】

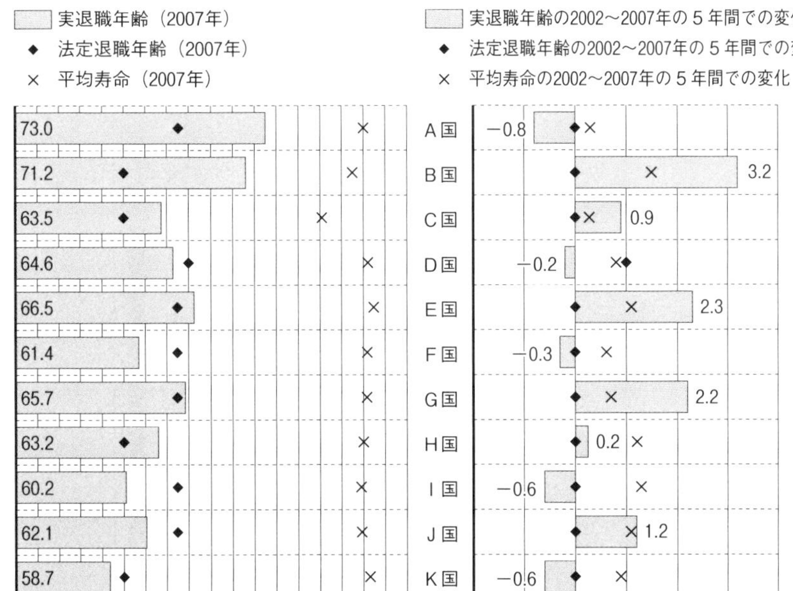

1　2007年における平均寿命が2002年と比べて1歳以上延びた国はすべて実退職年齢が上がっている。

2　2007年におけるD国の実退職年齢と法定退職年齢との差は，2002年と比べて縮まっている。

3　2002年における法定退職年齢と平均寿命との差が20年以上の国はない。

4　2007年において実退職年齢が法定退職年齢よりも低い国の数は，2002年と比べて減っている。

5　2002年において，B国の平均寿命はA国よりも下であったが，実退職年齢はA国よりも上であった。

＊＊
No.10 **図は，食品産業全体における食品廃棄物等（再生利用前）の年間発生量と再生利用率の推移を業種別に表したものである。これから確実にいえるのはどれか。**

なお，再生利用とは，食品廃棄物等を肥料・飼料等の原材料として再利用することであり，再生利用率とは，食品廃棄物等（再生利用前）の年間発生量に対する再生利用量の割合のことである。

【国家専門職・平成20年度】

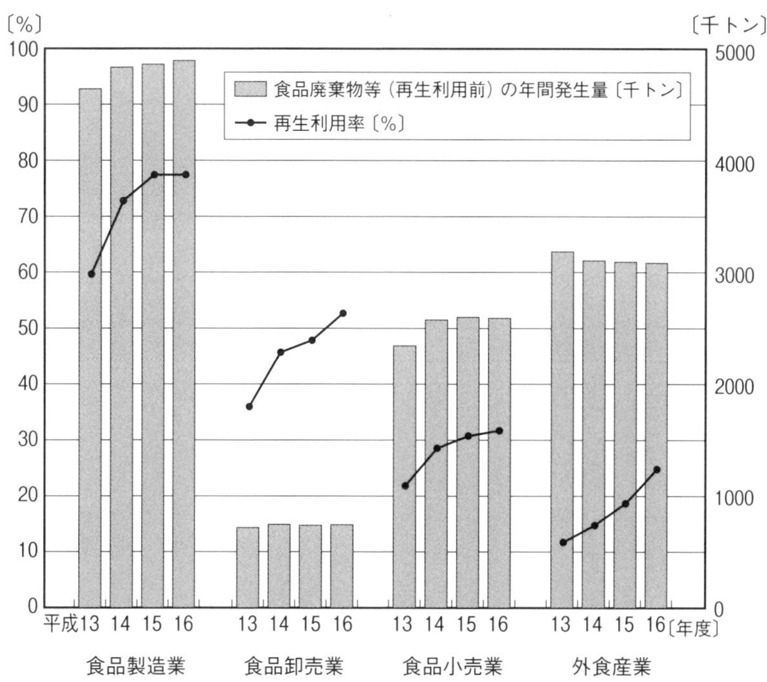

出典：「食品循環資源の再生利用等実態調査」（農林水産省）より引用・加工

1 食品産業全体における平成16年度の食品廃棄物等（再生利用前）の年間発生量は，10,000千トン以下である。

2 食品製造業における平成16年度の再生利用量は，外食産業における同年度の再生利用量の約３倍である。

3 食品産業全体における平成16年度の再生利用率は，約５割である。

4 食品産業全体における食品廃棄物等（再生利用前）の年間発生量は，年々微減傾向にある。

5 食品卸売業における再生利用率の対前年度差は，平成16年度に最も大きくなっている。

＊＊
No.11 図は日本とECの貿易額について，1981年から1990年までの推移を示したものである。この図からいえることとして正しいのはどれか。

【国家総合職・平成４年度】

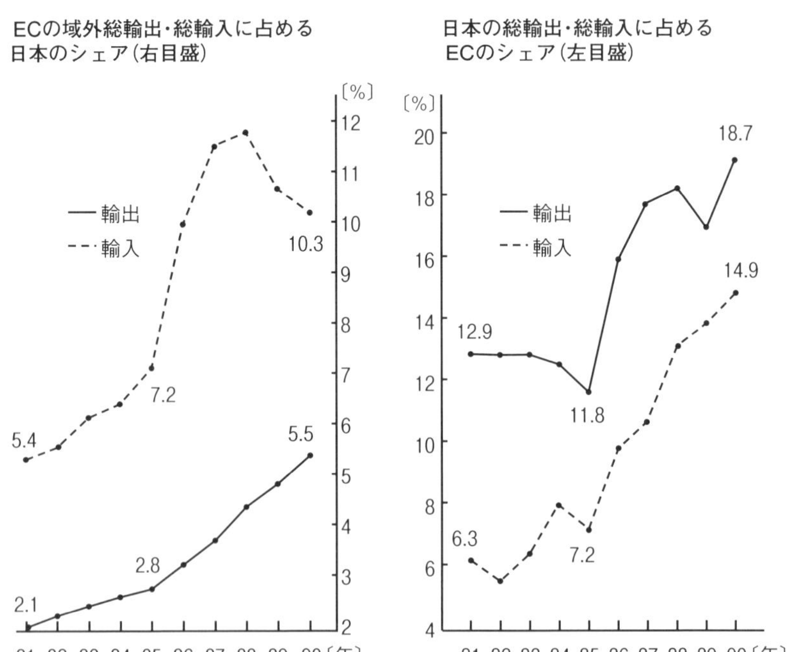

1　1990年のECの域外総輸出額は同年の日本の総輸入額の３倍弱である。

2　ECの日本からの輸入額は，1988年までは一貫して増加している。

3　ECの日本からの輸入額が最大であったのは1990年である。

4　1981年の日本のECへの輸出額は，ECからの輸入額の２倍強である。

5　日本のECに対する貿易黒字が最も小さかったのは，1986年である。

＊＊
No.12 **図は1990～2002年の若年層における新規求人数，新規求職数，新規求人数に対する充足率（就職件数／新規求人数）および新規求職数に対する就職率（就職件数／新規求職数）を示したものであるが，これから確実にいえるのはどれか。**

【国家総合職・平成18年度】

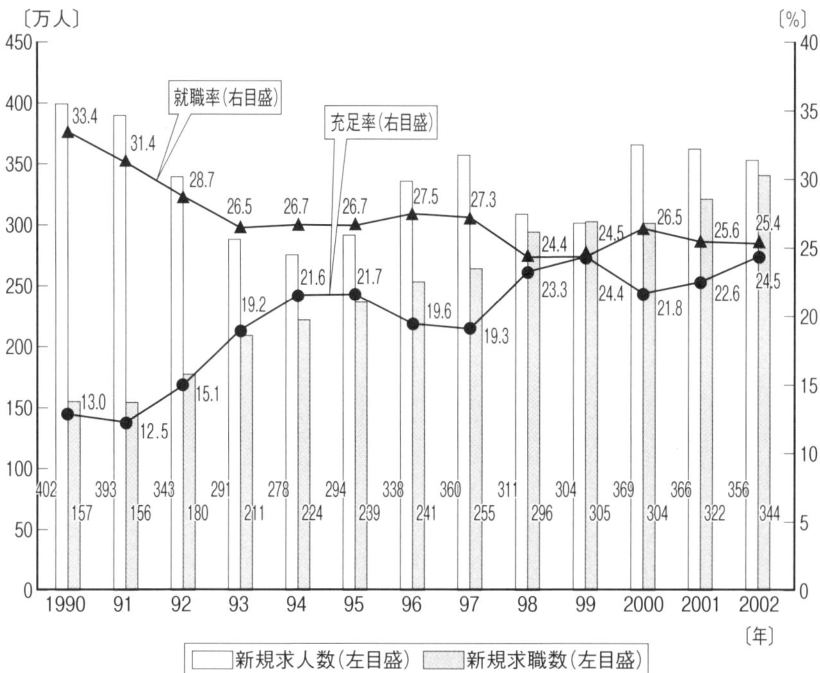

出典：『国民生活白書　平成15年版』内閣府

1　新規求人数についてみると，対前年増加数が最も大きいのは2000年であり，対前年減少数が最も大きいのは1998年である。

2　1990～2002年までの新規求人数の合計は3,000万人よりも少なく，また，1990～2002年までの新規求職数の合計は2,000万人よりも多い。

3　1993年の就職件数は，2000年よりも多く1990年よりも少ない。

4　1990～2002年において，新規求職数に対する新規求人数の割合が1.5倍以上であった年は5年ある。

5　2001年の就職件数は，1993～1995年のいずれの年の就職件数よりも多い。

実戦問題❷の解説

No.7の解説　出国手段別・出国場所別の出国者数　→問題はP.334　正答5

1×　グラフから，明らかに５割を超えている。
陸路とは鉄道と自動車の合計である。グラフから明らかなように，いずれの年も鉄道と自動車の合計は５割を超えている。

2×　グラフから，明らかにＣゲートのほうが増えている。
Ｈ空港は108－32＝76〔人〕の増加だが，Ｃゲートは238－144＝94〔人〕の増加なので，増加数はＨ空港が最多ではない。

3×　グラフから，明らかに空路の割合は増えている。
海路は船舶に当たり，空路は航空機に当たる。グラフをみると明らかに，空路の割合は1995年より2005年のほうが大きい。

4×　出国者総数に占める割合＝$\frac{\text{B駅の人数}}{\text{出国者総数}}$

1995年のＢ駅の割合は$\frac{182}{1{,}600}$で，2005年は$\frac{190}{1{,}800}$となる。これらの分数の分子はほぼ同じだが，分母は2005年のほうが大きい。よって，割合は2005年のほうが小さい。

5◎　出国手段別人数に占めるＧ空港の割合＝$\frac{\text{G空港の人数}}{\text{航空機の人数}}$

正しい。Ｇ空港の割合は，1995年が$\frac{308}{572}\fallingdotseq 0.54$で，2005年が$\frac{356}{742}\fallingdotseq 0.48$であるので，2005年のほうが小さい。

No.8の解説　高齢化の推移と将来推計　→問題はP.335　正答5

1×　総人口に占める65歳以上人口の割合＝$\frac{\text{65歳以上人口}}{\text{総人口}}$

2040年の割合：$\frac{38{,}678\text{千}}{10{,}800\text{万}}$，　2050年の割合：$\frac{37{,}676\text{千}}{9{,}800\text{万}}$，

$$\frac{38{,}678\text{千}}{10{,}800\text{万}} < \frac{37{,}676\text{千}}{9{,}800\text{万}}$$

（分子：1.1倍未満　分母：約1.1倍）

よって，2050年のほうが2040年より割合が大きく，減少していない。

2×　総人口に占める75歳以上人口の割合＝$\frac{\text{75歳以上人口}}{\text{総人口}}$

1965年の割合：$\frac{1{,}894\text{千}}{10{,}000\text{万}}=\frac{189.4\text{万千}}{10{,}000\text{万}}<0.1$

よって，1965年の割合は１割を下回っている。

3 × 割り算よりかけ算で考える。

2005年の75歳以上人口の1.3倍：11,600千×1.3≒15,100千

よって，2005年の65～74歳人口の14,070千は，75歳以上人口の1.3倍を下回る。

4 × A年からB年の人口増加率＝$\frac{\text{B年の値}-\text{A年の値}}{\text{A年の値}}$

2005年→2010年：$\frac{29{,}200-25{,}700}{25{,}700}=\frac{3{,}500}{25{,}700}=\frac{35}{257}$

1980年→1985年：$\frac{12{,}500-10{,}600}{10{,}600}=\frac{1{,}900}{10{,}600}=\frac{19}{106}$

$$\frac{35}{257} < \frac{19}{106}$$

（分子：×２倍未満，分母：×２倍以上）

よって，2005年から2010年の増加率のほうが，1980年から1985年よりも小さい。

5 ◎ 割り算よりかけ算で考える。

2010年の65歳以上人口の1.2倍：29,200×1.2≒35,000＜37,676

2010年の75歳以上人口の1.6倍：14,100×1.6≒22,600＜23,846

よって，65歳以上人口は1.2倍以上に増加し，75歳以上人口の1.6倍以上に増加しているので，正しい。

No.9 の解説　各国男性の退職年齢，平均寿命

→問題はP.336　正答４

左図は2007年の数値，右図は2002年から2007年への変化を表しているので，**初めに右図のデータから，左図へ2002年のデータを書き込んでおく**とよい。その際，たとえば，右図の実退職年齢が－0.8歳のときは，2002年は2007年に＋0.8歳したものになることに注意する。

1 × Ⅰ国の実退職年齢は下がっている。

Ⅰ国では，2007年における平均寿命は2002年より１歳以上延びているが，実退職年齢は下がっている。

2 × D国の差は広がっている。

2007年のD国の実退職年齢は法定退職年齢より低いが，2002年と比べた場合，**実退職年齢は下がって法定退職年齢は上がっている**のだから，その差は2002年より広がっている。

3 × H国の差は20年以上である。

H国の場合，2007年における法定退職年齢と平均寿命との差は約22年ある。2002年と比べた場合，**法定退職年齢に変化はなく，平均寿命の伸びは図から判断して1.2年程度**だから，2002年における差も20年以上である。

4◎ 2002年は８か国，2007年は６か国である。

正しい。2007年において，実退職年齢が法定退職年齢よりも低い国はＤ，Ｆ，Ｉ，Ｊ，Ｋ，Ｌの６か国であるが，この中で2002年に実退職年齢が法定退職年齢よりも高かった国はない。そして，Ｅ，Ｇの２か国は，2002年における法定退職年齢がともに65歳であるのに対し，実退職年齢は64.2歳，63.5歳で法定退職年齢より低い。したがって，2002年において実退職年齢が法定退職年齢より低い国は８か国あり，2002年に比べて減っている。

5× 2002年のＢ国の実退職年齢はＡ国よりも下である。

2007年の平均寿命はＡ国よりＢ国のほうが低く，2002年からの伸びはＢ国のほうが大きいのだから，2002年におけるＢ国の平均寿命はＡ国よりも下であるというのは正しい。しかし，実退職年齢については，**2002年に比べてＡ国は下がり，Ｂ国は上がっていて，それでも2007年はＡ国のほうが高い**のだから，2002年のＢ国の実退職年齢はＡ国よりも下である。

No.10 の解説　食品廃棄物等の年間発生量と再生利用率の推移 →問題はP.337 正答３

1× 棒グラフから明らかに10,000千トンを超えている。

食品産業全体の平成16年度の発生量は，少なく見積もっても $4,800+700+2,600+3,100=11,200$〔千トン〕なので，10,000千トンよりも多い。

2× それぞれの再生利用量を計算せずに比で考える。

食品製造業の平成16年度の再生利用量は $4,800\times0.78$ であり，外食産業のそれは $3,100\times0.25$ である。その比を考えると $\dfrac{4,800\times0.78}{3,100\times0.25}>\dfrac{48}{31}\times3>4$ となるので，約３倍というのは誤り。

3◎ 肢１の計算結果を用いる。

正しい。**1**の値を用いると，食品産業全体の再生利用率は

$$\frac{4,800\times0.78+700\times0.53+2,600\times0.31+3,100\times0.25}{11,200}=\frac{5,696}{11,200}$$

となり，この値は約５割である。

4× 平成14年から平成16年にかけて微増となっている。

対象年度が明確でないので正確には判断できない。また，平成14年から平成16年をみると，食品卸売業，食品小売業，外食産業では年間発生量がほぼ同じであるのに対して，食品製造業で微増となっている。よって，食品産業全体では，この間微増傾向にある。

5× 明らかに平成14年のほうが大きい。

グラフの傾きをみると，対前年度差が最大なのは平成14年度である。

No.11 の解説　日本とECの貿易額の推移 →問題はP.338 正答1

1 ◎ ECからの日本への輸出額＝日本からECへの輸入額

正しい。**総数がわからないので，実数の比較ができないと判断してはいけない。**２つのグラフ間で，つながりのある２つの変数がある場合は，逆に総数の比較ができることに注意したい。1990年のECの域外総輸出額をx，日本の総輸入額をyとすると，（ECから日本への総輸出額）＝0.055x，（日本のECからの輸入額）＝0.149yとなる。（ECから日本への輸出額）＝（日本のECからの輸入額）であるから，$0.055x=0.149y$。$x \fallingdotseq 2.7y$で，３倍弱である。

2 × 各年の総輸入額が与えられておらず，判断できない。

3 × 各年の総輸入額が与えられておらず，判断できない。

4 × 1981年の総輸入額・総輸出額が与えられておらず，判断できない。

5 × 各年の総輸入額・総輸出額が与えられておらず，判断できない。

No.12 の解説　新規求人・求職者数と充足率・就職率の推移 →問題はP.339 正答5

図に**就職件数は直接与えられていないが，充足率×新規求人数，もしくは，就職率×新規求職数で求められる**ことに注意する。

1 × 1993年のほうが対前年減少数は大きい。

選択肢の前半は正しい。後半については，1998年の対前年減少数が360－311＝49〔万人〕であるのに対し，1993年のそれは343－291＝52〔万人〕である。

2 × どの年も250万人を超えていることに注目する。

1990年から2002年までの13年間において，どの年も250万人を超えているので合計は250×13＝3,250〔万人〕を超えている。

3 × 就職件数＝充足率×新規求人数

就職件数＝充足率×新規求人数を使う。1993年と2000年を比べると，充足率，新規求人数ともに2000年のほうが多い。よって，1993年の就職件数は2000年よりも少ない。

4 × 新規求人数と新規求職数の差が新規求職数の半分以上であれば1.5倍以上である。

新規求人数と新規求職数の差が新規求職数の半分以上あれば，新規求職数に対する新規求人数の割合が1.5倍以上になる。これに該当するのは1990年から1992年の３年間だけである。

5 ◎ 肢**3**と同様に考える。

正しい。選択肢**3**と同様に，就職件数＝充足率×新規求人数を使って調べる。2001年の充足率（22.6％）と新規求人数（366万人）は，いずれも1993～1995年のどの年の充足率，新規求人数よりも多い。よって，就職件数も同様に2001年が上回っている。

指数・構成比

必修問題

次の図から確実にいえるのはどれか。

【地方上級（東京都）・令和３年度】

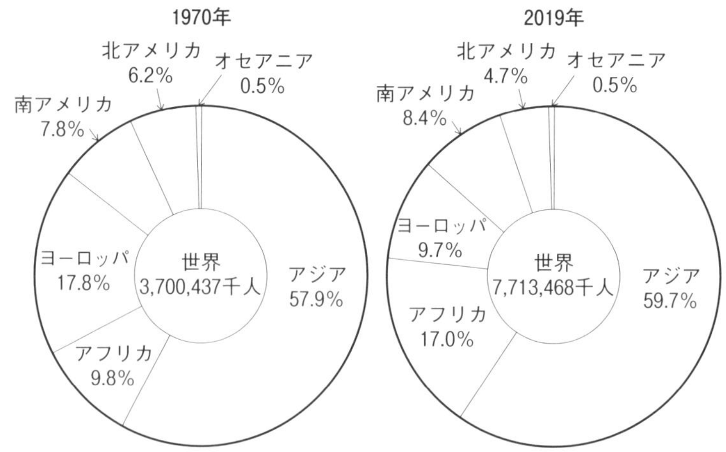

1　アフリカの人口の1970年に対する2019年の増加率は，ヨーロッパの人口のそれの18倍より大きい。

2　2019年の北アメリカの人口は，1970年のそれの1.7倍を上回っている。

3　1970年のアジアの人口を100としたときの2019年のそれの指数は，210を下回っている。

4　世界人口の合計の1970年に対する2019年の増加人数に占める南アメリカのそれの割合は，10%を超えている。

5　1970年におけるヨーロッパの人口に対するオセアニアの人口の比率は，2019年におけるそれを上回っている。

難易度　＊

必修問題の解説

構成比がグラフに書き込まれているので，数表の場合よりもイメージしやすい。また，本問のように，それぞれの年の総数が示されている場合は，異なる年の間での各部門を比較することもできる。単純に計算すると計算量が膨大なので，**総数の倍率7,713,468÷3,700,437≒2.1〔倍〕を求めておこう**。そうすれば，1970年の世界人口を100とする指数を用いることができる。たとえば，2019年のアフリカの指数は17.0×2.1＝35.7となる。指数をうまく用いることで，計算を省くことができる。

1 ◎ 増加率＝$\frac{\text{1970年からの増加数}}{\text{1970年の額}}$の比較。

正しい。アフリカの増加率：$\frac{17.0\times2.1-9.8}{9.8}=\frac{25.9}{9.8}\fallingdotseq2.64$

ヨーロッパの増加率の18倍：$\frac{9.7\times2.1-17.8}{17.8}\times18\fallingdotseq\frac{2.6}{17.8}\times18=\frac{46.8}{17.8}\fallingdotseq2.63$

よって，アフリカの増加率はヨーロッパの増加率の18倍よりも大きい。

2 × 1970年世界人口を100とする指数を用いれば容易。

2019年北アメリカ　　　　：4.7×2.1≒9.9
1970年北アメリカの1.7倍：6.2×1.7≒10.5

よって，下回っている。

3 × 2019年の指数が1970年の指数の210÷100＝2.1〔倍〕を下回るかを検討。

1970年アジアの2.1倍：57.9×2.1
2019年アジア　　　　：59.7×2.1

よって，2019年の指数は210を上回っている。

4 × 1970年世界人口を100とする指数を用いて，増加人数の割合を求める。
1970年世界人口を100とすると，2019年世界人口は210である。

南アメリカの増加人数の割合：$\frac{8.4\times2.1-7.8}{210-100}=\frac{9.8}{110}<0.1$

よって，10％を超えない。

5 × 1970年世界人口を100とする指数を用いて，比率＝$\frac{\text{オセアニアの人口}}{\text{ヨーロッパの人口}}$を求める。

1970年の比率：$\frac{0.5}{17.8}$，2019年の比率：$\frac{0.5}{9.7}$

よって，1970年の比率は2019年の比率を下回っている。

正答 1

FOCUS

構成比は主として円グラフと帯グラフで表現される。円グラフでは中心角の大きさが，帯グラフでは帯の長さがそれぞれ構成比に比例している。問題を解くにあたって，まずは視覚的に全体を把握しておきたい。三角グラフは，少ないがたまに出題されるので，後のPOINT（重要ポイント1）で確認をしておいてほしい。

POINT

重要ポイント 1 帯グラフ・円グラフ・三角グラフ

指数でよく用いられるグラフとして折れ線グラフと棒グラフがある。その特徴は，テーマ4の重要ポイント1を参照のこと。

構成比でよく用いられるグラフとしては帯グラフ，円グラフ，三角グラフがある。

(1) 帯グラフ

全体（100%）を帯の全長で表し，各構成比は全体に対する長さの割合で表す。

(2) 円グラフ

円グラフは通常は構成比を表すときに用いられるグラフである。全体（100%）は円全体（360度）で各構成比を中心角／360度で表し，単位は%で表示される。

(3) 三角グラフ

三角グラフは，正三角形の各辺を用いて3種類の統計量の全体に対する構成比を表現したグラフである。

①3本の垂線の長さを利用した三角グラフ

三角グラフが成り立つ根拠は，「**正三角形においては，その内部の任意の1点から各辺に下ろした3本の垂線の長さの和は常に一定で，正三角形の長さの高さに等しい**」という定理である。これは，3つに分けられた三角形の面積の和は，もとの正三角形に等しいことから簡単に導かれる。この定理のおかげで3種類の数量の全体に対する構成比を3本の垂線の長さに対応させることができる。この場合，正三角形の高さが全体すなわち100%に対応することになる。

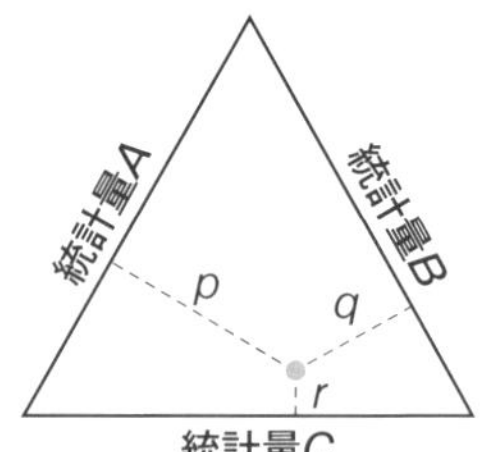

②各辺の目盛りを利用した三角グラフ

①のグラフで，実際に構成比を読み取ろうとしたとき，垂線の長さを直接測る必要があり不便である。そこで，三角グラフの各辺に0～100%の目盛りをつけ，この目盛りを利用して構成比を読み取るものもある。グラフの見方，読み取り方に慣れることが必要であるので，しっかり身につけておきたい。

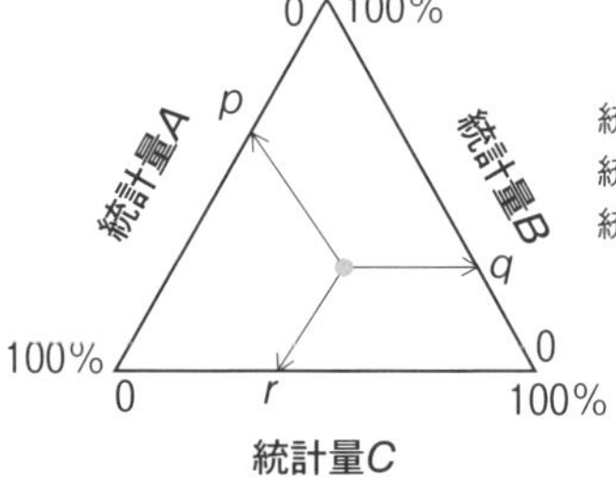

実戦問題 1　基本レベル

No.1 次の図から確実にいえるのはどれか。

【地方上級（特別区）・平成20年度】

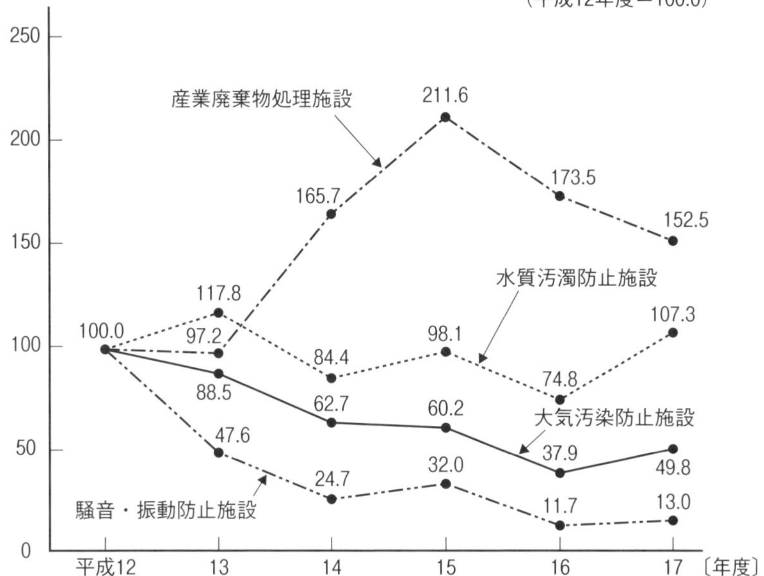

1　平成13年度から平成16年度までの各年度のうち，大気汚染防止施設への投資額の対前年度減少率が最も少ないのは，平成13年度である。

2　平成13年度から平成17年度までの各年度とも，産業廃棄物処理施設への投資額は，大気汚染防止施設への投資額を上回っている。

3　平成15年度の水質汚濁防止施設への投資額の対前年度増加額は，平成13年度のそれを下回っている。

4　図中の各施設のうち，平成16年度における投資額の対前年度減少率が最も大きいのは，産業廃棄物処理施設である。

5　平成17年度において，水質汚濁防止施設への投資額の対前年度増加率は，騒音・振動防止施設への投資額のそれの6倍より大きい。

＊＊
No.2 図は，わが国の15～79歳の男女の年齢階層別の休日および休日以外の日の１日のうち自由にできる時間の長さについて調査した結果をまとめたものである。表のような年齢別人口構成を持つＡ市においてこの結果がそのまま当てはまると仮定して考えたとき，確実にいえるのはどれか。

なお，表中の20～29歳および70～79歳の年齢層人口は，データが消えてしまい不明である。

【国家専門職・平成18年度】

図Ⅰ　休日

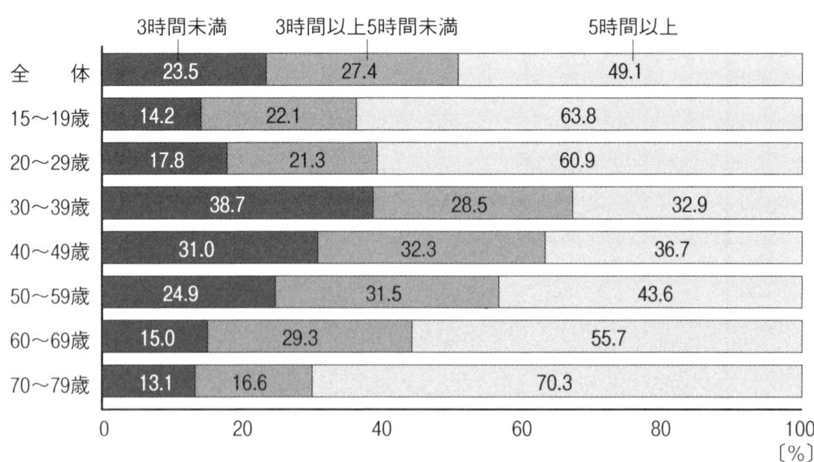

図Ⅱ　休日以外の日

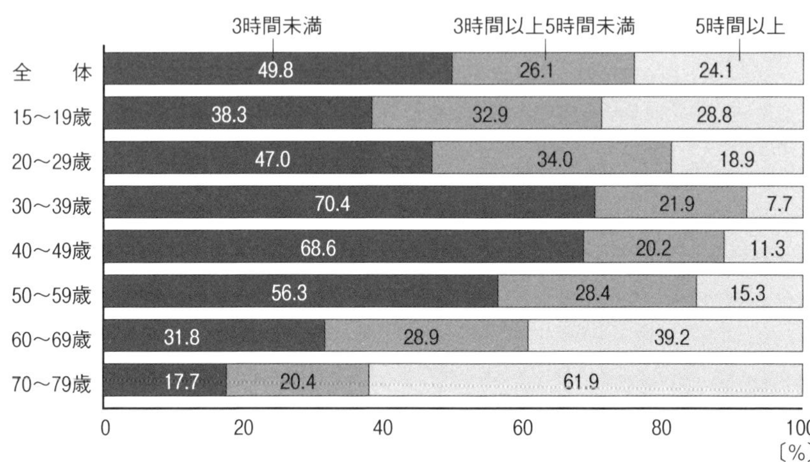

出典：内閣府『平成16年版国民生活白書』より引用

表

年齢層	年齢層人口	年齢層	年齢層人口
15～19歳	5,500人	50～59歳	15,000人
20～29歳	不　明	60～69歳	12,000人
30～39歳	14,000人	70～79歳	不　明
40～49歳	12,500人	総人口	81,000人

1　休日以外の日には自由にできる時間が「３時間未満」である15～19歳層の過半数は，休日には自由にできる時間が「５時間以上」である。

2　年齢層と自由にできる時間のすべての組合せのうち，休日以外の日には自由になる時間が「５時間以上」である30～39歳層の人数が最も少ない。

3　休日には自由にできる時間が「３時間未満」である30～39歳層の人数は，休日には自由にできる時間が「３時間以上５時間未満」である20～29歳層の人数より多い。

4　休日には自由にできる時間が「３時間未満」である60～69歳層の人数は，休日以外の日には自由にできる時間が「３時間以上５時間未満」である70～79歳層の人数より多い。

5　休日以外の日には自由にできる時間が「３時間以上５時間未満」である60～69歳層の人数は，休日以外の日には自由にできる時間が「３時間以上５時間未満」である人数全体の20％以上を占めている。

＊
No.3 図は，ある地域において家庭が年間に消費しているエネルギーを，エネルギー源別，用途別に示したものである。これからいえることとして最も妥当なのはどれか。

ただし，水道については，給水，汚水処理等のためのエネルギーを１次エネルギーとして換算したものである。また，本問において，たとえば「洗濯のエネルギー」という場合には，水使用に関するエネルギーのみをさし，電力使用分は考えなくてよい。

【国家専門職・平成23年度】

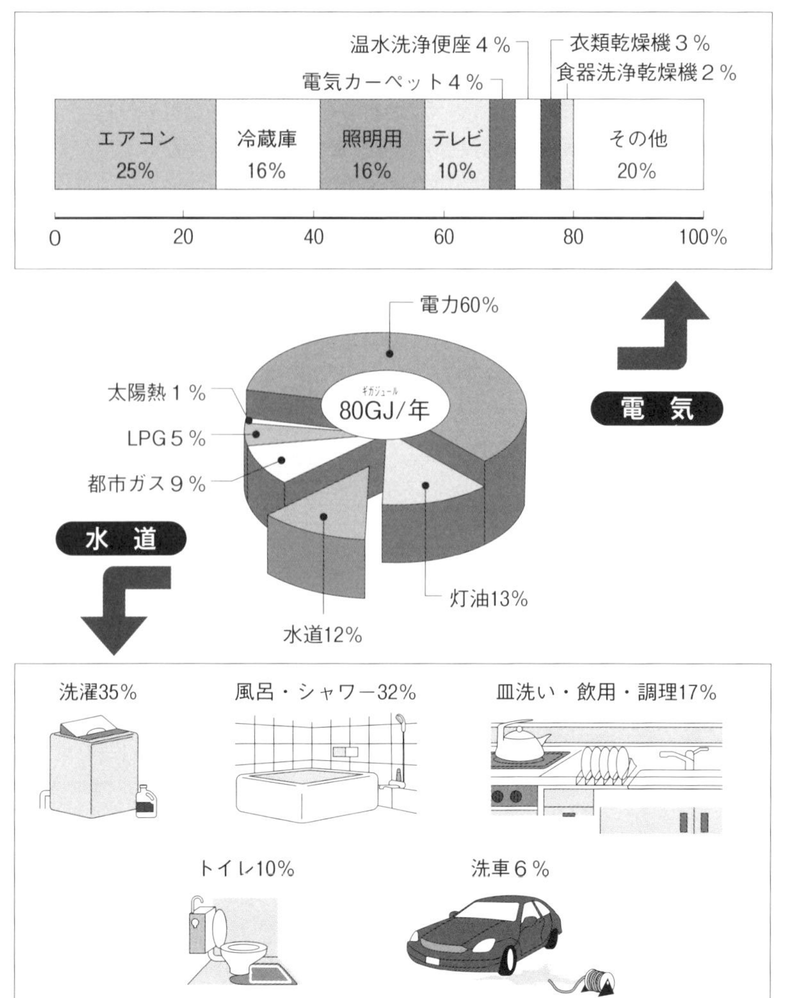

1　エアコンの年間エネルギー消費量は，テレビよりも８GJ以上多い。
2　衣類乾燥機と洗濯を合わせた年間エネルギー消費量は，3.2GJである。
3　温水洗浄便座のエネルギー消費量は，トイレのエネルギー消費量の２倍程度である。
4　都市ガスのエネルギー消費量は，風呂・シャワーのエネルギー消費量の３倍以上である。
5　年間エネルギー消費量全体に占める割合をみると，灯油のエネルギー消費量は，エアコンのエネルギー消費量より大きい。

＊＊
No.4　**次の図から正しくいえるのはどれか。**

【地方上級（特別区）・平成28年度】

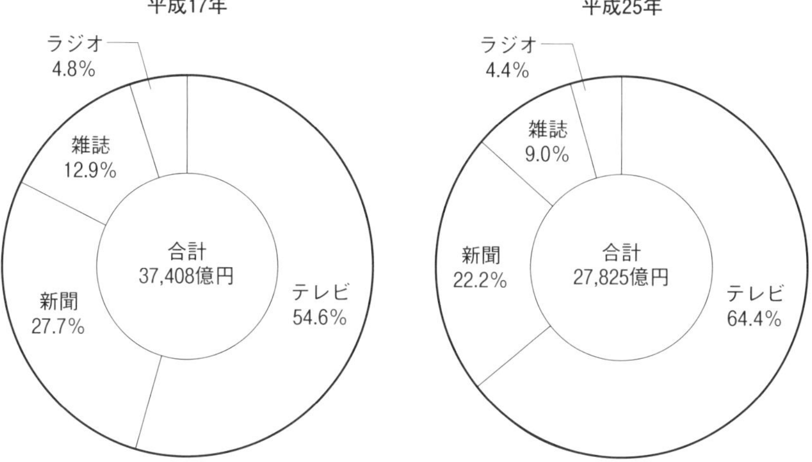

1　平成25年の新聞の広告費は，平成17年のそれの60％を超えている。
2　平成17年において，テレビの広告費は，ラジオの広告費を１兆9,000億円以上上回っている。
3　テレビの広告費の平成17年に対する平成25年の減少額は，雑誌の広告費のそれを上回っている。
4　マスコミ４媒体の広告費の合計の平成17年に対する平成25年の減少額に占める新聞の広告費のそれの割合は，45％を超えている。
5　雑誌の広告費の平成17年に対する平成25年の減少率は，ラジオの広告費のそれの1.5倍より小さい。

No.5＊ 図は，ある国の広告費について，３年分の対前年増減率および2014年の構成比を媒体別に示したものである。これから確実にいえるのはどれか。なお，マスコミ４媒体の内訳は，新聞，雑誌，ラジオ，テレビメディア（地上波テレビ，衛星メディア関連）である。

対前年増減率（2012～2014年）

%
15.0
10.0
5.0
0.0
−5.0
−10.0
−15.0

2012年　2013年　2014年

総広告費　2.9
マスコミ四媒体広告費　1.6
新聞　−1.8
雑誌　0.0
ラジオ　2.3
地上波テレビ　2.4
衛星メディア関連　9.6
インターネット広告費　12.1
プロモーションメディア広告費　0.8

2014年
総広告費
6.2兆円

構成比（2014年）
9.8　4.1　2.1　29.8　2.0　17.1　35.1

0%　20%　40%　60%　80%　100%

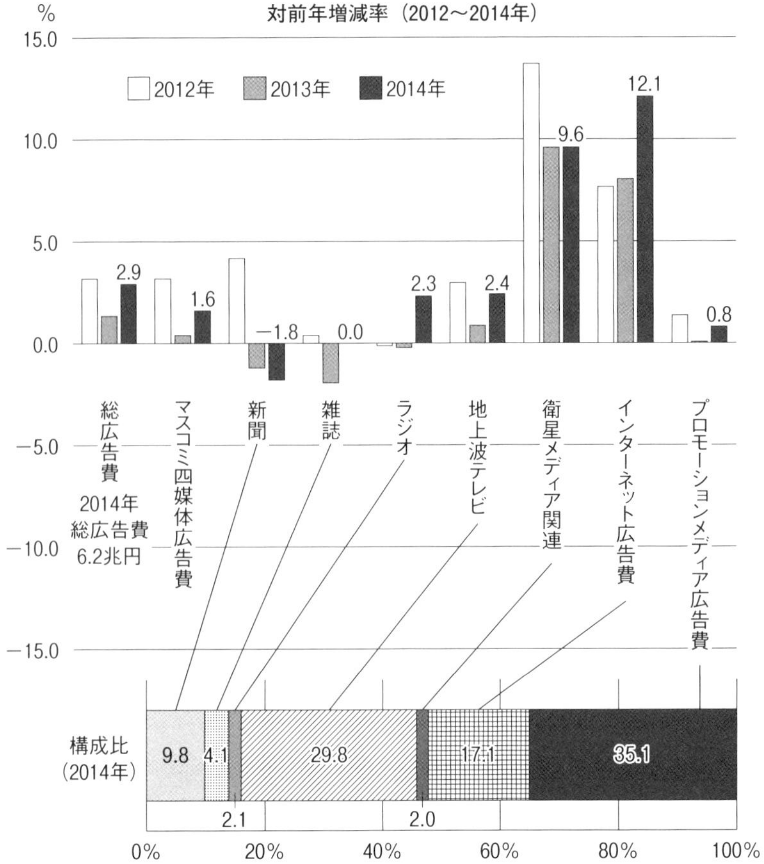

1　2014年の総広告費に占めるマスコミ４媒体広告費の割合は，前年のそれに比べて小さい。

2　2014年の新聞広告費は，2011年のそれと比べ，５％以上減っている。

3　2014年の衛星メディア関連広告費の対前年増加額は，地上波テレビのそれを上回っている。

4 2013年の総広告費に占めるプロモーションメディア広告費の割合は，35％未満である。

5 2012年以降，各年のインターネット広告費は，1兆円を超えている。

＊No.6 通信系ソフトの形態別の市場規模に関して，次の図から正しくいえるのはどれか。

【地方上級（東京都）・平成21年度】

通信系ソフトの形態別の市場規模（金額）の状況

形態別の構成比（平成18年）

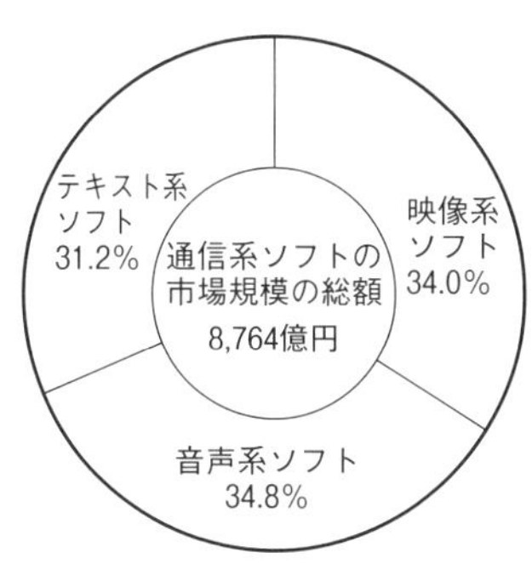

形態別の市場規模の対前年増加率の推移

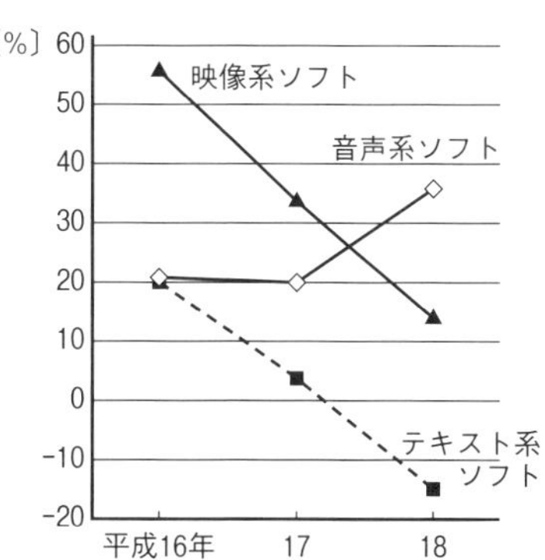

1 音声系ソフトの市場規模についてみると，平成18年は17年を1,000億円以上，上回っている。

2 テキスト系ソフトの市場規模についてみると，平成15年に対する18年の比率は，1.1を上回っている。

3 平成16年の市場規模についてみると，テキスト系ソフトは映像系ソフトを下回っている。

4 平成16年から18年までのうち，映像系ソフトの市場規模に対する音声系ソフトの市場規模の比率が最も大きいのは17年である。

5 平成17年の市場規模の対前年増加額についてみると，映像系ソフトはテキスト系ソフトを400億円以上，上回っている。

No.7 * 三角グラフは，３つの構成要素の比率を表すのに用いられ，第１次・第２次・第３次産業の人口率を表す産業別人口構成のように，合計値が100%になるようなデータの表現に適している。たとえば，ある国Xの産業別人口構成が，第１次産業人口率20%，第２次産業人口率30%，第３次産業人口率50%である場合，図Ⅰの三角グラフを用いると，●の位置に示される。

図Ⅱは，A～Jの10か国について産業別人口構成を示したものである。図Ⅱから確実にいることとして最も妥当なのはどれか。

【国家一般職・令和５年度】

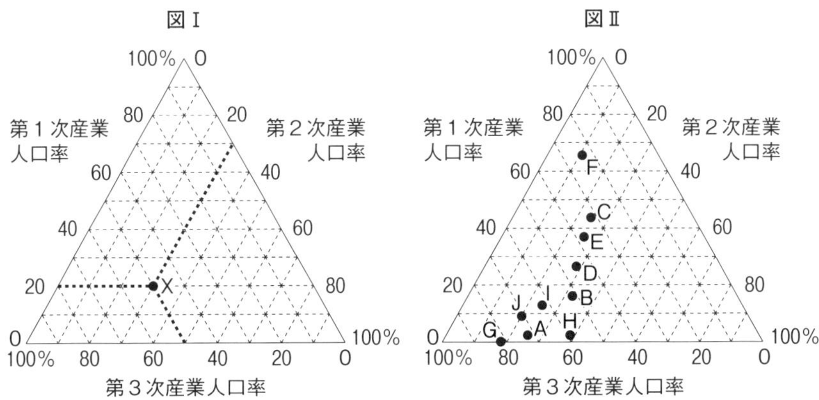

1　第１次産業人口率が30%を上回っている国は５か国である。

2　第１次産業人口率と第２次産業人口率を合わせた人口率が50%を下回っている国は４か国である。

3　第１次産業人口率と第２次産業人口率の差が５ポイント以内である国はCのみである。

4　第１次産業人口率と第３次産業人口率を合わせた人口率が最も高い国はGである。

5　第２次産業人口率と第３次産業人口率を比較すると，すべての国において後者が前者を上回っている。

No.8 ＊ 次の図から正しくいえるのはどれか。

【地方上級（東京都）・平成30年度】

車種別の新車販売台数の構成比の推移

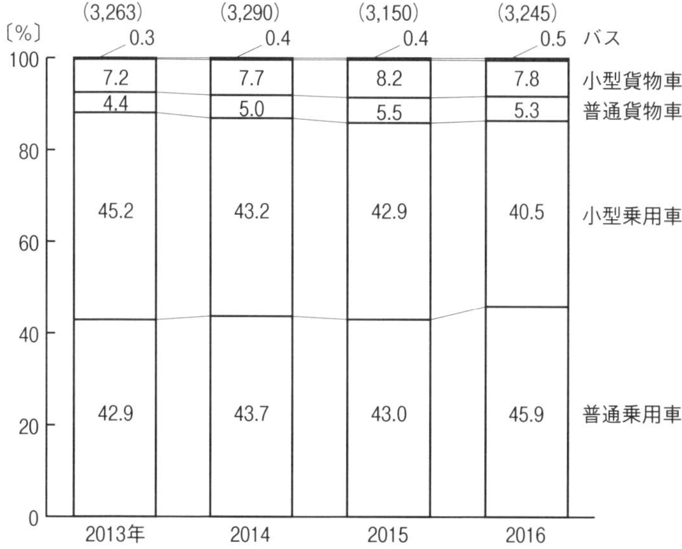

［注］（　）内の数値は，車種別の新車販売台数の合計（単位：千台）を示す。

1 2013年から2015年までの3か年における普通貨物車の新車販売台数の累計は，400千台を上回っている。

2 2013年における小型貨物車の新車販売台数を100としたとき，2015年における小型貨物車の新車販売台数の指数は120を上回っている。

3 2013年から2016年までのうち，普通乗用車の新車販売台数が最も多いのは2014年であり，次に多いのは2016年である。

4 2013年から2016年までの4か年におけるバスの年平均の新車販売台数は，11千台を下回っている。

5 2014年における小型乗用車の新車販売台数に対する2016年の比率は，0.9を下回っている。

* No.9 次の図から正しくいえるのはどれか。

【地方上級（東京都）・令和４年度】

日本における４か国からの合板輸入量の構成比の推移

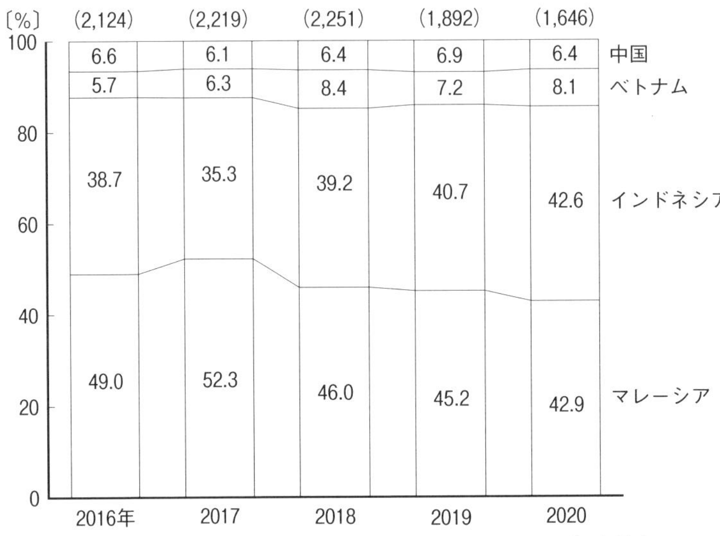

〔注〕（　）内の数値は，4か国からの合板輸入量の合計〔単位：千m^3〕を示す。

1　2016年から2019年までのうち，インドネシアからの合板輸入量が最も多いのは2018年であり，最も少ないのは2017年である。

2　2016年における中国からの合板輸入量を100としたとき，2020年における中国からの合板輸入量の指数は，70を下回っている。

3　2017年についてみると，マレーシアからの合板輸入量の対前年増加率は，ベトナムからの合板輸入量の対前年増加率を上回っている。

4　2017年から2019年までの各年についてみると，ベトナムからの合板輸入量は中国からの合板輸入量を，いずれの年も６千m^3以上，上回っている。

5　2018年から2020年までの３か年におけるマレーシアからの合板輸入量の年平均は，870千m^3を下回っている。

実戦問題 1 の解説

No.1 の解説　設備投資の施設別投資額の指数の推移　→問題はP.347　正答3

値の経年変動が折れ線グラフで与えられるとき，**2つの線分の傾きが等しければ増減量は等しいが，一般に，対前年度増減率は一致しない**ことに注意する。

1 ×　折れ線の傾きが対前年度増減率に一致しないことに注意する。
大気汚染防止施設への投資額について，平成13年度の対前年度減少率は $\frac{100-88.5}{100}=\frac{11.5}{100}$ で，平成15年度のそれは $\frac{2.5}{62.7}$ である。$\frac{11.5}{100}$ に対する $\frac{2.5}{62.7}$ をみると，分子は４分の１以下だが分母は２分の１よりも大きくなっているので，$\frac{2.5}{62.7}$ のほうが値が小さい。よって，平成13年度の対前年度減少率が最小というのは誤り。

2 ×　与えられた資料からは判断できない。
各施設のグラフ上の値は，平成12年度を100とした指数にすぎず，与えられたデータだけでは，施設間の投資額を比較することはできない。

3 ◎　増加額自体はわからないが大小関係はわかる。
正しい。問われているのが（増加率ではなく）増加額であることに注意する。水質汚濁防止施設における対前年度増加額は，平成13年度が $117.8-100=17.8$ で，平成15年度が $98.1-84.4=13.7$ である。**ともに平成12年度を100とした指数なので比較が可能**であり，平成15年度は平成13年度を下回っている。

4 ×　折れ線の傾きが対前年度増減率に一致しないことに注意する。
平成16年度における産業廃棄物処理施設の対前年度減少率は $\frac{211.6-173.5}{211.6}$ であり，騒音・振動防止施設のそれは $\frac{32-11.7}{32}$ である。ほとんど計算しなくても，前者は $\frac{1}{2}$ より小さく，後者は $\frac{1}{2}$ よりも大きいことがわかる。よって，対前年度減少率が最大なのは産業廃棄物処理施設でない。

5 ×　増加率＝$\frac{増加額}{基準値}$
平成17年度における水質汚濁防止施設の対前年度増加率は $\frac{107.3-74.8}{74.8}=\frac{32.5}{74.8}$ であり，騒音・振動防止施設のそれは $\frac{13-11.7}{11.7}=\frac{1.3}{11.7}$ である。$\frac{1.3}{11.7}\times 6=\frac{7.8}{11.7}>\frac{1}{2}>\frac{32.5}{74.8}$ なので，水質汚濁防止施設の対前年度増加率は，騒音・振動防止施設のそれの６倍よりも小さい。

No.2 の解説　年齢階層別の自由時間の長さの割合

→問題はP.348　**正答3**

「データの一部が不明」という設定はときどきみかける。**不明な部分は，ほかのデータを参考にして値の上限や下限を求めたり，方程式を立てて未知数を求めたりする**とよい。また，本問のようにデータの区分がたくさんあるときは，慌てないで比較する対象を正確にとらえよう。

1×　与えられた資料からは判断できない。

15～19歳の人口の中で，休日以外の日に自由にできる時間が「３時間未満」の人は38.3%いる。一方，休日に自由にできる時間が「５時間未満」の人は36.3%いる。よって，**上記38.3%の過半数が36.3%に入っている可能性もあり**，与えられた図だけでは選択肢**1**の正誤は判断できない。

2×　年齢層人口×構成比の小さそうなところに見当をつける。

図Ⅰと図Ⅱの中で**構成比の比較的小さい部分が実際の人数の少ない区分の候補となるのでいくつか調べてみる**。まず，休日以外の日に自由にできる時間が「５時間以上」の30～39歳層の人数は14,000×0.077＝1,078〔人〕である。そして，わかっている範囲で**年齢層人口が最も少ない15～19歳層に注目し**，その中で構成比が最も小さい「休日に自由にできる時間が３時間未満」の人数を計算すると5,500×0.142＝781〔人〕である。よって，後者の人数のほうが少ない。

3◎　総人口から20～29歳の人口の範囲を考える。

正しい。休日に自由にできる時間が「３時間未満」の30～39歳層は14,000×0.387＝5,418〔人〕いる。一方，20～29歳層の人口は不明だが，81,000－(5,500＋14,000＋12,500＋15,000＋12,000)＝22,000〔人〕を**超えない**。よって，休日に自由にできる時間が「３時間以上５時間未満」である20～29歳層は，**最大でも**22,000×0.213＝4,686〔人〕である。これは，休日に自由にできる時間が「３時間未満」の30～39歳層人口を超えない。

4×　肢３と同様に総人口から70～79歳の人口の範囲を考える。

休日に自由にできる時間が「３時間未満」である60～69歳層の人数は12,000×0.15＝1,800〔人〕である。一方，70～79歳層の人口は不明だが，選択肢**3**でみたのと同様に**0～22,000人の範囲にある**。このうち，休日以外の日に自由にできる時間が「３時間以上５時間未満」である人の割合は20.4%である。よって，そこに属する人数は0〔人〕から22,000×0.204＝4,488〔人〕の間である。しかしながら，与えられたデータだけからではこの値と上の1,800人との大小を判断することはできない。

5×　年齢層人口×構成比で当該人数を求める。

休日以外の日に自由にできる時間が「３時間以上５時間未満」である60～69歳層の人数は12,000×0.289＝3,468〔人〕であり，休日以外の日に自由にできる時間が「３時間以上５時間未満」である人数全体の20%は，81,000×0.261×0.2＝4,228〔人〕である。よって，前者は後者を超えていない。

No.3 の解説　家庭の年間消費エネルギー

→問題はP.350　正答3

1 ×　消費量の差＝電気の消費量×(エアコン〔%〕−テレビ〔%〕)

電気の年間エネルギー消費量は，$80\times\frac{60}{100}=48$〔GJ〕。この電気の消費量のうち，エアコンとテレビの差は15%。よって，エアコンとテレビの消費量の差は，$48\times\frac{15}{100}=7.2$〔GJ〕。よって，8GJを超えない。

2 ×　電気の消費量×衣類乾燥機〔%〕＋水道の消費量×洗濯〔%〕

衣類乾燥機と洗濯を合わせた年間エネルギー消費量は，$80\times\frac{60}{100}\times\frac{3}{100}+80\times\frac{12}{100}\times\frac{35}{100}=1.44+3.36=4.8$〔GJ〕である。

3 ◎　温水洗浄便座の消費量＝電気の消費量×温水洗浄便座〔%〕

正しい。温水洗浄便座のエネルギー消費量は，$80\times\frac{60}{100}\times\frac{4}{100}=80\times\frac{240}{10000}$〔GJ〕。トイレのエネルギー消費量は，$80\times\frac{12}{100}\times\frac{10}{100}=80\times\frac{120}{10000}$〔GJ〕。よって，2倍になっている。

4 ×　風呂・シャワーの消費量＝水道の消費量×風呂・シャワー〔%〕

都市ガスのエネルギー消費量は，$80\times\frac{9}{100}$〔GJ〕。風呂・シャワーのエネルギー消費量は，$80\times\frac{12}{100}\times\frac{32}{100}=80\times\frac{384}{10000}$〔GJ〕。$\frac{9}{100}\div\frac{384}{10000}\fallingdotseq 2.3$より，3倍は超えない。

5 ×　エアコンの消費量＝電気の消費量×エアコン〔%〕

年間エネルギー消費量全体に占める灯油のエネルギー消費量は13%，エアコンの消費量は$\frac{60}{100}\times\frac{25}{100}=0.15$，つまり15%。よって，エアコンのほうが大きい。

No.4の解説　マスコミ４媒体の広告と媒体別構成比の推移 →問題はP.351　正答3

1 ×　新聞の広告費＝合計額×新聞の構成比

平成25年の新聞の広告費は，27,825×0.222≒28,000×0.20＝5,600〔億円〕。平成17年の新聞の広告費は，37,408×0.277≒37,000×0.3＝11,100〔億円〕。11,100億円の60％は，11,100×0.6＝6,660〔億円〕であるから，60％を超えていない。

2 ×　差額＝合計額×（テレビ〔％〕－ラジオ〔％〕）

37,408×（0.546－0.048）≒37,000×0.5＝18,500〔億円〕であるから，１兆9,000億円以上上回っていない。

3 ◎　減少額＝17年の総額×構成比－25年の総額×構成比

正しい。テレビの広告費の平成17年に対する平成25年の減少額は，37,408×0.546－27,825×0.644である。雑誌の広告費のそれは，37,408×0.129－27,825×0.09である。差をとると，（37,408×0.546－27,825×0.644）－（37,408×0.129－27,825×0.09）＝37,408×（0.546－0.129）－27,825×（0.644－0.09）≒37,000×0.42－28,000×0.55＝15,540－15,400＝140〔億円〕となり，上回っている。

4 ×　減少額合計の45％＝（17年総額－25年総額）×0.45

マスコミ４媒体の広告費の合計の平成17年に対する平成25年の減少額は37,408－27,825＝9,583〔億円〕である。新聞の広告費の減少額は，37,408×0.277－27,285×0.222≒37,000×0.28－28,000×0.22＝10,360－6,160＝4,200〔億円〕である。9,583億円の45％は，9,583×0.45≒9,600×0.45＝4,320〔億円〕であるから，45％を超えていない。

5 ×　減少率＝$\dfrac{17年の総額×構成比－25年の総額×構成比}{17年の総額×構成比}$

雑誌の広告費の平成17年に対する平成25年の減少率は，

$\dfrac{37{,}408\times0.129-27{,}825\times0.09}{37{,}408\times0.129}=1-\dfrac{27{,}825\times0.09}{37{,}408\times0.129}\fallingdotseq0.481$ より，約48.1％である。

ラジオの広告費のそれは，$\dfrac{37{,}408\times0.048-27{,}825\times0.044}{37{,}408\times0.048}=1-\dfrac{27{,}825\times0.044}{37{,}408\times0.048}$

≒0.318より，約31.8％である。31.8×1.5＝47.7より，1.5倍より小さい。

No.5 の解説　広告費の対前年増減率および構成比

→問題はP.352　正答 1

1 ◎ 分子よりも分母の増加額が大きければ分数は小さくなる。

正しい。2014年の総広告費の対前年増加率は2.9％で，マスコミ４媒体広告費は対前年増加率が1.6％であることから，総広告費に占めるマスコミ４媒体広告費の占める割合は前年に比べると小さい。

2 × 相対微小値の省略（推移型）の利用。

新聞広告費の対前年増減率は2012年が４％，2013年が－1.5％，2014年が－1.8％であるから，2011年に対してはおおむね $4-1.5-1.8=0.7$〔％〕の増加である。（テーマ３の重要ポイント３参照）

3 × 増加額を具体的に計算せずに大小を比較する。

2014年の衛星メディア関連広告費の対前年増加額は $6.2\times0.02\times\frac{0.096}{1.096}$，地上波テレビのそれは $6.2\times0.298\times\frac{0.024}{1.024}$ であるから，$6.2\times0.02\times\frac{0.096}{1.096}<6.2\times0.298\times\frac{0.024}{1.024}$ より，明らかに下回っている。

4 × 分子よりも分母の増加額が大きければ分数は小さくなる。

2014年における対前年増減率は，総広告費が2.9％，プロモーションメディア費が0.8％であるから，2013年における総広告費に占めるプロモーションメディア費は2014年より大きくなる。よって2013年の値は35.1％より大きい。

5 × 2013年のインターネット広告費は具体的に計算せずに大小を比較する。

2014年のインターネット広告費は $6.2\times0.171=1.0602$〔兆円〕である。2013年は $1.0602\div1.121<1$ より，１兆円を超えていない。

No.6 の解説　通信系ソフトの形態別の市場規模

→問題はP.353　正答 5

1 × 対前年増加率が x ％，対前年増加額＝今年の値 $\times\frac{0.01x}{1+0.01x}$

平成18年の音声系ソフトの市場規模は $8{,}764\times0.348$〔億円〕であり，対前年増加率が0.36である。よって，平成18年の対前年増加額は $8{,}764\times0.348\times\frac{0.36}{1.36}\fallingdotseq8{,}764\times0.09<876$ となり，1,000億円を下回る。

2 × 平成15年を１として，対前年増加率をかけていく。

平成16年から平成18年にかけて，対前年増加率が0.2，0.04，－0.15となっている。平成15年を１とすると，平成18年は $1.2\times1.04\times0.85\fallingdotseq1.06$ となるので，1.1を下回っている。

3 × 分数を用いて，比を概算する。

平成16年のテキスト系ソフトの市場規模を x，映像系ソフトの市場規模を y

と置くと，平成18年の市場規模とそれまでの対前年増加率より$1.04\times0.85x=8,764\times0.312$と$1.34\times1.14y=8,764\times0.34$である。**比をとって概算する**と

$$\frac{x}{y}=\frac{312\times134\times114}{340\times104\times85}>\frac{114}{85}>1$$

となるので，テキスト系ソフトは映像系ソフトを上回っている。

4 × **否定的に検討する。**

複数年が対象となっているときは，選択肢の内容に反する年が1つだけでもないかを調べてみる。平成18年における対前年増加率をみると，映像系ソフトより音声系ソフトのほうが大きい。よって，映像系ソフトの市場規模に対する音声系ソフトの市場規模の比率は，平成17年よりも平成18年のほうが大きいことがわかり，平成17年が最大というのは誤り。

5 ◎ **3で求めた平成16年の市場規模を利用する。**

正しい。平成17年の市場規模の対前年増加額は，映像系ソフトが$\frac{8,764\times0.34}{1.34\times1.14}\times0.34\fallingdotseq8,764\times0.076$，テキスト系ソフトが$\frac{8,764\times0.312}{1.04\times0.85}\times0.04\fallingdotseq8,764\times0.014$となる。その差は$8,764\times0.05>400$よりも大きいので，400億円以上上回っている。

No.7 の解説　産業別人口構成

→問題はP.354　**正答5**

1 × **第１次産業人口率・30%のところに横線を引く。**

この横線の上側にあるのは，Ｃ・Ｅ・Ｆの３か国である。

2 × **第３次産業人口率・50%のところに斜線を引く。**

第１次産業人口率と第２次産業人口率を合わせた人口率が50%を下回るということは，第３次産業人口率が50%を上回っているということである。第３次産業人口率・50%のところに引いた斜線の左側にあるのは，Ａ・Ｂ・Ｇ・Ｈ・Ｉ・Ｊの６か国である。

3 × **Cの第１次産業人口率と第２次産業人口率の値を読み取る。**

選択肢中に挙げられているＣについて読むと，第１次産業人口率が約44%，第２次産業人口率が24%で，その差は44－24＝20〔%〕になる。よって，差は５ポイントを上回る。

4 × **第２次産業人口率の低い国を探す。**

第１次産業人口率と第３次産業人口率を合わせた人口率が最も高いということは，第２次産業人口率が最も低いということである。第２次産業人口率が最も低い国はＦである。

5 ◎ **正三角形を左右対称に２つに分ける線を引く。**

正しい。第２次産業人口率と第３次産業人口率がともに０%である点と，これらがともに50%である点を結ぶと，正三角形を左右対称に２つに分ける線

が引ける。この線上に点があれば，第２次産業人口率と第３次産業人口率が等しく，この線の左側にあれば，第３次産業人口率のほうが大きいことになる。図Ⅱをみると，10個の点がすべて線の左側にあるので，すべての国で第３次産業人口率は第２次産業人口率を上回っている。

No.8 の解説　車種別新車販売台数の構成比の推移　→問題はP.355　正答 1

1 ◎ 不等号をうまく使い，概算で３か年累計を求める。

普通貨物車の台数は，2013年：3,263×4.4%，2014年：3,290×5.0%，2015年：3,150×5.5%である。

３か年累計：3,263×0.044＋3,290×0.050＋3,150×0.055
＞**3,150×0.044×3**≒416

よって，３か年累計は400千台を上回っているので，正しい。

2 × 2013年の小型貨物車の1.2倍と，2015年の小型貨物車を比較する。

2013年の小型貨物車×1.2：　3,263×0.072×1.2＝3,263×0.0864
2015年の小型貨物車：　3,150×0.082

よって，これ以上の計算をしなくても，明らかに2015年は2013年の1.2倍を下回っている。

3 × 否定的に検討し，誤りをみつける。

普通乗用車の台数は，2014年：3,290×0.437≒1438
2016年：3,245×0.459≒1489

よって，2014年が最も多いということは否定できる。

4 × 不等号をうまく使い，概算で４か年合計を求める。平均は合計で。

４か年の平均が11千台だとすると，合計は44千台になる。

バスの台数は，2013年：3,263×0.3%，2014年：3,290×0.4%，2015年：3,150×0.4%，2016年：3,245×0.5%，である。

４か年合計：3,263×0.003＋3,290×0.004＋3,150×0.004＋3,245×0.005
＞3,200×0.003＋3,200×0.004＋3,100×0.004＋3,200×0.005
＝9.6＋12.8＋12.4＋16.0＝50.8〔千台〕

よって，４か年の平均は11千台を上回っている。

5 × 2014年の小型乗用車の0.9倍と，2016年の小型乗用車を比較する。

2014年の小型乗用車×0.9：　3,290×0.432×0.9 ≒ 1,280
2016年の小型乗用車：　3,245×0.405 ≒ 1310

よって，2016年は2014年の0.9倍を上回っている。

No.9 の解説　合板輸入量の構成比の推移

→問題はP.356　**正答5**

1 ×　合計輸入量と構成比をみて，最も多いものと少ないものを予測する。

2018年は合計輸入量が４か年で最も大きく，インドネシアの構成比もほとんど最も大きいので，最も多くなるといえる。一方，2017年は合計輸入量が大きめであるので，合計輸入量が最も小さい2019年と比較する。

2017年のインドネシアからの輸入量＝2,219×0.353≒783

2019年のインドネシアからの輸入量＝1,892×0.407≒770

よって，最も少ないのは2017年ではない。

2 ×　各国輸入量＝合計輸入量×構成比の比較。

2016年の中国からの輸入量の0.7倍＝2,124×0.066×0.7≒98

2020年の中国からの輸入量　　　　＝1,646×0.064≒105

よって，2020年の指数は70を上回る。

3 ×　増加率＝倍率－1より，倍率が大きければ増加率も大きい。

マレーシアの対前年倍率：$\dfrac{2{,}219\times\mathbf{0.523}}{2{,}124\times\mathbf{0.490}}$

ベトナムの対前年倍率：$\dfrac{2{,}219\times\mathbf{0.063}}{2{,}124\times\mathbf{0.057}}$

$\dfrac{\mathbf{0.523}}{\mathbf{0.490}}$ と $\dfrac{\mathbf{0.063}}{\mathbf{0.057}}$ の部分を比較すればよい。$\dfrac{0.523}{0.490}=1.0\cdots$，$\dfrac{0.063}{0.057}=1.1\cdots$ より，

マレーシアはベトナムを下回っている。

4 ×　構成比の差を出すことで，合板輸入量の差を求めることができる。

構成比の差の少ない2017年から検討する。

2017年ベトナムと中国の差：2,219×(0.063－0.061)＝2,219×0.002≒4.4＜6

よって，2017年の差は６千m^3を下回っている。

5 ◎　３か年の合計が，870×3＝2,610千m^3を下回るかを調べる。

正しい。

３か年のマレーシアの合計

2,251×0.460＋1,892×0.452＋1,646×0.429

≒2,250×0.460＋1,890×0.452＋1,650×0.429

≒1,035＋854＋708　＝2,597＜2,610

よって，平均は870千m^3を下回っている。

実戦問題2 応用レベル

＊＊
No.10 図は，ある年における，A～D県の人口100万人当たりの社会教育施設数（ただし，全国におけるそれを100とする）を示したものである。また，表は，同年のA～D県の全国総人口に占める人口割合を示したものである。これらから確実にいえるのはどれか。

【国家一般職・平成29年度】

図 人口100万人当たりの社会教育施設数

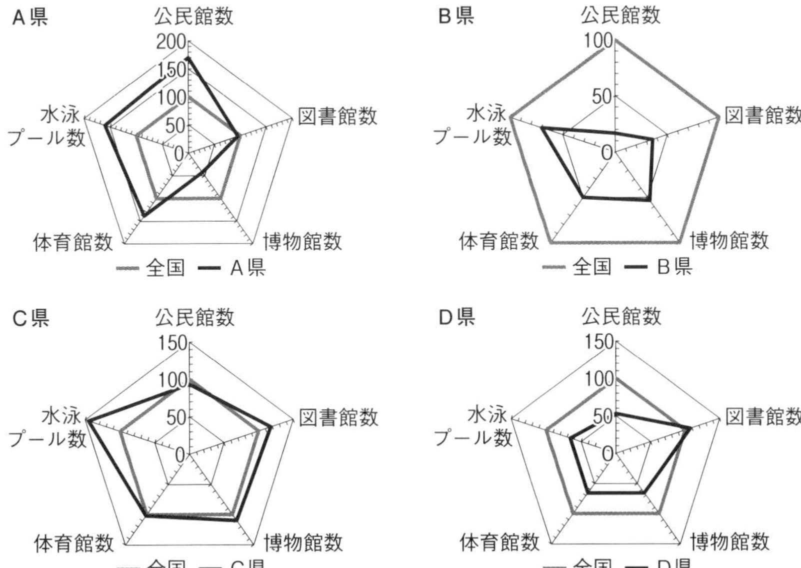

表 全国総人口に占める人口割合

〔単位：%〕

A県	1.07
B県	7.09
C県	2.23
D県	1.10
全国	100.00

1 A県の体育館数は，B県のそれの２倍以上である。

2 全国の水泳プール数に占めるC県のそれの割合は，５%以上である。

3 C県では，博物館数が公民館数を上回っている。

4 公民館数，図書館数，博物館数の合計が最も少ないのは，D県である。

5 D県の図書館数は，A県のそれを上回っている。

＊＊
No.11 **図は，「子どもの出生数および出生順位別出生割合」と「母親の結婚年齢と平均出産年齢」を示したものである。これからいえることとして最も妥当なのはどれか。**

なお，出生順位とは，同じ母親がこれまでに生んだ出生子の総数について数えた順序のことである。 【国家一般職・平成24年度】

図Ⅰ　子どもの出生数および出生順位別出生割合

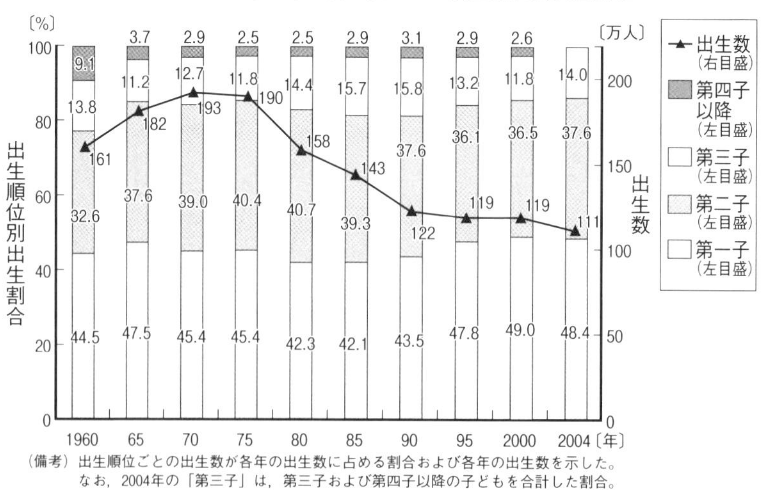

（備考）出生順位ごとの出生数が各年の出生数に占める割合および各年の出生数を示した。
なお，2004年の「第三子」は，第三子および第四子以降の子どもを合計した割合。

図Ⅱ　母親の結婚年齢と平均出産年齢（2004年）

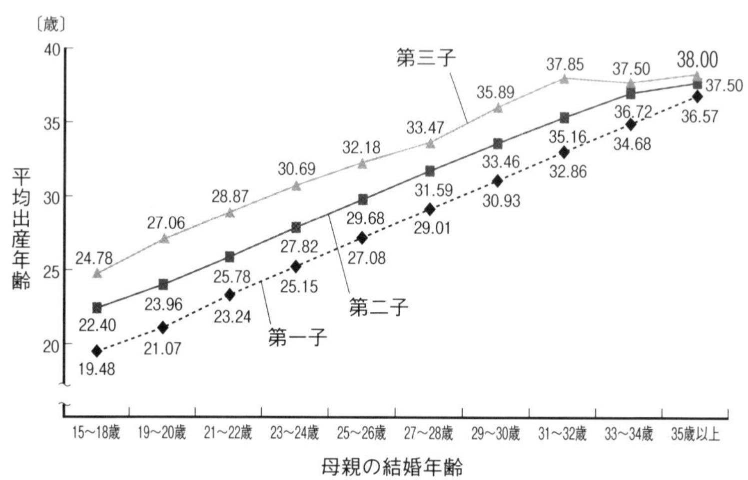

（備考）結婚年齢ごとに，出生順位別の母親の平均出産年齢を示したもの。

1 出生数に占める出生順位が第一子の子どもである割合が高い年ほど，出生順位ごとにみた母親の平均出産年齢は高くなっている。

2 出生数を前回調査年と比較した場合，増加率が最も高いのは1965年で，減少率が最も高いのは1990年である。

3 1985年以降，全出生児に対し第二子以降の占める割合が徐々に大きくなる傾向がみられ，全体として子どもを２人以上産んだ母親の割合が増加している。

4 母親の結婚年齢別に第一子の平均出産年齢をみると，おおむねどの結婚年齢においても，結婚後３～４年で第一子を出産している。

5 母親の結婚年齢が32歳以下の者においては，平均出産年齢の間隔が約２～３年であるが，結婚年齢が33歳以上になると平均出産年齢の間隔は短くなっている。

＊＊
No.12 三角グラフは，３つの構成要素の比率を表すのに用いられる。たとえば，ある年のあるサッカーチームの試合結果の比率は，勝ち30%，負け40%，引き分け30%であり，図Ⅰの三角グラフを用いると，黒点の位置に示される。

図Ⅱは，A，B，Cの３つのサッカーチームについて，2016年から2018年までの各年における試合結果の比率を示したものである。これから確実にいえるのはどれか。

【国家専門職・令和元年度】

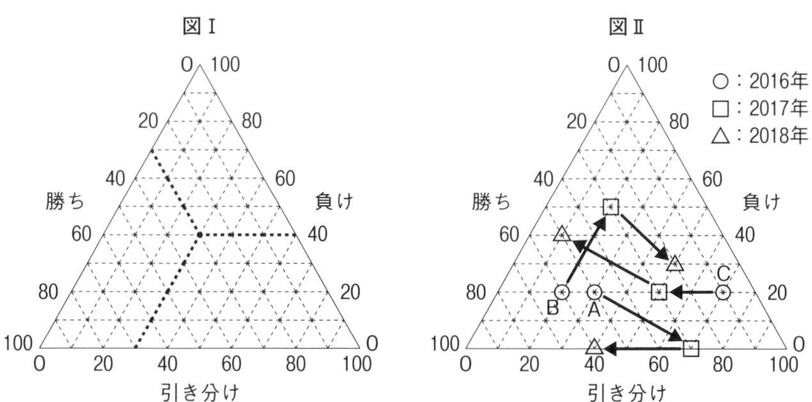

1 2016年から2018年にかけて，勝ちと引き分けを合わせた比率が，３チームで等しくなる年がある。

2 2016年から2018年にかけて，３チームの順位の入れ替えは生じていない。

3 2016年から2018年にかけて，負けの比率が毎年増加しているチームがある。

4 2017年から2018年にかけて，勝ちの比率が変わっていないチームがある。

5 2017年において，Bチームの勝ちの比率は，ほかの２チームのそれより低い。

No.13 ＊＊ **図は，世界の発電電力量を電源（エネルギー源）別，年別にみたものである。これからいえることとして最も妥当なのはどれか。**

【国家総合職・平成21年度】

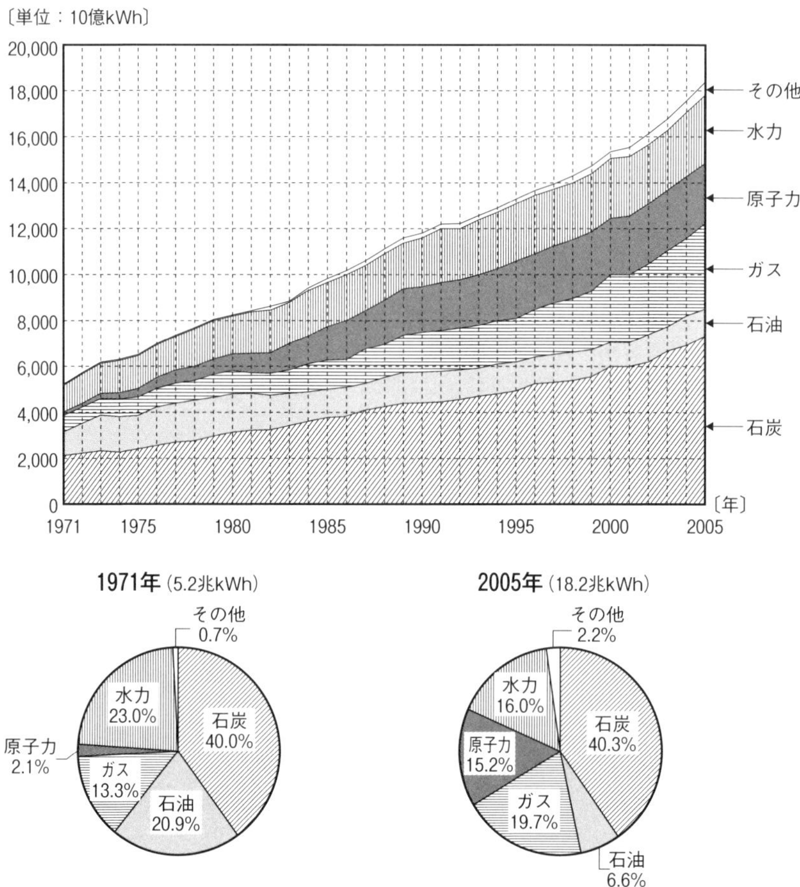

1　1980～1990年の総発電電力量の年平均増加率は，1990～2000年よりも高い。

2　2000～2005年の総発電電力量の１年当たりの増加量は，1975～1980年の３倍を上回っている。

3　2005年におけるガス発電電力量は，1971年の約３倍となっている。

4　2005年における石油発電電力量は，1971年を下回っている。

5　総発電電力量に占める原子力発電の比率は，2005年に最も高くなっている。

＊＊
No.14 **世帯主が30歳代から50歳代の共働き世帯および世帯主のみが働いている世帯の総収入額（月額）などについて調査し，図Ⅰ，Ⅱ，Ⅲで示されるような結果を得た。これらの図から確実にいえるのはどれか。**

【国家一般職・平成13年度】

図Ⅰ　共働き世帯の収支水準（指数）

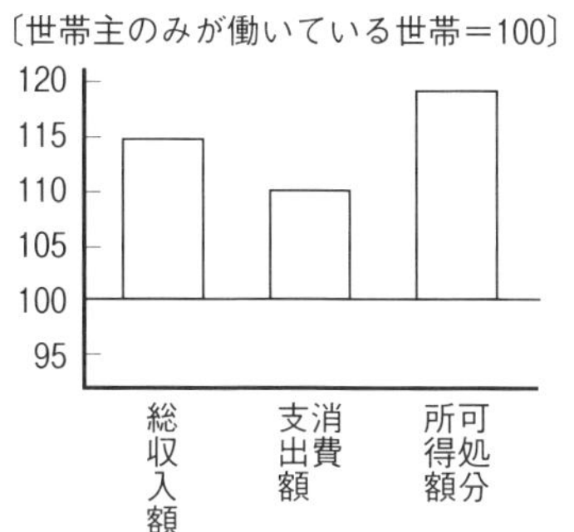

図Ⅱ　総収入額の構成比の比較

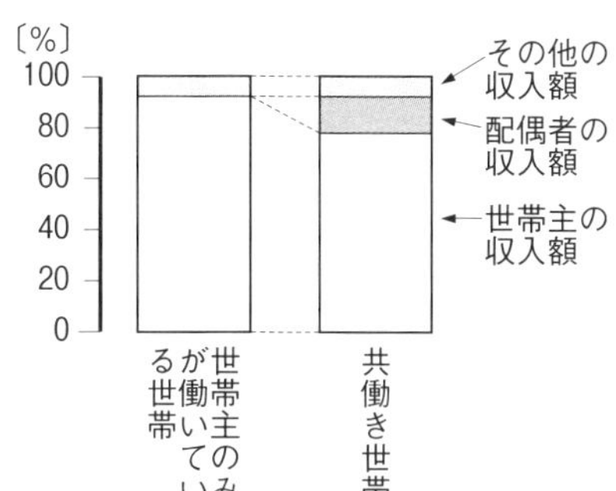

図Ⅲ　世帯主の年代別に見た共働き世帯における総収入額(月額)など

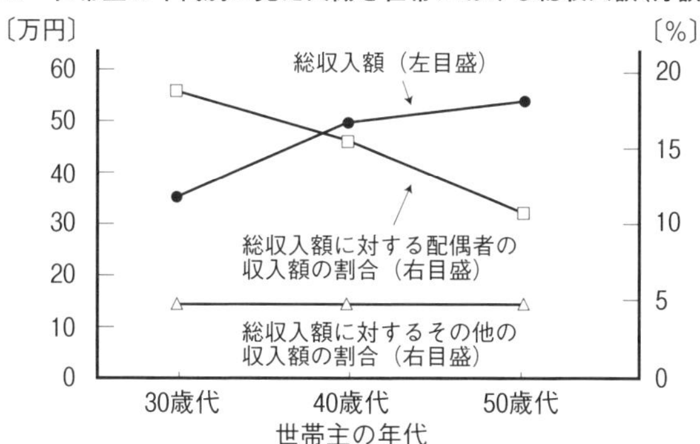

1　世帯主の収入額は，共働き世帯のほうが世帯主のみが働いている世帯より多い。

2　共働き世帯では，総収入額のほうが消費支出額より多い。

3　総収入額から可処分所得額を差し引いた額は，世帯主のみが働いている世帯のほうが共働き世帯より多い。

4　共働き世帯の世帯主の収入額を世帯主の年代別に多い順に並べると，50歳代，40歳代，30歳代の順になっている。

5　共働き世帯全体の総収入額の平均は，月額50万円を超えている。

No.15 ＊＊ **平成12年度にボランティア活動に参加したか否かなどについて，ある県の男女各12,000人ずつを対象に調査を行った。表はボランティア活動参加者の年齢階層別・性別内訳を，図Ⅰはボランティア活動不参加者の性別割合を，図Ⅱはボランティア活動参加の有無別に今後の参加意向の内訳の割合を示したものである。これらから確実にいえるのはどれか。**

【国家総合職・平成13年度】

表

年　齢	男　性	女　性
10～19	2.2%	4.4%
20～29	2.3	5.5
30～39	20.1	25.5
40～49	15.0	33.6
50～59	8.7	15.8
60～69	45.2	13.2
70～	6.5	2.0
計	100.0%	100.0%

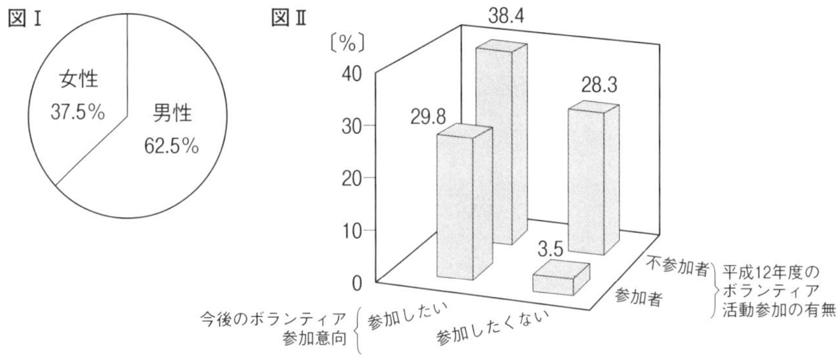

1　ボランティア活動参加者を年齢階層別にみると，10～19歳の男女の比率は約1：3である。

2　ボランティア活動参加者を年齢階層別にみると，30～39歳の女性の参加者数は1,000人に達していない。

3　ボランティア活動参加者を年齢階層別にみると，男女合計の参加者数が最も多いのは40～49歳である。

4　男性全体のうち，ボランティア活動不参加者は約6割である。

5　男性のボランティア活動不参加者のうち，今後は参加したいとした者は5割を超えている。

＊＊＊
No.16 **図は，ある国の2010年の外国人旅行者に関する地域別割合，目的別割合，月別推移をそれぞれ示したものである。これらから確実にいえることはどれか。**

【国家総合職・平成25年度】

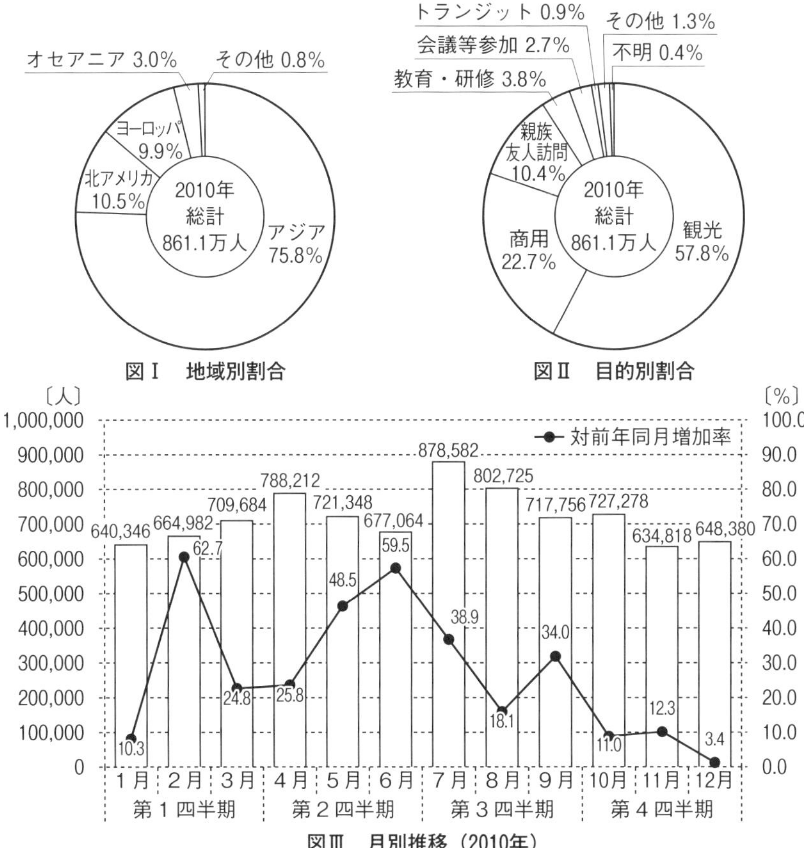

図Ⅰ　地域別割合　　**図Ⅱ　目的別割合**

図Ⅲ　月別推移（2010年）

1　2010年の第4四半期の外国人旅行者の目的として最も多いのは観光である。

2　2010年の外国人旅行者数を月別にみると，前年同月から最も増えた人数が多いのは7月である。

3　商用が目的である外国人旅行者数は，2009年の1月から6月までの人数よりも2010年の1月から6月までの人数のほうが多い。

4　2009年の外国人旅行者数を四半期別にみると，最も多いのは第2四半期である。

5　2010年の観光目的の外国人旅行者のうち，アジアからの旅行者数はアジア以外からの旅行者数よりも多い。

No.17 図Ⅰ，Ⅱ，Ⅲは，わが国における外国人労働者数および国籍別割合の推移，外国人労働者数の産業別割合，外国人労働者数の産業別・国籍別割合をそれぞれ示したものである。これらからいえることとして最も妥当なのはどれか。

ただし，国籍別割合で示されている「その他」に含まれる国の国籍については，考えないものとする。また，図において，四捨五入の関係により，割合の合計が100%にならない場合がある。

【国家一般職・令和３年度】

図Ⅰ　外国人労働者数および国籍別割合の推移

〔%〕
〔単位：千人〕
2014 2015 2016 2017 2018 2019 〔年〕
その他 26.0 25.7 25.9 26.0 26.1 26.1
ブラジル 12.0 10.6 9.8 9.2 8.7 8.2
ネパール 3.1 4.3 4.9 5.4 5.6 5.5
ベトナム 7.8 12.1 15.9 18.8 21.7 24.2
フィリピン 11.6 11.7 11.8 11.5 11.2 10.8
中国 39.6 35.5 31.8 29.1 26.6 25.2
外国人労働者数（右軸） 788 908 1,084 1,279 1,460 1,659

図Ⅱ　2019年における外国人労働者数の産業別割合

外国人
労働者数
1,659千人
建設業
5.6%
製造業
29.1%
情報通信業
4.1%
卸売業・
小売業
12.8%
宿泊業・飲食サービス業
12.5%
教育・学習支援業
4.3%
医療・福祉
2.1%
サービス業
（他に分類
されないもの）
16.1%
その他
13.5%

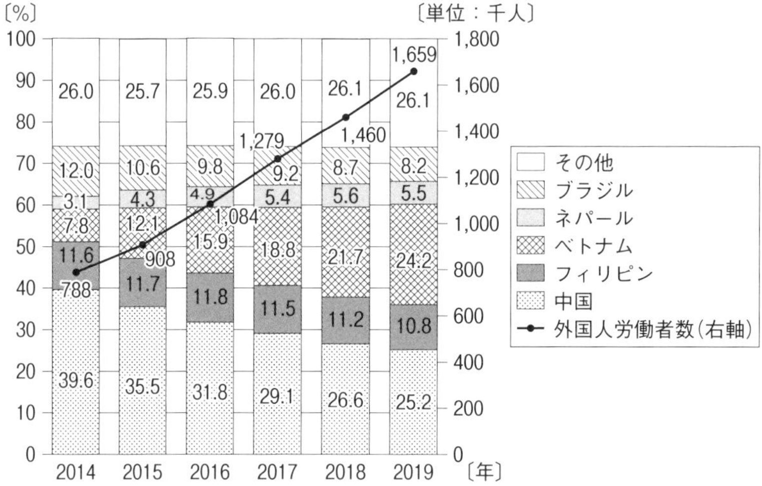

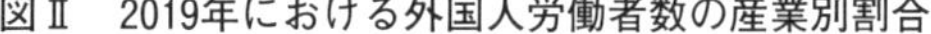

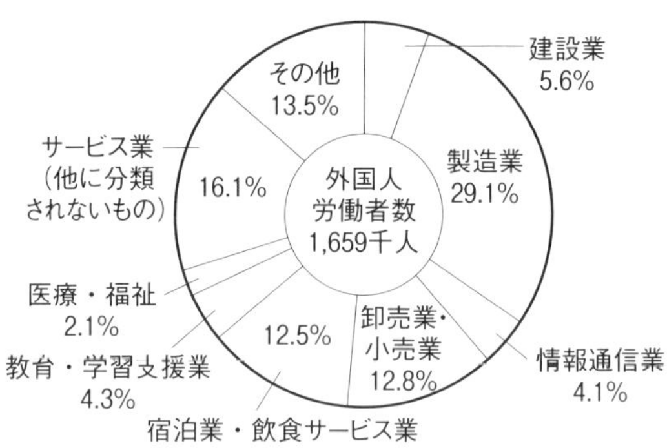

図Ⅲ　2019年における外国人労働者数の産業別・国籍別割合

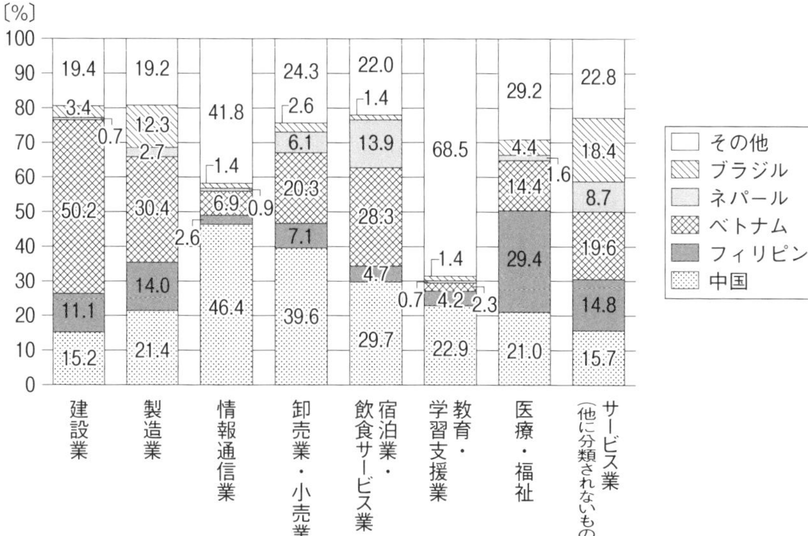

1　2015年から2019年にかけて，外国人労働者数に占める中国国籍の労働者数の割合は低下し続けており，中国国籍の労働者数はすべての年で前年を下回った。

2　国籍別の外国人労働者数について，各年の上位３国籍の労働者数の合計をみると，2019年は2014年の５倍以上である。

3　2014年と2018年を比較して国籍別の外国人労働者数の増加率をみると，ベトナム国籍の労働者数の増加率はネパール国籍の労働者数の増加率の５倍以上である。

4　2019年における医療・福祉に従事するフィリピン国籍の労働者数は，同年の卸売業・小売業に従事するブラジル国籍の労働者数の半分より少ない。

5　2019年において，建設業ではベトナム国籍の労働者数が占める割合が最も高いが，ベトナム国籍の労働者数のうち建設業に従事する労働者数の割合は２割に満たない。

＊＊
No.18 **グラフは，2018年における，ある国の輸入水産物６品目の輸入相手国・地域とその輸入額・内訳を示したものである。これらからいえることとして最も妥当なのはどれか。**

ただし，「その他」に含まれる国・地域は，どの品目のグラフにも個別の内訳が示されていない国・地域であるものとする。

【国家総合職・令和３年度】

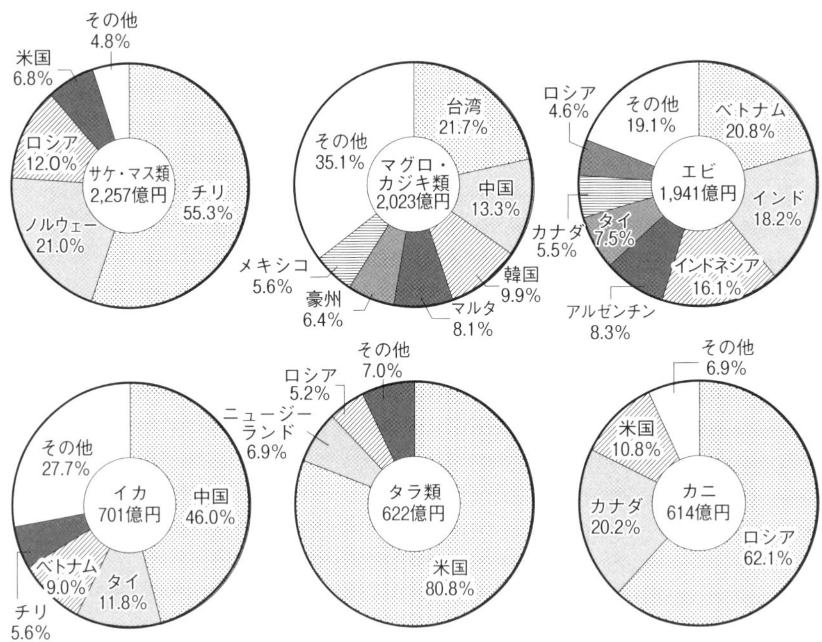

［注］ グラフの数値は四捨五入によるため，合計の割合が100%とならない場合がある。

1 米国からのサケ・マス類の輸入額は，カニのそれの３倍を超えている。

2 中国からの輸入額は，６品目の輸入総額全体の20%以上を占めている。

3 マグロ・カジキ類の漁獲高は，サケ・マス類に次いで２番目に多い。

4 輸入水産物６品目についてみると，アルゼンチンからの輸入額は，マルタからのそれより少ない。

5 チリからのサケ・マス類の輸入額は，米国からのタラ類の輸入額より少ない。

実戦問題2の解説

No.10 の解説　4県の人口100万人当たりの社会教育施設数 →問題はP.365 正答5

1 ×　基準が同じなので，（指数）×（人口割合）で比較できる。

A県とB県の体育館数（実数）はわからないが，**基準（全国の人口100万人当たりの体育館数）が同じなので，（指数）×（人口割合）を検討すれば比較はできる。**

A県の体育館数：140×1.07〔%〕

B県の体育館数の２倍：50×7.09〔%〕×2

よって，明らかにA県の体育館数は，B県の体育館数の２倍未満である。

2 ×　基準が同じなので，（指数）×（人口割合）で比較できる。

1と同様に検討できる。このレーダーチャートでは，全国の人口100万人当たりの水泳プール数を100としている。

全国の水泳プール数の５％：100×100.00〔%〕×0.05＝500

C県の水泳プール数：145×2.23〔%〕＜150×3＝450

よって，C県の水泳プール数は全国の５％未満である。

3 ×　基準が異なるので，実数の比較はできない。

基準（全国の人口100万人当たりの博物館数と公民館数）が異なるので，実数の比較はできない。たとえば，C県の博物館の指数は110で，C県の公民館の指数90よりも大きいが，**全国の人口100万人当たりの公民館数が博物館数の何倍もある可能性がある**。そうなると，公民館のほうが多いこともありうる。よって判断できない。

4 ×　基準が異なるので，実数の比較はできない。

D県とA県の人口割合は近いが，図書館の指数はDがAよりも大きい。**全国の人口100万人当たりの図書館数が公民館数や博物館数の何倍もあると仮定すれば**，D県の合計は最少にならない。よって判断できない。

5 ◎　基準が同じなので，（指数）×（人口割合）で比較できる。

1と同様に検討できる。

D県の図書館数：110×1.10〔%〕＝121

A県の図書館数：100×1.07〔%〕＝107

よって，D県の図書館数はA県の図書館数を上回っているので，正しい。

No.11 の解説　出生順位別出生割合と結婚年齢別平均出産年齢　→問題はP.366　正答5

複数の図表が与えられ，その関連性が問われている。一方は複数年の推移，他方は単年の状況を表していることにも注意しなければならない。

1 × **2004年以外の母親の平均出産年齢は不明。**
複数年の推移を示す図Ⅰから，出生順位が第一子の子どもである割合が高い年が読み取れたとしても，平均出産年齢を示す**図Ⅱは2004年単年度の内容**であるので，その関連は判断できない。

2 × **折れ線グラフの傾きは，増加量（減少量）の大きさを示す。**
出生数を前回調査年と比較した場合の増減率は，**図Ⅰの出生数の折れ線グラフの傾きから読み取れる**。増加率が最も高い（傾きが最も大きい）のは1965年であるが，減少率が最も高い（傾きが最も小さい）のは1980年である。

3 × **第二子以降の割合は徐々に減少。**
1985年以降，全出生児に対し第二子以降の占める割合は**徐々に小さくなる傾向**にある。

4 × **図Ⅱから，結婚後およそ１～２年で第一子を出産している。**

5 ◎ **図Ⅱの間隔を，32歳以下と33歳以上で分けて読み取る。**
正しい。図Ⅱから平均出産年齢の間隔は読み取れる。母親の結婚年齢が32歳以下の者においては，**折れ線グラフは平行**で，その間隔が約２～３年になっており，結婚年齢が33歳以上になると**折れ線グラフの間隔は狭まっており**，平均出産年齢の間隔は短くなっている。

No.12 の解説　サッカーチームの試合結果の比率　→問題はP.367　正答1

1 ◎ **勝ちと引き分けを合わせた比率＝100%－負けの比率**
勝ちと引き分けを合わせた比率が等しいということは，負けの比率が等しいということである。2016年（○）には，３チームとも負けが20%で等しいので，勝ちと引き分けを合わせた比率も等しく，正しい。

2 × **順位の決め方が示されていないので，判断できない。**
順位の決め方が示されていないので，順位は判断できず，この肢は否定できる。一応みておくと，2016年（○）から2018年（△）で，Ｂは勝ち60%引き分け20%から，勝ち20%引き分け50%になっており，Ｃは勝ち10%引き分け70%から，勝ち50%引き分け10%になっており，ＢとＣの順位の入れ替えはおそらく生じている。

3 × **負けの比率は上下の点の動きでみられる。**
○→□→△と，上に動き続けているチームは存在しない。Ｃは20%→20%→40%だが，毎年増加しているわけではない。

4 × **勝ちの比率は左下への点の動きでみられる。**
□→△について,勝ちの比率は，Ａが30%→60%，Ｂが30%→20%，Ｃが30

%→50%と，どのチームも変わっている。

5 ×　勝ちの比率は左下へいくほど大きい。

2017年（□）について，勝ちの比率は，ＡＢＣの３チームとも30%で，Ｂの勝ちの比率がほかの２チームより低くはない。

No.13 の解説　電源別・年代別の発電電力量　→問題はP.368　正答 1

1 ◎　どちらも10年間なので年平均ではなく，10年間の増加率を考えればよい。

正しい。２つの期間とも10年間なので，年平均増加率をとらずに10年間の増加率を比較してもよい。単位の10億kWhを省略して計算すると，1980年～1990年の増加率は約$\frac{11{,}900-8{,}100}{8{,}100}=\frac{38}{81}$であり，1990年～2000年の増加率は約$\frac{15{,}200-11{,}900}{11{,}900}=\frac{33}{119}$である。２つの分数を比べると，前者は分子が大きく分母が小さい。よって，1980年～1990年の増加率のほうが高い。

2 ×　どちらも５年間なので１年当たりではなく，５年間の増加量を考えればよい。

２つの期間とも５年間なので，１年当たりの増加量ではなく，５年間の増加量を比較してもよい。単位の10億kWhを省略して計算すると，1975年～1980年の増加量は約 8,100－6,500＝1,600 であり，2000年～2005年の増加量は約18,400－15,200＝3,200 である。後者は前者の２倍にすぎない。

3 ×　ガス発電電力量を計算せずに大小関係をとらえる。

1971年に対する2005年のガス発電電力量の比をとると$\frac{18.2\times0.197}{5.2\times0.133}\fallingdotseq3.5\times\frac{197}{133}$となり，明らかに３倍よりもずっと大きい（実際は約５倍である）。

4 ×　概算する。

1971年の石油発電電力量は 5.2×0.209≒1.09〔兆kWh〕であり，2005年のそれは 18.2×0.066≒1.20〔兆kWh〕である。よって，2005年は1971年を上回る。

5 ×　明らかに誤りの選択肢を除く。

1995年あたりから原子力発電量がほぼ一定となっているのに対して，総発電電力量は増加を続けている。このことは，原子力発電の比率が1995年以降減少し続けていることを示す。

No.14 の解説　30～50歳代世帯の収支水準，総収入額等　→問題はP.369　正答4

1 ×　図Ⅰ・図Ⅱから読み取る。

世帯主のみが働いている世帯の総収入額を100とすると，図Ⅰ，Ⅱより，世帯主の収入額は，世帯主のみが働いている世帯が100×0.93＝93，共働き世帯が115×0.78≒90となっている。

2 ×　与えられた資料からは判断できない。

世帯主のみが働いている世帯における総収入額と消費支出額の比が不明なので，このようなことは判断できない。

3 ×　与えられた資料からは判断できない。

世帯主のみが働いている世帯における総収入額と可処分所得額の比が不明なので，このようなことは判断できない。

4 ◎　図Ⅲから読み取る。

正しい。図Ⅲより，共働き世帯の世帯主の収入額は，30歳代が36×(1－0.05－0.19)≒27〔万円〕，40歳代が51×(1－0.05－0.15)≒41〔万円〕，50歳代が54×(1－0.05－0.11)≒45〔万円〕となっている。

5 ×　与えられた資料からは判断できない。

共働き世帯全体に占める年代別世帯数の構成比が不明なので，このようなことは判断できない。

No.15 の解説　ボランティア活動参加者の年齢階層別・性別内訳　→問題はP.370　正答3

図Ⅱより，**不参加者の割合**が38.4＋28.3＝66.7〔%〕≒$\frac{2}{3}$，**参加者の割合**が3.5＋29.8＝33.3〔%〕≒$\frac{1}{3}$，したがって，**不参加者の人数**は12,000×2×$\frac{2}{3}$＝16,000である。よって，図Ⅰより，**女性参加者の人数**は12,000－16,000×0.375＝6,000，**男性参加者の人数**は12,000－16,000×0.625＝2,000となる。

1 ×　10～19歳の男性参加者数＝男性参加者数×10～19歳の構成比

10～19歳の参加者数は男性が2,000×0.022≒44，女性が6,000×0.044≒264となっているので，この比は約1：6である。

2 ×　30～39歳の女性参加者数＝女性参加者数×30～39歳の構成比

30～39歳の女性の参加者数は6,000×0.255≒1,530 ＞ 1,000となっている。

3 ◎　男女合計の参加者数＝男性参加者数×構成比＋女性参加者数×構成比

正しい。男女合計の参加者数は，40～49歳が2,000×0.150＋6,000×0.336＝2,316，同様に計算して，ほかの年齢階層では30～39歳が1,932，50～59歳が1,122，60～69歳が1,696となっており，40～49歳が最も多い。ここに挙げた以外の年齢階層はもっと少ないが，これは計算するまでもない。

4 × 男性不参加者の割合＝$\dfrac{\text{不参加者の人数×男性比}}{\text{男性の人数}}$

男性不参加者の割合＝$\dfrac{16,000\times0.625}{12,000}=\dfrac{5}{6}$で，６割を超える。

5 × 図Ⅱの男女比が不明なので，判断できない。

No.16 の解説　外国人労働者の割合・月別推移

→問題はP.371　**正答５**

1 × 次に多い商用目的が，第４四半期に集中する可能性を検討する。
2010年の第４四半期の外国人旅行者数は約201（＝73＋63＋65）万人である。たとえば，2010年における商用目的の外国人旅行者数は，861.1万人の22.7%で約195.5万人だから，第４四半期の201万人のうち半数以上が商用目的である可能性がある。つまり，図Ⅱはあくまで平均的なものであり，**１年を通じて目的別割合が変化しないとはいえない**のである。

2 × 対前年同月増加率がx%，対前年同月増加数＝今年の値×$\dfrac{x}{100+x}$

2010年７月の外国人旅行者数は，前年同月より38.9%増加して878,582人だから，その増加数は，$879{,}000\times\dfrac{38.9}{138.9}\fallingdotseq246{,}000$〔人〕である。これに対し，６月の場合は，前年同月より59.5%増加して677,064人だから，その増加数は，$677{,}000\times\dfrac{59.5}{159.5}\fallingdotseq253{,}000$〔人〕より，増加数は６月のほうが多い。

3 × 2009年の目的別割合が示されておらず，判断できない。

4 × 2009年からの増加率が小さい第４四半期と比較する。
2010年の第２四半期と第４四半期の外国人旅行者数を比較すると，それぞれ，788,000＋721,000＋677,000＝2,186,000，727,000＋635,000＋648,000＝2,010,000より，約219万人と約201万人である。しかし，第２四半期では対前年増加率が平均で40%を超えるのに対して，第４四半期における対前年増加率の平均は10%未満であり，このことから，2009年の外国人旅行者数を四半期別に見ると，第２四半期より第４四半期のほうが多い。

5 ◎ 否定的に検討する。
正しい。アジア以外からの外国人旅行者数は861.1万人の24.2%である。**アジア以外からの外国人旅行者がすべて観光目的だったとしても，57.8－24.2＝33.6**より，861.1万人の33.6%がアジアからの観光目的での旅行者として存在し，33.6＞24.2だから，アジア以外からの観光目的旅行者数より多い。

No.17の解説　外国人労働者数と国籍別割合の推移

→問題はP.372　正答5

1 × 外国人労働者数は2019年にかけてどんどん増加している。

2015年から2019年にかけて，中国籍労働者の割合は低下している。

2015年の中国労働者数：　908×0.355≒322

2019年の中国労働者数：1,659×0.252≒418

よって，少なくとも1年は前年を上回っている。

2 × 上位3か国の割合の合計はどちらの年も60%くらいである。

2014年でも，2019年でも上位3か国の割合の合計はどちらの年も60%くらいであるのに対して，2019年の外国人労働者数は2014年の1,659÷788≒2.1〔倍〕である。つまり，労働者数の合計は5倍未満である。

3 × 増加率＝$\frac{\text{2014年から2018年の増加数}}{\text{2014年の労働者数}}$，計算が複雑なので後回しにする。

ベトナムの増加率：$\frac{1{,}460\times0.217-788\times0.078}{788\times0.078}=\frac{1{,}460\times0.217}{788\times0.078}-1\fallingdotseq4.2$

ネパールは，2014年から2018年にかけて増加しており，増加率は1を超える。

よって，ベトナムの増加率はネパールの増加率の5倍を下回る。

4 × 図Ⅱで産業別割合，図Ⅲで産業別・国籍別割合を読み取る。

医療・福祉，フィリピンの労働者数　　　　　：$1{,}659\times0.021\times0.294$

卸売業・小売業，ブラジルの労働者数の半分：$1{,}659\times0.128\times0.026\times\frac{1}{2}$

$=1{,}659\times0.128\times0.013$

よって，医療・福祉，フィリピンは，卸売業・小売業，ブラジルの半分より多い。

5 ◎ 図Ⅱで産業別割合，図Ⅲで産業別・国籍別割合を読み取る。

正しい。2019年の建設業ではベトナムの占める割合が最も高い。

2019年のベトナムの労働者数の2割　：$1{,}659\times\mathbf{0.242\times0.2}\fallingdotseq1{,}659\times\mathbf{0.048}$

2019年のベトナム，建設業の労働者数：$1{,}659\times\mathbf{0.056\times0.502}\fallingdotseq1{,}659\times\mathbf{0.028}$

2019年のベトナム国籍の建設業従事者の労働者数は2割に満たない。

No.18 の解説　水産物の輸入相手国と輸入額

→問題はP.374　正答4

1 ×　各水産物の輸入額×構成比の比較。

米国からのサケ・マス類の輸入額：2,257×0.068≒153
米国からのカニの輸入額の３倍　：614×0.108×3≒199

よって，３倍を超えない。

2 ×　中国はマグロ・カジキ類と，イカのみ。

中国からのマグロ・カジキ類の輸入額：2,023×0.133＜300
中国からのイカの輸入額　　　　　　：　701×0.460＜350

ただし書きより，中国からの輸入がこれ以上はないと考えてよいので，650億円未満である。総額はサケ・マス類，マグロ・カジキ類，エビだけでも6,000億円あり，その20％は1,200億円以上となる。

よって，中国からの輸入額は総額全体の20％未満である。

3 ×　この資料からは漁獲高については判断できない。

この資料には漁獲高については記載がないので判断できない。

4 ◎　アルゼンチンはエビのみ，マルタからはマグロ・カジキ類のみ。

正しい。

アルゼンチンからのエビの輸入額　　　：1,941×0.083≒161
マルタからのマグロ・カジキ類の輸入額：2,023×0.081≒164

ただし書きより，両国からの輸入はこれ以上ないと考えてよい。

よって，アルゼンチンからの輸入額はマルタからのそれよりも少ない。

5 ×　各水産物の輸入額×構成比の比較。

チリからのサケ・マス類の輸入額：2,257×0.553≒1,248
米国からのタラ類の輸入額　　　：　622×0.808＜1,248

よって，チリからのサケ・マス類の輸入額は，米国からのタラ類の輸入額より多い。

増加率

必修問題

図は，ある地域における2008年の旅行宿泊者数および対前年同月増加率を月別に表したものである。これからいえることとして最も妥当なのはどれか。

【国家専門職・平成22年度】

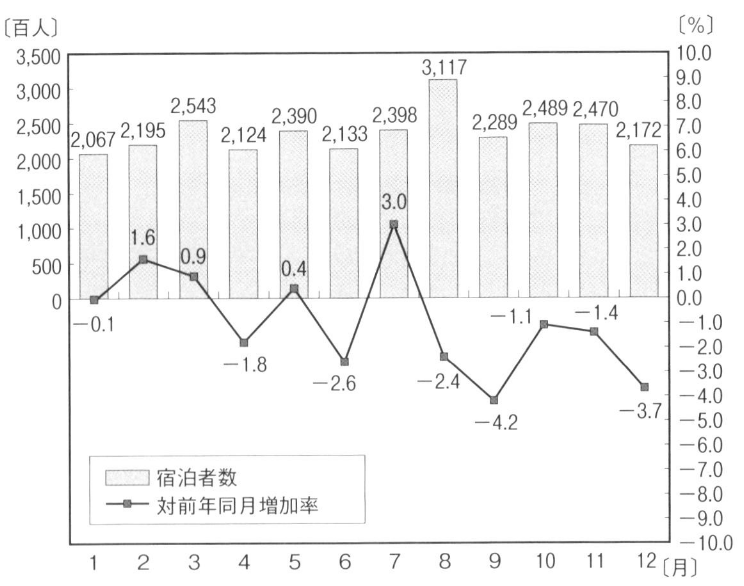

1 2007年における年間の宿泊者数は，250万人に満たなかった。

2 2008年における年間の宿泊者数は，2007年よりも少なかった。

3 2007年12月における宿泊者数は，同年６月よりも少なかった。

4 2007年においては，宿泊者数の対前月比が最も大きかったのは８月，最も小さかったのは４月であった。

5 2007年においては，宿泊者数の前月からの変化が最も小さかったのは５月であった。

難易度 ＊＊

必修問題の解説

グラフを用いた増加率の計算でも省力化が攻略のカギである。

この問題では，「2008年のＡ月の宿泊者数」と「対2007年Ａ月増加率（x%とする)」を用いて，「2007年のＡ月宿泊者数」を検討しなければならない。しかし，「2007年のＡ月宿泊者数」＝「2008年のＡ月の宿泊者数」×$\frac{100}{100+x}$であり，100＋xで割る必要があるので計算が非常に大変である。

そこで，100≫xであるから，100^2に対してx^2は無視できるほど小さいことに着目して，$\frac{100}{100+x}=\frac{100(100-x)}{100^2-x^2}\fallingdotseq\frac{100-x}{100}$の近似（この近似を相対微小値の省略〔対前年型〕と呼ぶ）を用いて計算する。つまり，「2007年のＡ月宿泊者数」≒「2008年のＡ月の宿泊者数」×$\frac{100-x}{100}$となる。これは，増加率（減少率）が小さければ，2008年のＡ月の宿泊者数が，2007年のＡ月に比べてx%増加しているということは，2007年のＡ月の宿泊者数は，2008年のＡ月に比べてx%減少していると計算してよいことを意味している(i)。

また，棒グラフと折れ線グラフのオーダーをとらえておくことも重要である。棒グラフは，概観すると2,000～3,000百人であり，対前年同月増加率の１%はおよそ20～30百人の変化である(ii)。

1 × **月平均から年間を検討する。**

2008年からみていく。250万人，つまり，25,000百人を12で割ると2,083百人になる。つまり，**月平均が2,100百人を超していれば，十分に25,000百人を超す**ことになる。ここで図をみると明らかに，月平均は2,100百人を超えている。よって，2008年は25,000百人を超えている。

また，対前年同月増加率の**折れ線グラフをみてみると，**(ii)**から，その変動が数百〔百人〕にとどまることは明らか**である。よって，2007年も25,000百人を超えている。

2 ◎ **折れ線グラフから概観し，余裕があれば確認する。**

正しい。2008年と2007年を比較する。**折れ線グラフをみると，マイナスの数値，つまり2007年＞2008年となる月が多数あり，2007年のほうが年間の宿泊者数が多いようにみえる。**

一応確認しておくと，2007年より増加した月は2，3，5，7月であり，その数は(i)**の考え方より概算する**と$2{,}200\times\frac{1.6}{100}+2{,}500\times\frac{0.9}{100}+2{,}400\times\frac{0.4}{100}+2{,}400\times\frac{3.0}{100}\fallingdotseq140$〔百人〕。2007年より減少した月のうち，８月は$3{,}100\times\frac{2.4}{100}=74.4$〔百人〕，９月は$2{,}300\times\frac{4.2}{100}=96.6$〔百人〕の減少であり，この二月だ

けで171百人の減少があり，すでに増加数の140百人を超えている。
よって，2008年のほうが，2007年よりも年間の宿泊者数は少ない。

3 × ⅰの考え方より概算する。

ⅰより，2007年12月の宿泊者数は$2{,}172\times\frac{100+3.7}{100}$〔百人〕。2007年６月の宿泊者数は，$2{,}133\times\frac{100+2.6}{100}$〔百人〕。これらを比較すると，12月のほうが多い。

4 × ⅱの考え方より概算する。

2008年の８月から９月の減少者数は約800百人だが，ⅱより，2007年の減少者数も2008年と50百人程度しか変わらず，明らかに対前月比が最も小さいのは９月である。

5 × ⅱの考え方より概算する。

ⅱより，前月からの変化が最も小さいのは，明らかに11月である。

正答 2

F O C U S

増加率に関する問題は，基準となるものの実数が与えられていない場合には，あくまでも「率」であるため，大小は同一基準の項目間でしか比較できないことに注意する。またグラフの問題であっても，**相対微小値の省略**（テーマ３「増加率」の重要ポイント３）を活用して計算の手間を省くことができるかが重要になる。

POINT

重要ポイント 1 増加率のグラフ

増加率のグラフの問題は，とりわけ視覚的に惑わされることが多いので注意が必要である。選択肢もその点を考慮して，間違いを起こしやすいものが多く含まれている。

増加率から，実数・指数の増減を比較する問題では，グラフの形は無視し，グラフが正の範囲にあるか，0か，負の範囲にあるかのみに注意する。

・増加率が正の範囲にあれば，グラフの形によらず増加傾向にある。
・増加率が0のときは，前年度と同じである。
・増加率が負の範囲にあれば，グラフの形によらず減少傾向にある。

解説図

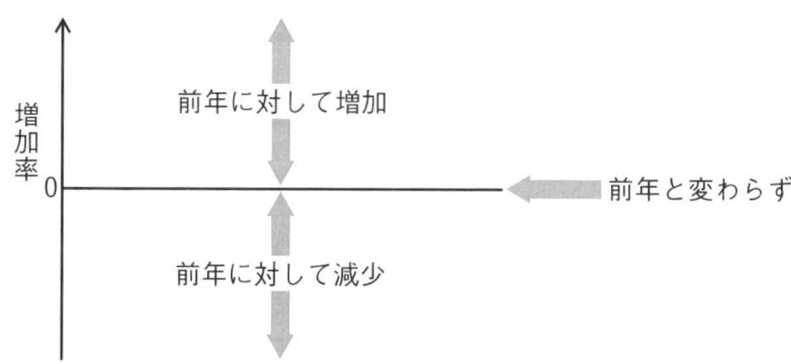

（注意すべき箇所）

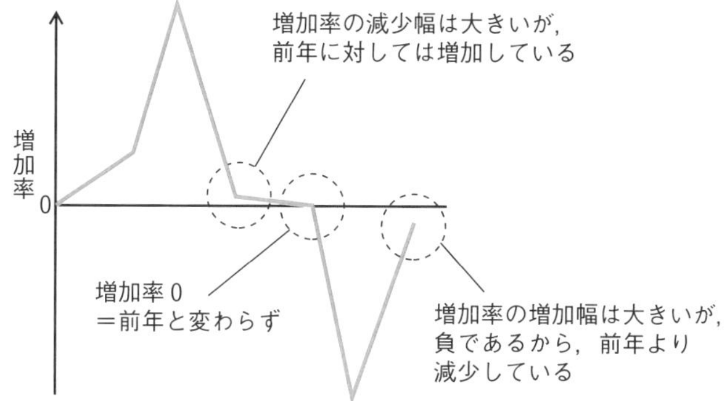

実戦問題❶　基本レベル

♦ **No.1** * **インドほか３か国へのわが国の輸出額に関して，次の図から正しくいえるのはどれか。** 【地方上級（東京都）・平成22年度】

インドほか3か国へのわが国の輸出額の対前年増加率の推移

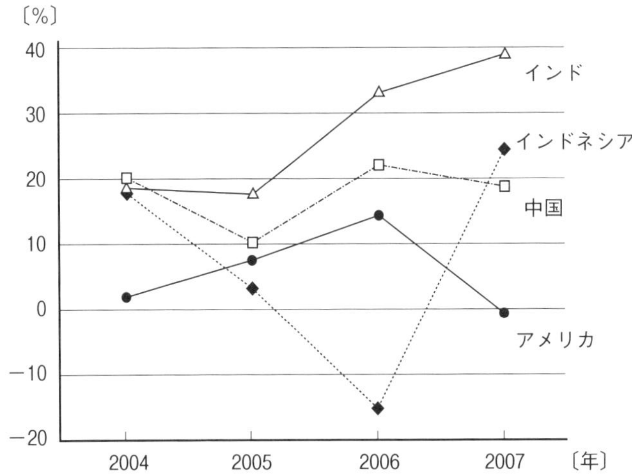

1　2004年におけるインドへの輸出額を100としたとき，2007年におけるインドへの輸出額の指数は200を上回っている。

2　2004年におけるインドネシアへの輸出額の対前年増加額は，2007年におけるインドネシアへの輸出額の対前年増加額を上回っている。

3　2004年から2007年までの各年のアメリカへの輸出額についてみると，最も多いのは2006年であり，最も少ないのは2007年である。

4　2005年から2007年までのうち，中国への輸出額が前年に比べて増加した年は，いずれの年もアメリカへの輸出額は前年に比べて増加している。

5　2005年から2007年までの３か年における，中国への輸出額の１年当たりの平均は，2004年における中国への輸出額を下回っている。

No.2 * **次のグラフは，1996年１月から７月までの東海道新幹線の利用状況について，輸送人員の増加率を対1994年，1995年同月比で示したものである。これに関するア，イ，ウの正誤を正しく示している組合せは次のうちどれか。**

【地方上級（全国型）・平成９年度】

ア：1994年６月と1995年６月の輸送人員はほぼ等しい。

イ：1995年２月の輸送人員は1994年２月に対して10%以上落ち込んでいる。

ウ：1995年の輸送人員は１～７月の各月とも1994年の同月よりも増えている。

	ア	イ	ウ
1	正	正	正
2	正	正	誤
3	正	誤	正
4	誤	正	誤
5	誤	誤	正

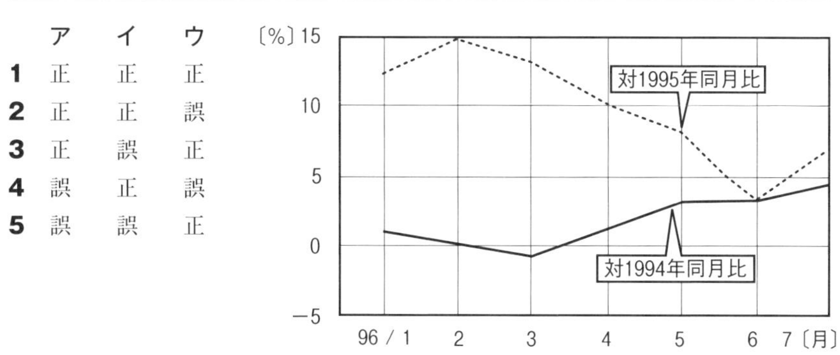

No.3* 次の図から正しくいえるのはどれか。

【地方上級（東京都）・平成28年度】

プレジャーボートの艇種別の隻数の前回調査に対する増加率の推移

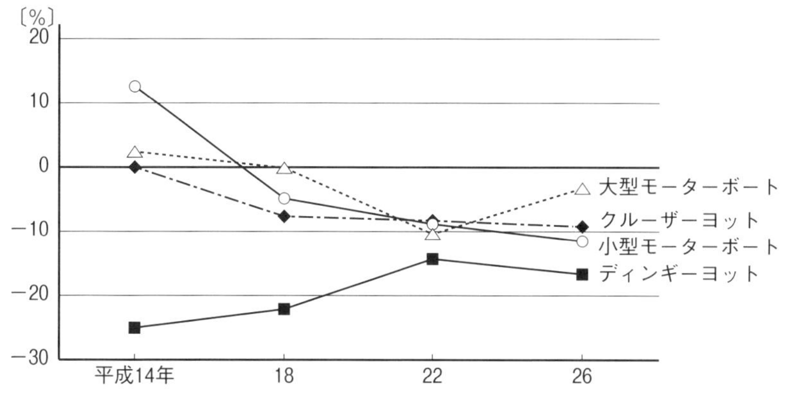

［注］最近の調査は，平成８年，14年，18年，22年および26年に計５回実施。

1 平成14年，18年および22年の各年のうち，小型モーターボートの隻数に対するディンギーヨットの隻数の比率が最も小さいのは14年である。

2 平成14年，18年および22年の各年についてみると，ディンギーヨットの隻数は，いずれの年も前回の調査の年に比べて増加している。

3 平成18年における艇種別の隻数についてみると，８年における艇種別の隻数に比べて，いずれの艇種別の隻数も減少している。

4 平成18年，22年および26年の各年のうち，大型モーターボートの隻数が最も少ないのは，22年である。

5 平成18年におけるクルーザーヨットの隻数を100としたとき，26年におけるクルーザーヨットの隻数の指数は90を下回っている。

* **No.4** 次の図から確実にいえるのはどれか。

【地方上級（特別区）・平成21年度】

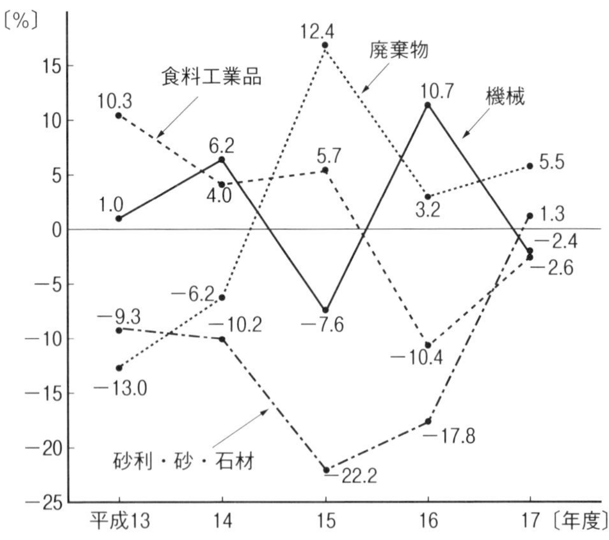

1　図中の各年度のうち廃棄物の輸送トン数が最も大きいのは，平成15年度である。

2　平成13年度の砂利・砂・石材の輸送トン数を100としたときの平成17年度のそれの指数は，50を下回っている。

3　平成16年度において，機械の輸送トン数は，食料工業品のそれを上回っている。

4　平成16年度の食料工業品の輸送トン数は，平成13年度のそれの95%を超えている。

5　図中の各年度のうち機械の輸送トン数の対前年度増加数が最も大きいのは，平成14年度である。

No.5 * 図は，わが国の大学入学者数について，全入学者および理・工・農学関係学科入学者の対前年度増減率の推移を示したものである。この図からいえることとして最も妥当なのはどれか。

【国家一般職・平成18年度】

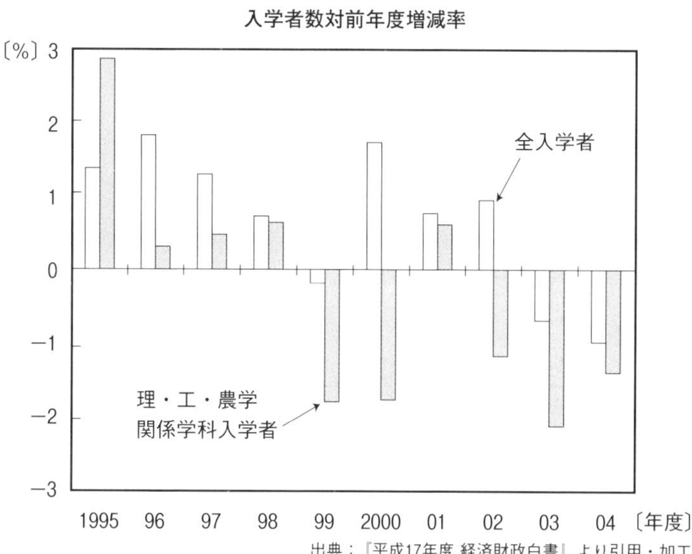

出典：『平成17年度 経済財政白書』より引用・加工

1 理・工・農学関係学科入学者の全入学者に占める比率は，1995年度をピークに，それ以降一貫して低下している。

2 理・工・農学関係学科入学者数は，1995年度をピークに年々減少傾向にある。

3 2000年度以降，全入学者に占める理・工・農学関係学科入学者の割合は，30%を超えている。

4 理・工・農学関係学科入学者とそれ以外の学科の入学者の入学者数の差が最も大きくなったのは，1999年度である。

5 理・工・農学関係学科以外の学科の入学者の数が最も多かったのは，2001年度である。

No.6 *図は所定内給与（製造業・大卒男子）とその伸び率を示したものである。この図からいえることとして正しいのはどれか。

【国家総合職・平成５年度】

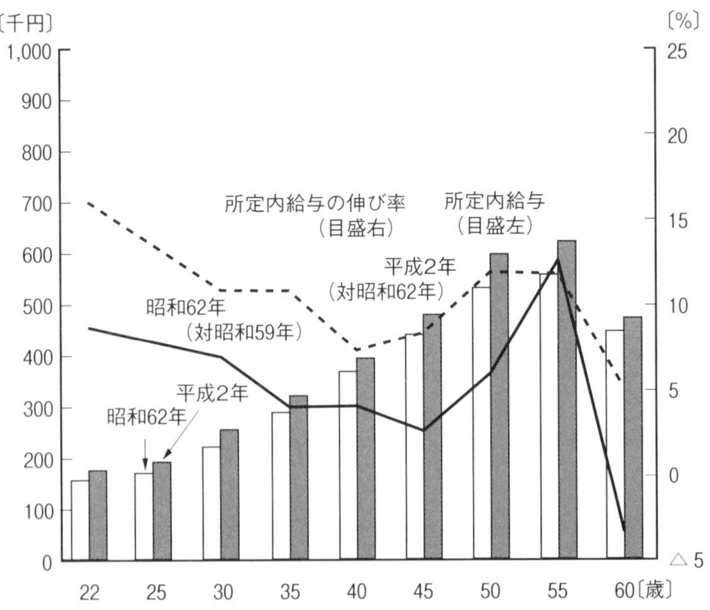

1 昭和59年の所定内給与と昭和62年の所定内給与を比べると，22歳の増加額は45歳の増加額より少ない。

2 平成２年における22歳の所定内給与は，昭和62年のそれに比べ約16％の伸びとなり，昭和59年のそれに比べ約20％の伸びとなった。

3 60歳の所定内給与は，昭和59年よりも昭和62年のほうが低く，昭和59年よりも平成２年のほうが高い。

4 55歳の所定内給与は，昭和59年には50歳のそれを上回っていたが，昭和62年になって50歳のそれとほぼ同じになった。

5 平成２年の所定内給与の平均は約40万円，対昭和62年の伸び率の平均は約11％である。

実戦問題1の解説

No.1 の解説　3国への輸出額の対前年増加率　→問題はP.386　正答1

1 ◎ 概算する。

正しい。2005～2007年の対前年増加率は，0.18，0.33，0.38である。有効数字3ケタで計算してみると，2007年のインドへの輸出額の指数は $100\times1.18\times1.33\times1.38\fallingdotseq217$ となり，200を上回る。

2 × 対前年増加率をもとに計算する。

2003年の輸出額を100とする。インドネシアの対前年増加率をもとに少し計算してみると，2004年が118，2005年が123，2006年が105，2007年が131となる。2004年における対前年増加額が18であるのに対して，2007年のそれは26となり，2007年のほうが上回っている。

3 × 対前年増加率が正ならば増加額は正になる。

アメリカへの輸出額の対前年増加率は，2004～2006年の間がプラスで，2007年はゼロに近いマイナスである。このことから，輸出額は2006年まで増加を続け，2007年はほぼ横ばいということがわかる。よって，最も多いのが2006年というのは正しいが，最も少ないのが2007年というのは誤り。

4 × 明らかに誤りの選択肢を除く。

中国に関する対前年増加率はどの年もプラスなので，中国への輸出額はどの年も前年より増加している。一方，2007年のアメリカに関する増加率はわずかだがマイナスなので，2007年の輸出額は前年に比べて減少している。

5 × 2005年から2007年までは対前年増加率が正なので，2004年より輸出額は大きい。

中国への輸出額は2004年から増加し続けている。よって，2005年から2007年までの1年当たりの平均輸出額は2004年のそれを上回る。

No.2 の解説　東海道新幹線の輸送人員増加率　→問題はP.386　正答2

1996年の値を対1994年および対1995年で表していることに注意する。

ア ○ 1996年6月の対1994年と対1995年増加率は同じなので等しい。

イ ○ 対前年同月増加率が x %，前年の値＝今年の値 $\times\dfrac{1}{1+0.01x}$

1996年2月を100とすると，1994年2月は $100\times1=100$，1995年2月は $100\times\dfrac{1}{1+0.15}\fallingdotseq87$。よって10%以上減少しているので，正しい。

ウ × イより，2月は減少している。

よって**ア**：正，**イ**：正，**ウ**：誤となるので，**2**が正答となる。

No.3の解説　プレジャーボートの艇種別隻数の増加率の推移 →問題はP.387　正答5

1 ×　数値の小さいほうの減少率が大きいならば，差が広がっている。

平成18年も平成22年のどちらも小型モーターボートよりディンギーヨットの減少率のほうが大きいので，小型モーターボートの隻数に対するディンギーヨットの隻数の比率は平成14年が最も大きい。

2 ×　ディンギーヨットの増加率は常にマイナスである。

3 ×　平成８年を１として，14年，18年の増加率をかけていく。

大型モーターボートは平成14年も平成18年も増加率が０以上なので，平成８年に比べると隻数は増加している。小型モーターボートは平成14年の増加率が12%，平成18年の減少率が５%であるので，平成８年より増加している。

4 ×　増加率がマイナスだと値は減少する。

大型モーターボートは平成22年と平成26年の増加率がマイナス，平成26年の隻数が最も少ない。

5 ◎　相対微小値の省略（推移型）を利用する。

正しい。平成22年と平成26年の増加率はそれぞれ−8，−9であるから，平成18年を100とすると，平成26年は，−8−9＝−17%より約17%の減少であるから，83となり，90を下回っている。

No.4の解説　自動車貨物の輸送トン数の対前年度増加率の推移 →問題はP.388　正答4

1 ×　増加率がプラスだと値は増加する。

「廃棄物」の対前年度増加率は平成16年度も平成17年度もプラスなので，輸送トン数は増加を続けており，平成15年度が最大というのは誤り。

2 ×　平成13年を100として，対前年度増加率をかけていく。

「砂利・砂・石材」の対前年度増加率は平成14年度から平成17年度にかけて，−0.102，−0.222，−0.178，0.013となっている。平成13年度の輸送トン数を100とすると，平成17年度の指数は$100\times0.898\times0.778\times0.822\times1.013 > 100\times0.89\times0.77\times0.82\times1 \fallingdotseq 56$となり，少なく見積もっても50を上回っている。

3 ×　実数や比率が与えられていないので，異なる品目の比較はできない。

4 ◎　平成13年を100として，対前年度増加率をかけていく。

正しい。「食料工業品」の対前年度増加率は平成14年度から平成16年度にかけて，0.04，0.057，−0.104となっている。平成13年度の輸送トン数を100とすると，平成16年度の指数は$100\times1.04\times1.057\times0.896 > 100\times1.04\times1.05\times0.89 \fallingdotseq 97$となるので，95を超えている。

5 ×　グラフの傾きが大きい平成16年度を検討する。

平成13年度の「機械」の輸送トン数を100とすると，平成14年度は$100(1+0.062)\fallingdotseq106$，平成15年度は$106(1-0.076)\fallingdotseq98$，平成16年度は$98(1+0.107)\fallingdotseq108$となる。平成14年度の対前年度増加数が$106-100=6$であるのに対し

て，平成16年度のそれは 108－98＝10 である。よって，増加数が最大なのは平成14年度ではない。

No.5 の解説　大学の全入学者数と特定分野入学者数の推移 →問題はP.389 正答 1

1 ◎ 1996年以降，常に全入学者数の対前年度増加率は理工農を上回る。
正しい。これは，理・工・農学関係学科以外の入学者のほうが理・工・農学関係学科入学者よりも増加率が大きい（あるいは，減少率が小さい）ことを意味する。したがって，理・工・農学関係学科入学者が全入学者数に占める比率は一貫して低下している。

2 × 増加率がプラスだと値は増加する。

3 × 全入学者に対する理工農の割合は与えられておらず，判断できない。

4 × 2000年は，全入学者数の対前年度増加率はプラスで理工農はマイナス。
これは，理・工・農学関係学科入学者が減少したのに対して，それ以外の学科の入学者が増加したことを示す。よって，２つのグループの入学者数の差は，1999年より2000年のほうが大きい。

5 × 2002年は，全入学者数の対前年度増加率はプラスで理工農はマイナス。
これは，理・工・農学関係学科以外の入学者が前年よりも増加したことを示す。よって，理・工・農学関係学科以外の入学者が最も多かったのは少なくとも2001年ではない。

No.6 の解説　製造業大卒男子の所定内給与とその伸び率の推移 →問題はP.390 正答 3

1 × 増加率が x %，昭和59年の値＝昭和62年の値× $\frac{1}{1+0.01x}$
昭和59年の22歳の給与は，$16\times\frac{1}{1+0.08}\fallingdotseq 14.8$〔万円〕。同年の45歳は，$45\times\frac{1}{1+0.025}\fallingdotseq 43.9$〔万円〕。45歳の増加額のほうが少ない。

2 × 昭和59年を100として，増加率をかけていく。
$100\times1.08\times1.16\fallingdotseq125$ より約25％の伸びである。

3 ◎ 昭和62年を100として，増加率をかけていく。
正しい。昭和62年を100とすると，昭和59年は $100\div0.97\fallingdotseq103$，平成２年は $100\times1.06=106$ となるから，平成２年＞昭和59年＞昭和62年の順となる。

4 × 昭和62年の給与はほぼ同じだが，対59年増加率は55歳のほうが大きい。
よって，昭和59年には，55歳の給与は50歳を下回っている。

5 × 各年代の人口構成が不明なので，平均給与は求まらない。

実戦問題❷　応用レベル

＊
No.7 **図は，ある大会の参加者数と参加チーム数の推移を示したものであるが，これから確実にいえるのはどれか。なお，参加チームの内訳は，企業，個人，大学，専門学校，高専，高校である。**

【国家総合職・平成29年度】

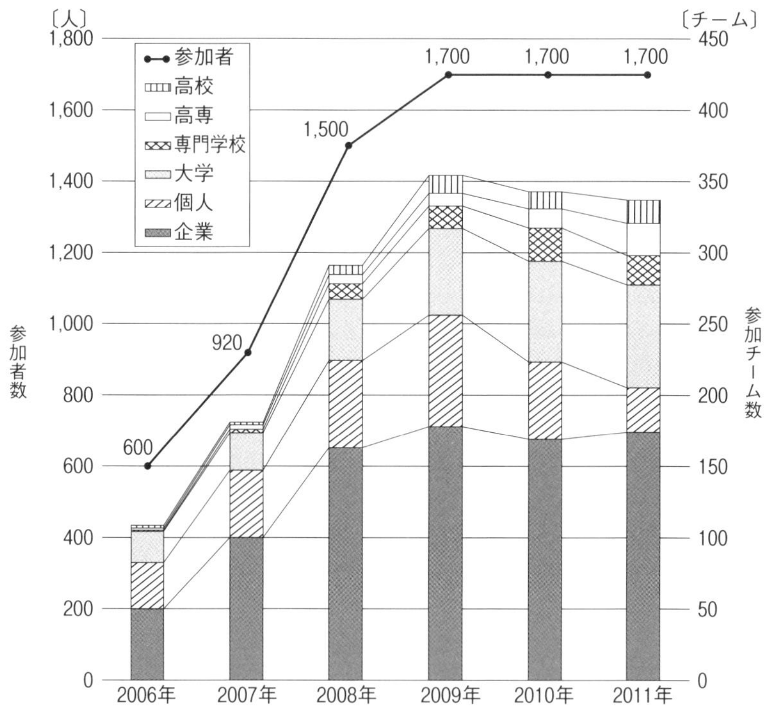

1　2007～2011年のうち，参加者数の対前年増加数が最大なのは2008年であり，参加者数の対前年増加率が最大なのは2007年である。

2　2006年に対する2011年の参加者数および参加チーム数のそれぞれの増加率をみると，参加者数の増加率のほうが参加チーム数の増加率を上回っている。

3　2006～2011年のいずれの年においても，「企業」チームの数が参加チーム数全体の半数以上を占めている。

4　2007～2011年のいずれの年においても，参加チーム数に対する「大学」チームおよび「個人」チームの合計数の比率は，前年に比べて増加している。

5　2006～2011年のうち，１参加チーム当たりの参加者数が最大なのは2006年であり，最小なのは2009年である。

＊＊
No.8 図Ⅰは1998年のある国の輸出額について，図Ⅱは輸入額について，それぞれ品目別の構成比および対前年増減率を表したものである。これらの図から確実にいえるのはどれか。ただし，総輸出額は382億ドル，対前年増加率3.2%，総輸入額は294億ドル，対前年増加率8.9%である。

【国家一般職・平成12年度】

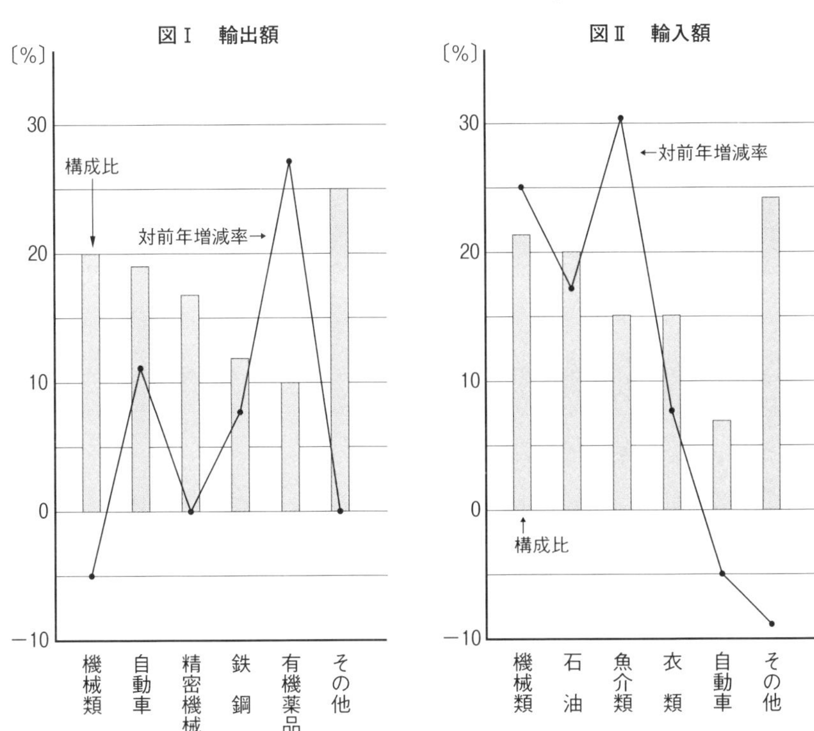

1　1997年の貿易収支は約80億ドルの黒字である。

2　1997年の魚介類の輸入額は同年の総輸入額の10%に満たない。

3　1997年の衣類の輸入額は同年の魚介類の輸入額より多い。

4　1998年の精密機械の輸出額が総輸出額に占める割合は97年のそれより増加した。

5　1998年の鉄鋼の輸出額は1997年に比べて約6億ドル増加した。

＊
No.9 **図は1986年から1996年までの製造業の設備投資と資本ストックの前年同期からの伸び率を表したものである。図から確実にいえるのはどれか。ただし，図中「86Ⅱ」とは1986年の第２期をいい，また，各年は第１期から第４期までの４つの時期に区分されているものとする。**

【国家専門職・平成10年度】

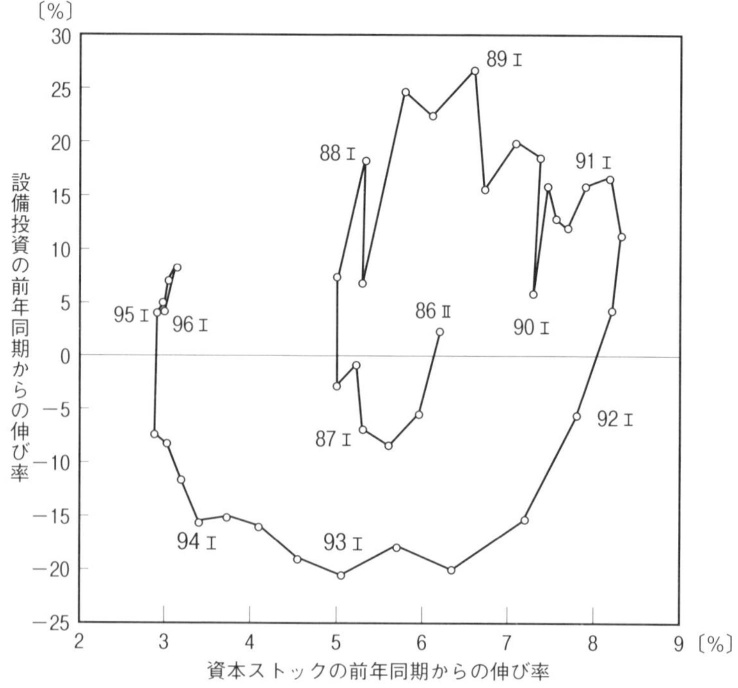

1 1992年の第１期から1994年の第４期までの各期においては，設備投資と資本ストックはともに，前年同期より減少している。

2 1988年の第１期から1990年の第４期までの各期においては，資本ストックは前年同期より増加しているものの，設備投資は必ずしも前年同期より増加しているわけではない。

3 1986年の第２期と同年の第３期を比較した場合，資本ストックは第３期のほうが大きく，設備投資は第２期のほうが大きい。

4 資本ストックの前年同期比が５％未満である期は，設備投資の前年同期比がマイナスとなっている。

5 1987年の第１期から第４期までの各期においては，設備投資は必ずしも前年同期より増加していないものの，資本ストックは前年同期より増加している。

＊＊＊
No.10 **平成12年前半における国と地方公共団体の公共工事の着工件数について，図Ⅰは各月ベースの対前年同月増減率を，図Ⅱは同年１月からの累月ベースの対前年同月増減率を示したものである。これらの図から確実にいえるのはどれか。**

【国家総合職・平成13年度】

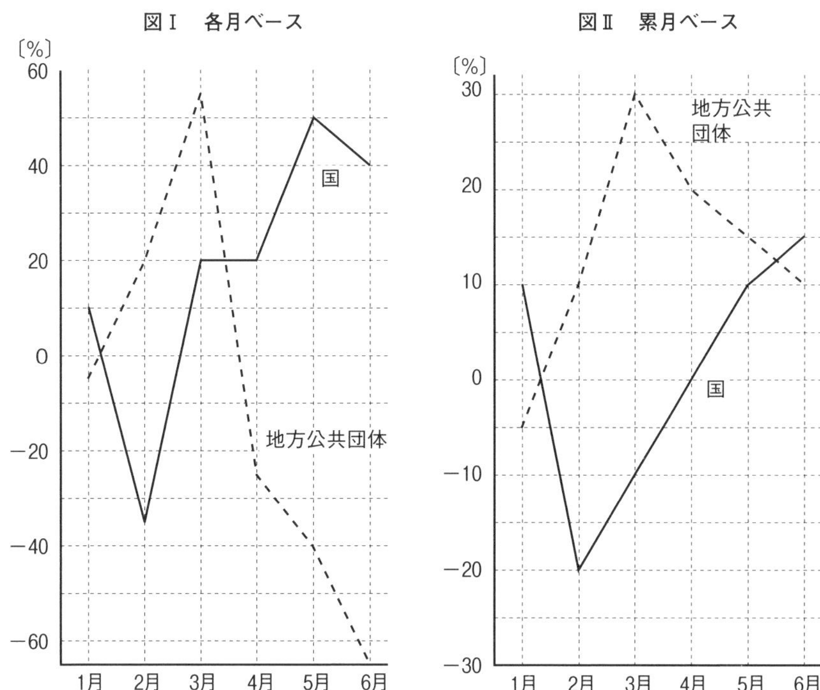

1　国の平成11年２月の着工件数は，同年１月のそれの約２倍である。
2　国の平成11年３月の着工件数は，同年１月のそれより少ない。
3　平成12年前半において地方公共団体の着工件数が最も多いのは２月である。
4　平成12年前半において地方公共団体の着工件数が最も少ないのは５月である。
5　平成12年６月までの累月ベースの着工件数は，地方公共団体のほうが国より多い。

＊＊
No.11 **図は，ある国におけるパソコンの販売総台数の前年比伸び率および主要メーカーA，B，C３社の販売台数シェア（販売総台数に占めるそれぞれの販売台数の割合）の推移を示したものである。このとき，A，B，Cの販売台数の前年比伸び率の推移を示した図として最も妥当なのはどれか。**

【国家総合職・平成17年度】

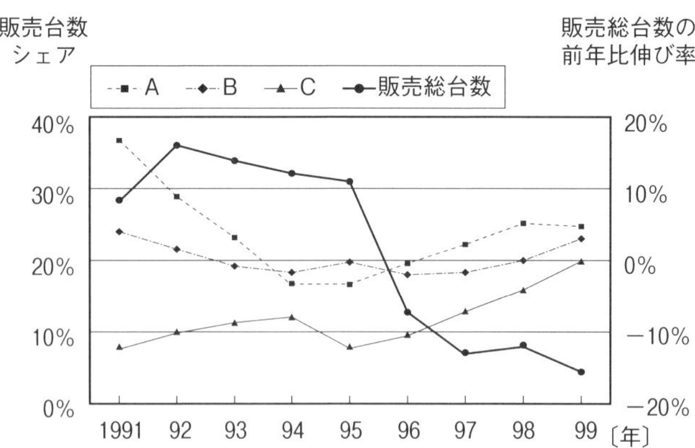

1

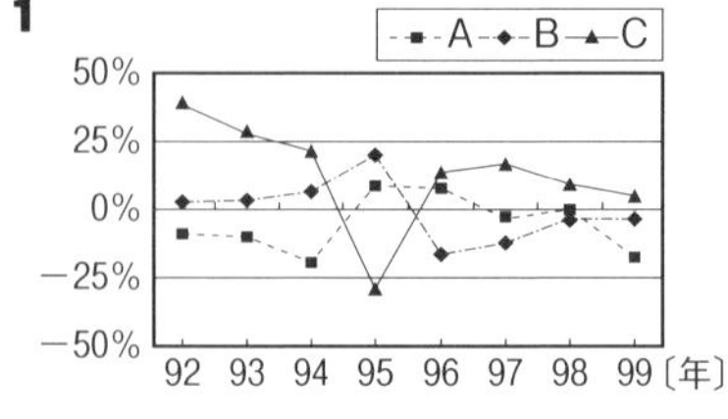

2

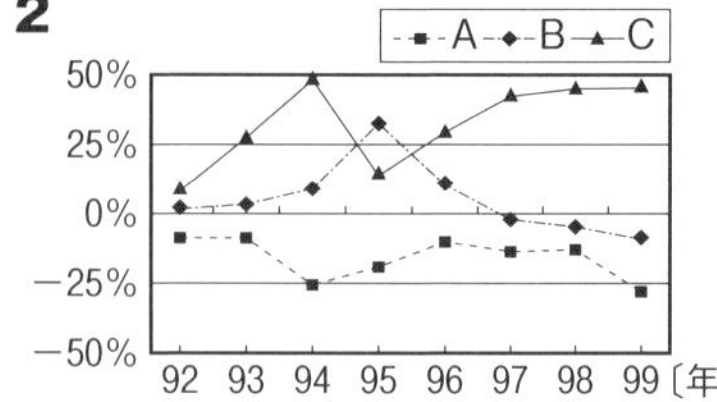

3

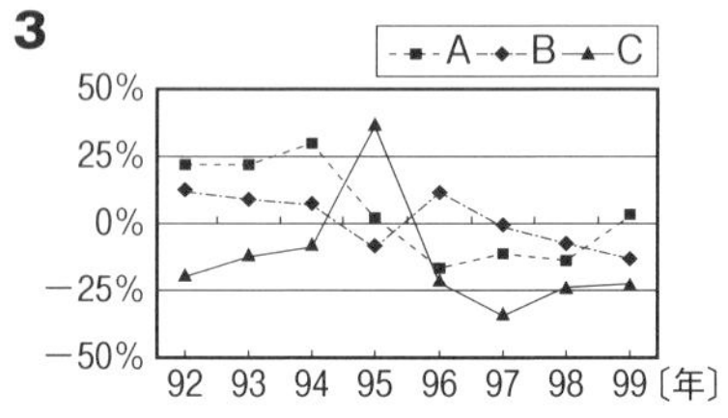

4

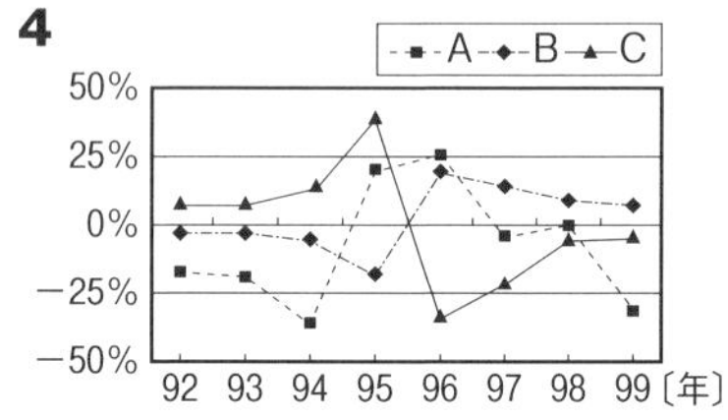

5

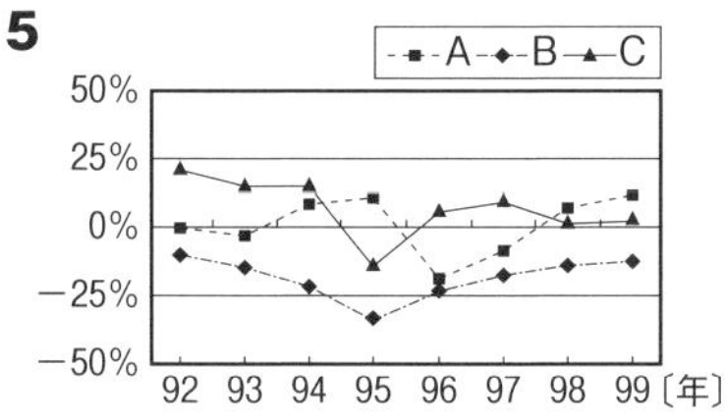

No.12 ＊＊ 次の図から正しくいえるのはどれか。

【地方上級（東京都）・平成15年度】

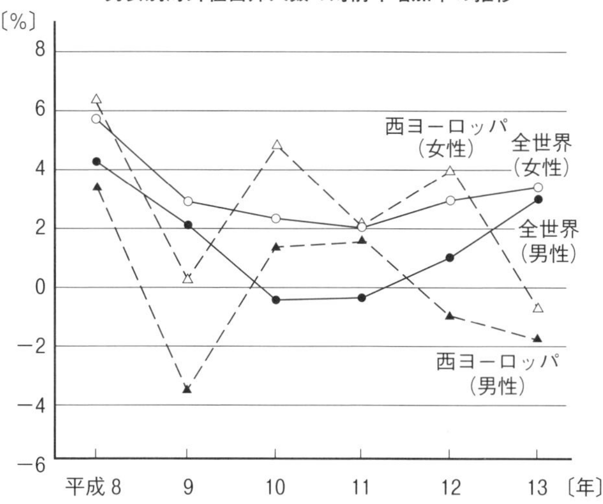

1 全世界の男性の海外在留邦人数に占める西ヨーロッパの男性の海外在留邦人数の割合についてみると，平成13年は９年を上回っている。

2 平成７年における西ヨーロッパの女性の海外在留邦人数を指数100としたとき，12年の指数は120を上回っている。

3 平成８年から13年までの各年における全世界の海外在留邦人数についてみると，男性に対する女性の比率が最も小さいのは13年である。

4 平成９年から13年までのうち，全世界の男性の海外在留邦人数が最も多いのは13年であり，最も少ないのは10年である。

5 平成９年から13年までの各年における西ヨーロッパの海外在留邦人数についてみると，女性が前年に比べて減少した年は，男性も前年に比べて減少している。

実戦問題2の解説

No.7の解説　大会参加者数と参加チーム数の推移　→問題はP.394　正答5

1 × 対前年増加率＝$\frac{増加数}{前年の値}$

2007年：$\frac{920-600}{600}=\frac{320}{600}=0.5\cdots$　　2008年：$\frac{1{,}500-920}{920}=\frac{580}{920}=0.6\cdots$

よって，2008年のほうが2007年より対前年増加率が大きい。

2 × 対前年増加率＝$\frac{増加数}{前年の値}$

2006年→2011年の参加者数の増加率　　：$\frac{1{,}700-600}{600}=\frac{1{,}100}{600}=1.\cdots$

2006年→2011年の参加チーム数の増加率：$\frac{335-110}{110}=\frac{225}{110}=2.\cdots$

よって，参加チーム数の増加率のほうが参加者数の増加率よりも大きい。

3 × 棒グラフから明らかにわかる。

2006年の企業チームの数は明らかに半数未満である。

4 × 大学および個人のチーム数の比率＝$\frac{大学および個人のチーム数}{全体のチーム数}$

2009年の大学および個人のチーム数の比率：$\frac{140}{355}$

2010年の大学および個人のチーム数の比率：$\frac{120}{340}$

$\frac{140}{355} > \frac{120}{340}$（×1.1倍以上／×1.1倍未満）

よって，2010年は前年に比べて減少している。

5 ◎ 1参加チーム当たりの参加者数＝$\frac{参加者数}{参加チーム数}$

2006年：$\frac{600}{110}=5.4\cdots$　　2007年：$\frac{920}{180}=5.1\cdots$　2008年：$\frac{1{,}500}{290}=5.1\cdots$

2009年：$\frac{1{,}700}{35{,}5000}=4.7\cdots$　2010年：$\frac{1{,}700}{340}=5.0$　2011年：$\frac{1{,}700}{335}=5.0\cdots$

よって，最大なのは2006年で，最小なのは2009年なので，正しい。

No.8の解説　輸出入額の品目別構成比と対前年増減率　→問題はP.395　正答3

1 × 対前年増加率から1997年の貿易収支のほうが大きいことがわかる。

1998年の貿易収支は382－294＝88〔億ドル〕であり，総輸入額の対前年増加率のほうが総輸出額より大きいから1997年の貿易収支は1998年より大きくなる。

2 × 立式して約分してから計算する。

$\frac{294\times0.15\div1.3}{294\div1.089}=\frac{0.15\times1.089}{1.3}\fallingdotseq0.13$となり，10%を超えている。

3 ◎ 具体的に計算をせずに大小比較をする。

正しい。1997年の衣類の輸入額は294×0.15÷1.06，魚介類のそれは294×0.15÷1.30より，294×0.15÷1.06＞294×0.15÷1.30であるから，魚介類の輸入額より多い。

4 × 分母が大きく分子が小さくなれば分数は小さくなる。

精密機械の対前年増加率は０％で，総輸出額の対前年増加率は3.2％であるから，構成比は減少する。

5 × 増加額＝1998年の輸出額×$\frac{\text{増加率}}{1+\text{増加率}}$

鉄鋼の輸出額の増加額は $382\times0.12\times\frac{0.075}{1.075}\fallingdotseq3.2$〔億ドル〕である。

No.9 の解説　製造業の設備投資と資本ストックの伸び率の推移 →問題はP.396 正答5

両軸が共に伸び率を示した特殊なグラフであるが，それぞれの値を読み取ればよい。グラフの形に惑わされることはない。資本ストックの対前年同期伸び率は常に正であるから，増加し続けていることに注意する。

1 × 資本ストックの対前年伸び率は常に正。

資本ストックは常に増加し続けている。

2 × 当該期間における設備投資の伸び率は常に正。

この期間の設備投資の伸び率は正なので，常に増加している。

3 × 与えられた資料からは判断できない。

伸び率は対前年同期からの伸び率なので，第２期と第３期を比較することはできない。

4 × 明らかに誤りの選択肢を除く。

1995年の第１期から1996年の第１期はそうなっていない。

5 ◎ 資本ストックの対前年伸び率は常に正。

よって正しい。

No.10 の解説　着工件数の各月・累月ベース対前年同月増減率の推移 →問題はP.397 正答1

平成11年１～６月における国の着工件数をA_1，A_2，A_3，…，A_6とすると，図Ⅰ，Ⅱより平成12年３月までの累月ベース着工件数に関して，$(A_1+A_2+A_3)\times(1-0.10)=(A_1+A_2)\times(1-0.20)+A_3\times(1+0.20)$ という関係式が成り立つ。この式を整理すると，$A_3=\frac{-0.20-(-0.10)}{-0.10-0.20}\times(A_1+A_2)$ となる。一般に，平成11年の着工件数に関しては次の関係式が成り立つ。**当月の着工件数＝$\frac{\text{前月の累月ベース増減率}-\text{当月の累月ベース増減率}}{\text{当月の累月ベース増減率}-\text{当月の各月ベース増減率}}$×前月まで**

の累月ベース着工件数，ここで累月ベース増減率は図Ⅱから読み取られた値，各月ベース増減率は図Ⅰから読み取られた値である。以下，平成11年1月の着工件数を100として計算する。

1◎ 国の11年２月の件数＝$\frac{0.10-(-0.20)}{(-0.20)-(-0.35)}\times100=200$

正しい。したがって，２月は１月の２倍である。

2× 国の11年３月の件数＝$\frac{-0.20-(-0.10)}{-0.10-0.20}\times(100+200)=100$

したがって，１月と３月は同じである。

3× 地方の11年２月の件数＝$\frac{-0.05-0.10}{0.10-0.20}\times100=150$

さらに３月の着工件数は，$\frac{0.10-0.30}{0.30-0.55}\times(100+150)=200$となる。

4× 地方の11年４月の件数＝$\frac{0.30-0.20}{0.20-(-0.25)}\times(100+150+200)=100$

さらに５月の着工件数は，$\frac{0.20-0.15}{0.15-(-0.40)}\times(100+150+200+100)=50$，６月の着工件数は$\frac{0.15-0.10}{0.10-(-0.65)}=40$となる。

5× 国と地方の件数の実数や比が不明であり，判断できない。

No.11の解説　パソコンの販売台数の前年比伸び率と構成比 →問題はP.398 正答1

本問の前年比伸び率とは対前年増加率のことである。ここでは，全体量（販売総台数）の対前年増加率が与えられているので，増加率と構成比（シェア）の関係（**テーマ３の重要ポイント４**）を利用して考える。また，正しい選択肢の妥当性を直接に示すのは困難なので，誤りの**選択肢の不適当な部分を探して，消去法で正答に達するようにすればよい**。

1◎ 消去法により，正答に達する。

2× 96年，問題図と図２より前年比伸び率は総台数よりＢのほうが大きい。
よって，Ｂの販売台数シェアは95年から96年にかけて増加していなければならないので問題文の図と矛盾する。

3× 95年，問題図と図３より前年比伸び率は総台数よりＣのほうが大きい。
よって，Ｃの販売台数シェアは94年から95年にかけて増加していなければならないので問題文の図と矛盾する。

4× 96年，問題図と図４より前年比伸び率は総台数よりＣのほうが小さい。
よって，Ｃの販売台数シェアは95年から96年にかけて減少していなければならないので問題文の図と矛盾する。

5 × **99年，問題図と図５より前年比伸び率は総台数よりＡのほうが大きい。**
よって，Ａの販売台数シェアは98年から99年にかけて増加していなければならないので問題文の図と矛盾する。

No.12 の解説　男女別海外在留邦人数の対前年増加率の推移 →問題はP.399 正答５

1 × **相対微小値の省略（推移型）を利用する。**
平成９年から13年にかけての海外在留邦人数の増加率は，全世界（男性）が(1－0.005)×(1－0.004)×(1＋0.010)×(1＋0.030)－1≒(1－0.005－0.004＋0.010＋0.030)－1＝0.031，西ヨーロッパ（男性）が(1＋0.014)×(1＋0.016)×(1－0.011)×(1－0.018)－1≒(1＋0.014＋0.016－0.011－0.018)－1＝0.001であるから，全世界（男性）のほうが大きい。したがって，この間に全世界（男性）に占める西ヨーロッパ（男性）の割合は減少している。（**テーマ３の重要ポイント４**）

2 × **相対微小値の省略（推移型）を利用する。**
平成７年における西ヨーロッパ（女性）の海外在留邦人数を指数100とすると，12年のそれは100×(1＋0.064)×(1＋0.001)×(1＋0.049)×(1＋0.020)×(1＋0.040)≒100×(1＋0.064＋0.001＋0.049＋0.020＋0.040)≒117となり，120には達していない。

3 × **全世界の男女別実数や比が不明であり，判断できない。**
いずれかの年において，全世界の海外在留邦人数の男女別実数，あるいはその比がわかっていないとこのようなことは判断できない。

4 × **11年の全世界（男性）の対前年増加率がマイナスなので，最少は11年。**
1の結果より，平成９年から13年にかけての全世界（男性）の海外在留邦人数の増加率は0.031であるから，全世界（男性）の海外在留邦人数は平成９年より13年のほうが多く，さらに対前年増加率より９年＞10年＞11年，11年＜12年＜13年は明らかであるから，結局，全世界（男性）の海外在留邦人数が最も多いのは13年，最も少ないのは11年である。

5 ◎ **西ヨーロッパ（女性）の対前年増加率がマイナスだったのは13年のみ。**
正しい。西ヨーロッパ（女性）の海外在留邦人数が前年に比べて減少した（対前年増加率がマイナスになった）年は平成13年のみであるが，この年には西ヨーロッパ（男性）の海外在留邦人数も前年に比べて減少している。

第3章 特殊な問題

試験別出題傾向と対策

試験名		国家総合職					国家一般職					国家専門職				
頻出度	年度	21-23	24-26	27-29	30-2	3-5	21-23	24-26	27-29	30-2	3-5	21-23	24-26	27-29	30-2	3-5
	テーマ / 出題数	2	2	0	2	1	0	2	0	2	0	2	0	0	0	1
C	7 度数分布	2										1				
B	8 統計・相関		2		1	1		2		1						
C	9 その他				1					1		1				1

第3章では特殊な問題，つまり，単純な数表やグラフからの出題以外で，対応をしておくべき必要がある問題について扱う。具体的には，度数分布，統計・相関関係，数的推理類似問題などである。

これまで取り上げてきた分野と異なり，数学の知識を要する問題も出題されている。たとえば，数的推理に類似した問題や文章問題では未知数を含む方程式や不等式を用いて解くこともあるし，度数分布では中学数学の教科書レベルの基礎用語の知識が必要になる。また，相関関係では，グラフの読取り能力と理解力を問われる。統計では，まれであるが，国家総合職などでは統計学の知識を問われる問題も出題されている。

このようにさまざまな対策が必要になってくるが，すべての試験種で詳細な対策が必須になるわけではない。限られた時間で効率よく資料解釈の点を取れるようになるためには，各自の受験する試験種別の過去問分析をし，必要な部分にエネルギーを集中するようにするべきである。ただ，本章の問題は，近年は出題が減っているとはいえ，一度解いた経験があれば解けてしまう問題や，基礎的な用語の知識があるだけで解けてしまう問題もあるので，一度は目を通しておきたい。

対策としては，数表からグラフをイメージする訓練がよい。また，統計・相関関係では，統計学の基礎知識も必要になってくる。特に，基礎用語は問題演習を通じて十分に理解しておきたい。

●国家総合職

最近は減っているものの，この分野はかつては多く出題されていた。度数分布，統計・相関，数的推理類似問題，いずれの分野からも満遍なく出題されている。難易度はさまざまであるが，なかには極めて難易度が高い問題もある。特に統計に関する問題では，高度な知識を求められることもある。

対策としては，なかなか統計学の教科書で勉強を積む時間もないであろうから，問題演習を通してその考え方を身につけ，統計で用いられる基礎用語は十分に理

地方上級（全国型）					地方上級（東京都）					地方上級（特別区）					市役所（C日程）					
21-23	24-26	27-29	30-2	3-5	21-23	24-26	27-29	30-2	3-5	21-23	24-26	27-29	30-2	3-5	21-23	24-26	27-29	30-2	3-4	
0	0	0	0	0	0	0	0	0	0	1	1	0	0	0	1	0	0	0	0	
																				テーマ7
										1	1				1					テーマ8
																				テーマ9

解しておく必要がある。また，近年は複数のグラフからある項目の傾向を把握する問題が増えている。差がつく範囲であるので，正確な計算に加えて，統計資料の全体的な把握力を養っておきたい。

●国家一般職

この分野からの出題は少なく，出題問題の難易度もそれほど高くない。しかし，度数分布に関する問題の出題も過去にはされているので，中学教科書レベルの基礎用語などの学習まではしておくべきである。あとは，実戦基本レベルまでの演習問題を通して慣れておけばよい。

●国家専門職

最近はこの分野からの出題は少ない。度数分布と統計・相関に関する出題よりも，数的推理類似問題からの出題がやや多い。難易度は全体的に高い。試験の難易度を考えると，出題数が増加することも考えられるので，十分な演習を積んでおきたい。

●地方上級

出題傾向および出題頻度は，それぞれの型によって異なる。全体的に出題数は少なく，出題されても難易度は高くない。

全国型では，この分野からの出題はほとんどない。

関東型では，この分野からの出題はほとんどない。

中部・北陸型では，この分野からの出題はほとんどない。

東京都では，この分野からの出題はほとんどない。

特別区では，この分野からの出題は少ない。数表からグラフをイメージする問題が出題されることもあるが，第１章数表，第２章グラフの演習をこなしていれば十分に対応できる。

●市役所

市役所では，この分野からの出題はほとんどない。

度数分布

必修問題

次の図は，３つの地域X，Y，Zにおいて無作為に抽出された１万世帯間の所得分配の偏りを調べるために，地域ごとに所得額の低い順に並べ，横軸に世帯の累積度数百分比を，縦軸に所得の累積額百分比をとり，その両者の関係を曲線で表したものである。たとえば，対角線OA上では，所得額下位50%に属する５千世帯が得た所得の累積額百分比が50%であり，所得分配に偏りがまったくない状態を表していることとなる。

このとき，この図に関する次の記述ア～エのうち，妥当なもののみをすべて挙げているのはどれか。

【国家総合職・平成22年度】

ア：所得額が上位50%に属する世帯の累積所得額が最も大きい地域がどこかは，この図のみではわからない。

イ：所得額が上位20%に属する世帯の平均所得額が最も大きいのはX地域である。

ウ：Y地域における平均所得額の水準は，所得額が下位40～50%に属する世帯の所得額の範囲に含まれる。

エ：各地域における所得分配の偏りについては，対角線OAと各曲線で囲まれる部分の面積が大きくなるほど大きいと考えられ，３地域中ではZ地域が最も大きい。

1 ア
2 ア，エ
3 イ，ウ
4 イ，エ
5 ウ

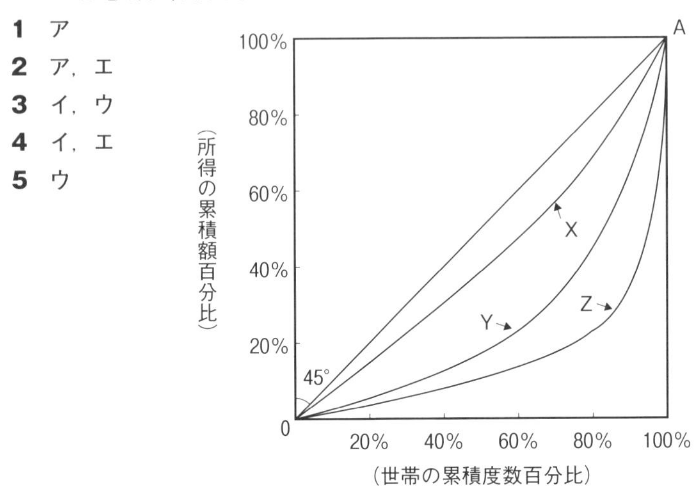

難易度 ＊＊

必修問題の解説

ローレンツ曲線に関する問題である（本テーマの重要ポイント3を参照）。ローレンツ曲線は累積相対度数分布曲線の一種であり，所得格差の分析などに用いられる。曲線が対角線OAを超えることはなく，下方に膨らむほど所得格差が大きいという特徴を持つ。

ア○ ローレンツ曲線では偏りはわかっても実数はわからない。
図に与えられているのは，**所得の累積額百分比であって累積所得額ではない**。各地域の所得額の実数がわからないので，どの地域が最大であるかは判断できない。

イ× ローレンツ曲線では偏りはわかっても実数はわからない。
この図だけからでは各地域の所得額の実数がわからないので，所得額が上位20%に属する世帯の平均所得額を**地域間で比較することはできない**。

ウ× 接線の傾きが1となるところが平均の世帯を示す。
縦軸横軸とも百分比を用いた累積度数なので，全体100に対して所得の合計を100と考えることに相当する。このとき所得の平均値は1となるが，それは，グラフ上では横軸方向に1増えるとき縦軸方向に1増える部分に表れている。言い換えると，**曲線の接線の傾きが1となる部分が平均所得額を持つ世帯を示している**。Y地域の曲線の場合，所得額が下位70%の辺りに属する世帯がその範囲であり，40～50%に属する世帯ではない。

エ○ 対角線OAから離れるほど偏りは大きい。
ローレンツ曲線は所得分配の偏りが大きいほど下に膨らむ傾向にある。つまり，**対角線OAと曲線で囲まれる部分の面積が大きいほど所得分配の偏りが大きい**。図の3つの地域の中ではZ地域が最も下方にあり，対角線OAとで囲まれた部分の面積が最も大きい。

以上より，妥当な記述**ア**と**エ**を過不足なく挙げている**2**が正答となる。

正答 2

FOCUS

度数分布曲線，累積度数分布曲線，累積相対度数分布曲線など，代表的な分布曲線の特徴を把握しておこう。特に，累積度数分布のグラフは，度数分布のグラフに変換して考えると取り扱いやすい（重要ポイント2）。そのときの法則は次のとおりである。

累積度数分布の傾きが極大＝度数分布では極大値
累積度数分布の傾きが極小＝度数分布では極小値

POINT

重要ポイント 1 度数分布

(1) 度数分布

度数分布は，統計数値をその属性に基づいて，一定の分布階級別に分類したものである。階級を代表する値として，その階級の中央値を**階級値**として用いることがある。

(2) 度数分布曲線

度数分布をグラフにするには，階級ごとの数値をヒストグラムで表す。一般に横軸に階級をとり，縦軸に度数を表す。度数多角形は，度数を階級値ごとに直線で結んでいったものである。さらにこの直線を曲線で表現することにより度数分布曲線が得られる。

重要ポイント 2 累積度数

各階級の度数を，階級の低いものから順に加算していったものが累積度数である。ある階級の度数は，その階級の累積度数と直前の階級の累積度数との差より求められる。累積度数分布図は，横軸に階級をとり，縦軸に累積度数をとって表したものである。累積度数は，ある階級までの度数を把握するのに便利である。

度数分布と累積度数分布の関係

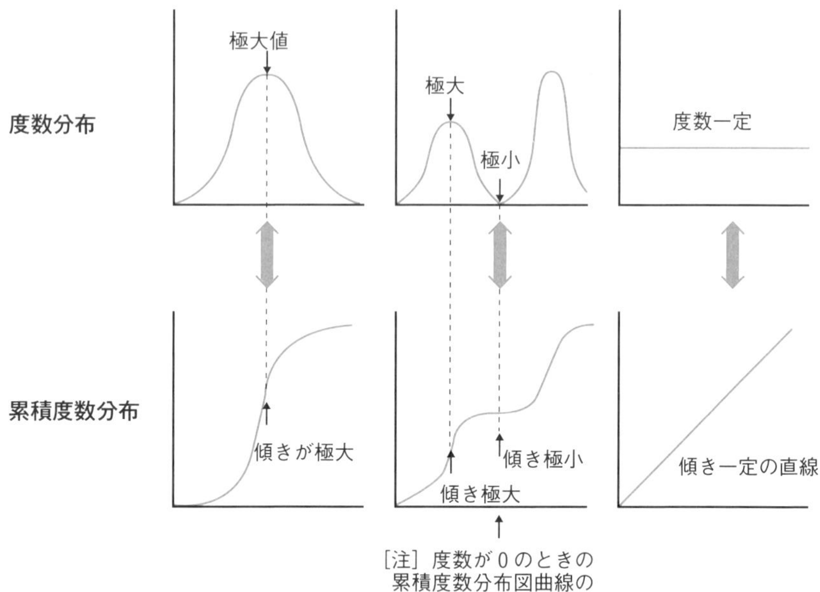

メディアン（中央値）

統計数値を階級の小さい順に並べていったときに，中央に位置する値をメディアンという。メディアンは累積度数分布図において縦軸の50%の位置に来るときの階級値である。

たとえば，９人の身長については，小さい順に並べて，中央である５番目の人の身長がメディアンである。

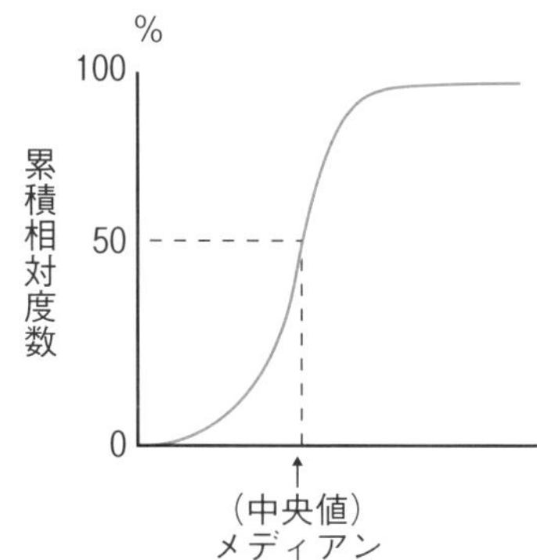

重要ポイント 3 ローレンツ曲線

ローレンツ曲線図表は，横軸に最低所得層から最高所得層へ順に人口の累積百分率をとり，縦軸にはこれらの人々の所得金額の累積百分率をとり，両者の対応する点を結んだものである。これは累積相対度数の考え方を応用したグラフではあるが，所得格差を把握する指標として，考案者ローレンツの名前が付けられている。累積百分率は，全体を100としたときの累積相対度数（累積度数の割合）である。

グラフ左下から右上にかかれた直線は，均等分布線と呼ばれる。これは全員の所得が同一と仮定したときのローレンツ曲線であり，**得られた曲線が均等分布線に近いほど，所得格差は少ない**と考えられる。

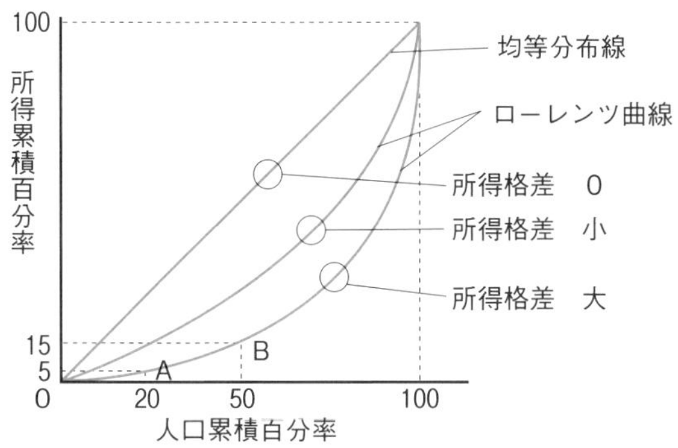

たとえば，図の点Ａから，最低所得層から20%の人々は全体の５%の所得しかなく，点Ａと点Ｂから，次に所得の多い30%の人々が，全体の10%の所得を得ており，さらに，所得の多い50%の人々が，全体の85%の所得を得ていることを示している。

実戦問題

No.1 ＊ ある市で，市内を通る３つの道路A～Cの車の交通量調査を行った。下図は，各道路の１日の全交通量を100としたときの，各時刻における交通量の累積を表したものである。また，ア～ウはA～Cいずれかの道路の各時刻における交通量を示したものである。道路名とグラフの対応が正しい組合せは，次のうちどれか。

【地方上級（全国型）・平成８年度】

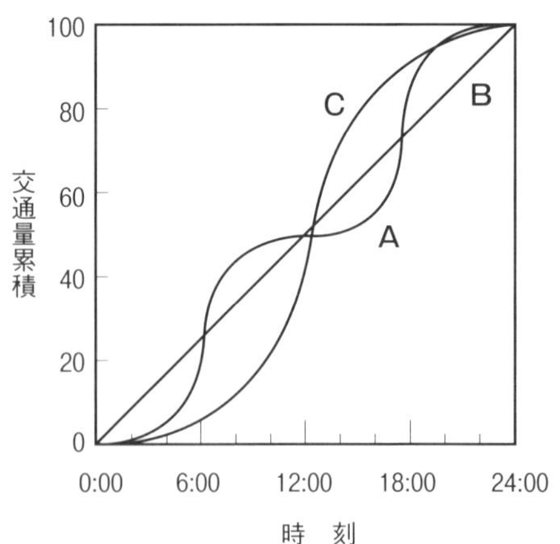

ア

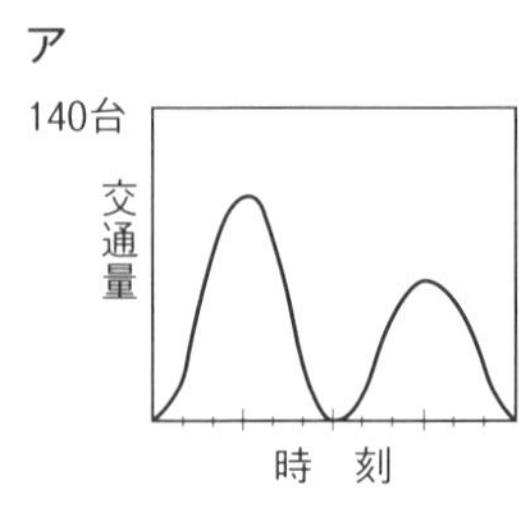

イ

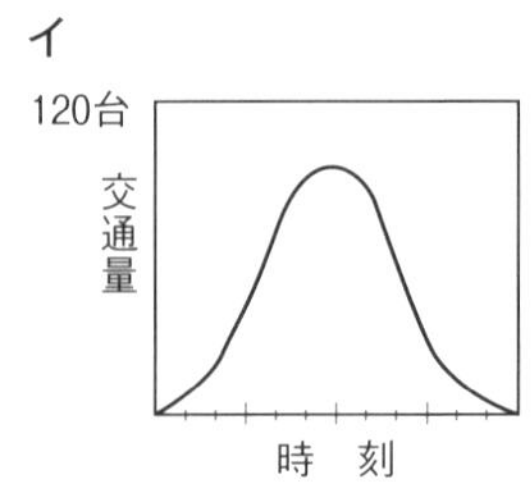

ウ

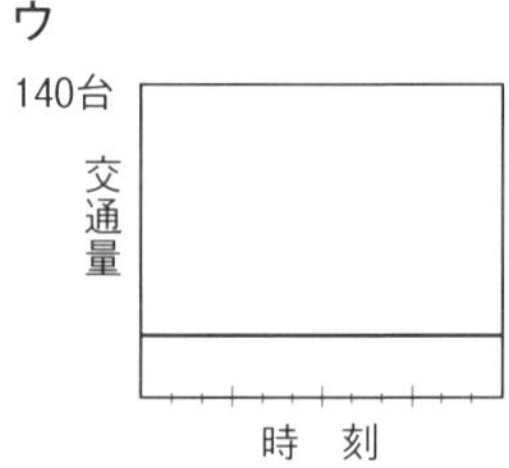

1　A－ア，B－イ
2　A－ア，B－ウ
3　A－ウ，C－イ
4　B－イ，C－ウ
5　B－ウ，C－ア

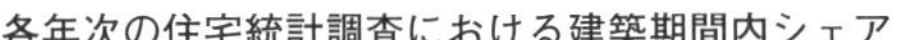

＊＊
No.2 **図は５年ごとに実施される住宅統計調査によってその調査時点ごとに各期間内に建築された住宅戸数を住宅総数に占める割合で示したものである。この図からいえることとして正しいのは次のうちどれか。**

【国家総合職・平成２年度】

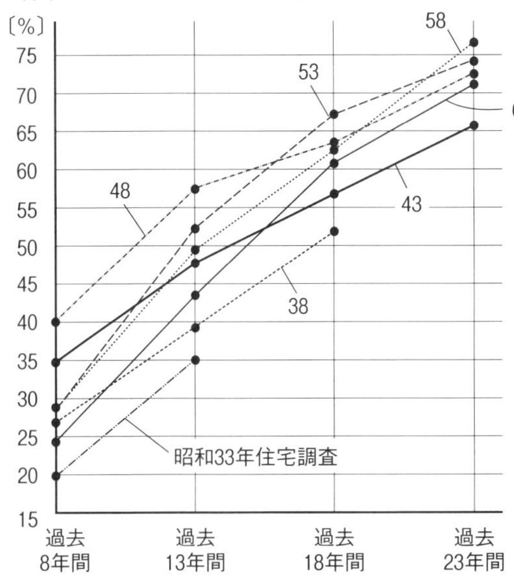

［注］グラフは，各住宅統計調査の時点において，住宅総数に占める各建築期間内に建築され存在している住宅の割合を示す。

1　昭和38年調査では，昭和20～25年に建築された住宅が住宅総数の２割を占めている。

2　昭和48年調査によると，各期間内に建築された住宅の住宅総数に占める割合が年平均で一番大きいのは，８年または５年で区切った４つの区間のうちでは昭和35年から40年にかけての５年間である。

3　昭和58年調査では，昭和40年までに建築された住宅の住宅総数に占める割合はそれ以後のものより大きい。

4　昭和58年調査の過去23年間に建築された住宅の住宅総数に占める割合が，昭和63年のそれでは下がっているが，これは昭和35～40年に建築された住宅の数が少なかったためである。

5　昭和63年調査では，昭和45年以降に建築された住宅が住宅総数のほぼ６割を占めている。

＊＊
No.3 **図は青少年の平日の就寝時刻について，表は青少年の平日の平均睡眠時間について，それぞれ1965年と1995年に調査した値を示したものであるが，A～Dの記述のうち，これらの図と表からいえるもののみを挙げているのはどれか。**

【国家総合職・平成10年度】

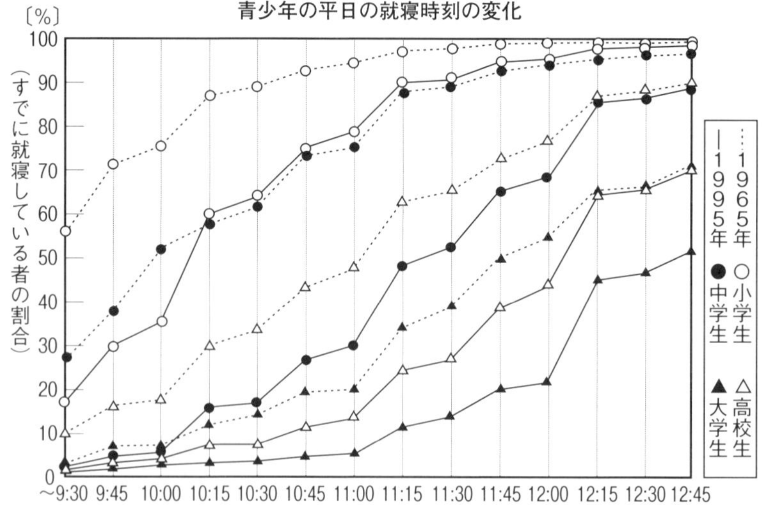

青少年の平日の平均睡眠時間

世代＼調査年	1965年	1995年
小学生	9時間22分	8時間43分
中学生	8時間37分	7時間36分
高校生	7時間50分	6時間58分
大学生	8時間00分	7時間21分

A：小学生で８割以上の者が就寝するのは，1965年には午後10時～10時15分の間であったが，1995年には午後11時～11時15分の間であり，小学生の就寝時刻の約１時間の遅れが，小学生の平均睡眠時間の短縮の直接の原因と考えられる。

B：1995年の大学生の就寝時刻は高校生の就寝時刻より遅い傾向にあるにもかかわらず，大学生の平均睡眠時間は高校生の平均睡眠時間より長くなっており，これだけをみると，図と表は矛盾する結果を示しているといえる。

C：４つの世代の青少年の就寝時刻はいずれも遅れる傾向にあり，30年間のうちに，午後10時以降まで起きている者の割合は増加している。その増加率は，小・中学生といった低年齢層においてより顕著である。

D：50％以上の者が就寝する時刻をみると，1995年調査のそれぞれの世代の時刻は，1965年のそれぞれ１つ上の世代の時刻よりも一貫して遅くなっている。

1 A，C　　**2** A，D
3 B，C　　**4** B，D
5 C，D

＊＊
No.4 **図はある集団の構成員をその年間所得の少ない順に整理し，横軸に構成員数の累積相対度数，縦軸に年間所得の累積相対比をとったもので，集団の所得格差の均一・不均一を表したものである。この図からいえることとして次の記述のア，イに当てはまるものの組合せとして正しいのはどれか。**

【国家一般職・平成５年度】

集団の所得格差が小さい集団では［ア］，所得格差が大きい集団では［イ］。

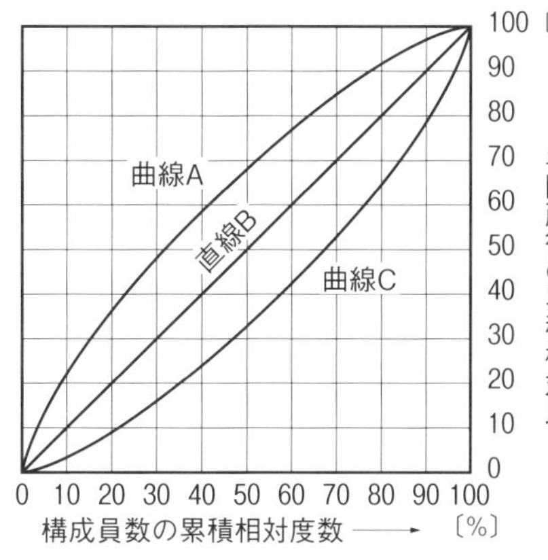

［注］構成員数の累積相対度数

$$= \frac{\text{構成員数の累積度数}}{\text{全構成員数}}$$

年間所得の累積相対比

$$= \frac{\text{年間所得の累積額}}{\text{全構成員の年間所得総額}}$$

	ア	イ
1	曲線Ａのような上に凸の曲線で，直線Ｂとの乖離が大きくなり	直線Ｂに近づく
2	曲線Ａのような上に凸の曲線で，直線Ｂとの乖離が大きくなり	曲線Ｃのような下に凸の曲線で，直線Ｂとの乖離が大きくなる
3	直線Ｂに近づき	曲線Ａのような上に凸の曲線で，直線Ｂとの乖離が大きくなる
4	直線Ｂに近づき	曲線Ｃのような下に凸の曲線で，直線Ｂとの乖離が大きくなる
5	曲線Ｃのような下に凸の曲線で，直線Ｂとの乖離が大きくなり	曲線Ａのような上に凸の曲線で，直線Ｂとの乖離が大きくなる

実戦問題の解説

No.1 の解説　各時刻における道路交通量　→問題はP.410　正答2

累積度数のグラフでは，ある時点での曲線の傾きが大きいほどその時点での度数が大きく，逆に傾きが小さければ度数は小さい。また，累積度数のグラフの傾きが一定であれば，常に一定の度数をとり続けていることがわかる。

B：**Bのグラフは傾きが一定であるから交通量は一定。**
まず，道路Bをみると交通量累積がほぼ直線的に増加し，傾きは一定である。これは，**道路Bの交通量が時間によらず，常に一定**であることを示しているので，**ウ**に対応する。

C：**Cのグラフは12:00頃に傾きが急になっていることに着目する。**
次に，道路Cをみると，累積度数の曲線の傾きは0:00に水平で，時間とともに傾きが急になり，12:00頃に最大の傾きをとった後に，24:00に向けて再び水平となっている。つまり，**12:00頃に急激に交通量が増えている**ことがわかるので，**イ**が対応する。

A：**Aのグラフは6:00と18:00に傾きが急になっていることに着目する。**
最後に道路Aについてみると，**6:00と18:00に急激に傾きが大きく**なっていることから，この時刻で極大値をとる**ア**が対応する。

よって，**A**：**ア**，**B**：**ウ**，**C**：**イ**となるから，**2**が正答となる。

No.2 の解説　各年次の住宅統計調査における建築期間内シェア　→問題はP.411　正答5

典型的累積度数分布図とは異なり，調査年度から過去にさかのぼって住宅総数を累積して計算していることに注意する。

1 × **(20～25年に建築) ＝ (20～38年に建築) － (25～38年に建築)**
昭和38年をみると，過去18年（昭和20～38年），過去13年（昭和25～38年），過去８年（昭和30～38年）に建築された住宅がそれぞれ52%，40%，26%となっているから，昭和20～25年の間は（昭和20～38年）－（昭和25～38年）＝52－40＝12〔%〕であることがわかる。

2 × **40～48年に建築されたものは40%である。**
1と同様に各区間における割合を求めると，昭和25～30年が９%，昭和30～35年が７%，昭和35～40年が17%，昭和40～48年が40%となっている。よって，年平均では，昭和40～48年が最も大きい。

3 × **40～58年に建築されたものは約63%である。**
昭和40～58年が63%であるから，昭和40年までのものは37%であり，半数に達していない。

4 × **58年調査の過去23年間は35～58年，63年調査の過去23年間は40～63年。**
昭和35～40年が多かった場合と，昭和58～63年が少なかった場合とが考えられる。

5 ◎ 45～63年に建築されたものはおよそ6割。

正しい。昭和45～63年に建築されたものが61％を占める。

No.3 の解説　青少年の平日における就寝時刻と平均睡眠時間 →問題はP.412 正答5

A × 与えられた資料からは判断できない。

このグラフから就寝時刻の遅れが平均睡眠時間の短縮の直接原因と判断することはできない。起床時刻との関係を示すデータが必要である。

B × 起床時刻が遅ければ，睡眠時間は長くなる。

図からわかるのは就寝時刻についてだけであり，起床時刻については判断できないので，この図と表だけで両者が矛盾するとはいえない。

C ○ $\text{増加率}=\dfrac{\text{1995年の起きている者の割合}}{\text{1965年の起きている者の割合}}-1$

10時以降まで起きている者の割合の増加率は，

小学生で$\dfrac{1-0.34}{1-0.74}=2.54$より154％，中学生で$\dfrac{1-0.06}{1-0.52}\fallingdotseq 1.96$より96％，高校生で$\dfrac{1-0.04}{1-0.18}\fallingdotseq 1.17$より17％，大学生で$\dfrac{1-0.03}{1-0.08}\fallingdotseq 1.05$より５％。ゆえに，低年齢層で顕著である。正しい。

D ○ 実線○と点線●の50％を見比べる。

50％以上の者が就寝する時刻は，1995年調査の場合，小学生10時～10時15分，中学生11時15分～11時30分，高校生12時～12時15分，大学生12時30分～12時45分，1965年調査の場合，小学生～９時30分，中学生９時45分～10時，高校生11時～11時15分，大学生11時45分～12時となっている。したがって，正しい。

よって，**5**が正答となる。

No.4 の解説　構成員の累積相対度数と年間所得の累積相対比 →問題はP.413 正答4

ローレンツ曲線に関する問題である。直線Ｂは均等分布線，曲線Ｃがローレンツ曲線である。所得格差が小さいとローレンツ曲線は均等分布線に近づき，逆に所得格差が大きいとローレンツ曲線（曲線Ｃ）は均等分布線から大きく離れていく。またローレンツ曲線では，曲線Ａのように，均等分布線より上に来ることはありえないので注意しておこう。

アには「直線Ｂに近づき」が入り，**イ**には「曲線Ｃのような下に凸の曲線で，直線Ｂとの乖離が大きくなる」と入るから，**4**が正答となる。

統計・相関

必修問題

図は，A～E国について，１人当たりGDPおよび公的教育支出のGDP比を示したものであり，かっこ内の数値は各国のGDPの値を示している。この図からいえることとして最も妥当なのはどれか。

【国家総合職・平成24年度】

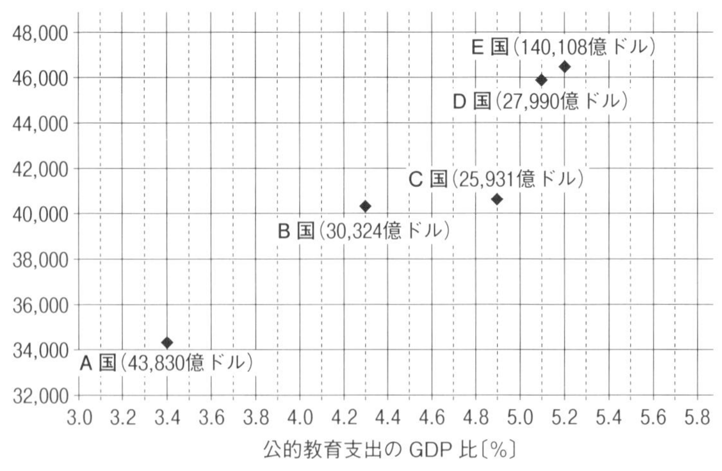

1　１人当たり公的教育支出が２番目に多いのはＥ国である。

2　公的教育支出が２番目に多いのはＢ国である。

3　公的教育支出が２番目に多いのはＣ国である。

4　人口が２番目に多いのはＡ国である。

5　人口が２番目に多いのはＤ国である。　　難易度　＊＊

必修問題の解説

「公的教育支出のGDP比」と「１人当たりのGDP」という２種類の統計量からなる散布図の問題である。これらと，問題図から読み取れる「GDP」から，選択肢で問われているキーワードである「１人当たりの公的教育支出」「公的教育支出」「人口」をどのように導くかが解決のポイントになる。

1×　１人当たりの公的教育支出の算出方法を検討する。

１人当たりの公的教育支出とは，公的教育支出を人口で割ったものである。

公的教育支出は，GDPと公的教育支出のGDP比をかけたものである。

$$\textbf{1人当たりの公的教育支出} = \frac{\text{GDP}\times\text{公的教育支出のGDP比}}{\text{人口}}$$

$$= \frac{\text{GDP}}{\text{人口}} \times \text{公的教育支出のGDP比}$$

$$= \textbf{1人当たりのGDP} \times \textbf{公的教育支出のGDP比}$$

右上に行くほどこの値は大きいので，E国は一番多く誤りである。

2 × **公的教育支出 ＝ GDP × 公的教育支出のGDP比**

1で述べたように，**公的教育支出 ＝ GDP×公的教育支出のGDP比**

図をみると，この値が一番多いのは明らかにE国である。**ほかの国々は，一見しては判断できないので，有効数字２ケタで計算をする**。

A：43,830 × 0.034 ≒ 44,000 × 0.034 ＝ 44 × 34 ＝ 1,496

B：30,324 × 0.043 ≒ 30,000 × 0.043 ＝ 30 × 43 ＝ 1,290

C：25,931 × 0.049 ≒ 26,000 × 0.049 ＝ 26 × 49 ＝ 1,274

D：27,990 × 0.051 ≒ 28,000 × 0.051 ＝ 28 × 51 ＝ 1,428

以上より，B国は４番目に多いので，誤り。

3 × **公的教育支出 ＝ GDP × 公的教育支出のGDP比**

2での検討結果より，C国は５番目に多いのであり，誤り。

4 ◎
5 × $\textbf{人口} = \dfrac{\text{GDP}}{\text{1人当たりのGDP}}$

GDPは，１人当たりのGDPと人口をかけたものである。ここから，人口を導出すればよい。

$$\textbf{GDP} = \textbf{1人当たりのGDP} \times \textbf{人口}\text{から，}\textbf{人口} = \frac{\text{GDP}}{\text{1人当たりのGDP}}$$

図をみると，この値が一番多いのは明らかにE国である。**ほかの国々は一見しては判断できないので，有効数字２ケタで計算をする**。**割り算をする前に分数にして比較すると全体を把握しやすく計算を省略できることがある**。

A：$44{,}000 \div 34{,}000 = \dfrac{44}{34}$　　B：$30{,}000 \div 40{,}000 = \dfrac{30}{40}$

C：$26{,}000 \div 41{,}000 = \dfrac{26}{41}$　　D：$28{,}000 \div 46{,}000 = \dfrac{28}{46}$

４つの国の中で，**A国は分子が最も大きく，分母が最も小さい**。よって，A国は人口が２番目に多いので，**4**が正答であり，**5**は誤りとなる。

正答 4

FOCUS

散布図は，全体的な相関関係があるかをまず把握する。そして次に，これらの変量を組み合わせて，何が導けるのかを検討していく。

POINT

重要ポイント 1 統計・相関で問われること

統計・相関では，統計処理能力，統計の基礎知識，相関関係の有無の判断などが問われることもある。いずれも，グラフの読解力と理解力が必要となる。

まずは，グラフがどのような意味合いを持つのかを慎重に読み取ることを心がけよう。また，問題によっては，ある指標を定義したうえで，グラフ等が出題される場合がある。この場合は，その定義された式の意味を十分に吟味したうえで，問題に取り組むようにしよう。

重要ポイント 2 基礎用語

平均値 m_x：n 個のデータ，x_1，x_2，x_3，…，x_nについて，

$$m_x=\frac{1}{n}(x_1+x_2+x_3+\cdots+x_n)$$

1つでもほかの数値に比べて極めて大きな（または，小さな）値が含まれると平均値は大きく変動する。

加重相加平均：n 個のデータx_1，x_2，…，x_nに対して，それぞれ正数w_1，w_2，…，w_nという重みがついているとき，$\dfrac{x_1w_1+x_2w_2+\cdots+x_nw_n}{w_1+w_2+\cdots+w_n}$を加重相加平均あるいは**重みつき平均**という。

この式の値は$w_1=w_2=\cdots=w_n$のときには通常の平均値と同じになる。

中央値（メディアン）：データを小さい順に並べたときの全体の中央に当たる値のこと。累積相対度数分布では，50％の位置に来る値のこと。

分散 b_x：$b_x=\dfrac{1}{n}\{(x_1-m_x)^2+(x_2-m_x)^2+(x_3-m_x)^2+\cdots+(x_n-m_x)^2\}$

平均値からの差の２乗の平均。

標準偏差：分散の正の平方根（$\sqrt{b_x}$）で，平均値の周りのデータのばらつきを表す指標として使われる。

重要ポイント 3 相関関係

相関関係とは２つの変数間の相互関係のことである。１つの変数の増加傾向に対して，もう１つの変数が増加傾向にあれば，２つの変数間には正の相関関係があり，逆に減少傾向があれば，負の相関関係があることになる。

相関関係を数式化したものが相関係数である。n 個のデータの組，$(x_1,\ y_1)$，$(x_2,\ y_2)$，$(x_3,\ y_3)$，…，$(x_n,\ y_n)$ について，

相関係数 r_{xy}：

$$r_{xy}=\frac{\frac{1}{n}\{(x_1-m_x)(y_1-m_y)+(x_2-m_x)(y_2-m_y)+(x_3-m_x)(y_3-m_y)+\cdots+(x_n-m_x)(y_n-m_y)\}}{\sqrt{b_x}\sqrt{b_y}}$$

で表される（m_x，m_yはx，yそれぞれの平均値，b_x，b_yはx，yそれぞれの分

散)。相関係数は－１から１の間の値をとる。相関関係とグラフの分布の関係は下図のようになる。

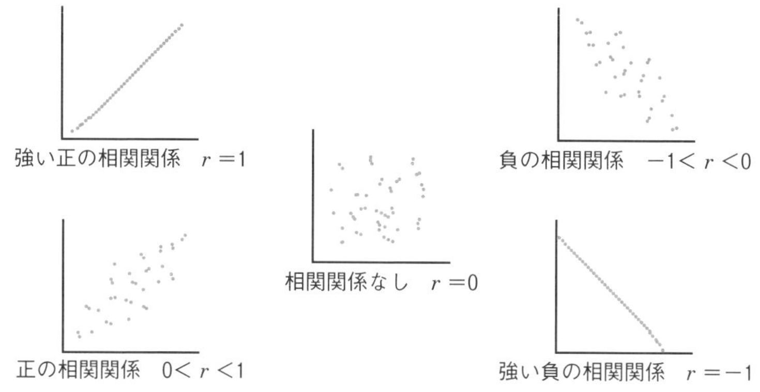

重要ポイント４ 散布図

散布図は，２種類の統計量の組に対応する点を座標平面上にプロットしたものである。

散布図の本来の用途は座標平面上での点のばらつき具合から２種類の統計量間の相関関係を把握することにあるが，それ以外の用途で用いられることも多い。特に資料解釈で題材とされるときには相関関係の判断よりもデータの読み取りが問題として出題されることのほうが多い。

散布図では，縦横両軸に示された統計量の数量的属性が同じである場合と異なる場合とで対処のしかたが変わってくる。

数量的属性が同じである場合は，**均等線**（原点を通る傾き45度の直線）が特別な意味を持ち，ある点が均等線の左上側にあるか右下側にあるか，均等線からどれだけ離れているかがポイントになることが多い。

一方，数量的属性が異なる場合には，ある点と原点とを結んだ直線の傾きが重要な意味を持つことが多い。

いずれにせよ，散布図を題材とした問題では，両軸に示された統計量間に潜んでいる数量的関係を正しく認識して作業を進めるようにしたい。

実戦問題❶ 基本レベル

No.1 * **次の図は，各都道府県別の老人入院医療費についてのものである。ア～ウのうちで，この図から確実にいえることはどれか。該当するものをすべて挙げている選択肢を選べ。**

【地方上級（全国型）・平成２年度】

ア：１人当たりの年間入院費用は，全国平均で約25万円である。

イ：１人当たりの平均年間入院費用の最も高い都道府県は，最も少ない都道府県の４倍以上である。

ウ：１人当たりの平均年間入院日数が長い都道府県は，１日当たり平均入院費用が低い傾向にある。

1 ア
2 ウ
3 ア，ウ
4 イ，ウ
5 ア，イ，ウ

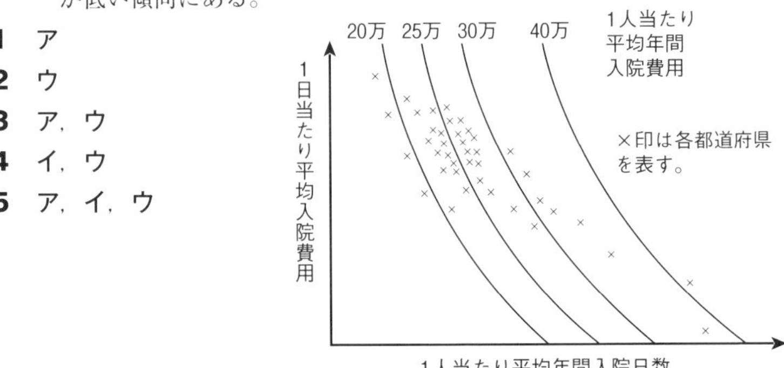

No.2 * **表はある会社の社員40人の通勤にかかる時間を調べたものである。この表から社員40人の平均通勤時間はいくらになるか。**

【市役所・平成元年度】

通勤時間〔分台〕	5～14	15～24	25～34	35～44	45～54	55～64	65～74	75～84	85～94
人数〔人〕	0	1	6	3	3	8	9	4	6

1 59分
2 60分
3 61分
4 62分
5 63分

＊＊
No.3 **図Ⅰ，Ⅱは，職業ごとの従事者数および男女比，職業ごとの従事者に占める未婚者の割合（男女別）についての調査の結果を示したものである。これらから確実にいえるのはどれか。**

ただし，複数の職業に従事している者はいないものとする。なお，既婚とは未婚ではないことをさす。

【国家一般職・令和２年度】

図Ⅰ　従事者数および男女比

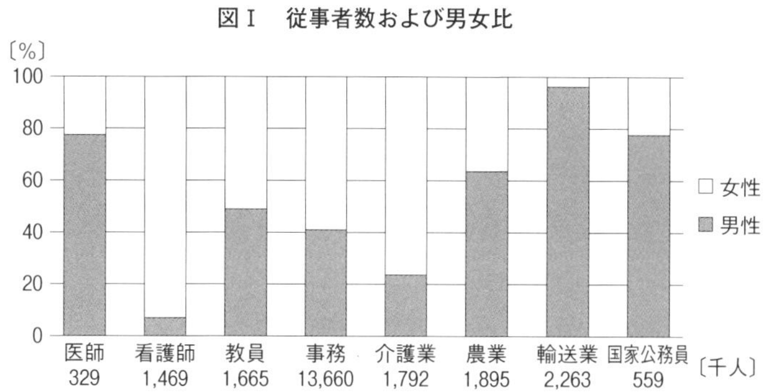

図Ⅱ　従事者に占める未婚者の割合（男女別）

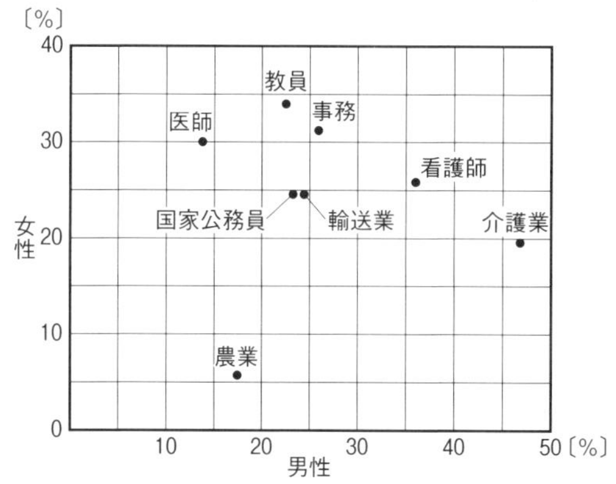

1　未婚の男性の教員の人数は，既婚の女性の農業の人数よりも多い。

2　既婚の女性の医師の人数は，未婚の男性の医師と未婚の男性の看護師を合わせた人数よりも多い。

3　８つの職業についてみると，未婚の男性の人数が最も多いのは，輸送業である。

4　男女を合わせた未婚率についてみると，医師は介護業よりも低い。

5　８つの職業についてみると，男女を合わせた未婚率が最も高いのは，国家公務員である。

＊＊
No.4 **図Ⅰは野菜類等の10ａ当たり物財費および家族投下労働費，図Ⅱは野菜類等の10ａ当たり家族投下労働日数および１日当たり家族労働報酬額を示したものである。この図からいえることとして妥当なのはどれか。**

【国家総合職・平成11年度】

図Ⅰ

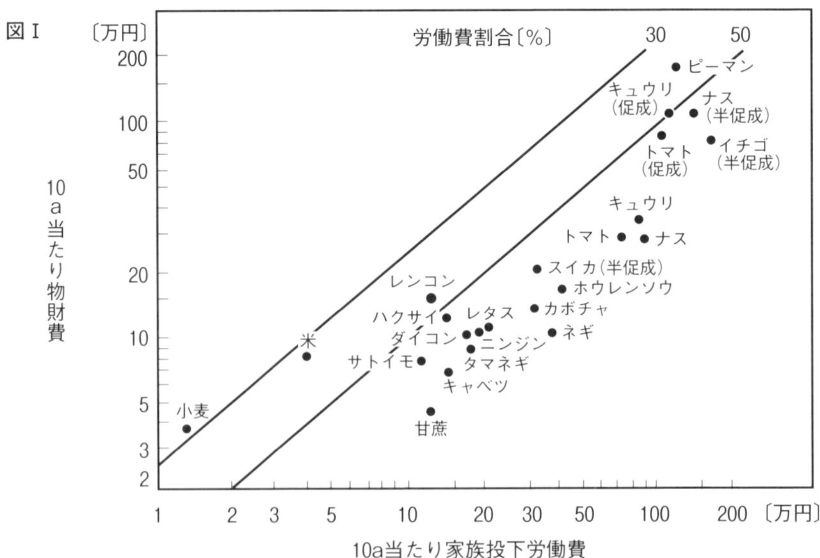

図Ⅱ

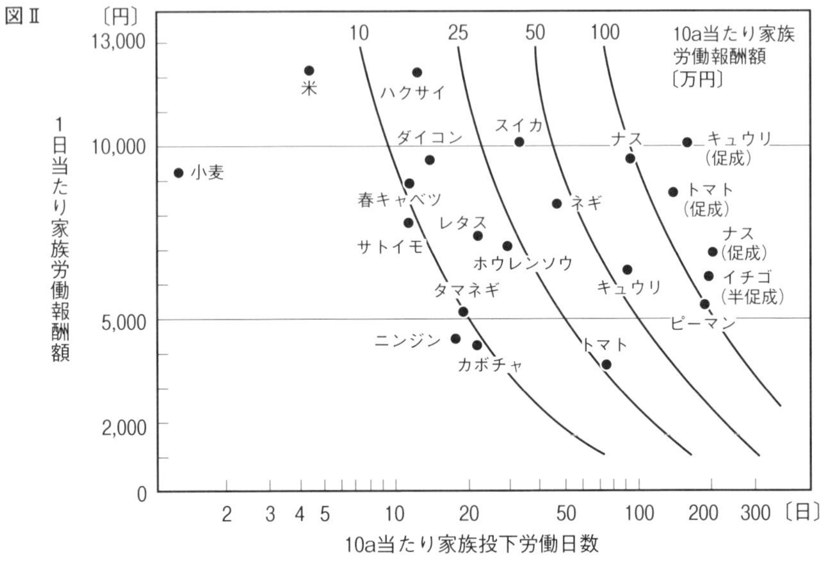

1 家族投下労働費割合が一番低いのは，ピーマンである。

2 10 a 当たりの家族労働報酬額が100万円以上になっているのは米とキュウリ(促成)である。

3 10 a 当たりの物財費と家族投下労働費が１：１になっているのはキュウリ(促成)である。

4 10 a 当たりでみて，１日当たり家族投下労働費が１日当たりの家族労働報酬額より大きいのは米である。

5 10 a 当たりでみて，イチゴ(半促成)は物財費と家族投下労働費で約200万円かかり，90万円の労働報酬額を得ることになる。

*
No.5 **10人の生徒が英語，国語，数学（いずれも５点満点）のテストを受け，各テストでの受験者の得点分布が下表のように示されている。受験者の３科目の合計得点で上から２番目の得点および下から２番目の得点の組合せとして正しいのはどれか。**

ただし，表中の数字は受験者の人数を表し，たとえば英語の得点と国語の得点の表では，英語で３点，国語で３点の受験者は２人いることを示している。

【国家総合職・平成23年度】

国語の得点＼英語の得点	0	1	2	3	4	5
0						
1		1				
2				1	1	
3				2	1	1
4				2		1
5						

国語の得点＼数学の得点	0	1	2	3	4	5
0						
1					1	
2				1	1	
3		1		3		
4				1	1	1
5						

数学の得点＼英語の得点	0	1	2	3	4	5
0						
1					1	
2						
3				3	1	1
4		1		1		1
5				1		

	上から２番目の得点	下から２番目の得点
1	11	6
2	11	7
3	11	8
4	12	7
5	12	8

実戦問題1の解説

No.1の解説 老人入院医療における入院日数と入院費用の関係 →問題はP.420 正答2

ア× **各都道府県の人口比が不明であり，平均は求まらない。**
25万円前後の点が多いのは確かであるが，各都道府県の老人人口がわからないので判断できない。たとえば，40万円前後の都道府県の老人人口が非常に多ければ，全体の平均は25万円よりも大きくなってしまう。

イ× **最高は40万円強，最少は20万円弱である。**
20万円から40万円の間であるから，誤り。

ウ○ **グラフの点には，負の相関関係がある。**
よって，確実にいえるのは**ウ**のみなので，**2**が正答となる。

No.2の解説 通勤時間階級別社員の分布と平均値 →問題はP.420 正答3

各時間帯の階級値（階級の中央に来る値）を用いて平均を計算する。たとえば，5～14分台では10分をその階級の階級値とする。

（10×0＋20×1＋30×6＋40×3＋50×3＋60×8＋70×9＋80×4＋90×6）÷40≒61〔分〕。よって，**3**が正答となる。

No.3の解説 未婚者割合調査 →問題はP.421 正答4

1× **未婚男性教員の人数＝教員総数×教員男性割合×教員男性未婚率**

未婚男性教員の人数：1,665×0.48×0.22
既婚女性農業の人数：1,895×**0.37×0.94**＝1,895×**0.94×0.37**

よって，明らかに未婚男性教員の人数は，既婚女性農業の人数よりも少ない。

2× **既婚女性医師の人数＝医師総数×医師女性割合×医師女性既婚率**

既婚女性医師の人数：329×0.22×0.70≒51
未婚男性医師の人数：329×0.78×0.14≒36
未婚男性看護師の人数：1,469×0.06×0.36≒32

51＜36＋32より，既婚女性医師の人数は，未婚男性医師と未婚男性看護師を合わせた人数よりも少ない。

3× **事務の人数は輸送業の人数の6倍以上なので，未婚男性事務と比べる。**

男性事務の人数　：13,660×0.41
男性輸送業の人数： 2,263×0.96

これより明らかに男性事務の人数は男性輸送業の人数の２倍以上であり，男性事務と男性輸送業の未婚率はともに約25％で変わらないから，未婚男性事務の人数は未婚男性輸送業の人数よりも多い。

4◎ **医師の未婚率＝（未婚男性医師数＋未婚女性医師数）÷医師総数**
正しい。

$$医師の未婚率=\frac{329\times0.78\times0.14+329\times0.22\times0.30}{329}=0.78\times0.14+0.22\times0.30$$

$$介護業の未婚率=\frac{1{,}792\times0.22\times0.47+1{,}792\times0.78\times0.19}{1{,}792}$$

$$=0.22\times0.47+0.78\times0.19$$

各項を比べると，これ以上計算せずとも明らかに医師の未婚率が低いことがわかる。

5 × **男性・女性ともに未婚率が高ければ，確実に未婚率は高い。**
事務，看護師は国家公務員よりも，男女ともに未婚率が高い。つまり，男女人数比がいかなる場合も，事務，看護師は国家公務員よりも男女を合わせた未婚率が高くなる。

No.4 の解説　野菜類等の家族投下労働費，家族労働報酬額など →問題はP.422 正答3

1 × **図Ⅰの左に行くほど労働費割合が低下する。**
図Ⅰ中の斜線（労働費割合）より，左にあるものほど割合が低い。最も低いのは小麦である。

2 × **図Ⅱの曲線から判断する。**
図Ⅱ中の曲線（10a当たりの家族労働報酬額）から，キュウリ(促成)，トマト(促成)，ナス(促成)，イチゴ(半促成)が，100万円以上になっている。

3 ◎ **図Ⅰの労働費割合50%の斜線上にあるかどうかをみる。**
正しい。図Ⅰ中の労働費割合50%の斜線上にあるものが，1：1の割合のものであるから，キュウリ(促成)が該当する。

4 × **図Ⅰ，Ⅱより1日当たり家族投下労働費を求める。**
米は10a当たり家族投下労働費が4万円，家族投下労働日数が4日であるから，1日当たりの家族投下労働費は1万円。一方，1日当たりの家族労働報酬額は約12,000円であり，家族労働報酬額のほうが大きい。

5 × **図Ⅱより労働報酬額は100万円を超えている。**
イチゴ(半促成)の労働報酬額は100万円を超えている。

No.5 の解説　テストの得点分布表

→問題はP.423　正答5

得点分布の**生徒の数値が少ないところから順に決定**していく。また，決定していくたびに，３つの図中の**同じ生徒を表す数字に○や△などの記号を打っていく**とわかりやすい。

	国語	数学	英語	計
④	4	4	5	13
②	4	5	3	12
⑤	3	3	5	11
⑥	4	3	3	10
⑧	2	3	4	9
⑦	2	4	3	9
⑨	3	3	3	9
⑩	3	3	3	9
③	3	1	4	8
①	1	4	1	6

①国語１点かつ英語１点の生徒は１人しかいないので，この生徒の数学は４点で，合計６点である。②数学が５点の生徒も１人だけで，この生徒の国語は４点，英語は３点だから，合計12点である。③数学が１点の生徒も１人だけで，この生徒の国語は３点，英語は４点だから，合計８点である。英語が５点の生徒は２人いて，国語と数学は３点または４点であるが，**国語が３点かつ数学が４点という生徒はいない**ので，④国語が４点かつ数学が４点，英語が５点で合計13点の生徒と，⑤国語が３点かつ数学が３点，英語が５点で合計11点という組合せの２人となる。ここまでで，合計得点が13点の生徒，12点の生徒，11点の生徒がいることになり，得点が上から２番目の生徒は11点ではない。したがって**1**～**3**は誤りと決まる。

残っている生徒の中に１科目の得点が１点だった生徒はいないので，**（1点，3点，3点）で7点となる生徒はいない**。国語が２点の生徒は，数学も英語も３点または４点なので，**（2点，2点，3点）で7点となる生徒もいない**。また，数学が２点の生徒も，英語が２点の生徒もいない。したがって，**合計得点が7点となる生徒はいない**ので，**4**は誤りで**5**が正答である（合計得点が６点の生徒（①），８点の生徒（③）はいる）。

なお，ほかの生徒もみておくと，⑥国語４点かつ英語３点のもう１人は，数学３点なので合計10点，⑦数学４点の生徒のもう１人は，国語２点，英語３点で合計９点，⑧英語４点のもう１人は，国語２点，数学３点で合計９点となり，⑨⑩残った２人は国語，数学，英語とも３点で合計９点である。

実戦問題2 応用レベル

＊
No.6 Ⅰ～Ⅴの５つの支社を持つ企業がある。この企業は，製品Ａ～Ｄを販売している。図は，この企業の支社全体および各支社における製品Ａ～Ｄの売上割合をグラフに表したものである。

ある支社の支社全体に対する製品売上の比較優位の程度をはかる指標の一つとして特化係数が使われる。特化係数は以下の計算式により算出される。

ある支社における製品Xの特化係数＝

$$\frac{（ある支社の製品Ｘの売上／ある支社の製品の総売上）}{（支社全体の製品Ｘの売上／支社全体の製品の総売上）}$$

支社における製品Ａ～Ｄの特化係数のグラフとして最も妥当なのはどれか。

【国家総合職・平成19年度】

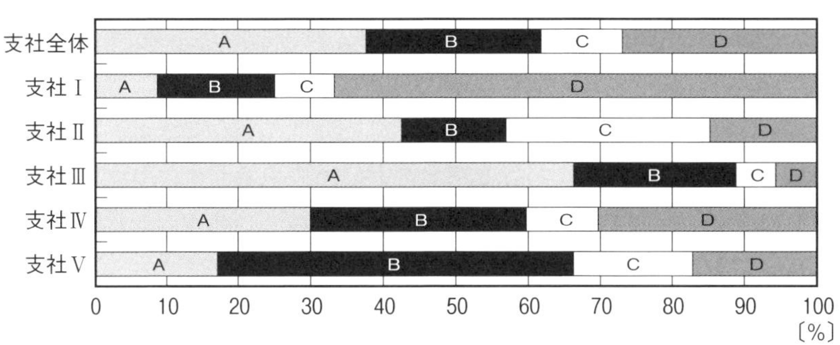

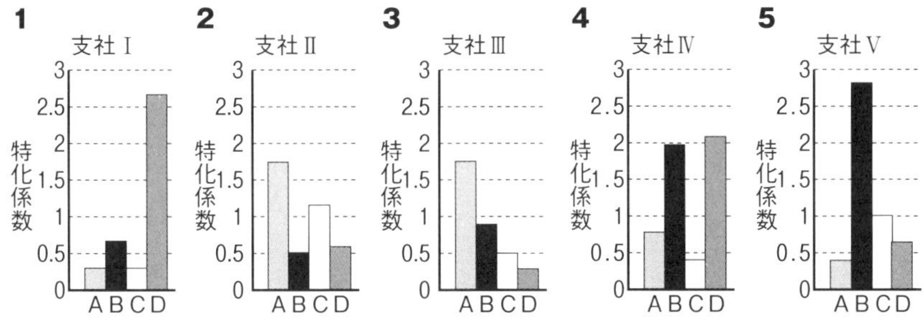

＊＊
💎 **No.7** **図は，ある年における住宅の面積と価格に関し，世界の主な都市を比較したものである。これからいえることとして最も妥当なのはどれか。**

【国家総合職・平成26年度】

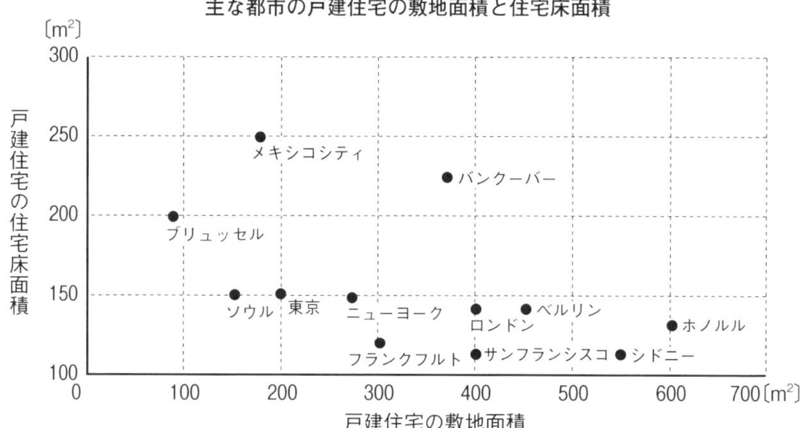

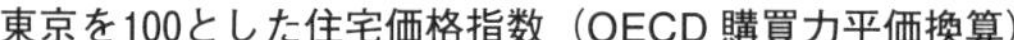

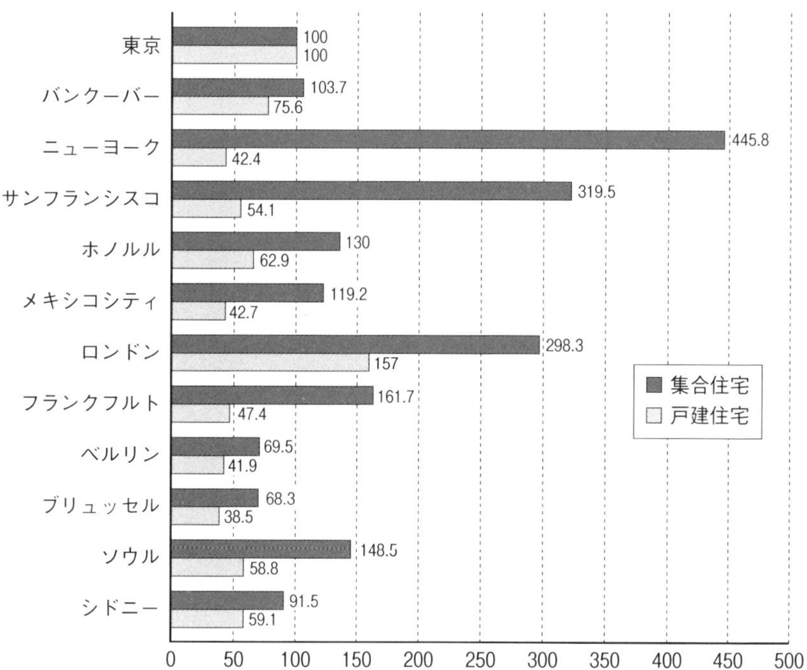

1 戸建住宅について，敷地面積に対する住宅床面積の割合が５割を下回る都市は７都市である。

2 戸建住宅の，敷地面積当たりの価格（価格はOECD購買力平価換算。以下同じ）が最も高いのは東京である。

3 戸建住宅の，住宅床面積当たりの価格が最も高いのは東京である。

4 集合住宅の，住宅床面積当たりの価格が最も高いのはニューヨークである。

5 ニューヨークの集合住宅の価格は，ブリュッセルの戸建住宅の価格の約12倍である。

＊＊
No.8 **図は，1985年を基準とした90年，95年，2001年のある国の製造業の業種別・国内外従業員変化率（1985年対比）を示したものであるが，これから確実にいえるのはどれか。**

【国家一般職・平成17年度】

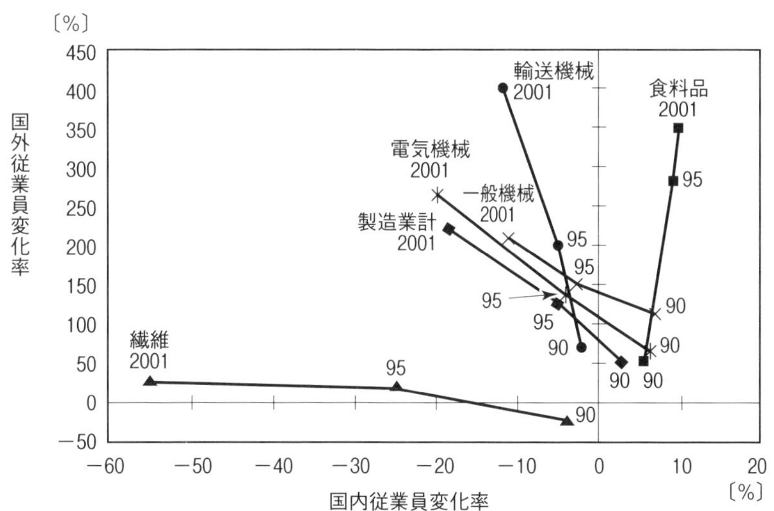

1 2001年の繊維の国外従業員数は，同年の電気機械のそれよりも多い。

2 1990年から95年にかけての国外従業員の増加数が最も多い業種は食料品である。

3 1985年から90年，95年，2001年と，国内従業員数が減少を続けているのは，２業種である。

4 2001年の国内従業員数が国外のそれより多いのは，４業種である。

5 2001年の製造業計をみると，1985年に比べて国内従業員数は約２割減少したが，国外従業員数は約25倍に増加した。

No.9 ＊ **図Ⅰは，A～E国の出生率と死亡率の推移を示したものであり，図Ⅱは，X国の地域別の人口の推移を示したものである。これらから確実にいえることとして最も妥当なのはどれか。**

なお，自然増加率＝出生率－死亡率である。

【国家総合職・令和５年度】

図Ⅰ　A～E国の出生率と死亡率の推移

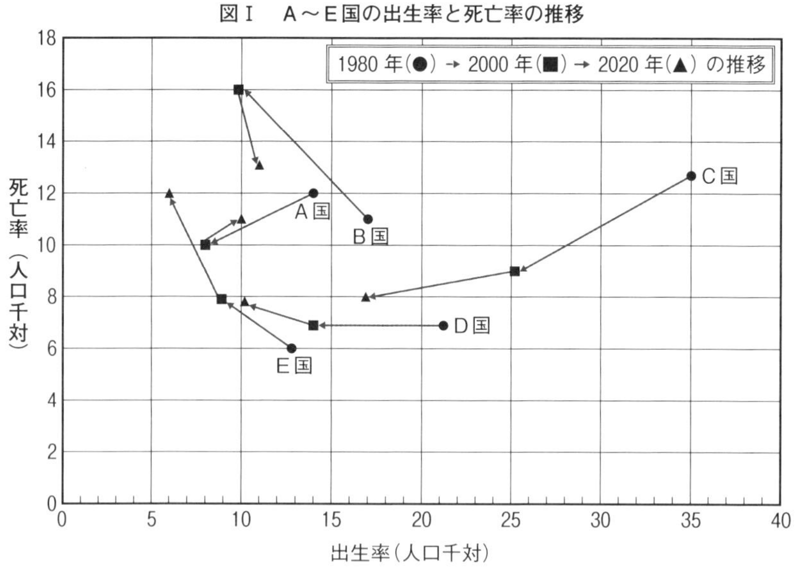

図Ⅱ　X国の地域別の人口の推移

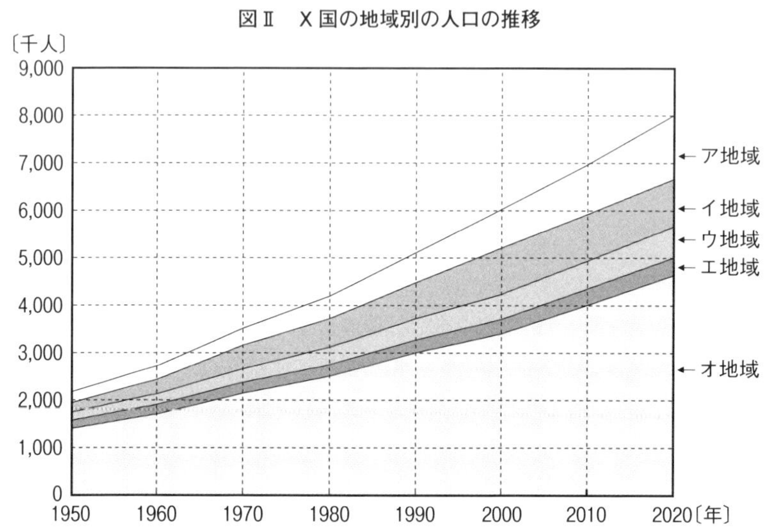

1　1980年と2000年を比較すると，A～E国のうち，出生率の差の絶対値はC国が最も大きく，また，死亡率の差の絶対値もC国が最も大きい。

2　A～E国の1980年の自然増加率と2020年のそれを比較すると，いずれの国も2020年のほうが低下しており，また，2020年の自然増加率がマイナスとなっている国も複数ある。

3　X国の2010年に対する2020年の人口の増加率は，同国の1980年に対する1990年のそれよりも高い。

4　X国の人口に占めるイ地域の人口の割合は，2020年に最も高くなっている。

5　X国のア～オの各地域における1950年に対する2020年の人口の増加率をみると，オ地域が最も高く，エ地域が最も低い。

No.10 ＊＊ **図は，A～F地域について，森林率（総面積に占める森林面積の割合）および1人当たりの森林面積を示したものである。また，表は，A～F地域の総面積を示している。これらから確実にいえるのはどれか。**

【国家総合職・令和元年度】

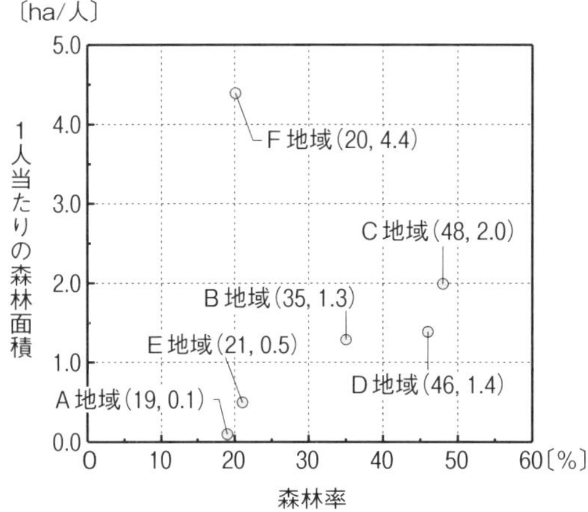

	総面積〔億 ha〕
A地域	31.2
B地域	21.3
C地域	17.5
D地域	22.1
E地域	29.9
F地域	8.5

［注］ 図中の（ ）内は（森林率〔%〕，1人当たりの森林面積〔ha/人〕）を示す。

1 森林面積が最も小さいのはA地域であり，最も大きいのはC地域である。

2 A地域とD地域を合わせた地域の1人当たりの森林面積は，E地域のそれより大きい。

3 人口が最も多いのはA地域であり，次に多いのはE地域である。

4 B地域の人口は，D地域の人口の2倍以上である。

5 人口密度が最も低いのはF地域であり，最も高いのはB地域である。

実戦問題2の解説

No.6 の解説　4つの製品に関する各支社の特化係数の計算 →問題はP.427 正答3

図に与えられた数値は製品A～Dの売上割合だから，「支社Zにおける製品Xの特化係数」を計算するには，**支社全体のグラフにおける製品Xの構成比を分母にとり，支社Zのグラフにおける製品Xの構成比を分子にとる**とよい。各製品ごとに特化係数を概算で計算しながら不適当な選択肢を消去していけばよい。

STEP❶　製品Aについてみてみる。

目分量で各支社における製品Aの特化係数を計算してみると，支社Ⅱにおける製品Aの特化係数は $\frac{43}{37}$ であり1.5を超えない。よって，選択肢**2**は誤りであることがわかる。

STEP❷　製品Bについてみてみる。

支社Ⅳでは製品Bの特化係数は $\frac{30}{25}$ であり2に達していない。よって，選択肢**4**は誤りである。さらに，支社Ⅴでは製品Bの特化係数は $\frac{50}{25}=2$ であり2.5は超えない。よって，選択肢**5**も誤りであることがわかる。

STEP❸　製品Cについてみてみる。

支社Ⅰの特化係数は $\frac{8}{12}$ であり0.5以上である。よって，選択肢**1**と合わない。この時点で残る**3**が正答であることがわかる。

実際に支社Ⅲの製品ごとの特化係数を計算すると，A～Dの特化係数はそれぞれ $\frac{67}{38}\fallingdotseq 1.76$，$\frac{22}{25}=0.8$，$\frac{6}{12}=0.5$，$\frac{6}{27}\fallingdotseq 0.22$ となり，選択肢**3**のグラフと合っている。

No.7 の解説　主な都市の住宅の面積と価格の関係

→問題はP.428　正答2

1 ×　敷地面積：住宅床面積＝２：１となる２点を結んだ直線の下側

上の図について，**(敷地面積，住宅床面積)＝(200,100)（300,150）の点を通る直線を引く**。この線よりも下側にある点が，敷地面積に対する住宅床面積の割合が５割を下回る都市であり，これは６都市である。

2 ◎　分母が大きく分子が小さくなれば，分数は小さくなる。

正しい。**戸建住宅の敷地面積当たりの価格＝$\frac{\text{戸建住宅の住宅価格}}{\text{戸建住宅の敷地面積}}$**で表される。東京の住宅価格を100とした指数を利用すると，東京は$\frac{100}{200}=0.5$である。**東京よりも敷地面積（分母）が大きく，かつ，住宅価格（分子）が小さい都市**は戸建住宅の敷地面積当たりの価格が明らかに東京より小さくなるので計算が不要である。その他の都市は数値を読み取って分数で表す。メキシコシティ$\frac{42.7}{170}$，ロンドン$\frac{157}{400}$，ブリュッセル$\frac{38}{90}$，ソウル$\frac{58.8}{150}$であり，これは計算をするまでもなく0.5未満である。よって，東京が最も高いといえる。

3 ×　分母が小さく分子が大きくなれば，分数は大きくなる。

戸建住宅の住宅床面積当たりの価格＝$\frac{\text{戸建住宅の住宅価格}}{\text{戸建住宅の住宅床面積}}$で表される。東京の住宅価格を100とした指数を利用すると，東京は$\frac{100}{150}=\frac{2}{3}$である。東京に比べて住宅価格の高いロンドンはこの値が$\frac{157}{135}$であり，明らかに東京よりも高い。

4 ×　与えられた資料からは判断できない。

集合住宅の住宅床面積のデータは与えられていないので，不明である。

5 ×　与えられた資料からは判断できない。

下のグラフは，**各都市の集合住宅は東京の集合住宅と，各都市の戸建住宅は東京の戸建住宅と比較したものであり，集合住宅と戸建住宅の価格についてはその関係性が与えられていない**。よって，本肢のような検討はできない。

No.8 の解説　業種別の国内外従業員の変化率の関係

→問題はP.429　正答3

各業種の従業員数の実数または比に関する情報が与えられていないので，異なる業種間での従業員数の比較はできないことに注意する。

1 ×　与えられた資料からは判断できない。

このグラフだけに基づいて，異なる業種間で国外従業員数の大小を比較することはできない。

2 × **与えられた資料からは判断できない。**
このグラフだけに基づいて，異なる業種間で国外従業員数の増加数の大小を比較することはできない。

3 ◎ **国内従業員変化率がずっとマイナスになっているものをみつける。**
正しい。90年，95年，2001年と，国内従業員数が減少し続けている業種では，90年，95年，2001年のいずれの年においても国内従業員変化率がマイナスで，しかも90年，95年，2001年の順にその絶対値が大きくなっているはずである。そのような業種は，繊維と輸送機械の２業種である。

4 × **与えられた資料からは判断できない。**
ある業種についてこのようなことを判断するためには，1985年，90年，95年，2001年のいずれかの時点におけるその業種の国内従業員数と国外従業員数の実数または比がわかっている必要がある。しかし，グラフからそのような情報を得ることは不可能である。

5 × **230%増＝3.3倍**
2001年の製造業計では国内従業員変化率が約－19%となっている。したがって，1985年から2001年にかけて国内従業員数が約２割減少したというのは正しい。一方，2001年の製造業計では国外従業員変化率は約230%となっている。したがって，1985年から2001年にかけて国外従業員数は倍率に換算すると１＋2.30＝3.30〔倍〕に増加している。

No.9 の解説　産業別人口構成

→問題はP.430　**正答２**

1 × **●と■の横幅と縦幅をみる。**
出生率について，1980年●と2000年■の横幅をみると，C国は35－25＝10であり，５か国の中で最も大きい。死亡率について，1980年●と2000年■の縦幅をみると，C国は12.5－9＝3.5であり，B国は16－11＝5で，B国のほうが大きい。

2 ◎ **グラフに出生率＝死亡率の線を引く。**
正しい。（出生率，死亡率）という座標を考えて，(0, 0)，(10, 10) を線でつなぐ，これより右側に点があれば自然増加率は正，左側に点があれば負となる。この線より2020年▲が左側にあるのはA国・B国・E国であり，自然増加率がマイナスになる国は複数ある。

また，この線に平行に (5, 0)，(10, 0)，(15, 0)，(20, 0) を通る線を引くと，自然増加率が５%，10%，15%，20%となる線を引くことができる。右側に行くほど自然増加率は大きくなる。●と▲の位置関係をみると，５か国とも，この線を右から左に移動している。つまり，いずれの国も自然増加率は1980年よりも2020年が低下している。

3 × **増加率＝倍率－１より，倍率が大きければ増加率も大きい。**
図Ⅱは積み上げグラフになっているので，総数は１番上のグラフをみればよい。

2010→2020年の倍率：$\frac{8,000}{7,000}=1.1\cdots$　　1980→1990年：$\frac{5,100}{4,200}=1.2\cdots$

であり，2010年に対する2020年の増加率のほうが，1980年に対する1990年のそれよりも低い。

4 ×　2000年から2020年までのイ地域の人口は横ばい。

2000年から2020年までのイ地域を示す２本のグラフはほぼ平行なので，この間のイ地域の人口は横ばいである。**X国の人口に占めるイ地域の人口の割合**

$=\frac{\text{イ地域の人口}}{\text{X国の人口}}$であるので，2000年から2020年まで，分子は変わらず，分母は増加している。つまり，この間のX国の人口に占めるイ地域の人口の割合は減少している。

5 ×　増加率＝倍率－１より，倍率が大きければ増加率も大きい。

倍率$\left(=\frac{\text{2020年の地域の人口}}{\text{1950年の地域の人口}}\right)$を各地域別にみると，

オ地域：$\frac{4,700}{1,400}=3.3\cdots$　エ地域：$\frac{400}{100}=4.0\cdots$　ア地域：$\frac{1300}{200}=6.5$

であり，エ地域は，グラフの読み取りで倍率が大きく変わるので置いておくとしても，オ地域よりもア地域が高いことは読み取れる。

No.10の解説　森林率・１人当りの森林面積

→問題はP.432　正答３

横軸＝森林率＝$\frac{\text{森林面積}}{\text{総面積}}$，縦軸＝１人当たりの森林面積＝$\frac{\text{森林面積}}{\text{人口}}$，

（原点と各点をつないだ直線の）傾き＝$\frac{\text{縦軸}}{\text{横軸}}=\frac{\text{1人当たりの森林面積}}{\text{森林率}}$，

森林面積＝総面積×森林率，

人口＝$\frac{\text{森林面積}}{\text{1人当たりの森林面積}}=\frac{\text{総面積}\times\text{森林率}}{\text{1人当たりの森林面積}}=\text{総面積}\times\frac{1}{\text{傾き}}$，

人口密度＝$\frac{\text{人口}}{\text{総面積}}=\frac{1}{\text{傾き}}$

1 ×　森林面積＝総面積×森林率

Ａ地域の森林面積：31.2×19　　Ｆ地域の森林面積：8.5×20

よって，明らかにＡ地域よりもＦ地域のほうが小さい。また，Ｃ地域よりもＤ地域のほうが大きい。

2 × 人口$=\dfrac{森林面積}{1人当たりの森林面積}$

A地域の森林面積：$31.2\times19 \fallingdotseq 593$　D地域の森林面積：$22.1\times46 \fallingdotseq 1{,}017$

A地域の人口：$\dfrac{593}{0.1}=5{,}930$　D地域の人口：$\dfrac{1{,}017}{1.4}\fallingdotseq 726$

A地域とD地域を合わせた地域の1人当たりの森林面積$=\dfrac{593+1{,}017}{5{,}930+726}\fallingdotseq 0.24$で，明らかにE地域の1人当たりの森林面積である0.5より小さい。

3 ◎ 人口＝総面積$\times\dfrac{1}{傾き}$

総面積はA地域が最も大きく，E地域が次に大きい。
また，（原点と各点をつないだ直線の）傾きは，A地域が最も小さく，E地域が次に小さい。

つまり，$\dfrac{1}{傾き}$は，A地域が最も大きく，E地域が次に大きい。

よって，人口＝総面積$\times\dfrac{1}{傾き}$は，A地域が最も多く，E地域が次に多いことになるので，正しい。

4 × 人口＝総面積$\times\dfrac{1}{傾き}$

総面積については，B地域はD地域よりも小さい。
また，傾きは，B地域がD地域よりも大きい。

つまり，$\dfrac{1}{傾き}$は，B地域がD地域よりも小さい。

よって，人口＝総面積$\times\dfrac{1}{傾き}$は，B地域がD地域よりも少ない。

5 × 人口密度$=\dfrac{1}{傾き}$

傾きが最も大きいのはF地域で，最も小さいのはA地域である。

つまり，$\dfrac{1}{傾き}$はF地域が最も小さく，A地域は最も大きい。

よって，人口密度が最も低いのはF地域だが，最も高いのはA地域である。

[注] 座標グラフの問題について，傾きを用いる解法は『集中講義！資料解釈の過去問』の第5章で，項目を式にして組み合わせる解法は第1章で多く取り上げている。類題を探す場合に参考にしてほしい。

その他

必修問題

炭素は，種々の形態で大気，海洋，陸上生物圏に分布し，形態を変えながらそれぞれの間を移動する。これは炭素循環と呼ばれている。

図は，炭素循環の模式図（1990年代）である。図中の各数値は炭素重量に換算したもので，箱の中の数値は貯蔵量〔億トン〕，矢印に添えられた数値は交換量〔億トン／年〕である。また，これらの数値のうち，*ゴシック太字斜体*で示されているものは人間の活動によるもの，それ以外は自然によるものである。この図からいえることとして最も妥当なのはどれか。

【国家専門職・平成22年度】

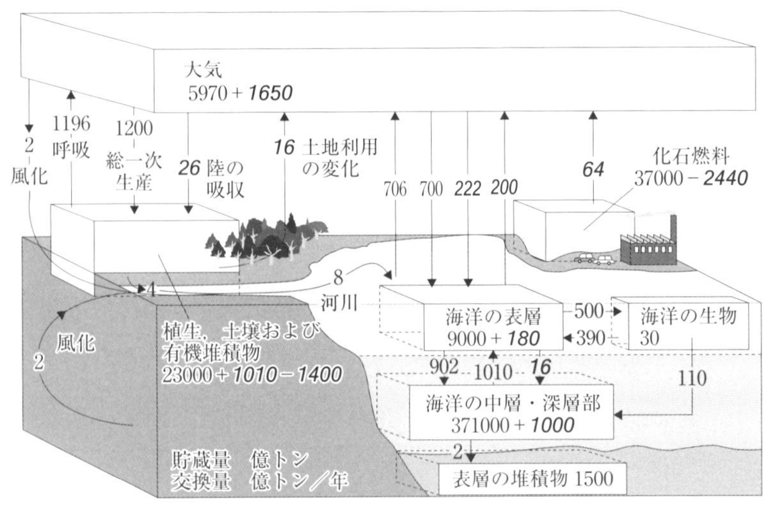

1 自然による炭素循環をみると，大気から大気以外へ移動する炭素の量は，大気以外から大気へ移動する炭素の量よりも多い。

2 化石燃料から大気へ移動する炭素の量が50％減り，これのみが変化したとすると，大気に新たに貯蔵される炭素の量はゼロになる。

3 1年ごとに新たに貯蔵される炭素の量は，大気よりも海洋のほうが大きい。

4 大気に貯蔵されている炭素の量は，1年で約1％増加している。

5 海洋の生物が半減すると，表層の堆積物に貯蔵されている炭素の量は，1年で約10％減少する。

難易度 ＊＊

必修問題の解説

図が細かく，矢印線が錯綜しており，一見複雑そうにみえるが，必要な作業は選択肢が要求する項目を丁寧に追いかけていくだけである。それができれば，計算は比較的易しいので，正答にたどりつけるであろう。まずは，全体を概観し，どこまでが自然か，どこまでが海洋かなど，問題の設定を正確に読み取り，区分けしていくことが必要になる。

1× 自然による大気と大気以外の炭素の出入りは等しい。

自然によって大気から大気以外へ移動する炭素の量は1,200（総一次生産）＋700（海洋の表層）＋２（風化）＝1,902〔億トン〕。大気以外から大気へ移動する炭素の量は1,196（呼吸）＋706（海洋の表層）＝1,902〔億トン〕。よって，大気に出入りする炭素の量は等しいので，誤りである。

2◎ 人間の活動による大気と大気以外の炭素の出入りも等しい。

1の検討より，**自然による大気と大気以外の炭素の出入りは等しい。これは，化石燃料から大気へ移動する炭素の量が変化しても変わらない**。一方，化石燃料から大気へ移動する炭素の量が50％減少したとすると，**人間の活動による**大気以外から大気へ移動する炭素の量は，16（土地利用の変化）＋200（海洋の表層）＋$64\times\frac{50}{100}$（化石燃料）＝248〔億トン〕になる。また，大気から大気以外へ移動する炭素の量は，26（陸の吸収）＋222（海洋の表層）＝248〔億トン〕。よって，**人間の活動による大気と大気以外の炭素の出入りも等しくなり**，新たに貯蔵される炭素の量はゼロになる。よって，正しい。

3× １年ごとに新たに貯蔵される炭素の量を海洋と大気のそれぞれについて求める。

2と同様の検討により，１年ごとに新たに貯蔵される炭素の量は，大気については280－248＝32〔億トン〕。また，海洋以外から海洋へ移動する炭素の量は，**海洋から海洋への移動を含めないことに注意して**，８（河川）＋700（海洋の表層）＋222（海洋の表層）＝930〔億トン〕。海洋から海洋以外へ移動する炭素の量は２（表層の堆積物）＋706（海洋の表層）＋200（海洋の表層）＝908〔億トン〕。よって，１年ごとに新たに貯蔵される炭素の量は，海洋については930－908＝22〔億トン〕であり，大気のほうが大きい。

4× 大気の炭素貯蔵量を求める。

3と同様の検討により，１年ごとに大気に新たに貯蔵される炭素の量は32億トンである。しかし，大気の炭素貯蔵量は5,970＋1,650＝7,620〔億トン〕であり，その１％は76.2〔億トン〕であることから，これの半分にも満たないので，誤りといえる。

5× 変化の影響を検討するときは，その変化のオーダーを意識する。

海洋の生物は，海洋の中層・深層部を介して表層の堆積物に影響を与えていることが図から理解できる。しかし，海洋の中層・深層部には**すでに371,000＋1,000＝372,000〔億トン〕が貯蔵されており，海洋の生物からの110億トンが半減したくらいではほとんど影響を受けない**。また，表層の堆積物には**すでに1,500億トンが貯蔵されており，海洋の中層・深層部からの２億トンがたとえ０になったとしてもほとんど変化しない**。よって，１年で約10％減少するとはいえないので，誤りである。

正答 2

FOCUS

資料解釈の問題では，ほとんどが日頃よく利用される数表や図表を題材にするが，時には特殊な資料が取り上げられ，現場での把握能力を試されることがある。こうした問題では，とにかく焦らずに説明文を読み，与えられた資料がどのようなものなのかを正しく把握することが大切である。資料を把握することさえできれば，計算は容易な問題が多いので，取りこぼさないようにしたい。

POINT

重要ポイント 1 解法のポイント

この分野で出題される問題はバラエティーに富んでいるが，主にグラフ表現，フロー図，数的推理に近い問題，文章問題からなる。いずれの問題もこれまでと異なり，複雑な計算力よりもグラフの理解力，グラフをイメージする想像力，フロー図の解読力などを必要とする。

フロー図形式の問題などは，やはり慣れが必要であるから，十分に演習を積んでおこう。

重要ポイント 2 主な問題への対策

(1) グラフ表現

・多くの種類のグラフに慣れる。

・各グラフの特色，特徴を把握する。

・常に数値・資料からグラフを頭の中でイメージする。

(2) フロー図

フロー図はものの流れを矢印で示し，ものが分岐したり合流したりしながら流れていく様子をわかりやすく表現することができる。資料解釈で題材とされるフロー図には，矢印とともにそこを流れるものの量が実数で示されていることが多い。したがって，この実数に基づいて通常の数表と同じように増加率や構成比なども計算することもできる。ただ，フロー図では矢印が複雑に分岐したり交差したりしていることも多いので，慣れないと混乱しがちである。慌てずにじっくり取り組み，思わぬ勘違いを招かないように注意すること。

(3) 数的推理に近い問題

日頃の数的推理の学習で十分対応できるであろう。ただし，グラフの形をイメージさせる問題も多いので，注意したい。

(4) 文章問題

統計資料，つまり文章中の数値の処理能力が問われる。文章中の数値をその意味ごとに整理していくことを心掛けること。

また，統計処理された資料の解釈の正誤を判断させる問題も出題される。資料から客観的にいえることのみが正解であり，決して主観的な解釈はしないようにしたい。社会情勢・常識に照らし合わせた解釈もしてはならない。

実戦問題❶　基本レベル

＊
No.1 **図は，現に職業を有する者に対して「失業に対するイメージ」をアンケート調査して，**

(1) 「人生をやり直すきっかけになる」「生きていく値打ちを失う」および「社会とのつながりを失う」の３つの質問項目ごとに，「そう思う」「どちらかといえばそう思う」「そう思わない」または「どちらかといえばそう思わない」の各４つの選択肢から１つを選んだ回答者の割合〔％〕を年齢階層別に集計し，

(2) 各質問項目ごとに，「そう思う」を２点，「どちらかといえばそう思う」を１点，「どちらかといえばそう思わない」を－１点，「そう思わない」を－２点として，これらの点数で加重して合計したものである。

たとえば，１つの質問項目について，ある年齢階層の回答者の25％ずつがそれぞれの選択肢を選んだ場合は点数は０点に，回答者の100％が「そう思う」を選んだ場合は200点になる。

この図から確実にいえるのはどれか。

【国家一般職・平成13年度】

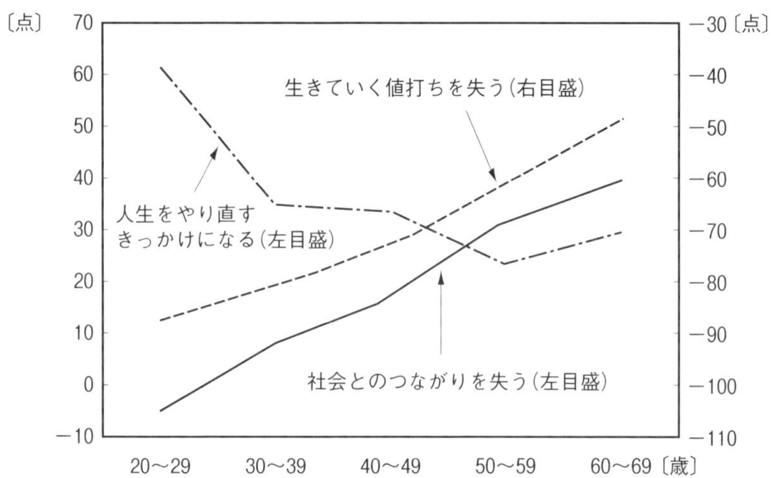

1 「生きていく値打ちを失う」に対して，60～69歳層は－48点になっているが，「そう思わない」と「どちらかといえばそう思わない」と回答した者の合計が50％と仮定すると，「そう思う」と回答した者の割合は２％以下になる。

2 「人生をやり直すきっかけになる」に対して40～49歳層は35点，「社会とのつながりを失う」に対して50～59歳層は32点で，ほぼ同水準にある。したがって，両年齢階層間で比較すると，各選択肢ごとの回答割合の差はプラスマイナス10％の範囲内にある。

3　「人生をやり直すきっかけになる」に対して，20～29歳層が63点になっていることについては，同階層の回答者の81.5％が「どちらかといえばそう思う」と回答したと仮定すれば，18.5％は「どちらかといえばそう思わない」と回答したことになる。

4　「生きていく値打ちを失う」と「社会とのつながりを失う」と回答した各年齢層の点数差は82点から93点の範囲内にあり，両グラフはほぼ平行といえる。したがって，各年齢階層の回答者は２つの質問に対してほぼ同様の割合で回答しているといえる。

5　「社会とのつながりを失う」に対して，30～39歳層は８点となっているが，これは「そう思う」，「どちらかといえばそう思う」と回答した者の割合が50％を超えているためである。

No.2 表は，2019年産水稲の作付面積および収穫量を，図は，2019年産水稲の10a当たり収量を，それぞれ農業地域別に示したものである。これらからいえることとして最も妥当なのはどれか。

【国家専門職・令和３年度】

表　2019年産水稲の作付面積および収穫量

農業地域	作付面積	対前年産差	収穫量	対前年産差
	〔ha〕	〔ha〕	〔t〕	〔t〕
北海道	103,000	−1,000	588,100	73,300
東北	382,000	2,900	2,239,000	102,000
北陸	206,500	900	1,115,000	19,000
関東・東山	271,100	800	1,414,000	−43,000
東海	93,100	−300	457,100	−5,300
近畿	102,600	−500	516,400	−1,100
中国	102,100	−1,600	513,200	−24,600
四国	48,300	−1,000	220,700	−12,700
九州	160,000	−400	696,400	−124,900
沖縄	677	−39	2,020	−180

図　2019年産水稲の10a当たり収量

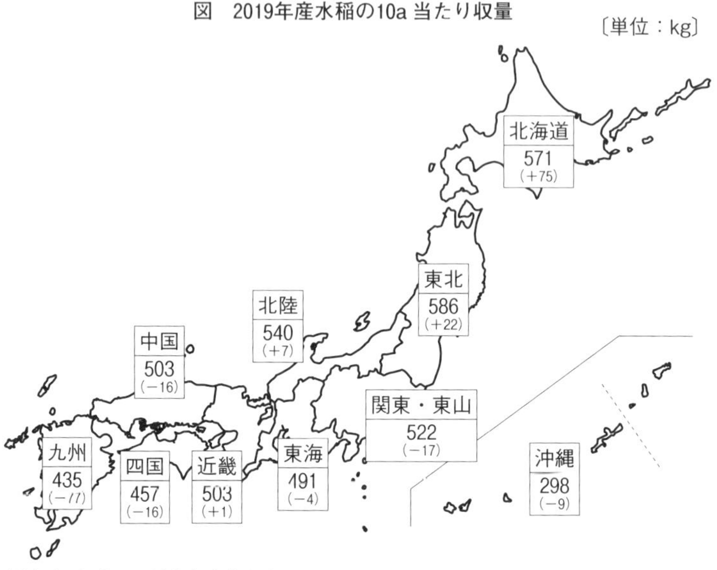

［注］（　）内は，対前年産差を表している。

1　作付面積が広い上位3つの農業地域における，10a当たり収量は，前年産のそれよりいずれも増加している。

2　作付面積が100,000ha未満の農業地域では，収穫量と10a当たり収量は共に前年産のそれらより減少している。

3　各農業地域において，前年より作付面積が広くなると，10a当たり収量は前年産のそれより増加し，前年より作付面積が狭くなると，10a当たり収量は前年産のそれより減少している。

4　収穫量が最も多い農業地域の10a当たり収量と最も少ない農業地域のそれについてみると，前者は後者の2倍を超えている。

5　作付面積が2番目に広い農業地域の収穫量は，10a当たり収量が2番目に多い農業地域の収穫量の3倍を超えている。

＊＊
No.3 **次の図はある地域における45歳以上の者の，過去５年間の一般健康診断受診の有無をパターン化したものである。この図からいえることとして，妥当なのはどれか。**

【国家専門職・平成元年度】

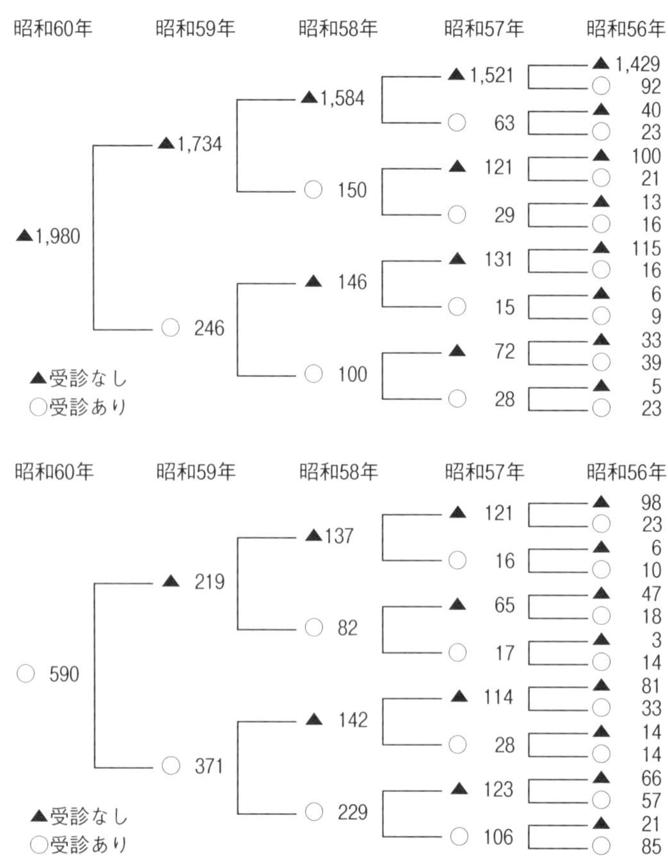

1　５年間で前年より受診者が減少したのは昭和60年のみである。

2　５年間で少なくとも１回受診したことのある者は，半数を超えている。

3　最近３年間連続して受診している者は，昭和56年から３年間連続して受診した者より少ない。

4　昭和58年に初めて受診したのは246人である。

5　昭和56年の受診者のうち，昭和60年にも受診した者は264人である。

No.4 ＊＊ **次の図は父親とその子供について「父親の学歴」「父親の職業」「子供の学歴」「子供の最初の職業」「子供の最終的な職業」の５項目の相関関係（数値は相関係数）を示したものである。また，下文は，これらの項目についての関係を説明しており，文中の空欄ア～オには，この５項目のいずれかが当てはまる。文中の空欄ア，エに該当する項目の組合せとして妥当なのはどれか。**

【市役所・平成10年度】

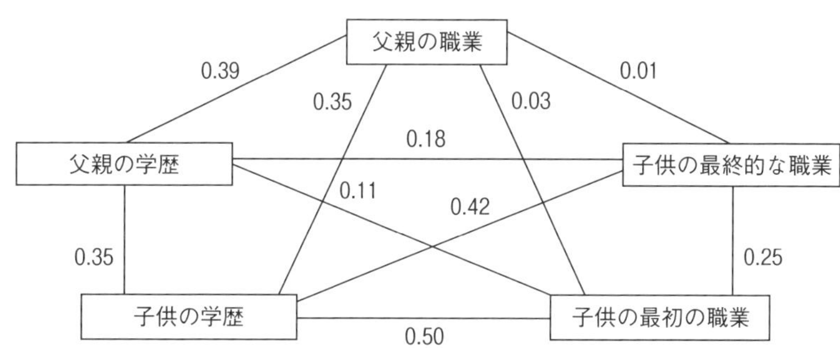

現代社会は学歴社会であるといわれて久しい。図をみると，学歴が職業の選択を規定する重要な要因となっていることがわかる。なかでも［ア］の［イ］や［ウ］に対する影響をみてもわかるとおり，父親の世代よりも子供の世代のほうが職業選択に対する学歴の重要性は増しているといえる。

学校教育機関は，本来国民に富を再分配する役割を持つものである。すなわち，親の社会的地位に関係なく，子供は学校という教育機関で皆同じ条件で一斉にスタートラインに立って競争し，本人の努力次第で富を手に入れられるという仕組みになっているはずである。確かに図をみても，［エ］は特に［イ］や［ウ］とはあまり関係がないように見受けられる。

しかし，この図をよくみると，実は［エ］や［オ］は［ア］を介して［イ］や［ウ］に影響を及ぼしている。すなわち，社会的地位の再生産が起こっていることがわかる。

	ア	エ
1	父親の学歴	父親の職業
2	子供の学歴	父親の職業
3	子供の学歴	子供の最初の職業
4	子供の最終的な職業	父親の職業
5	子供の最終的な職業	子供の学歴

＊＊
No.5 **図Ⅰは，2004年のわが国のプラスチック製品の排出および処理処分の状況に関する図であり，図Ⅱは廃プラ総排出量の分野別内訳，図Ⅲは産業廃棄物の分野別内訳，図Ⅳはマテリアルリサイクル（再生利用）の排出源別内訳をそれぞれ示している。これらから確実にいえるのはどれか。**

【国家総合職・平成19年度】

図Ⅰ　2004年のわが国のプラスチック製品の排出および処理処分の状況

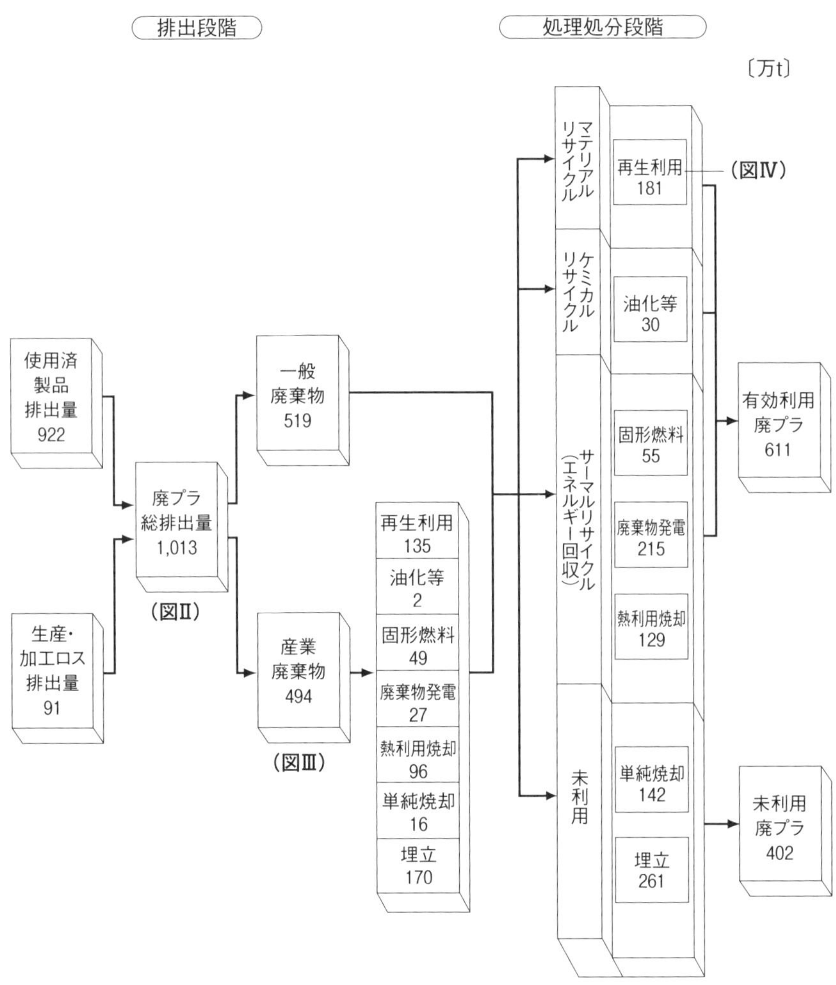

図Ⅱ　廃プラ総排出量の分野別内訳

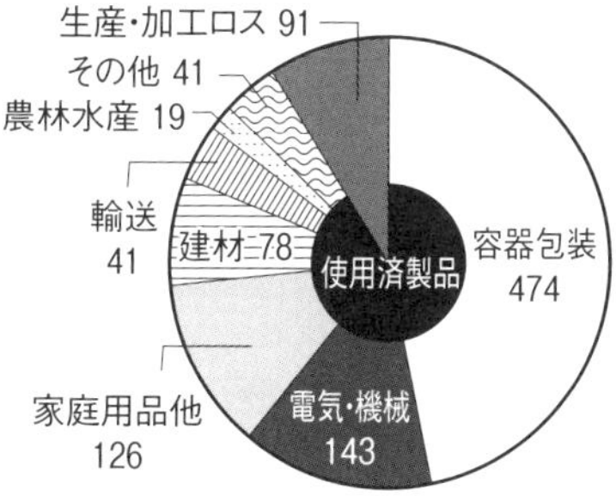

〔万t〕
生産･加工ロス 91
その他 41
農林水産 19
輸送
41
建材 78
使用済製品
容器包装
474
家庭用品他
126
電気･機械
143

図Ⅲ　産業廃棄物の分野別内訳

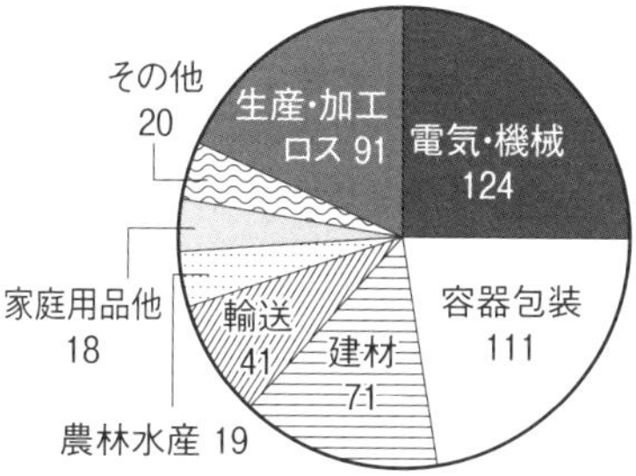

〔万t〕
その他
20
生産･加工
ロス 91
電気･機械
124
家庭用品他
18
輸送
41
建材
71
容器包装
111
農林水産 19

図Ⅳ　マテリアルリサイクル（再生利用）の排出源別内訳

〔万t〕
生産・
加工ロス
91
使用済製品
90

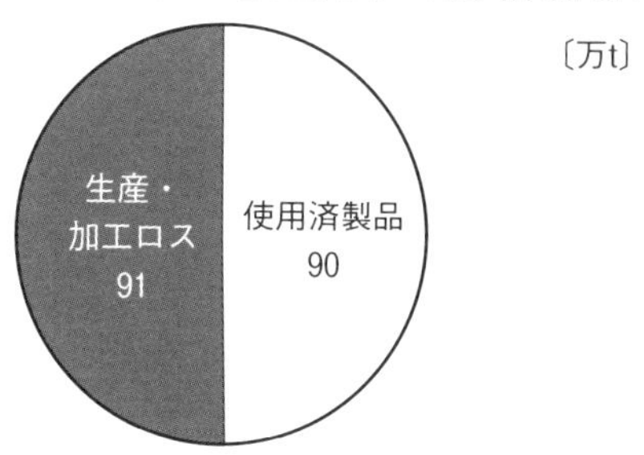

出典：社団法人　プラスチック処理促進協会「プラスチック製品の生産・廃棄・再資源化・処理処分の状況」（2004年）より引用，加工

1　一般廃棄物の分野別内訳をみると，容器包装が最も量が多く，２番目に電気・機械の量が多い。

2　一般廃棄物のうち，単純焼却される廃棄物の量は，廃棄物発電されるものの量を超えている。

3　廃プラ総排出量のうち，サーマルリサイクルされるものの割合は，50％を超えている。

4　未利用廃プラに占める一般廃棄物の割合は，60％を超えている。

5　マテリアルリサイクルされる使用済製品は，一般廃棄物のほうが産業廃棄物よりも多い。

No.6 ＊ **表は平成７年と平成12年の調査における農家戸数を表したものであり，図は平成７年の調査時点での農家が，平成12年の調査においてどの分類に属していたかについて，移動先とその戸数を示したものである。これらから確実にいえるのはどれか。**

ただし，図の（　）内の数値は平成７～12年の間の新設農家を除いた増減数であり，▲はマイナスを表す。

【国家総合職・平成16年度】

〔単位：千戸〕

	平成７年	平成12年
総農家	3,444	3,119
販売農家	2,652	2,336
主業農家	678	500
準主業農家	695	599
副業的農家	1,279	1,237
自給的農家	792	783

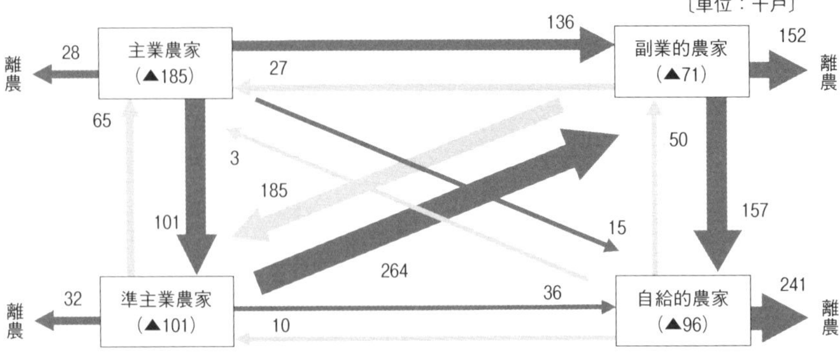

1　平成12年の調査時点での農家のうち，平成７～12年の間の新設農家であるものについてみると，「自給的農家」の戸数は「販売農家」の戸数の２倍を超えている。

2　平成７～12年の間の新設農家のうち，離農したものの戸数は，「自給的農家」が最も多く，「主業農家」が最も少ない。

3　平成７年の調査時点での農家のうち，平成12年までに「販売農家」から「自給的農家」へ移動した戸数は，その逆の戸数の４倍を超えている。

4　平成７年の調査時点での「販売農家」のうち，平成12年にも「販売農家」であるものの割合は，９割を超えている。

5　平成７年と平成12年の調査を比較すると，「販売農家」に占める割合が平成12年の調査で増加しているのは，「主業農家」と「副業的農家」である。

実戦問題1の解説

No.1 の解説　有職者に対する「失業に対するイメージ」のアンケート調査 →問題はP.442 正答1

本問では，まず問題の導入部分に記述された説明を十分理解することが必要である。また，加重相加平均の考え方が応用されている（**テーマ8の重要ポイント2参照**）。問題文の例の場合，１つの質問項目について，ある年齢階層の回答者の25％ずつがそれぞれの選択肢を選んだ場合には点数は２×25＋1×25＋(－1)×25＋(－2)×25＝0，回答者の100％が「そう思う」を選んだ場合には点数は２×100＋1×0＋(－1)×0＋(－2)×0＝200となる。

1◎ 各割合を文字で置いて数式で評価する。
正しい。回答者の割合を，「そう思う」Ａ％，「どちらかといえばそう思う」Ｂ％，「どちらかといえばそう思わない」Ｃ％，「そう思わない」Ｄ％とすると，2×Ａ＋1×Ｂ＋(－1)×Ｃ＋(－2)×Ｄ＝－48，Ａ＋Ｂ＝50，Ｃ＋Ｄ＝50，これらの式よりＣ，Ｄを消去するとＡ＝Ｄ－48，ここで０≦Ｄ≦50であるからＡ＝Ｄ－48≦50－48＝2，したがって，「そう思う」と回答した者の割合は２％以下である。

2× このグラフからは回答割合はわからない。

3× 各割合を文字で置いて数式で評価する。
2×Ａ＋1×Ｂ＋(－1)×Ｃ＋(－2)×Ｄ＝63，Ｂ＝81.5より，Ｃ＝18.5＋2(Ａ－Ｄ)となるのでＡ－Ｄ＝0のときはＣ＝18.5となるが，一般にはＣ＝18.5とはならない。

4× このグラフからは回答割合はわからない。
前半の記述は正しいが，後半の記述はグラフから判断できる事柄ではない。

5× 各割合を文字で置いて数式で評価する。
Ａ＋Ｂ＞50が成立していても2×Ａ＋1×Ｂ＋(－1)×Ｃ＋(－2)×Ｄ＝8とはいえない。

No.2の解説　地域別の水稲作付面積および収穫量

→問題はP.444　正答2

1 × 作付面積が広い上位３つは，東北，北陸，関東・東山。

この３つの地域の10a当たりの収量をみると，関東・東山では前年産より減少している。

2 ◎ 作付面積が10万ha未満なのは，東海，四国，沖縄。

正しい。この３つの地域の収穫量と10a当たりの収量をみると，いずれも前年産のそれらよりも減少している。

3 × 関東・東山は前年より作付面積が広いが，10a当たりの収量は減少している。

このほかにも，北海道と近畿は前年より作付面積が狭いが，10a当たりの収量は増加している。

4 × 収穫量の最も多い地域は東北，最も少ない地域は沖縄。

東北の10a当たりの収量　　　：586

沖縄の10a当たりの収量の２倍：298×2＝596

よって，前者は後者の２倍を超えない。

5 × 作付面積が2番目に広いのは関東・東山，10a当たり収量が2番目に多いのは北海道。

関東・東山の収穫量　：1,414,000

北海道の収穫量の３倍：588,100×3＝1,764,300

よって，前者は後者の３倍を超えない。

No.3の解説　過去５年間の一般健康診断受診の有無パターン

→問題はP.446　正答4

図は二分木による表現である。

1 × 各年の「○受診あり」をすべて足すと，各年の受診者数が求まる。

受診者は昭和56年が493人，昭和57年が302人であり，昭和57年も前年より減少している。

2 × ５年間で一度も受信していないのは1,429人。

45歳以上の者の総数は2,570人。５年間で少なくとも１回受診したことのある者は2,570－1,429 ＝1,141〔人〕で半数に達していない。

3 × 昭和56年から３年連続受診者は16＋23＋14＋85＝138人。

最近３年間の連続受診は229人，昭和56年から３年間の連続受診は138人である。

4 ◎ 昭和58年から初めて受診した者は100＋33＋47＋66＝246人。

正しい。

5 × 昭和56年と60年ともに受診した者は23＋10＋18＋14＋33＋14＋57＋85＝254人。

No.4 の解説　父親と子供に関する学歴と職業の相関関係　→問題はP.447　正答2

イ，**ウ**には「子供の最初の職業」と「子供の最終的な職業」が入る。順番はどちらでもよい。

「学歴の重要性は増している」という文章から，**イ**，**ウ**と強い相関のある（相関係数の大きい）「子供の学歴」が**ア**である。

エには**イ**，**ウ**とあまり関係のないもの，つまり相関係数の小さい「父親の職業」が入る。

オには「父親の学歴が入る」。

よって，**ア**：子供の学歴，**イ**：子供の最初の職業，**ウ**：子供の最終的な職業，**エ**：父親の職業，**オ**：父親の学歴となるので，**2**が正答となる。

No.5 の解説　プラスチック製品の排出および処理処分の状況　→問題はP.448　正答5

1 ×　図Ⅱ・Ⅲから一般廃棄物の内訳がわかる。

図Ⅱと図Ⅲにより**廃プラ総排出量と産業廃棄物の内訳が与えられているので，その差をとれば一般廃棄物の内訳がわかる**。具体的には，容器包装は474－111＝363〔万t〕，電気・機械は143－124＝19，家庭用品他は126－18＝108，建材は78－71＝７，輸送は41－41＝０，農林水産は19－19＝０，その他は41－20＝21，生産・加工ロスは91－91＝０となる。よって，最多は容器包装であるが，２番目は電気・機械ではなく家庭用品他である。

2 ×　産業廃棄物の内訳と処理処分段階の内訳をみればよい。

産業廃棄物の直後にある内訳と処理処分段階の内訳を比べればよい。すると，一般廃棄物のうち単純焼却されるのは142－16＝126〔万t〕で，廃棄物発電されるものは215－27＝188〔万t〕である。よって，廃棄物発電されるもののほうが多い。

3 ×　サーマルリサイクルは３種類ある。

サーマルリサイクルされるものは，固形燃料，廃棄物発電，熱利用焼却の３種類あり，合計55＋215＋129＝399〔万t〕である。廃プラ総排出量（1,013万t）の50％は約507万tなので，サーマルリサイクルされるものの割合は50％を超えていない。

4 ×　肢２と同様に考える。

流れ図をみると，未利用廃プラにまとめられるのは，単純焼却と埋立である。選択肢**2**と同様に，**産業廃棄物の内訳と比較して一般廃棄物の割合を求めればよい**。つまり，産業廃棄物から単純焼却と埋立に来ているものが16＋170＝186〔万t〕あるので，402－186＝216〔万t〕が一般廃棄物から来ていることになる。一方，未利用廃プラの60％は402×0.6＝241.2〔万t〕である。よって，未利用廃プラに占める一般廃棄物の割合は60％を超えていない。

5 ◎　図Ⅰ・Ⅲ・Ⅳの対応関係を把握する。

正しい。まず図Ⅳにおけるマテリアルリサイクル（再生利用）にある181万tの内訳は，産業廃棄物から来るものが135で，一般廃棄物から来るものが181－135＝46である。そして，図Ⅲより産業廃棄物の生産・加工ロスが91なので，**135の内訳は，使用済製品が135－91＝44で生産・加工ロスが91となる**。一方，一般廃棄物については，選択肢**1**で求めたように生産・加工ロスが０であるから，**46の内訳は，使用済製品が46－０＝46で生産・加工ロスが０となる**。よって，46＞44なので一般廃棄物のほうが産業廃棄物よりも多い。

No.6 の解説　農家数の変化と変化の内訳の流れ　→問題はP.450　正答1

本問の図はフロー図（**重要ポイント２**）と呼ばれるタイプのものである。フロー図自体は特に難しいものではないが，矢印が複雑に交差したり分岐したりしている場合もあるのでやや慣れが必要である。フロー図では，通常，本問の図のように矢印の脇に実数や構成比が記されている。

解法上は，**新設農家数－新設農家の離農数－既存農家の離農数＝平成12年の農家数－平成７年の農家数**という関係に気づくことができるかどうかがポイントである。

1 ◎ **平成12年の農家のうち，**
平成７～12年の新設農家＝新設農家数－新設農家の離農数

正しい。「自給的農家」の場合，表より**新設農家数－新設農家の離農数－既存農家の離農数**＝783－792＝－9〔千戸〕，また，図より**既存農家の離農数**は96千戸であるから，**新設農家数－新設農家の離農数**＝96－9＝87〔千戸〕となる。同様に，「販売農家」の場合は，**新設農家数－新設農家の離農数－既存農家の離農数**＝2,336－2,652＝－316〔千戸〕，また，**既存農家の離農数＝主業農家の離農数＋準主業農家の離農数＋副業的農家の離農数**であるから，図より，**既存農家の離農数**は185＋101＋71＝357〔千戸〕となり，**新設農家数－新設農家の離農数**＝357－316＝41〔千戸〕となる。ここで，87 ＞ 41×2であるから，「自給的農家」の戸数は「販売農家」の戸数の２倍を超えている。

2 × **この図表からは新設農家の離農数はわからない。**

この表と図からわかるのは**新設農家数－新設農家の離農数**だけである。

3 × **販売農家＝主業農家＋準主業農家＋副業的農家**

「販売農家」から「自給的農家」への移動戸数は，「主業農家」「準主業農家」「副業的農家」から「自給的農家」への移動戸数の和であるから，図より，15＋36＋157＝208〔千戸〕，その逆は「自給的農家」から「主業農家」，「準主業農家」，「副業的農家」への移動戸数の和であるから，図より，3＋10＋50＝63〔千戸〕となる。ここで，208 ＜ 63×4であるから，４倍には達していない。

4 × **７年の販売農家のうち，**
12年も販売農家＝７年の販売農家－離農数－移動戸数

3より，「販売農家」から「自給的農家」への移動戸数は208千戸，「販売農家」の離農戸数は，「主業農家」「準主業農家」「副業的農家」の離農戸数の和であるから，図より，28＋32＋152＝212〔千戸〕となる。したがって，平成７年の「販売農家」のうち平成12年にも「販売農家」であるものの戸数は2,652－208－212＝2,232〔千戸〕となる。ここで，2,652×0.9≒2,387 ＞ 2,232であるから，９割を超えているとはいえない。

5 × **主業農家の販売農家に占める割合＝$\frac{\text{主業農家数}}{\text{販売農家数}}$**

「主業農家」が「販売農家」に占める割合は，平成７年が678÷2,652≒0.256，平成12年が500÷2,336≒0.124であるから，この間に減少している。

実戦問題❷　応用レベル

＊＊
No.7 グラフは，日本の主要な企業の1990年と1995年の各当期の従業員の平均年齢とその年齢の者のその期のボーナスの平均支給額を示したものである。これに関する次の記述のア～ウに入る数値がいずれも正しいのはどれか。ただし，両期とも各企業のボーナスは年齢の高い者のほうが高い。

【市役所・平成８年度】

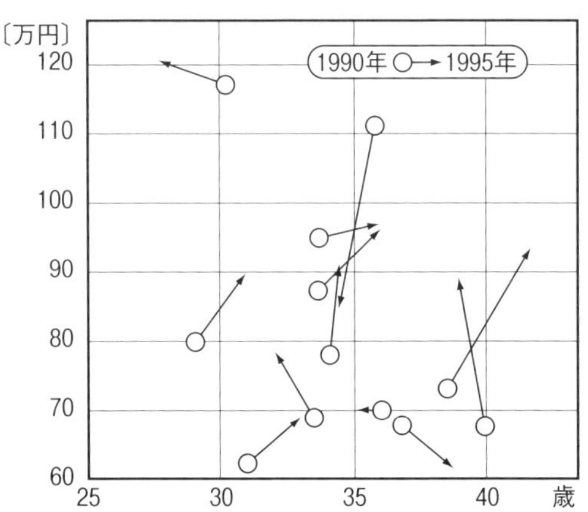

1990年の平均年齢の者（たとえば，30歳）のボーナスと1995年に同年齢の者（同じく30歳）のボーナスを比較すると，1990年に比べて1995年のボーナスが確実に増えているのは［　ア　］社あり，確実に減少しているのは［　イ　］社ある。また，ほとんど変化していないといえるものが［　ウ　］社ある。

	ア	イ	ウ
1	3	1	1
2	3	2	1
3	3	2	2
4	2	1	1
5	2	1	2

＊＊＊
No.8 グラフの目的と特徴に関する記述A～Dとそれに対応するグラフのア～ケの組合せとして妥当なのはどれか。

【国家総合職・平成９年度】

A：最高値と最低値など，ある期間に幅のある数値を時系列的に表現したいときに使うグラフである。たとえば，気温の推移，株価の推移などがこれに当たる。

B：複数の特性間のバランスをみるときに，またはデータの周期性をみるときに使うグラフである。形から全体の傾向（ばらつき）や特異性を判断する。

C：採算状況を明らかにするためのグラフで，売上高と費用との関係から損益分岐点を求めることができる。実績の評価を行ったり，予測数値によって計画立案することも可能である。

D：データの分布状態を把握するもので，改善の対象を明確にするために用いられる。データの存在する範囲をいくつかの区間に分け，各区間に入るデータの出現数を数えて度数表を作り，これを図にしたものである。

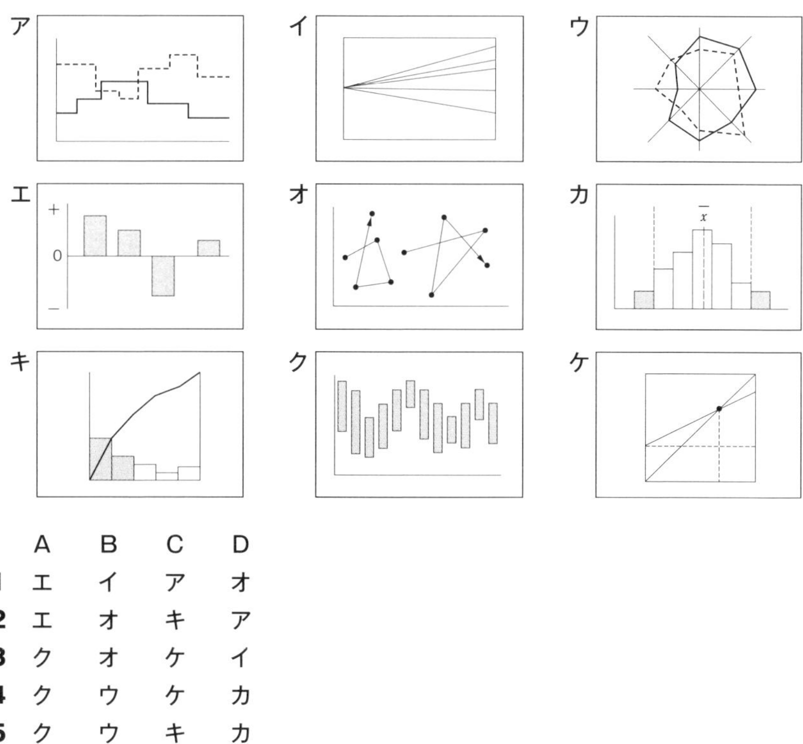

	A	B	C	D
1	エ	イ	ア	オ
2	エ	オ	キ	ア
3	ク	オ	ケ	イ
4	ク	ウ	ケ	カ
5	ク	ウ	キ	カ

＊＊＊
No.9 **図と表は，ある年度におけるわが国のバターの流通経路とバターの業種別消費量をそれぞれ示したものである。これらから確実にいえるのはどれか。**

【国家一般職・平成30年度】

図　バターの流通経路

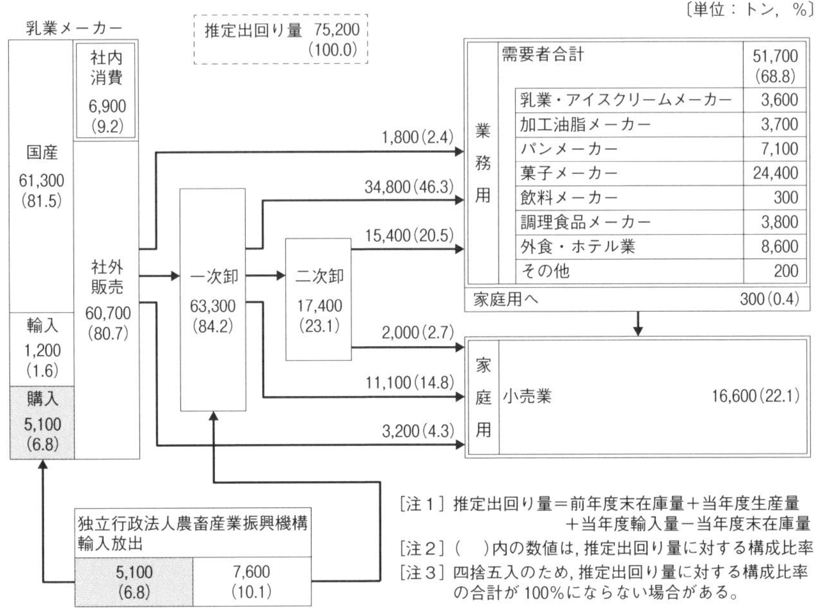

［注１］推定出回り量＝前年度末在庫量＋当年度生産量＋当年度輸入量－当年度末在庫量
［注２］(　)内の数値は，推定出回り量に対する構成比率
［注３］四捨五入のため，推定出回り量に対する構成比率の合計が 100%にならない場合がある。

表　バターの業種別消費量

〔単位：トン〕

	消費量	うち国産	うち輸入
乳業メーカー（社内消費）	6,900	4,100	2,800
業務用	51,700	41,000	10,700
家庭用	16,600	16,200	400

1　一次卸における輸入バターの量は，8,500トン以上である。

2　二次卸から業務用および家庭用に流通した国産バターの量の合計は，6,500トン以上である。

3　乳業メーカーが社内消費したバターのうち，独立行政法人農畜産業振興機構から購入したバターの量は，2,000トン以上である。

4　業務用の内訳のうち，消費量が多いほうからみて，上位３つの消費量の合計は，業務用全体の８割を超えている。

5　業務用と家庭用を比較すると，一次卸を経由して流通したバターが消費量に占める割合は，家庭用のほうが大きい。

＊＊＊
No.10　**あるテストの得点と人数の関係を示すのに下のように箱型で表すとする。これは全体の人数を得点順に $\frac{1}{4}$ ずつに分割し，中央値とその上下 $\frac{1}{4}$ ずつとを箱で囲み，さらにその下 $\frac{1}{4}$ ずつを線で示したものである。**

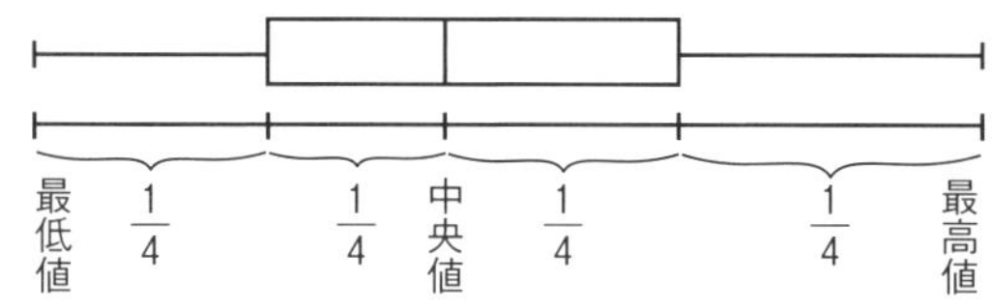

このとき [箱型図] **は次のうちのどの分布を表示したものと考えられるか。**

【地方上級（全国型）・平成４年度】

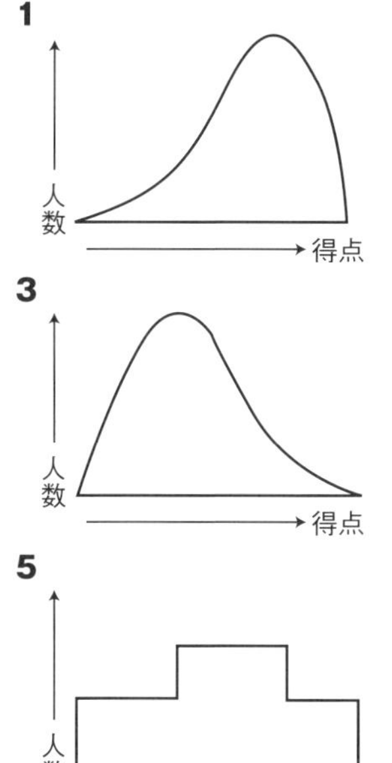

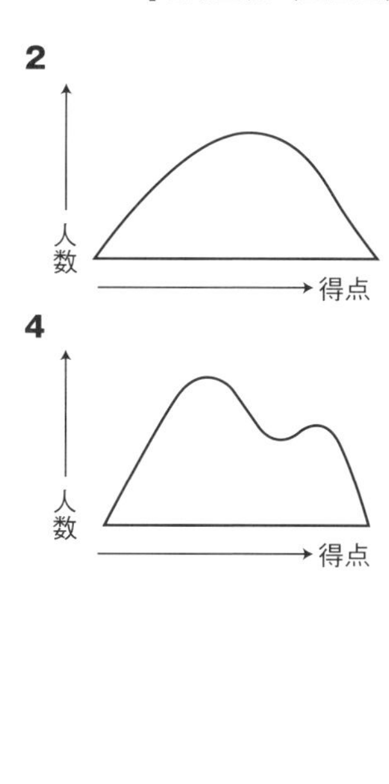

実戦問題2の解説

No.7の解説　主要企業の従業員の平均年齢とボーナスの平均支給額　→問題はP.456　正答1

ボーナスは年齢の高い者のほうが高いという条件と，矢印の向きに注意すればよい。右上を向いているものは，金額，平均年齢ともに増加したもので，平均年齢（たとえば30歳）での1990年と1995年の比較はできない。左上を向いたものは，平均年齢が下がって金額が上がったことを示している。

ボーナスは年齢の高い者のほうが高いという条件から，1990年の平均年齢（たとえば，30歳）のボーナスに比べて1995年は確実に増えているといえる。これに相当するものは3社である。

確実に減少しているのは，逆に右下に向かったものであるから，1社のみである。

ほとんど変化していないのは，左横向きを向いたもの，年齢が1歳弱減少し金額は70万円で変化していない1社である。

よって，**ア**：3，**イ**：1，**ウ**：1となるので，**1**が正答となる。

No.8の解説　いろいろなグラフの目的と特徴　→問題はP.457　正答4

A：**幅を持つ値の時系列変化を表すのには，クを用いる。**

B：**各値のバランスを表すには，ウのレーダー図を用いる。**
各項目のバランスがそのままグラフの形として表現されるので，全体の傾向をみるのに都合がよい。

C：**売上高と費用の関係を表しているのは，ケのグラフである。**
横軸を製造または販売量，縦軸を売上高，費用と考えると，販売量に比例する線（原点を通る直線）が売上高，販売量に比例しない固定部分（設備投資費など）がある線（原点を通らない）が費用となり，両者の交差する点が損益分岐点である。

D：**度数表をグラフにしたものが，力のヒストグラムである。**
xが平均値，縦軸に平行な2本の直線は標準偏差を表している。

よって，**A**：**ク**，**B**：**ウ**，**C**：**ケ**，**D**：**力**となるので，**4**が正答となる。

No.9の解説　バターの流通経路と業種別消費量　→問題はP.458　正答1

まず，状況を把握する。独立行政法人農畜産業振興機構（以下「機構」）から，乳業メーカーが5,100の購入をした段階で，バターは全体で75,200あり，内訳は乳牛メーカーが67,600（国産61,300，輸入6,300），機構が7,600（国産0，輸入7,600）持っている。

乳業メーカーの持っているうち，社内で6,900（国産4,100，輸入2,800）消費され，社外に販売されるものは残りの60,700（国産57,200，輸入3,500）である。機構の持つ7,600（国産0，輸入7,600）はすべて一次卸に流通する。

つまり，最終的に業務用・家庭用に回る合計は68,300（国産57,200，輸入11,100）ということになる。

1 ◎ 輸入バターが一次卸をできるだけ通らないように（否定的に）検討する。

機構の持つ輸入バター7,600はすべて一次卸に流通する。乳業メーカーからは，輸入バター3,500が流通されるが，一次卸をできるだけ通らないように考えても，3,500－1,800（業務用）－400（家庭用）＝1,300は輸入バターが一次卸を通る。

つまり，7,600＋1,300＝8,900は輸入バターが一次卸に流通するので，正しい。

2 × 輸入バターが二次卸をできるだけ通るように（否定的に）検討する。

業務用の消費する輸入バター10,700，家庭用の消費する輸入バター400がすべて二次卸から流通したとすると，二次卸を通る国産バターは17,400－10,700－400＝6,300となる。

つまり，確実に6,500以上とはいえない。

3 × 機構からの輸入バターができるだけ少なくなるように（否定的に）検討する。

乳業メーカーの消費する輸入バター2,800のうち，乳業メーカーが輸入してきた1,200をすべて含むとすると，機構からの輸入バターは1,600となる（機構から国産は０）。

つまり，確実に2,000以上とはいえない。

4 × 割り算よりかけ算で考える。

業務用の消費量上位３つの合計：24,400＋8,600＋7,100＝40,100

業務用全体の８割：51,700×0.8＝41,360

よって，上位３つの合計は８割を超えない。

5 × 一次卸のバターが，業務用に多く家庭用に少なくなるように（否定的に）検討する。

一次卸を経由するバターは，一次卸から直接くるものと，二次卸を経由するものがある。

$$一次卸を経由する業務用バターの割合：\frac{34{,}800+15{,}400}{51{,}700}=\frac{50{,}200}{51{,}700}=0.9\cdots$$

$$一次卸を経由する家庭用バターの割合：\frac{11{,}100+2{,}000}{16{,}600}=\frac{13{,}100}{16{,}600}=0.7\cdots$$

よって，業務用のほうが大きい。

No.10 の解説　あるテストの得点と人数の関係

→問題はP.459　**正答 1**

4つに区切られた集団を得点の低いほうから，a，b，c，dとすると，与えられた図における得点幅は$a > d > b > c$となる。

選択肢の図は度数分布図で，横軸に得点，縦軸が人数である。得点の幅が狭いところほど狭い範囲に人数が集中するので，度数分布図における曲線の山は高くなる。

すなわち曲線の山の高さは$a < d < b < c$となるので，これを満たすのは，**1**である。

索　引

文章理解

資料解釈

●本書の内容に関するお問合せについて

『新スーパー過去問ゼミ』シリーズに関するお知らせ，また追補・訂正情報がある場合は，小社ブックスサイト（books.jitsumu.co.jp）に掲載します。サイト中の本書ページに正誤表・訂正表がない場合や訂正表に該当箇所が掲載されていない場合は，書名，発行年月日，お客様の名前・連絡先，該当箇所のページ番号と具体的な誤りの内容・理由等をご記入のうえ，郵便，FAX，メールにてお問合せください。

〒163-8671 東京都新宿区新宿 1-1-12 実務教育出版 第二編集部問合せ窓口

FAX：03-5369-2237　E-mail：jitsumu_2hen@jitsumu.co.jp

【ご注意】

※電話でのお問合せは，一切受け付けておりません。

※内容の正誤以外のお問合せ（詳しい解説・受験指導のご要望等）には対応できません。

公務員試験

新スーパー過去問ゼミ 7　**文章理解・資料解釈**

2023年 9月10日　初版第1刷発行　〈検印省略〉
2024年10月 5日　初版第3刷発行

編　者　資格試験研究会
発行者　淺井　亨

発行所　株式会社 実務教育出版
〒163-8671　東京都新宿区新宿1-1-12
☎編集　03-3355-1812　販売　03-3355-1951
振替　00160-0-78270

印　刷　文化カラー印刷
製　本　ブックアート

ISBN 978-4-7889-3746-8 C0030　Printed in Japan